CHATEAUBRIAND

ET

SON GROUPE LITTÉRAIRE

SOUS L'EMPIRE

COURS PROFESSÉ A LIÉGE EN 1848-1849

PAR

C.-A. SAINTE-BEUVE

DE L'ACADÉMIE FRANÇAISE.

TOME PREMIER

PARIS

GARNIER FRÈRES, LIBRAIRES-ÉDITEURS

6, RUE DES SAINTS-PÈRES, ET PALAIS-ROYAL, 215

—

1861

En octobre 1847, j'occupais un logement à l'Institut, comme étant l'un des Conservateurs de la Bibliothèque Mazarine, et j'avais une cheminée qui fumait. Je me disposais à parer à cet inconvénient avant l'hiver, et, ayant mandé le fumiste, j'en venais avec lui au détail, lorsqu'il me fit observer que le travail à exécuter (quelque tuyau avec capote à établir sur le toit), dont le prix monterait bien à une centaine de francs, rentrait dans ce qu'on appelle les dépenses *locatives*, et qu'il y avait lieu de le mettre à la charge du propriétaire, c'est-à-dire, en ce cas, du Gouvernement. J'adressai, en conséquence, une demande au ministre de qui cela dépendait; la réparation se fit, et je n'y pensai plus.

La Révolution du 24 février ayant éclaté quelques mois après, je sentis dès le premier jour toute son importance, mais aussi son *immaturité* : sans être de ceux qui regrettaient un régime politique ni une famille, je regrettai du moins une civilisation qui me paraissait, pour le moment, fort compromise; je n'avais pourtant pas l'imagination aussi noire que je la voyais à plusieurs des républicains de la veille, surpris et comme épouvantés de leur propre succès; je pensais qu'on s'en tirerait, qu'on s'était tiré de bien d'autres mauvais pas, qu'il y a plus d'un chemin de traverse dans l'histoire, et j'attendis avec la curiosité de l'observateur, curiosité, je l'avoue, qui se mêlait de très-près en moi à l'anxiété du citoyen, le développement des faits.

Un mois après environ, vers la fin de mars, un de mes amis me dit que M. Jean Reynaud, qui remplissait au ministère de l'Instruction publique des fonctions officieuses, mais qui, de fait, répondaient à celles de sous-secrétaire d'État, désirait me voir. Je connaissais beaucoup, depuis dix-sept ou dix-huit ans, M. Jean Reynaud, à tel point que j'avais dîné chez lui avec M. Charton le mercredi 23 février précédent, en pleine révolution. Profitant de la courte trêve qui parut tout d'un coup s'établir dans l'après-midi de cette journée du mercredi, j'avais pu traverser les Champs-Élysées, à l'extrémité desquels il habitait, et me rendre à une invitation qui datait de quelques jours. Je ne me doutais pas, et M. Jean Reynaud ne se doutait pas plus que moi, ce mercredi, à six heures du soir, qu'il serait le surlendemain un quasi-ministre au département de l'Instruction publique. J'appris avec plaisir que lui, M. Carnot et M. Charton, y avaient été portés : je savais toute leur droiture.

Appelé donc par M. Jean Reynaud, un mois environ après les événements, arrivé dans son cabinet et l'abordant avec mon air ordinaire, je lui vis un visage consterné : il me dit qu'il se passait quelque chose de fort grave et que ce quelque chose me concernait, que des Listes contenant le chiffre des sommes distribuées par l'ancien Gouvernement, avec les noms de ceux qui les avaient reçues, Listes que le ministère sortant (MM. Guizot, Duchâtel, etc.) avait déposées aux Tuileries pour y être revêtues de la signature du roi Louis-Philippe, y avaient été saisies, et que mon nom s'y trouvait... s'y trouvait plusieurs fois... et pour une somme... pour des sommes assez considérables. Je me mis à rire d'abord ; mais voyant que M. Reynaud ne riait pas et qu'il faisait des appels réitérés à ma mémoire, je le pressai de questions à mon tour ; je lui demandai s'il avait vu la Liste où j'étais nommé, — la somme précise, — enfin toutes les circonstances d'un fait qui m'était si parfaitement inexplicable. Il ne put entrer dans aucun détail bien net, mais il m'assura que la chose était certaine, qu'il l'avait vérifiée de ses yeux ; et comme c'était son amitié qui s'en alarmait avant tout pour moi, je ne pus douter de la réalité de ce qu'il me disait.

Je crois que je le convainquis d'abord, par la manière dont je lui répondis à l'instant, qu'il y avait là-dessous erreur ou fraude ; mais j'entrevis que d'autres auprès de lui, derrière lui, et qu'il ne me nommait pas, seraient moins aisément convaincus ; et, rentré chez moi, j'adressai au rédacteur du *Journal des Débats*, qui voulut bien l'insérer, une lettre de dénégation, un défi à la calomnie, sur un ton qui n'est naturel qu'aux honnêtes gens et à ceux qui se sentent sûrs d'eux-mêmes. Cette lettre, je le sus depuis, soulagea le cœur de M. Reynaud ; il eut la bonté de m'en remercier comme d'un service ; pour preuve qu'il en acceptait le sentiment et les termes, il la fit même insérer dans le *Moniteur* du 31 mars 1848. Je compris que c'était une arme que je lui avais fournie contre des dénonciateurs du dedans.

Cependant je n'étais point satisfait ; je voulus *tirer au clair* cette affaire ; je fis des démarches pour me procurer la Liste en question et pour m'assurer par mes yeux du *corps* du délit. Cela me fut impossible : j'allai chez M. Taschereau, mon ami de vingt ans, et qui publiait ces fameuses Listes dans sa *Revue rétrospective ;* il m'assura n'avoir point vu la pièce où mon nom était porté ; je vis M. Landrin, procureur de la République ; je vis M. Carnot ; je fis même questionner à Londres les anciens ministres, dont j'avais l'honneur d'être particulièrement connu. Rien ; je ne pus obtenir aucun éclaircissement ; personne ne savait de quoi on voulait parler. Je me lassai, et, tout en y songeant toujours, je ne m'en occupai plus.

J'oubliais de dire qu'en même temps que j'écrivais à la date du 30 mars 1848, jour de mon entretien avec M. Reynaud, et au sortir de son cabinet, la lettre insérée d'abord au *Journal des Débats,* puis au *Moniteur*, j'adressais à MM. Reynaud et Carnot ma démission de la place de Conservateur à la Mazarine. Je ne voulais pas m'exposer, avec d'autres qui eussent été moins bienveillants et dont j'eusse été moins sûr, à de pareils interrogatoires, à des explications semblables.

J'irai au fond. Il y avait là, au ministère de l'Instruction publique, un homme tout nouvellement produit au pouvoir, et qui m'honorait d'une inimitié déjà ancienne. Je n'ai jamais rencontré une seule fois dans ma vie M. Génin, et je n'ai pas vu son visage ; mais le fait est qu'il m'a toujours détesté, souvent raillé de sa plume, et ridiculisé dans ses articles de critique tant qu'il a pu. Je n'agréais point à cet écrivain, que tous ses amis ont appelé un homme de tant d'esprit ; je lui paraissais précieux et maniéré, et à moi, il ne me paraissait peut-être ni aussi fin, ni aussi léger, ni aussi neuf qu'il le semblait à d'autres. Esprit disputeur et proprement acerbe, il avait besoin de

thèmes arides et secs pour paraître avoir son agrément ;
n'a commencé à briller que quand il s'est fixé à des
sujets de grammaire. C'est quand il est en pleines broussailles ou broutilles philologiques qu'il se met le plus à
scintiller. Mais il ne s'agit point de cela en ce moment.
Un jour qu'un des articles de M. Génin avait été refusé
par le directeur de la *Revue des Deux Mondes*, j'avais été
fort étonné de recevoir de lui, au timbre de Strasbourg,
où il était alors, une lettre injurieuse dans laquelle il imputait à mon influence occulte le rejet de son travail : je
ne répondis point à cette lettre et me contentai de la faire
voir à celui de ses amis qui s'était entremis dans cette
affaire auprès de la *Revue* (M. L...), qui me dit : *Il est
ainsi !* M. Génin, chargé de la division des Lettres au ministère de l'Instruction publique après le 24 février 1848,
était certainement l'homme qui s'était prévalu contre moi
de cette Liste où, disait-on, figurait mon nom, et qui s'en
faisait une arme d'accusation contre ma délicatesse. C'était
lui-même un homme probe, mais qui, dans ses préventions et son âcreté d'humeur, aurait eu peu à faire pour
être méchant.

Si M. Génin avait vécu dans le monde, dans la société,
pendant les quinze années que j'y ai passées avant 1848,
il aurait compris comment un homme de Lettres sans fortune, sans ambition, de mœurs modestes et se tenant à sa
place, peut cependant, par son esprit peut-être, par son
caractère, par son tact et toute sa conduite, obtenir une
position honorable, agréable, et vivre avec des personnages de tout rang et les plus distingués à divers titres, qui
ne sont pas précisément ses pareils, sur ce pied d'égalité
insensible qui est — ou qui était le charme et l'honneur de

la vie sociale en France. Pour moi, pendant ces années, que je puis dire heureuses, j'avais cherché et j'avais même assez réussi à arranger mon existence avec douceur et dignité : écrire de temps en temps des choses agréables, en lire et d'agréables et de sérieuses, mais surtout ne pas trop écrire, cultiver ses amis, garder de son esprit pour les relations de chaque jour et savoir en dépenser sans y regarder, donner plus à l'intimité qu'au public, réserver la part la plus fine et la plus tendre, la fleur de soi-même, pour le dedans, jouir avec modération, dans un doux commerce d'intelligence et de sentiment, des saisons dernières de la jeunesse ; ainsi se dessinait pour moi le rêve du *galant homme* littéraire qui sait le prix des choses vraies, et qui ne laisse pas trop le métier et la besogne empiéter sur l'essentiel de son âme et de ses pensées. La nécessité depuis m'a saisi et m'a contraint de renoncer à ce que je considérais comme le seul bonheur ou la consolation exquise du mélancolique et du sage.

Qu'il est loin, qu'il est à jamais évanoui ce temps meilleur, orné d'étude et de loisir, où, dans un monde d'élite, une amie irréparable me disait, glissant sous l'éloge un conseil charmant : « Si vous tenez à l'approbation de certaines gens, je vous réponds que l'on tient à la vôtre. Mais voilà ce qui est bon, ce qui est doux entre gens qui s'estiment, tenir à l'approbation morale jusqu'à concurrence de son indépendance, *vouloir plaire et rester libre;* c'est le moyen de bien faire. » J'avais accepté la devise, et je me promettais d'y être fidèle dans tout ce que j'écrirais; mes productions de ces années s'en ressentirent peut-être : — mais je m'aperçois que je m'oublie, et je reviens.

Quoi qu'il en soit, du moment que j'étais décidé à renoncer à ma place de Conservateur à la Bibliothèque Mazarine (et ma détermination fut prise dès lors, bien que, par égard pour MM. Carnot et Reynaud, je consentisse à remettre l'instant de m'en aller jusqu'à ce qu'ils n'y fussent plus eux-mêmes), je n'avais guère à choisir : il me fallait vivre de ma plume, et la littérature telle que je l'entendais, — et même toute littérature, — était, pendant l'année 1848, une de ces industries de luxe qui furent frappées, à l'instant, d'interdit et de mort provisoire.

Ce ne fut que sous le ministère de M. de Vaulabelle que j'envoyai cette démission jusque-là différée, en marquant bien à ce ministre, homme de Lettres estimable, qu'elle tenait à une détermination plus ancienne et dont les motifs ne le concernaient pas : il me répondit par une lettre très-obligeante. Dans l'intervalle, j'avais trouvé mon emploi, mon moyen de subsister. Un ancien auteur dramatique, qui était un perpétuel candidat à l'Académie, et qui, à ce titre, me visitait quelquefois, M. Casimir Bonjour, ami particulier de M. Firmin Rogier, le ministre de Belgique à Paris, m'ayant demandé en conversation si je ne connaîtrais point par hasard quelque homme de Lettres qui voulût accepter en Belgique une place de professeur de littérature française, et m'ayant appris qu'on en cherchait un pour l'Université de Liége, je m'étais offert moi-même ; j'avais vu M. Firmin Rogier, j'étais allé à Bruxelles conférer de ce projet avec M. Charles Rogier, ministre de l'Intérieur, que je connaissais de longue date, et j'avais accepté avec gratitude les conditions qui m'étaient faites.

Je quittai donc la France en octobre 1848 ; la presse de Paris ne s'occupa de ce départ que pour le railler : quand un homme de Lettres n'a pas de parti ni d'armée à lui, et qu'il marche seul avec indépendance (*Ibo singulariter donec transeam*), c'est bien le moins qu'on se donne le plaisir de l'insulter un peu au passage. Je rencontrai en Belgique des difficultés de plus d'un genre, et quelques-unes, très-imprévues, qui m'étaient suscitées par des compatriotes ennemis que j'ai retrouvés depuis en d'autres occasions encore. On publia à Bruxelles et à Liége d'incroyables brochures contre moi. J'eus fort à me louer de la jeunesse belge qui, me connaissant peu, prit le parti d'attendre et de me juger seulement par mes paroles, par mes actes. Je réussis malgré les obstacles ; le livre suivant qui représente l'un des deux Cours que je professais, le Cours libre et public, était achevé, entièrement rédigé, et devait paraître à la fin de l'année 1849, lorsque mes *Causeries du Lundi*, commencées à Paris en octobre, me détournèrent et m'accaparèrent tout entier.

Ce Cours, au reste, avait été comme la préface naturelle des *Causeries* ; je faisais une leçon régulièrement chaque lundi dans la salle académique de Liége, tout comme depuis, à pareil jour, je publiais mon article au *Constitutionnel*.

Je donne aujourd'hui ce Cours exactement tel qu'il était préparé en 1849, sauf les notes que j'y ai ajoutées en le revoyant ; je le donne avec la *Dédicace* d'alors, avec la *Préface* d'alors. Bien des parties n'en sont plus nouvelles ; j'y ai puisé amplement à diverses reprises pour les articles que j'ai publiés sur Chateaubriand. Il m'a semblé cependant qu'il ne serait pas sans utilité d'offrir aux jeunes esprits que la littérature n'ennuie pas ces analyses étendues, sous leur première forme, dans toute leur clarté et avec tout leur développement.

L'ouvrage eût été neuf, je le crois, s'il eût paru à sa date, il y a dix ans. Qu'on veuille le prendre aujourd'hui comme une seconde édition, du moins, de tout ce que j'ai écrit sur M. de Chateaubriand et ses amis, mais une seconde édition très-augmentée. — On y trouvera d'ailleurs dans l'Étude sur Chênedollé quantité de lettres originales qui ne sont que là, et qui éclairent de près l'intérieur de ces hommes distingués, leur physionomie et leur caractère aux meilleures années de leur vie.

P. S. J'allais oublier de reparler des fameuses Listes. Celle où figurait mon nom parut enfin dans le numéro 31 de la *Revue rétrospective* : « M. Sainte-Beuve, 100 francs; » c'est ce qu'on y lit. Les chiffres fabuleux s'évanouissent. La note obligeante que M. Taschereau a cru devoir y joindre, et qui suppose une fraude commise en mon nom par un *officieux*, n'a plus même d'objet. Je n'en étais pas à demander 100 francs à M. Duchâtel, pas plus, j'ose le dire, que lui à me les demander : l'impossibilité *morale* était la même. Et personne n'eût osé se permettre une telle demande auprès de lui en mon nom : il n'y aurait pas cru. En voyant ce chiffre de 100 francs, un éclair a traversé ma mémoire; j'ai pensé à ma cheminée et au *tuyau* d'octobre 1847, qui avait dû coûter, somme ronde, à peu près cela. La dépense, ordonnancée par le ministère, s'était faite trop tard pour être portée au Budget de 1847. Telle est mon explication. Qu'en disent mes anciens amis du ministère Carnot? — Mais, sans cet incident, je n'aurais pas été amené à professer le Cours que l'on va lire, et c'est ainsi que l'un m'a induit à parler de l'autre.

A MONSIEUR CHARLES ROGIER,

MINISTRE DE L'INTÉRIEUR,

A Bruxelles.

Monsieur,

C'est à vous surtout que j'ai dû l'abri hospitalier que m'a procuré la Belgique en un mauvais jour. Quoique ce bienfait qui aurait pu se prolonger pour moi s'abrége plus tôt que vous ne l'auriez désiré, il me serait doux de le consacrer en laissant quelque trace de mon passage et de ma reconnaissance. C'est pourquoi, Monsieur, j'ai pris sur moi de vous offrir ces pages, si imparfaites qu'elles puissent être.

Veuillez agréer, Monsieur, l'expression de mon respect.

SAINTE-BEUVE.

Septembre 1849.

PRÉFACE DE 1849.

Henri Estienne adressant à M. de Mesmes son petit traité *De la Conformité du Langage françois avec le grec*, dans un moment où l'on attendait plutôt de lui son grand *Trésor de la Langue grecque*, disait, après le détail de quelques circonstances particulières : « Depuis lequel temps, mon esprit, qui avoit long temps demouré coy et tranquille, a esté agité de tant de tourmentes et tempestes les unes sur les autres, qu'au lieu de tirer vers Orient, il a esté emporté vers Occident. Et en considération de ce, j'espère, Monsieur, que recevant de moy un œuvre tout autre que celuy que je vous avois promis, n'imputerez ce changement d'entreprise (qui a esté ainsi forcé) à aucune inconstance ou légèreté. Car il m'en est pris comme aux marchands, qui selon le lieu auquel la tempeste les a jetez, sont contraincts de faire autre emploitte qu'ils ne déliberoyent. » — Je suis un peu moi-même comme ces marchands voyageurs : j'ai dû obéir au goût de ceux chez qui les circonstances m'avaient porté ; et voilà comment, au lieu du quatrième volume de *Port-Royal* (auquel on pouvait s'attendre), les lecteurs recevront aujourd'hui une Étude sur Chateaubriand.

Je n'ai pas à expliquer au public, ni même à mes amis, pourquoi, sans y être en rien obligé, j'ai cru devoir chercher ailleurs non pas fortune, mais étude et variété de vie. Ce sont de ces motifs tout particuliers, qui n'ont nul rapport au sens commun, mais qui tiennent à la fibre secrète. Si l'on voulait absolument des raisons, je n'en dirais qu'une, et la voici :

L'année 1848 a été une année folle et fatale. Puisque le monde était en démence, j'ai saisi ce moment aussi de faire mes folies ; et mes folies à moi, ç'a été d'aller dans un pays ami vivre toute une année avec les illustres et aimables morts, Villehardouin, Joinville, Froissart, Commynes, Montaigne, tous en foule et à la fois, jusqu'à Buffon et Chateaubriand ; de les accueillir en moi, de les entendre, de les interpréter, de me mêler plus intimement que jamais à eux, et d'oublier, s'il se pouvait, dans leur commerce, les sottises et les misères du présent.

Ce que j'avais résolu, je l'ai fait. Le Discours d'ouverture que je reproduis textuellement ci-après, et qui résume mon plan de cette année, dira à quel travail je me suis soumis.

Le Cours de littérature française, commençant avant Villehardouin et allant jusqu'au XVIIIe siècle, a été professé dans toute son étendue pour les étudiants de l'Université de Liége. Je n'en ai gardé que des notes et d'utiles souvenirs.

Le second Cours, tout public, et qui entame l'étude littéraire approfondie des cinquante premières années du siècle, est celui qu'on va lire, et que je livre ici à très-peu près dans la même forme où il a été donné : je dis *à très peu près*, car je ne lisais pas, je parlais ; le Discours d'ouverture a été la seule partie écrite et lue.

La fatigue que j'ai ressentie de ce double travail m'a averti que je ne pouvais le prolonger impunément, et j'ai dû, après cette première année, renoncer à une hospitalité bienveillante, dont j'avais d'abord compté jouir pour un temps plus long.

Cette année, pour moi si remplie, m'aura laissé de profitables enseignements.

J'ai vu un pays sage et paisible, laborieux et libre, un peuple sensé qui apprécie ce qu'il possède, et qui n'attend pas qu'il l'ait perdu pour le sentir.

J'ai vu une Université savante et non pédantesque, sans *entre-mangeries professorales*, comme dit Bayle, et sans aucune tracasserie. Je voudrais pouvoir espérer, dans mon court passage, y avoir laissé quelque chose de l'estime et des sentiments que j'emporte avec moi.

J'ai vu un beau pays, une riche nature, et dans cette vallée de Liége où je pouvais me croire loin de la ville comme dans un verger, j'ai joui, pour la première fois peut-être, de la naissance d'avril et des premières fleurs du printemps. La tristesse qui s'attachait au souvenir de notre malheureux pays et des amis dont j'avais besoin, se gravait mieux dans cette vie calme, et chaque sentiment était dans son ordre.

Ma nomination n'avait pas été sans exciter un petit ou même un gros orage, bientôt dissipé. Je ne veux me souvenir que de ceux qui m'ont généreusement appuyé sans me connaître. M. Clément Muller, rédacteur du journal de M. Desoer, M. Henri Colson et M. de Jonghe me permettront de leur témoigner ici ma reconnaissance.

Ne pas nommer M. le professeur Lacordaire, ce serait paraître trop oublier les soins de l'amitié la plus attentive, qui a présidé à mon arrivée et m'a entouré pendant tout mon séjour.

Le Cours que je reproduis en ce volume ne paraîtra pas rentrer dans ma manière habituelle, qui jusqu'ici était plutôt de peindre que de juger. Cette fois je n'ai voulu faire que de la *critique judicieuse :* cela a l'air d'un pléonasme, c'est pourtant une nouveauté.

J'ai profité de l'indépendance littéraire qu'on trouve à la frontière (elle n'existe pas à Paris) pour développer mon jugement en toute liberté et sans manquer à ce que je crois les convenances. Comme les convenances sont chose relative, je ne voudrais pourtant point paraître y manquer aujourd'hui, en venant imprimer à Paris ce qui a pu être dit ailleurs. On me permettra quelques explications à ce sujet.

J'ai jugé M. de Chateaubriand comme certes chacun

est en droit de le juger aujourd'hui. Il est temps que pour lui la vraie critique commence, à moins qu'on ne veuille faire de sa renommée, comme de celle de Bossuet et de Racine, une de ces *religions françaises* [1] auxquelles on ne peut trouver mot à dire sous peine d'être excommunié. La dévotion et la critique ne vont guère ensemble. Or, les longs respects qu'on a payés au glorieux vivant sont tout près de se changer en dévotion, aujourd'hui qu'il n'est plus. Je n'ai pas cru devoir imiter ceux qu'une longue amitié enchaîne à ce rôle honorable, et rien en effet ne m'y obligeait.

J'ai eu l'honneur de voir souvent M. de Chateaubriand dans les vingt dernières années de sa vie, et même celui de le louer quelquefois. Mais mon jugement, longtemps suspendu, date de loin. Il ne serait pas difficile, à ceux qui voudraient prendre cette peine, d'en retrouver l'expression vers 1830-1832, dans les recueils où j'écrivais alors. Depuis 1834 environ, une influence aimable m'a tout à fait paralysé sur ce point, et n'a plus laissé place sous ma plume au jugement proprement dit. J'avouerai avec franchise que, depuis cette heure, je n'ai jamais été *libre* en venant parler en public de M. de Chateaubriand. Les amis qui m'ont introduit pour la première fois auprès de Mme Récamier savent bien que c'était là ma crainte, et que le critique en moi résistait : mais un si doux charme attirait d'ailleurs vers cette

---

[1] Expression du comte Joseph de Maistre.

femme gracieuse qui s'était consacrée à René vieillissant, qu'il fallut bien céder en définitive et faire comme tous ceux qu'elle a vaincus. Quand un critique cède pourtant et qu'il se laisse aller à son plaisir, ce n'est jamais pour lui sans conséquence : c'est en louanges qu'il doit payer son écot. J'ai essayé de rendre plus d'une fois ce qu'il y avait de nuances flatteuses dans ce monde d'élite où M. de Chateaubriand ne s'encadrait que par un seul aspect ; je me suis fidèlement prêté à la perspective. Il m'est pourtant arrivé, même dans ce monde de bonne grâce, de résister plus d'une fois aussi, de me refuser tout net à parler au public de tels ou tels des ouvrages du maître publiés depuis 1834. Même en cédant, j'insinuais mes réserves, comme lorsque j'ai parlé de son dernier ouvrage sur Rancé : je me comparais tout bas à la cigale obligée de chanter dans la gueule du lion.

En deux ou trois circonstances, M. de Chateaubriand a daigné prononcer mon nom avec éloge : j'y fus sensible comme je le dus, moins encore peut-être qu'à la crainte de me voir enchaîné par là, comme par un carcan d'or, au pied de sa statue. J'apprécie certainement les éloges personnels venant d'une telle plume ; je n'ai pas moins ressenti combien en toute circonstance M. de Chateaubriand s'est montré peu favorable et même contraire à l'ordre d'idées et d'efforts poétiques auxquels ma jeunesse s'est associée, et que sa vieillesse était faite pour accueillir, puisque la source avait jailli sous son ombre et comme entre les pieds du vieux chêne.

De tout cela il résulte que je me suis considéré comme parfaitement libre aujourd'hui, et que j'ai usé de cette liberté en l'appliquant selon la mesure de mon jugement au plus illustre de nos écrivains modernes. Dégagé de tout rôle et presque de tout lien, observant de près depuis bientôt vingt-cinq ans les choses et les personnages littéraires, n'ayant aucun intérêt à ne pas les voir tels qu'ils sont, je puis dire que je regorge de vérités. J'en dirai au moins quelques-unes. C'est la seule satisfaction de l'écrivain sérieux dans la dernière moitié de la vie.

Septembre 1849.

DISCOURS D'OUVERTURE

POUR SERVIR

D'INTRODUCTION AU COURS DE LITTÉRATURE FRANÇAISE,

Prononcé le lundi 30 *octobre* 1848,

Dans la salle académique de l'Université de Liége.

Messieurs,

Mon premier mot est pour réclamer votre bienveillance. Nommé par le Roi, appelé par la confiance du Gouvernement à une chaire longtemps occupée par un maître excellent et vénéré [1], associé tout d'abord comme collègue aux hommes distingués qui composent cette Université savante, j'ai beaucoup à faire pour justifier cet honneur. Tous mes efforts seront consacrés à y réussir. Vous seuls pourtant, Messieurs, pouvez me mettre à même d'atteindre complétement un but et un objet qui n'est autre que vous. La parole du maître ne saurait avoir son entier effet et son inspiration véritable que dans une communication vive et sentie avec le jeune auditoire. Ce n'est pas en un jour qu'une telle sympathie se conquiert; j'espère la gagner avec le temps; mais, dès le premier jour, qu'il y ait au moins entre nous un premier lien.

Pourquoi ai-je désiré venir ici, hors de mon pays, parmi vous? Messieurs, permettez-moi de m'adresser cette question comme en votre nom, afin de me donner le droit d'y répondre. Je ne voudrais pas, et vous ne voudriez pas qu'il y eût dans mes paroles rien qui pût paraître un reproche, une ingrati-

---

[1] M. Lesbroussart, auteur de *Fables* et d'un grand nombre d'écrits estimés.

tude pour ce que j'ai quitté; mais ce que je suis venu chercher en Belgique, Messieurs, je puis hautement le dire : j'y suis venu chercher un pays d'entière et de véritable liberté. Cette liberté, je le sais (et je l'ai déjà éprouvé peut-être), a bien quelques petits inconvénients pour ceux même qui l'estiment à si haut prix; mais quand elle est véritable, c'est-à-dire quand elle sait elle-même se limiter au sein de l'ordre et respecter en définitive les droits de chacun, elle vaut la peine qu'on fasse quelques pas pour elle. On a, dans ces derniers temps, inventé ou renouvelé bien des devises dont les murs se sont tapissés et dont les carrefours ont retenti : pour moi, je n'en sais qu'une que j'ai toujours ambitionné de voir inscrite au seuil, au foyer de toute existence d'homme de Lettres, et de la mienne en particulier : *liberté* et *dignité*.

J'ai hâte d'en venir aux sujets d'étude paisible qui doivent seuls nous occuper et desquels nous n'avons aucun de nos instants à distraire si nous voulons y suffire. Et d'abord il m'importe d'établir dans vos esprits comment je comprends mes nouveaux devoirs, et quelle différence je fais entre la charge du professeur et le rôle de l'écrivain.

L'écrivain (je parle surtout de l'écrivain critique, de celui qui traite à peu près des mêmes matières que le professeur) est libre, indépendant; il n'a, dans la variété de sa course, à suivre, s'il le veut, que son instinct individuel et ses goûts divers. Éclaireur avancé, armé à la légère, il pourra sortir souvent de la route tracée pour tenter l'aventure, pour reconnaître ce qui a pu échapper au gros de l'armée, pour accroître, s'il se peut, le butin commun. Quoique, dans ce genre d'histoire qui s'applique aux monuments de l'esprit, le hasard ait moins de part que dans les résultats de l'histoire générale, il y entre aussi pour quelque chose : les livres et les auteurs ont leurs destinées, comme le reste. Il s'agit donc, pour l'écrivain critique doué de curiosité et enclin à l'investigation, de réviser parfois les arrêts sévères, de corriger les préférences trop inégales, de protester, — non pas, c'est inutile, — mais de disserter à propos de certains jugements consacrés, et d'amener ainsi des explications qui rendent les classements plus justes, les conclusions plus larges et plus compréhensives. En un mot, on pourra par moments avoir l'air de harceler la tradition, afin de la forcer à devenir plus complète et plus fidèle. Dans ce procédé du critique, il se glissera sans doute plus d'une chance de témérité et d'erreur : cela le regarde, car c'est en son propre nom, c'est à ses risques et périls qu'il se conduit.

La position du professeur est tout autre, et son devoir autrement tracé. Guide reconnu, il devra peu s'écarter de la grande route, ou, s'il en sort un moment, bien savoir d'avance où il se dirige, et ne se pas attarder dans les sentiers. Toute école buissonnière lui est interdite ; il va droit aux monuments. Sans s'interdire ce qui peut en diversifier les alentours, il s'attachera surtout à ce qui peut en éclairer les accès. A l'époque de critique avancée où nous sommes parvenus, tout a été dit à peu près au sujet des principales œuvres, tout a été controversé, de ce qui pouvait l'être. En tenant compte de la différence des points de vue et en tâchant d'en tirer de justes lumières, celui qui enseigne saura se garantir des partis exclusifs. Le caractère de notre époque est historique plutôt que dogmatique. Madame de Staël l'a depuis longtemps remarqué : parlant du premier écrit de M. de Barante, du *Tableau de la Littérature au dix-huitième Siècle*, et de l'esprit d'interprétation un peu circonspect que le jeune critique y avait porté : « Le dix-huitième siècle, disait-elle, énonçait les principes d'une manière trop absolue; peut-être le dix-neuvième commentera-t-il les faits avec trop de soumission. L'un croyait à une nature de choses, l'autre ne croira qu'à des circonstances. L'un voulait commander l'avenir, l'autre se borne à connaître les hommes. » Pourtant, connaître les hommes n'est pas assez quand il s'agit des œuvres ; et tout en s'appliquant à bien caractériser les productions de l'esprit comme l'expression d'un temps et d'un ordre de société, on ne saurait négliger d'y saisir ce qui n'est pas de la vie passagère, ce qui tient à la flamme immortelle et sacrée, au génie même des Lettres.

Ce génie, une fois excité, ne se tient pas immobile et ne s'enferme pas dans les formes toujours étroites des écoles. Ceux qui en sont dignes choisissent eux-mêmes l'autel où ils allument leur flambeau. Les uns entrent dans le royaume du Grand et du Beau par Homère et par Sophocle, les autres par Dante, les autres par Shakspeare. Gardons-nous de diminuer les accès et de fermer aucune voie. La route qu'il nous est donné de parcourir doit être une des principales; elle ne saurait être la seule. On ne peut étudier en détail que quelques monuments. Saluons de loin plus d'un temple sur les collines, indiquons les sentiers qui mènent, et laissons faire : il est bon que chacun ait à gravir. Si le maître a, sur quelques points, des vues qui lui soient plus particulières, il se bornera à les faire sentir au passage, sans y abonder et sans y trop insister. Il informera la conscience littéraire des élèves, sans prétendre la soumettre. Il est un certain milieu éloigné de toute secte et de toute doctrine singulière : c'est la région véritable où l'enseignement doit rester.

La tradition a mille fils et mille nœuds dont l'ensemble faisait sa force : ces liens du passé sont en train de se briser chaque jour ; nous essayerons d'en renouer du moins quelques-uns. Nous vivons à une époque peu propice à la durée des choses délicates : et quoi de plus délicat que la transmission littéraire? L'autre jour, en quittant Paris (permettez-moi ce souvenir), je voyais un exemple frappant de ces vicissitudes qui ne se bornent pas seulement aux empires, et qui s'étendent au théâtre des choses de l'esprit. La Harpe, Messieurs, était un éminent critique ; ses défauts, tout le monde les sait aujourd'hui, et nous avons été assez vif à les dénoncer nous-même ; mais ses qualités littéraires étaient rares : il avait l'enthousiasme du goût. Le plus distingué des élèves de Voltaire, il fut en France le premier qui introduisit régulièrement l'éloquence dans la critique. Ses Cours que nous lisons encore avec profit, et qui pour de certaines pages d'analyse, dans les matières qu'il possédait bien, n'ont pas été surpassés, — ses Cours ont eu, à leur début, un succès dont son livre, tel qu'il existe, ne saurait donner une juste idée. La Harpe lisait, mais il lisait admirablement, et l'on n'était point alors habitué aux miracles de la parole improvisée, de même qu'on n'eût pas supporté volontiers les tâtonnements et les à-peu-près qu'elle impose. C'était au Lycée (autrement dit à l'Athénée), vers 1787, que La Harpe lisait ses leçons durant les dernières années brillantes et paisibles qu'a eues le règne de Louis XVI. L'élite de la société se réunissait à ces séances, les lettrés, les jeunes gens, les femmes du monde : c'était une fête de l'esprit. Lorsqu'après les mauvais jours de la Révolution il reparut dans la même chaire du Lycée, il y retrouva un succès pareil, bien que moins pur et trop empreint des passions déclamatoires de l'époque. Quoi qu'il en soit, cette chaire du Lycée honorée par un tel succès, par un tel concours d'auditeurs, était restée célèbre : Garat, Chénier, Ginguené, Lemercier, — des savants diserts tels que Fourcroy ; — plus tard, Gall, Benjamin Constant, M. Mignet, s'y étaient successivement assis. L'autre jour donc, depuis Février de cette année, passant par la rue Saint-Honoré, au coin de la rue de Valois, j'aperçus un magnifique estaminet, dit l'*Estaminet des Nations*, tout éblouissant de lumières : j'hésitai d'abord à y reconnaître les salons du respectable et toujours un peu sombre Athénée. Je montai pourtant, je voulus m'assurer du lieu : c'était bien le même. Là où les derniers vieillards du dix-huitième siècle s'étaient réunis, et où j'avais entendu causer Lacretelle aîné, Tracy, Daunou, on jouait autour d'un immense billard ; et la place justement qu'avait occupée la chaire, le fauteuil de La Harpe et de ses successeurs, n'offrait plus à mes yeux qu'une table où fumait le punch : permis à tous de s'y asseoir. J'étais le seul qui apportât dans ces lieux un souvenir.

De telles transformations ne seraient qu'un accident, une simple vicissitude tombant sur des objets matériels, si l'esprit des choses du moins se maintenait et survivait, si la vie littéraire, éclipsée d'un côté, se transportait au même moment ailleurs, et s'il n'y avait que déplacement dans la marche toujours visible du divin flambeau :

> Et quasi cursores vitaï lampada tradunt.

Mais à force de se déplacer souvent et de changer de mains, les lumières littéraires courent risque de s'éteindre ; et, malgré l'extrême progrès dont nous nous vantons, cette transformation du Lycée, je l'avoue, est restée pour moi un symbole.

Vous m'aiderez à dissiper ce triste augure, Messieurs, et à croire que l'éclipse n'est que passagère. Si l'enseignement a ses charges sévères, il a aussi ses douceurs. Aux heures d'aridité et de doute, on doit être heureux de retrouver du rafraîchissement au contact de jeunes intelligences. Un moraliste aimable qui a sa place à côté de Vauvenargues, un ami de Chateaubriand et de Fontanes, M. Joubert, parlant à un autre de ses amis poëtes (Chênedollé), qu'il voulait décider à accepter une place d'inspecteur dans l'Université, lui adressait des paroles qui m'ont paru d'une application plus générale et d'une vérité autant que d'une grâce insinuante :

« Je vous préviens, écrivait-il à son ami au sujet de ces fonctions nouvelles, je vous préviens qu'il y a deux moyens infaillibles de s'y plaire : le premier est de les remplir parfaitement ; car on parvient toujours à faire volontiers ce qu'on fait bien. Le second est de vous dire que « *tout ce qui devient devoir doit devenir cher.* » C'est une de mes anciennes maximes, et vous ne sauriez croire quelle facilité étonnante on trouve dans les travaux pour lesquels on se sentait d'abord le plus de répugnance, quand on s'est bien inculqué dans l'esprit et dans le cœur une pareille pensée ; il n'en est point (mon expérience vous en assure) de plus importante pour le bonheur.

« Il y a aussi, continuait M. Joubert, une manière d'envisager les devoirs dont il s'agit, qui leur ôte tout leur ennui (il s'agissait, Messieurs, d'une place d'inspecteur, non de professeur), et qui les rend même agréables et beaux aux imaginations intelligentes : c'est de ne considérer dans les écoliers que de jeunes âmes, et dans les maîtres que des pasteurs d'enfants, à qui l'on indique les eaux pures, les herbes salutaires et les poisons. On devient alors un inspecteur virgilien, qui peut dire :

> Non insueta graves tentabunt pabula fœtas,
> Nec mala vicini pecoris contagia lædent.

« Il faut savoir aussi, poursuit toujours l'aimable moraliste, qu'en dépit du siècle, il n'y a rien de si docile et de si aisé à ramener au bien et aux anciens pâturages que ces troupeaux et ces bergers. De la fermeté, du bon sens, mêlés d'aménité et de sourires, font fleurir partout où l'on passe les semences des bonnes mœurs, de la piété, de la politesse et du bon goût. Tout cela est encourageant, et en voilà peut-être plus qu'il n'en faut pour décider un honnête homme, un philosophe et un poëte. »

M. Joubert est poëte lui-même plus qu'il ne le croit; il embellit, il aplanit ce qu'il touche; mais quand même l'œuvre devrait être moins facile, et la tâche moins riante qu'il ne la fait, la vue qu'il nous donne a du vrai; c'est un idéal qu'il n'est pas mal d'avoir devant les yeux et qui repose.

Messieurs, le Cours que j'entreprends de développer devant vous embrassera la littérature française dans toute son étendue. Pour mieux y réussir et pour être plus certain d'atteindre les divers âges de cette vaste culture, d'en traverser, si je puis ainsi parler, toutes les saisons, je diviserai notre étude en deux parties, que j'entamerai simultanément, et que je poursuivrai, si j'en ai la force, d'une marche parallèle. La première partie du Cours, qui s'adressera spécialement à MM. les étudiants, comprendra la littérature française dans son cadre classique et régulier, à la prendre dès ses origines et à la mener aussi avant que possible à travers les grands siècles. La prose française se déroulera pour nous dans une perspective ininterrompue, et comme dans une avenue immense, depuis Villehardouin jusqu'à Buffon. Nous en suivrons le glorieux héritage formé de bonne heure, modifié d'âge en âge, et toujours transmis. La poésie française, moins heureuse que la prose, surtout moins constante, nous offrira, au contraire, bien des vicissitudes et des naufrages, des fuites et des retours, avant la venue de Malherbe, et même depuis. — L'autre portion du Cours, destinée à MM. les étudiants encore et à tous ceux qui voudront bien y assister, portera sur une époque toute vivante et familière à chacun, ce semble, mais dont l'histoire littéraire est encore à établir; j'essayerai de poser devant vous les fondements de cette histoire à partir de 1800, et pour la première moitié du dix-neuvième siècle. En un mot, j'ouvrirai d'une part mon sujet à Villehardouin, et de l'autre à Chateaubriand.

Je trouve à cette division plusieurs avantages, dont un seul suffirait pour me décider. Ce n'est pas assez, dans l'étude littéraire, de s'arrêter à considérer le beau, si l'on n'arrive à recevoir, à communiquer le mouvement et la vie. Or, les monuments du passé sont toujours un peu froids; et même quand on sent qu'on a affaire à de grands modèles, il semble, à travers la différence des temps et ce je ne sais quoi d'accompli qu'ajoute la consécration des âges, qu'ils soient d'une autre nature que nous. On n'y entre pas aisément ni tout aussitôt. Un critique éloquent l'a dit[1], les modèles du passé, dans l'admiration traditionnelle qui les environne, ont quelque chose de la splendeur fixe des astres et de la beauté un peu froide des marbres. On peut dire d'eux qu'ils règnent, mais trop souvent qu'ils ne vivent pas. Il n'en est point ainsi des contemporains, ou de ceux qui le sont presque, dont les noms ont lui sur notre enfance,—de ceux dont la gloire nous a vus naître, et que nous avons vus mourir. Ils sont à la fois, pour les jeunes âmes, l'objet d'un culte et d'une espérance; on les voit bien haut, plus haut souvent qu'ils ne méritent d'être en effet et qu'ils ne resteront sans doute; mais jusque dans cette illusion même, on se dit qu'il ne serait peut-être pas tout à fait impossible de marcher sur leurs traces et de les atteindre. Ce sont ces images d'hier qui ont animé nos premiers rêves, qui ont éveillé et troublé notre imagination naissante, et auxquelles nous devons le plus souvent d'avoir été initiés au monde de l'esprit[2]. Chateaubriand! Staël! Lamartine! vous avez fait verser plus de pleurs, vous avez excité plus de pensées, en nos jours, que ne l'auraient pu de plus anciens que vous et de plus sévères. Ainsi Jean-Jacques, ainsi Voltaire parlaient à la jeunesse d'alors un peu plus vivement, je pense, qu'Homère et

---

[1] Coleridge, *Biographia literaria*, chap. I.

[2] Τὴν γὰρ ἀοιδὴν μᾶλλον ἐπικλείουσ' ἄνθρωποι,
Ἥτις ἀκουόντεσσι νεωτάτη ἀμφιπέληται.
(*Odyssée*, I, 352.)

que Platon, ou même que Racine et Malebranche. J'étudierai donc avec vous, Messieurs, les derniers grands contemporains, ces grands séducteurs; je prendrai sur moi de les apprécier réellement en les comparant à leurs devanciers, et de les mesurer sans les réduire. C'est par cette double étude menée de front, et comme mise en regard, que je chercherai à concilier la régularité et l'émotion, l'enseignement positif et la vie.

Dans la première partie du Cours, ce que j'appelle la vie, c'est-à-dire le sentiment vif et varié, le sentiment continu de notre sujet ne nous manquera pas non plus, je l'espère. A commencer par la prose, nous aurons à parcourir bien des diversités piquantes et des renouvellements avant d'arriver à une régularité qui n'a jamais existé qu'à un moment très-court, et encore pas aussi absolument qu'on l'a cru. Quoi de plus riche en contrastes que la série de ces premiers historiens, Villehardouin, Joinville, vos compatriotes Froissart et Commynes, celui-ci déjà politique profond et raffiné, avec un reste, dans le parler, des grâces de l'enfance! Le seizième siècle s'ouvrira pour nous par un grand écrivain en prose, Rabelais, — un écrivain si ample, si complet et si maître en sa manière de dire (pour ne le prendre que par cet endroit), qu'il y aurait vraiment à le comparer à Platon, si l'on ne voyait en lui que la forme, et non ce qu'il y a mis, et que l'on pourrait avancer sans blasphème que la langue de Massillon (encore une fois, je parle de la langue uniquement) n'est, par rapport à celle de Rabelais, qu'une langue plutôt de corruption, de mollesse déjà commençante et de décadence. Qu'aurai-je à dire sur Montaigne, que vous ne sachiez déjà? Comme La Fontaine, on le retient, on le cite à tout propos, on l'aime; en fait de style aussi, quand ils réussissent, les plus irréguliers sont les plus chers. Nous arriverons de la sorte, en allant de nom en nom, jusqu'à Balzac et à l'établissement classique proprement dit, non sans avoir reconnu toute une formation bien antérieure. Mais, pour avoir ainsi parcouru ces premiers âges comme à vol d'oiseau et en ne nous posant que sur les clochers, nous ne croirons pas, Messieurs, avoir épuisé notre étude, ni avoir conquis tout le pays; nous l'aurons effleuré seulement. La vraie langue d'une époque ne doit pas se chercher exclusivement chez les écrivains célèbres, chez ceux dont le génie ou le talent la frappe d'un cachet individuel qui peut être rare ou même unique, et qui a droit de passer pour une exception. La langue moyenne d'une époque se rencontre plus sûrement chez les écrivains qui ne songent pas à l'être, ou qui le sont sans grande distinction originale, chez les traducteurs, les arrangeurs de romans en prose, — chez un bourgeois de Paris dont on retrouve par hasard le registre qu'il tenait pour son plaisir ou pour son ménage. De tels exemples fortuits ne nous feront pas tout à fait défaut; et les indiquer, les laisser de loin apercevoir, là même où l'on n'a pas le loisir de s'y arrêter, c'est déjà redresser la vue et tracer la voie. Ainsi je ferai pour les âges reculés; ainsi encore aux époques si belles du dix-septième siècle et du dix-huitième, à travers les intervalles des chefs-d'œuvre, je serai attentif à vous faire sentir le vrai ton, la vraie saveur de la langue, non pas seulement chez les Pascal, les Bossuet, les Sévigné, c'est-à-dire aux lèvres des souverains génies, mais autour d'eux, chez ceux qui ne sont auteurs que par accident, chez un gentilhomme qui écrit au débotté sur ses négociations ou sur ses guerres, chez un religieux qui dresse des instructions pour ses moines, ou encore, comme le disait Paul-Louis Courier, chez *la moindre femmelette* de ce temps-là. Les petits billets de ces dames du grand siècle et du siècle dernier trouvaient moyen d'être à la fois sans beaucoup d'orthographe et du français le plus excellent. La qualité générale d'une langue (toute part légitime faite aux chefs-d'œuvre) se saisit mieux dans ces exemples tirés du milieu de la société; on y prend sur le fait la langue parlée toujours différente de la langue écrite, et l'on voit aussitôt ce qui est sain dans la circulation et ce qui est déjà en train de se gâter. Grâce à cette façon d'envisager l'arbre avec toutes ses branches et selon tous les jeux de sa sève, ma prétention, Messieurs (et elle est grande), serait que, même aux époques les plus consacrées et les plus solennelles, cette étude que nous ferons en commun nous intéressât, et (tranchons le mot), sans rien perdre de sa gravité, nous *amusât*; car, on l'a très-bien dit, là où il n'y a pas d'agrément, là il n'y a pas, dans le beau sens, de littérature.

En abordant la seconde partie du Cours, nous trouverons d'abord et tout directement la langue arrivée à la période extrême de son développement et à la veille de se corrompre. Cette corruption déjà commencée et très-avancée au sein du dix-huitième siècle était recouverte et corrigée par de magnifiques exemples, par des ouvrages empreints de génie, et par des habitudes encore exquises de langage dans la bonne société. Après dix années de révolution, de désastre et de mélange, où la confusion, la dégradation de toute chose s'affichait avec impudeur et menaçait de se fixer dans la langue même, il s'agissait de réparer. 1802 marqua une ère nouvelle ; il y eut renaissance, retour à l'antique esprit ou du moins à de nobles formes de la tradition, en même temps que reprise du mouvement littéraire extrême du dernier siècle. La décadence fut de nouveau voilée. En un mot, l'automne continua, mais il y eut un air de reprise du printemps. Chateaubriand ressaisit et renouvela avec génie l'œuvre pittoresque de Bernardin de Saint-Pierre, de Buffon et de Jean-Jacques ; la forêt dans son feuillage immense se revêtit de teintes de plus en plus riches et belles, en même temps qu'un souffle plus doux faisait croire à je ne sais quel retour impossible de la fraîcheur. Messieurs, ç'a été là l'inspiration et l'honneur de la littérature française des trente premières années du siècle : elle s'est crue jeune et, par conséquent, elle l'a été ; elle a eu espérance et vie ; elle a conçu de vastes pensées, elle s'était fait de hautes, de généreuses promesses ; elle en a tenu quelques-unes : c'est assez, malgré bien des déceptions et des mécomptes, pour que son renom ne reste pas sans écho dans l'avenir, pour que cette période brillante se détache sur le penchant des âges entre celles qui l'ont précédée et celles qui la suivront ; c'est assez pour mériter une histoire.

Vous me verrez toujours en parler, Messieurs, comme d'une période tout à fait accomplie et terminée. Elle n'est véritablement close que d'hier, mais elle l'est véritablement, je le crois. On peut dire avec certitude que le mouvement littéraire ouvert en 1800 par Chateaubriand et par Mme de Staël, continué depuis par d'autres presque aussi glorieux, est entièrement épuisé aujourd'hui. Depuis ces dernières années, ce mouvement, à vrai dire, n'en était plus un; il ne marchait plus, il traînait. Mieux vaut pour son honneur, peut-être, avoir été coupé nettement, que de s'être prolongé outre mesure, si ralenti et si affaibli. Quoi qu'il en soit, la brèche a été faite; un flot impétueux s'est précipité. Le monde, aujourd'hui, appartient manifestement à d'autres idées, à d'autres sentiments, à d'autres générations qu'il serait encore prématuré de définir. Ceux même qui, après avoir le plus marqué dans la période précédente, se posent résolûment comme les guides et les oracles du mouvement présent, du mouvement futur inconnu, ne réussissent à le faire que parce qu'ils ont totalement rompu avec leur passé, avec leurs souvenirs, leurs idées, leurs inspirations premières, — avec tout, excepté avec leur talent. Ce sont désormais des hommes nouveaux, et nous pouvons parler d'eux au passé tout à notre aise, avec le seul respect qu'on doit à d'illustres morts; car cela ne les concerne plus aujourd'hui.

Depuis 1800, la période littéraire se partage et se coupe exactement en trois portions distinctes, et comme en trois étages, en trois terrasses successives, le long d'une pente que nous descendrons : 1° Le Consulat et l'Empire ; 2° la Restauration ; 3° enfin ces dix-huit dernières années. Ces dix-huit années, j'ai hâte de le dire, ne deviendront jamais pour nous l'objet d'un Cours spécial et détaillé; elles se rapprochent trop sensiblement de nous, elles tiennent à trop d'intérêt et d'amours-propres tout récents et tout vifs; la libre critique pourrait y ressembler à de la polémique, ce que l'enseignement ne doit jamais faire. Il nous suffira de bien déterminer les caractères généraux de la littérature qui y a prévalu : les applications seront ensuite faciles à chacun. Mais l'Empire, mais la Restauration, voilà de riches et neufs sujets littéraires, une succession déjà ouverte à l'histoire; il y a là de quoi nous retenir plus d'une année.

L'Empire d'abord et le Consulat. — Je vous ai nommé les

deux grands noms alors rivaux, et depuis unis dans une admiration commune. Jusqu'en 1814, M. de Chateaubriand et Mme de Staël semblaient pourtant une exception ; ils étaient jugés *excentriques* par rapport à la littérature de l'Empire proprement dite, qu'ils devançaient et qu'ils débordaient. Ce qui fait leur supériorité et leur gloire, c'est moins encore le talent direct qu'ils ont montré dans leurs œuvres, que d'avoir ainsi versé le souffle devant eux et communiqué la flamme. Mais en leur rendant cette haute justice, en les replaçant à leur rang d'initiateurs, nous nous garderons d'être injuste et écrasant pour les autres de moindre haleine, pour les divers groupes distingués et estimables que nous offrira la littérature de ce temps. Lorsqu'à côté de Chateaubriand, nous aurons étudié Fontanes, Joubert, Chênedollé ; lorsqu'à côté de Mme de Staël, nous aurons désigné Benjamin Constant, Schlegel (un moment critique en langue française), M. de Sismondi dans sa verdeur première, M. de Barante à ses débuts et quelques autres, nous ne négligerons pas les écrivains déjà formés, que la philosophie du dix-huitième siècle léguait au dix-neuvième ; — les écrivains de la *Décade*, Ginguené en tête ; — les membres de la petite société d'Auteuil, Tracy, Cabanis, Fauriel alors jeune, Pariset, Thurot ; — Marie-Joseph Chénier et Daunou, se tenant un peu à l'écart ; — le spirituel et très-aimable cercle qui se rangeait autour du patriarche Ducis comme à l'ombre d'un vieux chêne, Collin d'Harleville, Picard, Andrieux. Les critiques de l'ancien *Journal des Débats*, Geoffroy, Feletz, Dussault, se rattacheront par Hoffman à ces autres critiques un peu usurpateurs du *Journal de l'Empire*, à ces feuilletonistes voltairiens qui entrèrent à la suite de M. Étienne, et qui seront plus tard les rédacteurs du *Constitutionnel*. Nous relèverons ainsi, durant la période de l'Empire, tout ce qui l'a traversée d'un peu mémorable pour le talent et (chose plus rare) pour la pensée, ce qui lui venait d'auparavant et ce qui s'est prolongé depuis : car ce serait injustement la restreindre, cette période, que de n'y voir et de ne qualifier de son nom que ce qui y a débuté et ce qui ne lui a pas survécu, et de lui donner pour type exclusif Luce de Lancival ou Esménard.

Aujourd'hui que les perspectives d'alors se sont éclaircies, que la distance a marqué les vraies hauteurs et que les classifications d'école, en un tel sujet, s'évanouissent, il nous sera permis, à côté (dirai-je au-dessus?) des noms de Chateaubriand et de Mme de Staël, de saluer un autre grand écrivain de l'Empire, et certes le plus imprévu de tous et le plus involontaire, le rival en tout de César, — Napoléon. On a bien publié les *Œuvres de Louis XIV;* nous parcourrons donc avec vous les *Œuvres de Napoléon,* qui ne forment pas moins d'une dizaine de volumes bien authentiques, signés en mainte page de son cachet, — de la griffe du lion.

A l'extrémité et au nord de l'Europe, à son belvédère de Saint-Pétersbourg, nous aurons à noter un témoin au regard perçant, un ironique et impitoyable juge, qui écrit, lui aussi, avec une plume d'airain, Joseph de Maistre; et dans ses montagnes du Rouergue, M. de Bonald, opiniâtre et boudeur; — les patrons tous deux et les prophètes d'une Restauration impossible. Ils nous donneront sous l'Empire les points extrêmes de notre horizon [1].

Quant à la Restauration, Messieurs, non telle qu'ils la voulaient, mais telle qu'elle s'est faite, il me serait difficile ici de classer par avance ses richesses littéraires si abondantes, et l'ensemble vous en est suffisamment connu. Les forces intellectuelles et littéraires de la Restauration émanèrent à la fois de trois foyers, de trois centres principaux d'action : du salon de Mme de Staël; de la tête du parti monarchique, représenté par M. de Chateaubriand; et aussi d'une simple école, d'abord obscure, de l'École normale, et des élèves puissamment doués qui s'y groupaient à la fin de l'Empire, au pied de la chaire de M. Royer-Collard. On peut dire que ces trois courants divisés, ou rapprochés sans se confondre, traversèrent dans toute son étendue la Restauration, et la fertilisèrent réguliè-

---

[1] Le temps m'a manqué pour tenir tout ce que promettait ce programme ; mais ce qu'il ne m'a pas été donné d'achever sous forme de Cours suivi et d'enseignement, je l'ai essayé depuis dans les *Causeries du Lundi*, en chapitres détachés et comme à bâtons rompus. Je n'ai pas tout à fait failli à mon engagement.

rement, comme en étant les artères principales. Mais il y eut en sus les accidents imprévus, les talents individuels, un Paul-Louis Courier, un Béranger, nés tout entiers d'eux-mêmes; le génie poétique d'un Lamartine, descendu un matin on ne sait d'où, et nous dirions volontiers du Ciel, s'il n'avait montré depuis combien il tenait à la terre. La poésie lyrique éclatant dans une floraison tardive et soudaine; l'histoire, — l'histoire philosophique, raisonnée et savante, — ou épique, narrative et pittoresque; la critique littéraire sous toutes les formes et sous celles même qui simulaient l'originalité et jouaient la création; l'intelligence impartiale et presque passionnée des âges précédents; une curiosité expansive et sympathique vers toute noble source, vers toute belle forme contemporaine étrangère : voilà en quelques traits l'aperçu d'une époque qui était encore en pleine production au moment où elle fut interrompue et où l'heure de la dispersion sonna. Ce qui la distingue par-dessus tout et ce qui faisait sa force, c'est qu'elle avait le sentiment d'organisation et d'ensemble, sentiment qui s'est fort affaibli depuis dans les Lettres, tellement qu'il a pu apparaître dans la période dernière des individus de talent, mais qu'il ne s'est plus reformé de groupe puissamment animé.

Je causerai devant vous (j'ai presque dit avec vous), Messieurs, de toutes ces choses. Ma pensée se complétera, se corrigera plus d'une fois en songeant en quel lieu et devant qui je parle. Je parle dans une contrée de langue française, mais qui, de tout temps, a eu son mode d'existence propre, et qui se rattache maintenant à une vraie nation. Tout pays qui a un vif sentiment de sa nationalité ne saurait manquer d'une littérature. La Belgique l'a déjà prouvé; et, avec ce sens qui la caractérise, elle a pourvu d'abord, dans sa renaissance politique, au plus solide et à l'essentiel, à ce que j'appellerai le corps d'armée de la littérature : elle a produit ses modernes historiens; et il me serait facile d'en saluer ici même, sans sortir de cette enceinte [1]. — Dans l'étude du passé, j'aurai

[1] M. Ad. Borgnet, alors recteur de l'Université, est l'auteur de l'*Histoire des Belges à la fin du XVIIIe siècle*.

plus d'une fois à m'instruire et à m'informer aux sources prochaines, à me souvenir de ce qui me sera donné par les échos d'alentour. Le second monument le plus ancien en date de la langue romane du Nord, de celle qui deviendra plus tard la langue française, est sorti d'un monastère du Hainault : c'est le *Cantique de Sainte Eulalie.* Le célèbre *Roman de Renart* qui faisait les délices du moyen âge — du moyen âge du Nord également, — l'une des productions d'alors qui ont le moins perdu aujourd'hui, est, selon toute probabilité, d'origine belge : et de nos jours ne retrouverait-on pas encore quelque chose de cette veine transmise aux environs, dans quelque conteur moraliste, dans quelque fabuliste malin[1] ? J'ai nommé Froissart et Commynes, de vraies gloires. La Cour de Bourgogne fut le siége de cette décadence pompeuse des quatorzième et quinzième siècles, qui se délectait aux belles joutes, aux grands romans et aux contes. Les noms des seigneurs de Brabant, de Flandre, de Hainault, reviennent à tout moment dans les vieilles histoires, et Ogier, dit le *Danois*, était de Liége[2].

Mais le génie des lieux, pour rendre ses oracles, veut être consulté avec lenteur, et on ne le brusque pas en un jour. S'il y a des côtés prompts et saillants, il en est d'autres qui se dérobent. C'est d'ici, c'est de chez vous, Messieurs, qu'un matin, au siècle dernier, est sortie une voix harmonieuse qui a aussitôt enchanté le monde : il suffisait d'une oreille et d'un cœur pour la sentir. Tout n'est pas aussi courant et aussi facile. Même quand une contrée peut inscrire aux deux extrémités de sa zone brillante le nom de Rubens et celui de Grétry[3], elle garde encore bien des richesses dans ses replis, de ces produits intérieurs qui ne sautent point aux yeux et qui ne se livrent qu'avec le temps. Le sol a ses sources, il a ses mines profondes. Et, par exemple, la vieille langue, le vieux patois,

---

[1] M. Rouveroy, de Liége, a fait des *Fables* estimées dans le pays : celles de M. le baron de Stassart sont connues en France.

[2] De Liége ou des environs. — Voir la préface du roman d'*Ogier l'Ardenois*, publié par M. Barrois (1842).

[3] Rubens né à Anvers, Grétry à Liége.

sur ces confins des collines liégeoises où s'est fait dès l'origine le partage des idiomes germaniques et romans, tellement que Charlemagne, siégeant à Aix-la-Chapelle, avait presque un pied en terre française, — le vieux patois wallon a ses secrets et ses mystères que vos érudits sont en train de débrouiller [1]. La chanson wallonne a ses gaietés qu'il ne faut qu'être du peuple pour goûter et bien entendre. Vous m'accorderez quelque délai, Messieurs, pour prendre connaissance de ces singularités, et me former une idée des rapports qu'il serait intéressant d'établir entre notre étude générale et ce qui vous est particulier. Je crois sentir qu'avec du temps, et si vous voulez bien me faire un peu de crédit, mon zèle y pourra suffire. On a dit de certains esprits que, pour qu'ils soient à leur aise et qu'ils aient tout leur jet, il faut qu'ils se sentent dans *l'air tiède* de l'indulgence.

Et vous, Messieurs les étudiants, je vous adresserai ce dernier mot pour aujourd'hui. Mon vœu le plus cher serait non pas d'exciter, mais d'entretenir en vous, à l'exemple de mon respectable prédécesseur et à la suite de tant de dignes maîtres, le culte des belles connaissances, ce goût des choses de l'esprit sans lequel l'homme civilisé n'atteint jamais à toute la noblesse de sa destinée ni à tout le fini de sa nature. Il y a dans les connaissances littéraires une portion positive, essentielle, utile, qu'un jeune homme qui a passé par les écoles ne saurait convenablement ignorer : cette portion-là, il faut l'acquérir, la

---

[1] Le patois wallon n'a pas été assez étudié en France par les jeunes érudits qui ont défriché notre moyen âge. C'est une branche essentielle, et mieux qu'une branche, de la langue générale des Trouvères. M. Ch. Grandgagnage en publie un *Dictionnaire étymologique* dont deux volumes ont paru. M. Littré en a rendu compte dans le *Journal des Savants* (décembre 1857). — Parmi les poésies en wallon, j'indiquerai un *Choix de Chansons et Poésies wallonnes*, recueillies par MM. Ferd. Bailleux et Jos. Dujardin (Liége, 1844); et les *Poésies en patois de Liége*, recueil original de M. Simonon, le plus distingué de ces poëtes du lieu (Liége, 1845). — Depuis lors, un fort joli volume intitulé : *Fleurs des vieux Poëtes liégeois*, a été publié par MM. Peetermans et Helbig, 1859; mais ce ne sont plus des poésies wallonnes; elles sont en langue française, de la seconde moitié du seizième siècle et de la première moitié du dix-septième (1550-1650).

posséder, prouver au besoin qu'on en est muni ; mais elle ne suffit pas. C'est dans quelque chose de plus vif, de plus désintéressé, dans ce qui n'est pas simplement utile, que consiste surtout l'honneur et l'inspiration des Lettres. C'est la douceur de sentir et de rendre, c'est l'émotion élevée et généreuse, enfin c'est le charme aussi qu'il faut leur demander. Je ne vous dirai rien là-dessus que vous n'ayez déjà entendu de la bouche de Cicéron, c'est-à-dire du mortel qui les a le plus honorées et aimées. Ne craignez de moi aucun faux enthousiasme. L'utile, oh ! je le comprends, et je n'en veux pas médire. Les études positives et sévères sont la base de tout. Acquérez le solide, Messieurs ; en ces temps-ci, c'est la force de l'homme de tout porter avec soi. Mais à côté, mais au-dessus, laissez place à un peu de fantaisie, si elle veut naître, — à la flamme sur le front d'Iule — non pas sur le front seulement, mais dans le cœur. Après tout, quelles que soient les destinées futures du monde et la prédominance des intérêts sur les idées, rien ne vivra dans la mémoire, rien ne se transmettra que par les Lettres. Ces événements eux-mêmes qui les effacent un moment et les éclipsent comme aujourd'hui, ces catastrophes qui paraissent si considérables aux contemporains, que seraient-elles sans le génie des Lettres ? Que sembleraient-elles à distance dans leur chaos, si l'historien ne les débrouillait, ne les présentait sous un jour plus net, et ne leur donnait, par la puissance de l'esprit, je ne sais quel ordre et quelle grandeur, que souvent il serait difficile de leur trouver dans la réalité ? Le peuple de l'histoire par excellence, les Romains le savaient bien. Les moins purs d'entre eux par les actes et par les mœurs étaient capables de cette foi dans la pensée, de ce culte de l'avenir, qui ennoblit et qui relève. Relisez Salluste et les préfaces de ses immortelles histoires : quel éclatant hommage à l'esprit [1] ! quelle séparation généreuse de ce qui est fait pour tomber et de ce qui doit survivre ! quelle part faite à la gloire du talent ! En des jours qui ne sont pas sans ressemblance avec ceux-là, redisons-nous

---

[1] Dux atque imperator vitæ mortalium animus est... (*Jugurtha*, 1).

les mêmes choses, pour relever et raffermir en nous le sentiment de la dignité, de l'énergie humaine. Enfants de ce monde moderne qui n'est que trop destiné à être positif par sa nature, tâchons du moins de prendre exemple, par quelque endroit, sur le peuple qui sut être à la fois positif et grand. Voilà, Messieurs, ce que je ne cesserai de vous redire, ou plutôt ce qui sortira insensiblement, je l'espère, de tout le cours de cet enseignement : car je suis de ceux pour qui la littérature ainsi conçue, ainsi aimée pour elle-même, est comme une religion ardemment embrassée dès l'enfance ; et au milieu de tout ce qui semblait devoir en détacher ou en distraire, les années n'ont fait que la confirmer en moi.

« Car il n'est plus temps de le dissimuler, les écrivains de notre âge ont été, en général, placés trop haut. »

(CHATEAUBRIAND, *Génie du Christianisme*, 3ᵉ partie, livre IVᵉ, chap. v).

« Ce n'est pas qu'on veuille leur ôter leur réputation ; c'est au contraire qu'on veut savoir bien au juste ce qui leur a valu cette réputation qu'on respecte, et quelles sont les vraies beautés qui ont fait passer leurs défauts. »

(VOLTAIRE, article *Esprit*, Dictionnaire philosophique).

PREMIÈRE LEÇON.

La vraie méthode avec les contemporains : — pourquoi l'on commence par Chateaubriand. — De la littérature du xviiie siècle ; son caractère ; — continuité de régime. — Des dix années révolutionnaires. — Littérature du Directoire : — ce qu'elle aurait pu être. — Inauguration de l'Institut : discours de Daunou. — Les Écoles normales. — Mme de Staël sous la république.

Si l'époque du XIXe siècle que nous abordons était aussi bien une époque ancienne, et que nous voulussions la traiter d'une manière soi-disant complète, tout à fait méthodique, qu'aurions-nous à faire pour en établir l'histoire ? A noter, à relever par ordre d'apparition les principaux ouvrages publiés depuis 1800 ; à les classer peut-être par genres ; ou bien encore, à parler des auteurs successivement et à mesure qu'ils nous seraient signalés par la date de leur mort. C'est ce qu'on appelle la *méthode* régulière proprement dite, celle des Bénédictins dans l'*Histoire littéraire* de France. Une Corporation, une Académie n'en admettra jamais d'autre. De la sorte on n'omet rien ; on croit être plus exact, et l'on ne fait que de l'histoire morte. L'avantage d'être contemporains, je veux dire, d'avoir l'esprit vivant de la tradition et le sentiment des vrais rapports, de l'importance relative des hommes et des choses, c'est de pouvoir sortir tout d'abord et sans témérité de cette voie de classification et de catalogue, et d'aller à ce qui a influé, à ce qui compte[1].

[1] Dans un article du *Journal des Savants* où il critique l'estimable ouvrage *de la Poésie française à l'Époque impériale* par M. Bernard Jullien (janvier, 1846, page 17), M. Patin, en signalant les inconvénients de la méthode qui s'attache à des classifications mortes, a très-

Si pour écrire l'histoire militaire des premières années du siècle, on allait au Ministère de la guerre relever le dossier des maréchaux, généraux, par ordre de grade dans la hiérarchie et suivant la date de leur mort, on ferait une histoire militaire bien confuse, et qui serait bien peu fidèle en ce qu'elle mettrait sur le même rang *ex æquo* ceux qui ne le sont pas. Car qu'y a-t-il eu en réalité ? au milieu de tous ces noms, quatre ou cinq grands généraux et vrais capitaines autour du plus grand. Le reste a servi sans doute, mais secondairement et à la suite. Toute la partie originale de l'histoire se retrouve, si l'on sait bien les faits et les combinaisons de ces chefs principaux.

A plus forte raison en est-il ainsi dans l'histoire littéraire, là où les soldats comptent moins, et où les chefs sont presque tout. Nous commencerons donc par le plus grand et le plus signalé des personnages littéraires qui parurent à l'entrée du siècle. Je vous ai fait remarquer que la période des quarante-huit dernières années se partageait assez bien en trois périodes secondaires, de quinze ans à peu près chacune. *Quinze ans*, a dit Tacite, c'est un espace considérable de la vie humaine : *quindecim annos, grande mortalis ævi spatium*[1]. C'est le temps qu'il faut à une génération pour se produire, pour naître, fleurir et régner, puis se trouver en face d'une autre génération nouvelle

bien montré comment il fallait avant tout reproduire le mouvement, l'unité et l'ensemble d'une époque littéraire, et il a tracé le plan d'une histoire de la littérature de l'Empire, telle qu'il la conçoit. Je suis heureux de m'être rencontré avec lui dans la généralité du plan et dans plus d'un détail.

[1] *Agricolæ Vita*, III. Ce mot que chacun peut emprunter directement à Tacite a été fort cité dans ces derniers temps, et par des personnes même qui ne sont pas de grands lecteurs de Tacite : M. de Chateaubriand l'a mis en honneur et en circulation par l'application qu'il en a faite en une de ses pages si lues ; et lui-même il est fort possible qu'il l'eût remarqué et retenu pour l'avoir vu employé dans une excellente Notice sur Rollin par son ami Gueneau de Mussy (1805). Mais le mot n'a retenti pour tous que depuis que le grand Écho l'a répété.

déjà grandie, laquelle à son tour lui dispute l'empire. Eh bien, il y a un homme qui a eu le privilége de durer et de persister, disons mieux, de régner durant les trois périodes, durant les *trois fois quinze ans* que nous avons traversés : trois âges d'homme ! Sous le Consulat et l'Empire il brille du premier jour, dès le premier matin, comme un météore. Sous la Restauration il est à son zénith ; il la remplit. Bien plus, il est au cœur des choses et des luttes de chaque jour, et l'on reconnaît son épée à l'éclair dans chaque mêlée. Sous le dernier régime, il se tient à l'écart, et ne sort plus de sa tente que par intervalles ; il n'a plus, si vous le voulez, qu'un règne *honoraire*, surtout dans ces derniers temps ; mais enfin, le respect, l'admiration ne se sont pas retirés de lui un seul jour ; et celui dont nos pères, encore jeunes, lisaient avec étonnement et avec la surprise de la nouveauté *Atala* ou *René*, voilà que vous cherchez chaque matin avec curiosité ses dernières pages sorties de sa tombe, et toutes parfumées pourtant (au moins quelques-unes) d'un certain souffle de jeunesse et d'un reste de fraîcheur. Il y a là une destinée littéraire et plus que littéraire, une destinée vraiment historique et monumentale, à laquelle se rattache de loin aux yeux de la postérité toute une période accomplie. Ce sont des monarques dans la république des Lettres, que des personnages qui durent comme Voltaire ou comme M. de Chateaubriand. Ils obtiennent, ils usurpent une espèce de sceptre. Je ne prétends pas établir un rang, ni fixer la valeur des œuvres, mais seulement mesurer les rapports apparents et l'étendue du rayon ; et en ce sens, on peut dire que M. de Chateaubriand est et demeurera en perspective le premier, le plus grand des *lettrés français* de son âge.

Mais nous avons à voir en quelles circonstances il s'est produit, et ce qu'était le monde littéraire à la veille de son apparition : car ce fut moins un auteur d'ouvrages complets et parfaits en eux-mêmes qu'un homme de mouvement et d'influence ; et la première des qualités de son génie se trouve encore l'à-propos [1].

La littérature du xixe siècle est séparée de celle du xviiie proprement dit, par un intervalle de dix années qui s'étendent depuis la prise de la Bastille jusqu'au 18 Brumaire, depuis le moment où s'ouvrit la brèche contre l'ancien régime jusqu'au jour où l'on recommença l'ère d'un régime nouveau. Cet intervalle fut tout révolutionnaire, sans aucun repos, perpétuellement coupé par des catastrophes. La plus longue durée de chaque régime (si l'on peut appeler de ce nom le règne éphémère de Constitutions mouvantes) ne passa jamais trois années. Il ne se passa jamais trois ans sans une révolution, — je ne parle pas des insurrections, il y en avait tous les jours, mais sans une révolution, ou un coup d'État comme celui de Fructidor, qui venait avertir que rien n'était établi. Le xviiie siècle, au contraire, avait été une époque toute calme et toute paisible : depuis la mort de Louis XIV jusqu'en 1788, c'est-à-dire durant plus de soixante-dix ans, la France avait joui des bienfaits d'une paix intérieure, que les expéditions et les guerres du dehors n'avaient alarmée et troublée qu'à de rares moments, et n'avaient, le plus souvent, servi qu'à exciter et à ranimer. Fontenoy, Ros-

---

[1] Cet à-propos pour l'éclat, il l'eut toujours, depuis sa première entrée jusque dans les diverses circonstances critiques de sa vie, même dans ce qu'on peut appeler ses *coups de tête* ; il savait prendre son temps et saisir le *joint* des choses. On peut trouver qu'il n'a manqué cet à-propos que par l'heure de sa mort. Et encore, s'en allant à cette heure tardive et confuse, il eut la satisfaction (satisfaction bien triste, mais enfin c'est la dernière des mourants) de voir s'accomplir ce qu'il avait prédit. Il put croire que la société s'en allait avec lui, de même qu'elle avait attendu son signal autrefois pour commencer à renaître.

bach même, n'étaient que des émotions; la guerre d'Amérique était une partie de plaisir. « Après tout, écrivait
« quelqu'un qui avait eu depuis à subir toutes les transes
« de la Révolution, et dont la pensée se reportait vers
« ces soixante-dix années antérieures, ce sont encore
« celles depuis le siècle des Antonins, où il a été le
« moins difficile et le moins périlleux d'exister. » Grâce à
une si longue paix et à un si parfait loisir, la civilisation
était arrivée à une extrême douceur; la vie humaine
avait acquis tout son luxe et tout son raffinement. Le
luxe de l'esprit était en première ligne, et la bonne société le prisait avant tout. Cette *bonne société*, ce qu'on
appelait ainsi, s'était fort étendue, et formait un cercle
imposant. « Des dix années de la Régence, a dit Le-
« montey, il sortit un résultat général qu'on peut réduire
« à ces simples termes : l'influence de la Cour sur la
« capitale diminua considérablement, et l'influence de
« la capitale sur le royaume s'accrut au même degré.
« Toute la destinée de la France jusqu'à la fin du xviiie siè-
« cle sera la conséquence de ces deux propositions. »
Les gens d'esprit qui voulaient se produire dans les Lettres avec distinction n'étaient plus, comme au xviie siècle,
en présence surtout de la Cour, ils avaient à compter avec
l'*opinion;* et cette opinion qui avait ses caprices, ses
vogues[1], ne subit point, durant toutes ces années, de ces
tempêtes et de ces secousses profondes qui changent l'atmosphère des esprits : dans la sphère morale, le même
régime atmosphérique continua. Durant cette période
heureuse et presque unique dans l'histoire, il s'était composé de grands et longs ouvrages, des monuments; et les
écrivains célèbres avaient pu parcourir toute leur carrière, naître à la célébrité, se développer et mourir, sans

[1] Querelles sur la Bulle, sur l'Encyclopédie, querelles sur la musique, sur le commerce des grains, etc., etc.

être à tout moment interrompus, déjoués et harcelés par ces crises sociales et politiques qui brisent les plus prudentes destinées. Montesquieu avait pu fournir toutes les phases de son génie d'écrivain, passer des *Lettres Persanes* aux *Considérations sur les Romains* et s'élever graduellement à l'*Esprit des Lois,* en vertu de son seul mouvement et de son seul progrès intérieur. De telles conditions heureuses aident fort à l'unité et à la dignité ; et si nous reportons notre pensée sur nos écrivains d'aujourd'hui obligés de s'accommoder à deux ou trois régimes différents et souvent contraires, coupés en 1814 et en 1815, en 1830, en 1848, nous serons plus indulgents peut-être pour leur versatilité, en apparence si étrange, et pour leur carrière bigarrée; ou du moins, nous nous l'expliquerons parfaitement.

Voltaire, de même, n'avait eu, dans sa longue carrière, à subir d'autre métamorphose que celle de son talent de plus en plus libre, de son humeur plus pétulante (s'il était possible) et plus audacieuse en vieillissant ; d'ailleurs il se ressemble à lui-même d'un bout à l'autre, et il court risque de se répéter bien plus encore que de se contredire. Jean-Jacques n'avait eu à consulter que les inspirations de la nature, de la solitude, et de sa méditation mêlée de rêve. Ses plus grands orages, après ceux de la Sorbonne, étaient sortis tout formés de son esprit malade et de son pauvre cœur. Buffon, enfin, le plus semblable à lui-même et le plus *un* des hommes de génie, avait pu élever, assises par assises, le monument de son *Histoire naturelle*, sans avoir à se déranger que pour aller et venir en carrosse de sa tour et de son parc de Montbar au Jardin du Roi. Les hommes célèbres du XVIIIe siècle avaient pu mourir et disparaître successivement, Montesquieu (1755), Voltaire et Jean-Jacques (mai et juillet 1778), d'Alembert (1783), Diderot (1784),

Buffon, le dernier, fermant la marche (1788), en croyant à un adoucissement véritable, à un perfectionnement presque définitif de l'espèce et de la race humaine; et comme, après tout, l'homme, même le plus supérieur, ne juge que par ce qu'il voit, il avait fini par se glisser dans le jugement même des plus sages et des plus fermes esprits d'alors, une part d'illusion et d'optimisme, qui était devenue le lieu commun des disciples et la déclamation enthousiaste des générations confiantes. On avait oublié tout à fait que sous l'homme, même le plus civilisé, on atteint vite le sauvage. Aussi, quand sonna l'heure de la Révolution de 89, tout le monde y donna, tête baissée, dès le premier jour; mais le choc fut prompt, le réveil terrible, le désabusement amer et cruel. La culture littéraire fut brusquement interrompue.

Jusqu'à la fin elle avait prospéré sans trop faiblir. Les *Études de la Nature* (1784) et l'adorable histoire de *Paul et Virginie* (1787), le *Voyage en Syrie et en Égypte* de Volney (1787) et ceux du *Jeune Anacharsis* (1788), honoraient d'un pur éclat les dernières années paisibles du règne de Louis XVI. *Le Mariage de Figaro* (1784), à travers les applaudissements et les rires, était déjà un signal menaçant de l'attaque révolutionnaire.

89, en arrêtant les talents déjà formés, en produisit d'autres à l'instant, et la France naquit du même jour à la vie et à l'éloquence politique. Les Romains, qui mettaient volontiers toute la littérature dans l'éloquence, ce grand instrument de gouvernement (*Tu regere imperio...*), disaient que rien n'était plus favorable à la production des talents que les jours d'orage : « Nostra civitas, donec
« erravit, donec se partibus, et dissentionibus, et dis-
« cordiis confecit, donec nulla fuit in foro pax, nulla
« in senatu concordia, nulla in judiciis moderatio, nulla
« superiorum reverentia, nullus magistratuum modus,

« tulit sine dubio valentiorem eloquentiam, sicuti indo-
« mitus ager habet quasdam herbas lætiores [1]. » Ce que
Montaigne, sans en avertir, a traduit de la sorte : « L'é-
« loquence a flori le plus à Rome lorsque les affaires ont
« esté en plus mauvais estat, et que l'orage des guerres
« civiles les agitoit : *comme un champ libre et indompté*
« *porte les herbes plus gaillardes* [2]. » Cela était vrai pour
eux plutôt que pour nous peut-être ; c'étaient de rudes
athlètes, et plus faits que nous à un antagonisme violent :
mais sans contredire ici cette assertion classique, sans
prétendre nier que le souffle des grandes tempêtes aille
chercher jusque dans les profondeurs de la société et y
exciter tous les hommes qui se sentent faits pour les
luttes publiques et pour l'action, il n'est pas moins certain que ces époques en dévorent beaucoup avant l'heure
de la maturité ; et surtout elles effarouchent, elles font
rentrer en elles-mêmes ces autres natures tendres, poétiques, rêveuses, si éminemment littéraires. Virgile court
risque d'y périr, et Horace attendra que la foudre ait
fait silence pour commencer à chanter. Il suivra le précepte de Pythagore : « Dans la tempête il faut adorer
l'écho. » En somme, il ne se fit point, il ne put point se
faire de grandes œuvres, de grandes compositions littéraires durant les dix années ardentes de la Révolution.
La tribune eut ses moments de tonnerre et d'éclat, la
scène eut ses soirées brillantes, comme la presse eut ses
pamphlets du matin. Ces sortes d'œuvres n'excèdent pas
le degré de suite et d'attention que permettent les circonstances. On peut avoir le *Philinte* de Fabre d'Églan-
tine, *le vieux Cordelier* de Camille Desmoulins, et même
l'*Agamemnon* de Lemercier : on ne se met pas à écrire
l'*Esprit des Lois* sous la Constituante ni sous le Directoire ;

[1] Dialogus de Oratoribus, XL.
[2] *Essais*, liv. I, ch. LI, *De la vanité des paroles.*

ou si on se mettait à l'écrire, la plume tomberait des mains bien des fois, et il y aurait tel moment de désespoir où l'on jetterait au feu le manuscrit.

Je conçois même plutôt que d'illustres savants, des têtes puissantes comme celle d'un Lagrange ou d'un La Place, s'isolent au sein des révolutions, s'enferment comme Archimède, dans la haute sphère, dans la sphère d'Uranie,

Edita doctrina sapientùm templa serena,

et développent d'une plume aidée du compas leurs conceptions inaltérables, sans se soucier des troubles de la terre [1]. Mais pour des œuvres littéraires, c'est-à-dire essentiellement humaines, dont la matière s'agite et bouillonne au même moment où l'écrivain la voudrait fixer, il n'y a pas moyen alors : il faut du loisir, du calme, une certaine sécurité pour l'artiste, un temps de repos de la part du modèle.

En un mot, l'artiste humain travaille sur une matière essentiellement mobile et mouvante ; mais si elle passe à l'état de lave brûlante, ce n'est pas le moment de la saisir ; il faut du moins qu'elle soit un peu refroidie.

Ainsi donc, en ces années de la Révolution, il n'y avait pas de place pour composer un grand ouvrage. La circonstance dominait et inspirait tout. Deux ou peut-être trois générations d'orateurs bien vite dévorés (mais non, *deux* générations seulement, ceux de la Constituante et ceux de la Gironde, la génération de Mirabeau et celle de Vergniaud, — car ceux qui vinrent après tuèrent, proscrivirent ; ils furent terribles, et se dispensèrent d'être éloquents) ; — des auteurs dramatiques spirituels ou hardis, et souvent déclamatoires (Picard,

---

[1] L'*Exposition du Système du Monde*, par La Place, est de 1796 ; la *Théorie des Fonctions analytiques*, par Lagrange, est de 1797.

Lemercier, Marie-Joseph Chénier); beaucoup de vaudevillistes dont les gaietés frivoles contrastaient avec le fond sombre du tableau; — des poëtes, comme Fontanes, se faisant journalistes; des critiques comme La Harpe redescendus à la polémique; — chacun vivant au jour le jour, et improvisant, brochant ce que dictait l'esprit de parti ou la nécessité : — tel est, avec des éléments assez riches, mais épars, le tableau peu flatté, et assez fidèle, de l'ensemble de la littérature française, même depuis Thermidor jusqu'au 18 Fructidor, ou jusqu'au 18 Brumaire.

Pour qu'une littérature ait de la vie avec ensemble et consistance, il faut une certaine stabilité non stagnante; il faut, pour l'émulation, un cercle de juges compétents et d'élite, quelque chose ou quelqu'un qui organise, qui régularise, qui modère et qui contienne, que l'écrivain ait en vue et qu'il désire de satisfaire; sans quoi il s'émancipe outre mesure, il se disperse et s'abandonne. Au XVIIe siècle on avait eu Richelieu; on avait eu Louis XIV aidé de Boileau. Au XVIIIe siècle on avait la société, l'*Opinion*, cette reine d'alors. Les grands siècles littéraires ont toujours eu ainsi un juge, un tribunal dispensateur, de qui l'écrivain se sentait dépendre, quelque balcon, ou pour parler comme La Bruyère, quelque *balustre*, duquel descendait la palme et la récompense [1]. Aux époques tout à fait libres, il peut y avoir un moment d'ins-

---

[1] On ne rencontre nulle part, à aucune époque, un ensemble et un concert de réunions aussi accomplies que sous Louis XIV : Chantilly, *l'écueil des mauvais ouvrages;* la jeune Cour de Madame, où Mme de La Fayette et M. de Tréville donnaient le ton; le monde de M. de La Rochefoucauld, de Mme de Sévigné, du cardinal de Retz. On se rappelle les beaux vers dans lesquels Boileau s'est plu à dénombrer tous ces cercles choisis, que couronnaient Chantilly et Versailles :

> Pourvu qu'avec éclat leurs rimes débitées, etc.
> (Épître VII, à Racine.)

piration générale, un souffle universel et rapide qui suffit pendant quelque temps à la production diverse et spontanée des œuvres; mais encore, en y regardant bien, on verrait le plus souvent au-dessous quelque nom de personnage essentiel, central, ralliant et sachant diriger, sans trop le faire paraître, quelque Périclès, quelque Médicis, une Cour d'Élisabeth, ou de Ferrare, ou de Weymar, ou enfin ce cercle plus ou moins précis des jugements publics que les modernes ont compris par le seul mot d'Opinion. Or, sous le Directoire, dans ce pêle-mêle, il n'y avait ni prince, ni opinion régnante, ni public rangé devant vous (*corona*) : de là, toute licence.

Pourtant, on saisirait un moment, vers 1795, où une littérature républicaine parut avoir quelque chance de se développer et de s'établir; les talents ne manquaient pas, non plus qu'une sorte d'inspiration particulière et *sui generis*, dont on trouve des exemples dans les écrits d'alors, dans ceux de Garat, de Daunou, de M.-J. Chénier, de Lemercier, de Benjamin Constant, et dont Mme de Staël a essayé de construire la théorie dans son livre de la *Littérature* publié en 1800. Si le Directoire, en un mot, avait duré avec la Constitution de l'an III, il y avait possibilité de ce côté à l'établissement d'une littérature. Mais cette possibilité n'était que secondaire, et il était impossible que le Directoire durât.

M. Thiers, avec cette vivacité d'intelligence et cette émotion rapide qui le caractérisent, a ressaisi et rendu le sentiment de ce qui aurait pu inspirer cette époque, lorsque dans une page de son *Histoire de la Révolution*, terminant le tableau de la première campagne d'Italie, il s'est écrié éloquemment (Je vous demande, Messieurs, la permission de vous lire cette page, nos leçons devant ainsi se composer en grande partie de lectures que nous ferons ensemble) :

« Jours à jamais célèbres et à jamais regrettables pour nous ! A quelle époque notre patrie fut-elle plus belle et plus grande ! Les orages de la Révolution paraissaient calmés ; les murmures des partis retentissaient comme les derniers bruits de la tempête : on regardait ces restes d'agitation comme la vie même d'un État libre. Le commerce et les finances sortaient d'une crise épouvantable ; le sol entier, restitué à des mains industrieuses, allait être fécondé. Un Gouvernement composé de bourgeois, nos égaux, régissait la république avec modération ; les meilleurs étaient appelés à leur succéder. Toutes les voix étaient libres. La France, au comble de la puissance, était maîtresse de tout le sol qui s'étend du Rhin aux Pyrénées, de la mer aux Alpes. La Hollande, l'Espagne allaient unir leurs vaisseaux aux siens, et attaquer de concert le despotisme maritime. Elle était resplendissante d'une gloire immortelle. D'admirables armées faisaient flotter ses trois couleurs à la face des rois qui avaient voulu l'anéantir. Vingt héros, divers de caractère et de talent, pareils seulement par l'âge et le courage, conduisaient ses soldats à la victoire. Hoche, Kléber, Desaix, Moreau, Joubert, Masséna, Bonaparte, et une foule d'autres encore, s'avançaient ensemble. On pesait leurs mérites divers, mais aucun œil encore, si perçant qu'il pût être, ne voyait dans cette génération de héros les malheureux ou les coupables ; aucun œil ne voyait celui qui allait expirer à la fleur de l'âge, atteint d'un mal inconnu, celui qui mourrait sous le poignard musulman, ou sous le feu ennemi, celui qui opprimerait la liberté, celui qui trahirait sa patrie : tous paraissaient grands, purs, heureux, pleins d'avenir ! Ce ne fut là qu'un moment ; mais il n'y a que des moments dans la vie des peuples, comme dans celle des individus. Nous allions retrouver l'opulence avec le repos ; quant à la liberté et à la gloire, nous les avions !...... « Il faut, a dit un Ancien, « que la patrie soit non-seulement heureuse, mais suffisam« ment glorieuse. » Ce vœu était accompli. Français, qui avons vu depuis notre liberté étouffée, notre patrie envahie, nos héros fusillés ou infidèles à leur gloire, n'oublions jamais ces jours immortels de liberté, de grandeur et d'espérance ! »

Donnez dix ou quinze ans de vie au Directoire, et certainement l'esprit d'enthousiasme si vivement rendu dans cette page, et ressenti dans le temps par plusieurs, aura produit une littérature distincte, ayant sa marque à elle.

La fondation de l'Institut, dont la séance d'inauguration eut lieu le 15 germinal an IV (4 avril 1796), indique encore assez bien le caractère général et comme officiel qu'aurait eu la littérature du Directoire si elle avait pu s'établir. Ce fut Daunou qui prononça le Discours d'inauguration; ce Discours ferme, serré, animé d'une certaine éloquence intérieure, marquant avec rigueur l'enchaînement des idées et la propriété des termes, exprime à merveille les espérances et les vœux que les amis sérieux du régime d'alors formaient pour la destinée connexe des Sciences, de la Philosophie et des Lettres; il n'offre pas seulement le programme des travaux futurs de l'Institut, mais encore celui de la littérature directoriale, datant de l'an III, — de cette littérature un peu sombre et abstraite, mais distinguée, qui révère Sieyes comme son grand pontife caché, qui peut montrer Garat comme le plus brillant de ses prosateurs, Cabanis comme son Vicq-d'Azyr, son physiologiste éloquent, Ginguené comme son critique érudit, Rœderer comme son journaliste ordinaire, et dont M.-J. Chénier a fait entendre le chant du cygne dans son Élégie de *la Promenade*[1].

[1] Fauriel, venu un peu après, aurait été le critique le plus original de cette époque (pour peu qu'elle eût duré), — trop original même; et Daunou, à qui il prodigua l'estime, ne put jamais lui pardonner cette originalité. — Pour rattacher encore à ce moment tous les noms essentiels qui en portent la marque, j'ajouterai que Condorcet en était comme l'oracle révéré : son ouvrage posthume, l'*Esquisse d'un Tableau historique des Progrès de l'Esprit humain*, fut une des premières publications qui inaugurèrent la période que j'appelle de l'an III : elle s'ouvrit en quelque sorte sous ses auspices, et se mit comme en devoir de réaliser dans tous les ordres son philosophique testament. La belle et noble veuve de Condorcet apportait elle-même sa part dans l'héritage en traduisant la *Théorie des Sentiments moraux d'Adam Smith* (an VI), et en y joignant des *Lettres sur la Sympathie*, adressées à Cabanis, dans lesquelles

Quoi qu'il en soit de cette belle Élégie finale (belle par le sentiment plutôt que par le style, et encore plus éloquente que poétique), il est sensible que le côté faible de cette littérature était la poésie[1]. On ne l'admettait qu'à la suite, à la fin, après les sciences mathématiques et physiques qui occupaient le premier rang, après les sciences morales et politiques, et sous le contrôle de la philosophie, qui l'invitait, il est vrai, à s'émanciper, à reprendre son libre essor : mais cette invitation-là ressemblait un peu à celle que l'Empereur faisait adresser un jour aux Comédiens français conviés en partie de plaisir à Saint-Cloud, et que M. de Talleyrand leur transmettait en ces termes : « Messieurs, l'Empereur entend qu'on s'amuse. » — La philosophie, l'analyse, permet à *Messieurs les beaux-arts* de s'émanciper, à condition toutefois de rester patriotes et républicains. Voici, au reste, les passages du discours de Daunou qui se rapportaient aux beaux-arts, compris dans la troisième Classe de l'Institut :

« La troisième Classe[2] de l'Institut est dévouée à ces arts créateurs, qui semblent les chefs-d'œuvre de l'industrie humaine, les derniers produits de toutes les connaissances, de toutes les méditations, et dont néanmoins la destinée, jusqu'à ce jour invariable, fut de commencer l'instruction de chaque

---

elle cherchait à fixer l'accord de la sensibilité et de l'attendrissement avec la raison. Les travaux idéologiques de M. de Tracy, enfin, portent le cachet du même moment et en sont peut-être le plus exact produit.— Quant à Victorin Fabre que nous avons vu le disciple tardif de cette école, il n'en fut jamais, sauf quelques bonnes pages, que le rhétoricien bouffi, et, comme on l'a dit, un *avorton hydropique*.

[1] A la poésie de cette heure médiocrement propice, se rattacheraient encore quelques Contes spirituels, mais prosaïques, d'Andrieux, et le poëme de *la Gastronomie* de Berchoux, publié un peu plus tard (1801), mais conçu et *médité* sous le Directoire. Il sera dit plus loin un mot de *la Guerre des Dieux.*

[2] Ce mot de *Classe* même sentait la gêne et était capable de faire fuir la poésie.

peuple, de précéder partout les sciences physiques et morales, et d'en préparer le retour. Séduite elle-même par ces arts enchanteurs, la tyrannie ne s'aperçoit pas des écueils au milieu desquels ils l'entraînent ; elle se croit couverte de l'éclat des talents et forte de leur gloire, tandis que, provoquant peu à peu l'audace de la pensée et l'énergie des sentiments, les Lettres amènent la philosophie et appellent de loin la liberté.

« La Révolution cependant, alors même qu'elle consommait l'affranchissement des beaux-arts, parut d'abord peu favoriser leur progrès, et un moment le ralentir [1]. Ce n'est pas qu'ils n'aient aussi, durant ces années de commotions et de troubles, offert à la liberté des tributs honorables : souvent l'éloquence, la poésie [2], la musique, ont pris avec un éclatant succès le noble accent du patriotisme; mais lorsque de si grands intérêts occupaient tous les esprits, que de si pressants périls captivaient toutes les pensées, les arts de la paix pouvaient-ils se promettre, au sein de toutes les discordes, d'attirer et de fixer sur eux ces regards rémunérateurs, cet hommage de l'admiration publique, dont l'espoir est nécessaire au talent pour qu'il soit tout ce qu'il peut être? Que dis-je? distrait lui-même par tant d'événements, froissé par les partis, atteint par les malheurs communs, et partageant surtout avec un dévouement assidu les saints devoirs que la patrie imposait à tous les citoyens, le talent retrouvait-il assez pleinement, pour ses travaux paisibles et solitaires, ce loisir calme, ce recueillement religieux, cette attention immobile et profonde réclamés peut-être à un degré encore plus éminent

---

[1] Il est obligé lui-même de reconnaître la décadence et l'abaissement des Lettres durant la Révolution.

[2] Au premier rang de ces *tributs* alors offerts à la liberté par la poésie, il faut compter sans doute les *Odes républicaines au Peuple français, par le citoyen Le Brun, imprimées par ordre du Comité d'Instruction publique*, an III ; on y trouve l'Ode sur le vaisseau *le Vengeur*, mais qui ne suffit pas pour racheter d'horribles strophes dans les pièces qui sont à côté. Marie-Joseph Chénier, dans ses *Poésies lyriques* imprimées en l'an V (chez Didot, à 250 exemplaires), recueillait ses Hymnes et chants patriotiques, que dans la suite ses Œuvres complètes n'ont pas tous reproduits. Il y a quelques nobles et fiers accents ; mais le ton général est sec, aride et déclamatoire.

dans les beaux-arts que dans les sciences, et sans laquelle il n'est pas donné au génie de perfectionner ses ouvrages?

« Mais qui mieux que la liberté, par qui tout s'agrandit et se régénère, peut rouvrir le Temple du Goût[1] et recommencer

---

[1] Le *goût* et la *liberté!* là est le nœud délicat. L'exemple d'Athènes est unique et ne prouve rien. Il y a quelques années déjà qu'un de mes amis fort docte, et d'ailleurs bon républicain, me donnait l'idée d'un joli Essai à faire, sous ce titre : *Que la Censure a été utile au bon goût en littérature*. Je ne conseillerais certes à personne d'essayer de rétablir la Censure ; mais il faut être juste envers ses ennemis, surtout quand ils sont morts. Il en est de la Censure comme de la rime, elle a servi beaucoup à la pensée en la gênant; elle a forcé de s'ingénier, et de trouver ce qu'en temps de pleine liberté on ne se donne pas la peine de chercher. Quand la Censure n'étouffe pas toute pensée comme en Italie, elle l'aiguise. Cela a eu lieu en France au XVIIIe siècle et sous la Restauration. Témoin Fréron, me disait mon judicieux ami. Le lendemain de la première représentation de *l'Écossaise* où il était joué en personne, il écrivit un article furieux, injurieux ; la Censure d'alors refusa l'autorisation. Nouvel article, furibond encore ; — nouveau refus. Tout cela le réduisit à faire l'article : *Relation d'une grande bataille* (voir *l'Année littéraire*, 1760, tome V, p. 209) qui est en son genre un petit chef-d'œuvre, et où il triomphe de la difficulté avec tout le bon goût dont il est capable. Il ne l'aurait jamais fait sans les obstacles que la Censure opposa à sa première colère toute brute. La Censure donna de la finesse, même à Fréron. — Il y a beau jour, au reste, que l'abbé Galiani prédisait à cet égard notre avenir ; il écrivait sous Turgot dans une lettre à Mme D'Épinay (Naples, 24 septembre 1774) : « Dieu vous préserve de la liberté de la
« presse établie par édit! Rien ne contribue davantage à rendre une
« nation grossière, à détruire le goût, à abâtardir l'éloquence et toute
« sorte d'esprit. Savez-vous ma définition du *sublime oratoire?* C'est
« l'art de tout dire, sans être mis à la Bastille, dans un pays où il est
« défendu de rien dire. Si vous ouvrez les portes à la liberté du langage,
« au lieu de ces chefs-d'œuvre d'éloquence, les remontrances des Par-
« lements, voici les remontrances qu'un Parlement fera : « Sire, vous
« êtes un.... » La contrainte de la décence et la contrainte de la presse
« ont été les causes de la perfection de l'esprit, du goût, de la tournure,
« chez les Français. Gardez l'une et l'autre, sans quoi vous êtes perdus.
« Une liberté, telle quelle, est bonne ; on en jouit déjà..... Si vous
« accordez par un édit la liberté, on n'en saura plus aucun gré au
« ministère, et on l'insultera, comme on fait à Londres. La nation de-
« viendra aussi grossière que l'anglaise, et le point d'honneur (l'honneur,
« le pivot de votre monarchie) en souffrira. Vous serez aussi rudes que
« les Anglais, sans être aussi robustes. Vous serez aussi fous, mais
« beaucoup moins profonds dans votre folie. Bonsoir. » — Je cite tout

un siècle de gloire? Ce peuple qui jadis brilla, dans la Grèce, de l'immortel éclat des arts, était un peuple républicain, et parmi nous, sous l'empire même de la monarchie, c'étaient encore les leçons et les exemples des nations libres, leurs monuments et leur histoire, c'étaient les pensées, les sentiments et le génie de la République qui fécondaient les talents et leur inspiraient des chefs-d'œuvre. Quelle renaissance auguste est donc promise à ces arts sublimes, quand la France est devenue plus que jamais leur patrie, et qu'environnés d'institutions républicaines comme eux, ils se retrouvent dans leur antique et naturel élément!

« Il est vrai que l'on a contesté quelquefois l'utilité politique des beaux-arts; des hommes qui les idolâtraient [1] ont feint de redouter leur influence. Mais l'expérience que de grands événements ont donnée, et le progrès qui doit en résulter dans l'étude du cœur humain; mais l'établissement des fêtes publiques, et surtout cette alliance solennelle que contractent dans l'Institut le goût et la raison, la littérature et les sciences [2], tout annonce que désormais, plus éclairée et moins ingrate, la philosophie ne méconnaîtra plus dans les beaux-arts ses organes les plus éloquents et les interprètes qu'elle a besoin d'avoir auprès des nations. Elle sentira tout le prix de l'enthousiasme qu'ils propagent et sans lequel il ne s'est opéré rien d'utile et de grand sur la terre. Si, dans les sciences même les plus sévères, aucune vérité n'est éclose du génie des Archimède et des Newton sans une émotion poétique

---

ceci sans autre but que de montrer que la question de l'accord entre la liberté et le goût n'est pas aussi simple que la posait l'orateur officiel de l'an IV. — (Ce qui précède a été écrit en 1849. Depuis lors l'expérience a continué; après le régime de la liberté absolue si favorable à la grossièreté, on a eu le régime de la liberté restreinte, de la liberté avertie et intimidée; je n'en parle qu'au point de vue du goût : il me semble que quelques écrivains en ont profité pour montrer bien de l'esprit, pour donner à croire qu'ils auraient bien du talent s'ils étaient moins gênés. M. Prevost-Paradol, par exemple, n'a pas à se plaindre de ce régime-là.)

[1] Platon, par exemple.
[2] Il parle pour les beaux-arts et pour la poésie devant la géométrie et l'idéologie dominantes; et il a besoin de précautions : il stipule en quelque sorte les garanties. Belle liberté pour les poètes!

et je ne sais quel frémissement de la nature intelligente[1], comment, sans le bienfait de l'enthousiasme, les vérités morales saisiraient-elles le cœur des humains? Comment circuleraient-elles privées de ce véhicule; comment, dénuées de cette chaleur animatrice, pourraient-elles, au sein d'un grand peuple, se transformer en des sentiments, en des habitudes, en des mœurs, en un caractère? Que deviendraient tant de maximes sociales, tant de généralités abstraites, si les beaux-arts ne s'en emparaient pas pour les replonger dans la nature sensible, les rattacher aux sensations dont elles dérivent, et leur redonner ainsi des couleurs et de la puissance!

« Voilà, Citoyens, quelles ont été jusqu'ici parmi nous, et quelles peuvent devenir sous les auspices de la liberté, les destinées des sciences, de la philosophie et des arts, dont l'Institut national est appelé à seconder les progrès. »

Quoi qu'on puisse dire de ces nobles vœux et quelque ingénieuse que fût la rédaction de l'alliance proposée, la chaîne était courte, et on la sentait. Et c'est ce même Daunou qui, présidant le Conseil des Cinq-Cents, répondait deux ans après (18 septembre 1798) à une députation de l'Institut: « Il n'y a point de philosophie sans patriotisme; *il n'y a de génie que dans une âme républicaine.* »

Du temps de Louis XIV on aurait tout aussi bien dit, devant l'Académie, qu'*il n'y a de génie que dans une âme monarchique*. Et à cette même date où nous sommes, dans un écrit imprimé hors de France, dans sa *Théorie du Pouvoir* (1796), M. de Bonald soutenait que le génie des Lettres ne peut atteindre à la perfection qu'au sein de la monarchie. C'est la prétention systématique inverse. Bonald et Daunou, il faut les renvoyer tous les deux dos à dos. Le vrai génie se rit de ces distinctions et se pose où il lui plaît. — Et la philosophie elle-même, est-ce qu'elle

---

[1] Admirable d'expression et de pensée. — Ce morceau de Daunou est la page vraiment classique du moment.

ne se rit pas du patriotisme et de ces distinctions de peuple à peuple, de ces différentes formes de la politique? La philosophie n'est ni française ni anglaise. La vérité est la vérité.

A côté de l'Institut, une autre fondation qui fut de peu de durée, mais qui débuta avec un certain éclat, les *Écoles normales* ont laissé, dans leurs Leçons imprimées [1], un témoignage honorable de l'esprit et de la tentative de l'an III. Elles s'ouvrirent le 1er pluviôse par les leçons de La Place, de Haüy et de Monge. Bernardin de Saint-Pierre nommé professeur de *Morale*, et pris au dépourvu, parut seulement pour dire qu'il demandait trois mois de répit : « Je suis père de famille et domicilié à la campagne.... » A ces simples mots les applaudissements éclatèrent. Daubenton trouva moyen d'être applaudi dans sa seconde leçon sur l'*Histoire naturelle*, en disant : « Le lion n'est pas le roi des animaux; il n'y a point de roi dans la nature. » Malgré ces légers ridicules, malgré les lacunes et l'interruption trop prompte, il y eut une certaine impulsion donnée. Garat, en quelques séances, se livra selon son usage à de brillantes généralités sur l'Entendement humain et chanta une hymne à l'analyse : après quoi, il rentra dans son repos [2]. L'abbé Sicard,

---

[1] 10 vol. de *Leçons* et 3 vol. de *Débats*, en tout 13 volumes in-8°.
[2] Je donnerai ici une note sur Garat que j'ai écrite, il y a plusieurs années, en venant de causer de lui avec l'un des hommes qui l'avaient le mieux connu : « Garat était un homme très-bon, très-spirituel, mais très-faible de caractère, et dont la tête se montait aisément, dont l'imagination était fertile à trouver des prétextes après coup : esprit et imagination de sophiste brillant. Il commença à marquer dans le monde littéraire par ses trois Éloges couronnés de Suger, de Montausier, et de Fontenelle. Il a beaucoup écrit dans le *Mercure* avant la Révolution. A ses débuts on citait de lui le récit d'une première visite chez Diderot, récit piquant dont celui-ci se montra peu satisfait. Le portrait de Diderot est en charge, mais d'une esquisse gracieuse et légère. — Au temps de l'Assemblée constituante, Garat rédigeait pour le *Journal de*

plus positif, exposa avec suite de judicieuses considérations sur le langage, Volney fit un petit nombre de fortes *Paris* les comptes rendus de l'Assemblée dont il était membre; c'était un travail tout neuf alors, et dont il s'acquitta d'une manière très-distinguée. Condorcet fit la même chose pour les séances de l'Assemblée législative; Daunou essaya ce rude métier durant quelques mois pour le Conseil des Cinq-Cents. — Avant la Révolution, Garat a fait un petit volume sur le chevalier de Bonnard, auteur de poésies légères; sous la Restauration il a fait deux grands volumes sur M. Suard, autour duquel il fait tourner le xviiie siècle. Il a écrit dans les journaux en tout temps, et s'y est dispersé. Vers l'an V, il fonda avec Chénier et Daunou un journal, *le Conservateur*, qui était dans les idées politiques et littéraires de l'an III. On le retrouve vers cette époque dans une quantité de publications périodiques. Il a eu sa sorte de plénitude d'éclat sous le Directoire; mais sa considération sérieuse était déjà atteinte. Garat, ministre de la Justice par les Girondins (en 92), avait eu la faiblesse de les abandonner. Pour premier acte de sa défection, cédant à un inconcevable entraînement, il était venu faire à la Convention une espèce d'apologie du 2 septembre. Peut-être avait-il dessein de blâmer, mais son peu de fonds, sa versatilité, son sophisme méridional (un peu de peur aussi le poussant), l'emportèrent: il se mit à s'extasier sur ces jugements foudroyants du peuple souverain qui tout à la fois accuse, juge, condamne, exécute.— Plus tard, sous Napoléon, il se laissa de même engouer. Il avait des velléités d'opposition, mais qui ne tenaient pas. Aux objections de ses amis républicains contre le glorieux despote il n'avait qu'une réponse: « Oh! c'est bien différent, voyez-vous, quand on le connaît de près, lorsqu'on s'est approché de son *âme!* » Garat croyait du moins à l'*âme* de Napoléon, sinon à l'âme en général: il se retrouvait spiritualiste par là. — Il a fait aux Écoles normales une ouverture de Cours de philosophie, plus spécieuse que solide: c'était l'homme des prospectus et des promesses. Le théosophe Saint-Martin le combattit avec élévation, et Garat n'eut pas les honneurs dans cette joute. — Garat, vers ce même temps, et depuis plusieurs années déjà, professait l'histoire à l'Athénée; ce devait faire un étrange historien: car jamais homme peut-être ne poussa plus loin la faculté de ne pas voir les choses comme elles sont; mais rien n'a été imprimé de ce Cours. — En résumé, on reconnaît en lui un esprit brillant, mobile, épars, essentiellement divaguant; ayant bien étudié de bonne heure et ne s'étant jamais fixé ensuite, s'étant laissé dérouter par la Révolution; caractère faible, tête vive et prompte à mettre en branle, mais sans lest, sans consistance; imagination déliée, complaisante, verve facile jusqu'à être banale, phraséologie gasconne abondante, sans rien de ce *parler nerveux, sec et bref* dont use son compatriote Montaigne; et malgré tout, et quand on a dit tout cela, nature très-aimable et très-sociable. » — On aurait bien dû faire pour lui à temps ce qu'on a fait, déjà un peu tard, pour Fon-

leçons sur le degré de certitude, les genres d'utilité et les diverses méthodes de l'histoire. Mais la *littérature*, représentée par La Harpe qui traita de l'éloquence, et particulièrement de celle des Anciens, n'occupait dans ce vaste programme qu'une place très-secondaire [1]. La fondation des Écoles normales de l'an III me fait l'effet de ces édifices tout en façade, qu'on improvise pour une cérémonie : on admirerait volontiers le frontispice, s'il n'y manquait le corps du bâtiment.

Un grand écrivain qui, à cette époque de sa carrière, était très-lié avec les hommes de la Constitution de l'an III, et qui leur prêta le concours de son talent, Mme de Staël se préoccupa vivement des destinées nouvelles de la littérature sous ce régime républicain dont elle désirait le maintien et le triomphe. En abordant ce sujet et en y jetant les regards, elle ouvrit de toutes parts des aperçus, elle agrandit aussitôt les horizons. Mais le livre qu'elle composa à cet effet, et qui contenait toute la théorie de ce qu'aurait pu être une littérature républicaine et libre en France, ne vint au jour qu'en 1800, c'est-à-dire après le 18 Brumaire. Quelle que parût la vitesse d'esprit de Mme de Staël, et quoiqu'elle fût (comme on l'a dit avec bonheur) de ces esprits prompts qui sont habitués à *tirer au vol*, elle arriva trop tard sur ce sujet et quand cette littérature était déjà frappée au cœur par le renversement des Institutions qui, seules, auraient pu la favoriser et la garantir. Mme de Staël qui

---

tanes : recueillir ses cendres littéraires, clore son urne. Daunou m'y conviait, en s'offrant obligeamment de m'y aider; j'ai laissé passer le moment.

[1] Je lis dans *la Décade philosophique*, le plus estimable recueil de ce temps, un excellent article critique sur ces leçons trop restreintes de La Harpe, avec un plan étendu et vraiment nouveau de ce qu'aurait pu être alors un Cours supérieur de Belles-Lettres. Cet article paraît être de Ginguené (n° du 30 ventôse, an III).

a tant d'idées, qui est surtout remarquable par là, qui en a bien plus que M. de Chateaubriand (lequel, lui-même, en a plus qu'on ne le croirait à ne juger que par le brillant), n'avait pas, à cette époque, le sentiment vif de la seule, idée qui pût faire vibrer tous les cœurs et renflammer toutes les imaginations. Elle était trop abstraite, trop romanesque pour cela, trop personne du monde, et d'analyse subtile, et de conversation, je ne sais comment dire, — ou plutôt, d'un seul mot, elle n'était pas poëte ; et les poëtes seuls ont de ces instincts-là, comme les oiseaux voyageurs qui sentent merveilleusement l'approche des saisons.

DEUXIÈME LEÇON.

Du livre de la *Littérature;* — idée générale; partie historique et théorique. — Manière de composer de Mme de Staël. — Des causes de décadence littéraire sous le Directoire : — vulgarité et manque d'émulation. — Licence. — Pronostic de Mme de Staël sur l'avenir de la poésie; — son tact en défaut sur ce point; — Fontanes devine mieux. — Sa prédiction d'une apologie du Christianisme; — plan idéal qu'il en trace à l'avance. — Belles pages inédites.

Messieurs,

C'est surtout dans le livre de Mme de Staël, intitulé : *De la Littérature*[1]..., qu'il est intéressant pour nous de rechercher, non pas ce que cette littérature directoriale et républicaine fut, mais ce qu'elle aurait pu, ce qu'elle aurait voulu être.

Je dis ce qu'elle aurait *voulu*, car, dans tous les cas, le livre de Mme de Staël était trop spirituel pour être littéralement prophétique. Les choses dans la réalité ne se passent jamais si spirituellement que cela.

Cette vue d'avant-scène nous est d'ailleurs nécessaire pour notre objet. M. de Chateaubriand ne s'y trompa point : c'est bien à Mme de Staël qu'il s'en prit dès le premier jour, comme à son adversaire naturelle; c'est en opposition avec elle, tout d'abord, qu'il se produisit.

La première partie du livre est tout historique, et contient les vues de l'auteur sur le passé, sur l'histoire littéraire et philosophique des Grecs, des Romains, des nations modernes; la seconde partie est toute théorique,

[1] *De la Littérature considérée dans ses rapports avec les Institutions sociales.*

toute d'induction, et l'auteur y cherche à deviner, à régler l'avenir. Voici en peu de mots l'analyse du livre, tel que je l'emprunte à l'un de mes prédécesseurs et à l'un des maîtres de la critique française [1] :

« La littérature, pense Mme de Staël, est dans le rapport le plus intime et le plus essentiel avec la vertu, la liberté, la gloire et la félicité publique. Une force de progrès déposée dans le sein de l'humanité, une loi de perfectionnement imposée à la destinée de l'espèce humaine, a partout, d'époque en époque, élevé à la fois le niveau des mœurs et celui de la littérature ; ce progrès est indéfini, il est irrésistible ; il est assuré à l'avenir comme il a été accordé au passé ; il doit marcher de concert avec le progrès des institutions, c'est-à-dire avec l'affermissement du gouvernement républicain et des mœurs républicaines ; et il aura pour caractère distinctif le triomphe du sérieux sur la plaisanterie, et de l'esprit du Nord sur l'esprit du Midi. »

Voilà, dit M. Vinet, l'analyse fidèle du livre, si tant est qu'une analyse d'un écrit de Mme de Staël puisse être fidèle, car on y supprime forcément ce qui est si essentiel et si naturel à ce grand esprit, les beautés imprévues, les aperçus fertiles, et ces bonheurs de talent qui naissent à chaque pas.

On sent combien le cadre tracé précédemment par Daunou et adopté par ses amis, était ici dépassé et élargi. Ainsi, à bien des égards, l'ouvrage qui avait été destiné primitivement à proposer l'idéal de la littérature émanée de l'an III, et qui n'en offrait plus au moment où il parut que la théorie, en quelque sorte rétrospective, devenait

---

[1] J'avais sous les yeux, et je n'ai cessé de consulter, en faisant mon Cours, celui que M. Vinet avait donné en 1844 à Lausanne sur Mme de Staël et M. de Chateaubriand. Ce Cours, qui d'abord n'était qu'autographié, a paru depuis imprimé à Paris, en 1849, sous le titre d'*Études sur la Littérature française au XIXe siècle*, par A. Vinet.

(on l'a dit) le prospectus d'un romantisme futur, qui ne devait éclore et porter ses fruits que bien des années après. L'ouvrage de Mme de Staël naissait un peu comme Janus : il regardait le passé, et ne regardait pas moins l'avenir.

La première partie, qui était historique, présentait aussitôt, dans ce champ de l'Antiquité si peu accoutumé à de pareilles visites, une foule de vues piquantes, neuves, parfois bien empressées et hasardées, sur les Grecs, les Romains ; Mme de Staël n'hésitait pas à mettre ceux-ci au-dessus des premiers pour la philosophie, et même (chose singulière !) pour la *sensibilité*. Elle prétendait fixer l'âge du monde où la *mélancolie*, disposition jusqu'alors inconnue, s'était introduite. On lui répondait par Job, par Salomon, même par Homère (*se rassasier, jouir de sa douleur*, comme Ménélas[1] ; *dévorer son cœur*, comme Bellérophon[2]). — Toutes ces idées, plus ou moins vérifiables, mais certainement distinguées, étaient accompagnées de jugements très-fins, de connaissances très-variées ; et on pouvait s'étonner, même en la contredisant, qu'une femme du grand monde et de la société fût arrivée d'elle-même, dans son tourbillon, à une intelligence aussi présente de tant de choses anciennes et réservées, ce semble, aux études profondes du cabinet.

Ceci s'explique à la fois par la supériorité de son esprit et par sa manière de composer. Et l'on me permettra bien quelques détails sur ce dernier point. Le plus grand nombre des idées de Mme de Staël lui venaient par la conversation. En composant, me disait quelqu'un qui l'a bien connue, elle écrivait d'abord, elle jetait ses idées sur des chiffons, et ce premier brouillon, elle le montrait peu. Puis elle se recopiait, et dans ce second état, elle lisait quel-

---

[1] *Odyssée*, IV, 102.
[2] *Iliade*, VI, 202.

quefois à des amis. Un secrétaire lui recopiait cela ensuite, d'une belle écriture, sur du papier à mi-marge; et alors elle lisait plus volontiers, et demandait des conseils, se montrant assez docile. Enfin elle revoyait elle-même ses *épreuves*, et y changeait encore. Mais durant tout ce temps, et pendant ces diverses *toilettes* successives qu'elle faisait subir à sa pensée, elle en était tout occupée et partout; elle amenait la conversation sur ces mêmes sujets qu'elle traitait dans son livre. Tout ce qu'elle voyait, tout ce qu'elle entendait chemin faisant, tout ce qu'elle disait (et qui était bien souvent le plus piquant), y entrait d'une manière ou d'une autre. Quand cette conversation où elle avait toujours sa grande part, se tenait entre des hommes, comme Benjamin Constant, les Schlegel, les Humboldt, son cortége habituel, on conçoit tout ce qui devait s'y agiter et s'y soulever. Son livre, en un mot, se *conversait* en même temps qu'il s'écrivait. Chacun de ses ouvrages représentait ainsi tout un moment de sa vie : « J'ai vu de la sorte, disait M. de Barante, plusieurs de ses ouvrages, et, par exemple, *Corinne*, passer devant moi[1]. »

Mais voici qui est plus précis encore. Chênedollé, qui était à Coppet vers 1798, nous dit : « Elle s'occupait alors de son ouvrage sur la *Littérature*, dont elle faisait un chapitre tous les matins. Elle mettait sur le tapis, à dîner, ou le soir dans le salon, l'argument du chapitre

---

[1] Et dans une lettre adressée en juin 1825 par M. de Sismondi à une jeune femme qui venait de faire une Étude littéraire sur Mme de Staël, je lis : « J'ai passé quinze ans dans cette intimité qui m'a fait éprouver des jouissances d'esprit que rien ne peut plus me rendre. J'ai vu naître ces ouvrages que vous analysez avec tant d'âme et de talent : j'en ai souvent entendu développer les idées mêmes dans ces éloquentes conversations qu'avec raison tous ceux qui l'ont vue de près mettent au-dessus de ses écrits : car l'inspiration était en elle instantanée ; tout un ordre d'idées se présentait à la fois à son esprit, et le travail n'y ajoutait rien. » (Lettre de M. de Sismondi à Mme Hortense Allart.)

qu'elle voulait traiter, vous provoquait à causer sur ce texte-là, le *parlait* elle-même dans une rapide improvisation ; et le lendemain le chapitre était écrit. C'est ainsi que presque tout le livre a été fait. Les questions qu'elle traita lorsque j'étais à Coppet, sont : *de l'Influence du Christianisme sur la littérature; de l'Influence d'Ossian sur la poésie du Nord;* poésie *rêveuse* au Nord, poésie des *sensations* au Midi, etc. Ses improvisations étaient beaucoup plus brillantes que ses chapitres écrits ; ce ne sont que d'éclatants brouillons qui demandent à se changer en livre. »

Ce dernier jugement pourra paraître un peu sévère, mais la faute en revient en quelque sorte à Mme de Staël elle-même. C'est bien d'elle qu'on pouvait dire ce qu'on a dit d'une autre femme : « Vous trouvez qu'elle écrit bien : si vous l'entendiez parler, vous trouveriez qu'elle écrit mal. » Quoi qu'il en soit, on s'explique parfaitement ainsi la quantité de connaissances improvisées dont Mme de Staël faisait preuve dans ce livre *de la Littérature*. Elle vivait surtout par la conversation et dans la conversation : c'était son élément, c'était là que sa pensée s'excitait et se mettait en veine d'invention ; c'est par où elle s'instruisait et se renouvelait sans cesse plutôt que par la méditation prolongée. La conversation était son inspiratrice et sa muse [1].

---

[1] Elle avait, avant tout, ce besoin de conversation. Un jour, vers 1816, M. Molé entrant chez elle, la trouvait occupée à écrire : « Je vous dérange, lui dit-il, vous êtes au travail. » — « Oh ! non pas, dit-elle ; vous n'êtes pas un ennuyeux, et loin de là ; mais sachez bien que même un ennuyeux qui entre, quand je suis seule, est toujours le bienvenu, et me fait toujours plaisir, et cela, quand je serais au moment le plus intéressant de mon travail. » — Elle disait encore (ce qui est caractéristique et prouve pour sa vive curiosité sociale plus que pour son amour de la belle nature), elle disait à un homme d'esprit qu'elle s'étonnait de voir aimer et admirer la campagne : « Si ce n'était le respect humain, je n'ouvrirais pas ma fenêtre pour voir la baie de Naples pour

Cela dit, il faudrait bien se garder d'en conclure que les idées de Mme de Staël sur tous ces sujets n'étaient point à elle. Un excellent juge, qui accueillit l'ouvrage à sa naissance par les plus sérieux articles dont puisse se vanter la critique du temps[1], Fauriel se hâtait de le reconnaître : « La première observation qu'on peut faire, disait-il, c'est que l'auteur, en parlant de la littérature des différents peuples, en rend compte d'après des impressions immédiates, et non d'après des impressions transmises. Toutes les observations de Mme de Staël ne sont pas nouvelles ; mais on sent que toutes sont le fruit de sa propre réflexion, ou le résultat d'un assentiment raisonné. Alors même qu'elle a senti et jugé comme d'autres, on s'aperçoit qu'elle a été la maîtresse de ses jugements et de ses idées. » — Mais laissons pour le moment cette première partie si riche à la fois et si aventureuse ; laissons aussi, de la seconde, ce qui n'était que conjecture d'avenir, et voyons seulement ce qui se rapportait à la littérature d'alors. — Et d'abord, tout en marquant sa prédilection pour la philosophie et pour la pensée, Mme de Staël ne disait point, comme Daunou, qu'*il n'y a de génie que dans une âme républicaine* : elle était trop sortie de chez elle, elle avait trop voyagé en tous sens dans le monde de l'esprit pour dire de ces choses-là.

« La poésie est de tous les arts, écrivait-elle, celui qui appartient le plus près à la raison. Cependant la poésie n'admet ni l'analyse, ni l'examen qui sert à découvrir et à propager les

la première fois, tandis que je ferais cinq cents lieues pour aller causer avec un homme d'esprit que je ne connais pas. » — Si Chateaubriand n'était pas venu enseigner le pouvoir de l'image et la magie de certains lieux, elle n'aurait peut-être jamais eu l'idée de mettre Corinne au cap Misène ; — et encore elle l'y plaça mal. Le lieu vu de près ne répond pas au tableau ; il y avait mieux que cela à côté, sur un tout autre point du golfe.

[1] Dans *la Décade*, des 10, 20 et 30 prairial an VIII.

idées philosophiques. Celui qui voudrait énoncer une vérité nouvelle et hardie écrirait de préférence dans la langue qui rend exactement et précisément la pensée ; il chercherait plutôt à convaincre par le raisonnement qu'à convaincre par l'imagination. La poésie a été plus souvent consacrée à louer qu'à censurer le pouvoir despotique. Les beaux-arts, en général, peuvent quelquefois contribuer, par leurs jouissances mêmes, à former des sujets tels que les tyrans les désirent. Les arts peuvent distraire l'esprit, par les plaisirs de chaque jour, de toute pensée dominante ; ils ramènent les hommes vers les sensations, et ils inspirent à l'âme une philosophie voluptueuse, une insouciance raisonnée, un amour du présent, un oubli de l'avenir très-favorable à la tyrannie. Par un singulier contraste, les arts qui font goûter la vie, rendent assez indifférent à la mort : les passions seules attachent fortement à l'existence par l'ardente volonté d'atteindre leur but[1] ; mais cette vie consacrée aux plaisirs amuse sans captiver ; elle prépare à l'ivresse, au sommeil, à la mort. . . . .
. . . .

La seule puissance littéraire qui fasse trembler toutes les autorités injustes, c'est l'éloquence généreuse, c'est la philosophie indépendante, qui juge au tribunal de la pensée toutes les institutions et toutes les opinions humaines. »

Elle préfère la philosophie et l'éloquence ; mais elle reconnaît la poésie là où elle est, et ne la tire point à soi en lui donnant des lisières.

Après avoir suivi l'histoire de l'esprit humain, depuis Homère jusqu'en 1789, elle abordait la société à partir de cette date qu'elle considérait comme une nouvelle ère pour le monde intellectuel, et elle recherchait ce que pouvait y devenir la littérature. Des doutes mélancoliques se mêlaient à son examen, et jetaient comme un voile de tristesse sur cette spirituelle analyse :

« Toutes les fois que je parle des modifications et des amé-

---

[1] Voilà de ces pensées ingénieuses et fines comme elle en trouve perpétuellement.

liorations que l'on peut espérer dans la littérature française, je suppose toujours l'existence et la durée de la liberté et de l'égalité politique. En faut-il conclure que je crois à la possibilité de cette liberté et de cette égalité? Je n'entreprends point de résoudre un tel problème; je me décide encore moins à renoncer à un tel espoir. Mon but est de chercher à connaître quelle serait l'influence qu'auraient sur les lumières et sur la littérature les Institutions qu'exigent ces principes, et les mœurs que ces Institutions amèneraient. »

Elle parle au *conditionnel;* elle sent que le maître est déjà venu, que la littérature en essai depuis 1795 est en suspicion et sera demain en interdit. Au travers de toutes ses perspectives on voit se dresser ce 18 Brumaire qui a sitôt mis à néant le régime qu'elle prétendait doter et décorer[1].

---

[1] Je sais un témoignage bien direct et bien fidèle des dispositions de Mme de Staël après le 18 Brumaire : c'est une lettre d'elle à Rœderer le lendemain de la levée de boucliers de Benjamin Constant au Tribunat, et au sujet des représailles qui s'ensuivirent aussitôt de la part de certains journaux, organes du pouvoir ou inspirés par lui. Rœderer, l'un des hommes les plus actifs de Brumaire, initié à l'avance à ce grand coup d'État, et qui donna d'abord trop en plein dans l'idée du régime consulaire pour pouvoir jamais bien entrer dans l'esprit du régime impérial, n'avait pas envers Mme de Staël les torts qu'elle paraît supposer, et elle le sentait bien elle-même en lui demandant avec tant de vivacité une explication amicale. Voici cette lettre tout émue, toute palpitante et comme haletante. On y verra en même temps qu'il ne faudrait pas s'exagérer la portée de l'opposition de Mme de Staël à l'origine : les choses n'en vinrent à l'extrême que par degrés.

« 15 nivôse an VIII (5 janvier 1800).

« Mais expliquez-moi donc, je vous en conjure, Rœderer, ce qui se passe depuis trois jours, ce déchaînement, cette violence contre Benjamin, ce *Journal des Hommes libres* lancé contre moi, seulement parce que je suis l'amie d'un homme qui a prononcé un discours indépendant sur un règlement? — Mais sommes-nous revenus à toutes les fureurs, à toutes les intolérances des époques les plus terribles de la Révolution, et va-t-elle recommencer en poussant au désespoir les amis même du Gouvernement? Une simple opinion est-elle un crime non-seulement pour Benjamin, mais pour moi qui ne suis pour rien assurément dans son discours, et qui l'aime sans le diriger? — Je suis plus étonnée, plus confondue que je ne l'ai jamais été. — Est-ce là ce que vous m'avez promis? — J'ai besoin de m'expliquer avec vous. Vous avez vu mon amitié pour vous lorsque vous étiez malheureux. Je ne croyais

DEUXIÈME LEÇON.

Elle ne se dissimule en rien, d'ailleurs, malgré sa foi au progrès, les effets déjà produits par la Révolution même : ces effets sont au détriment des mœurs, des lettres et de la philosophie; mais de même qu'elle a montré précédemment, dit-elle, que le mélange des peuples du Nord et de ceux du Midi avait causé pendant un temps la barbarie, quoiqu'il en dût résulter par la suite de grands progrès pour les lumières et la civilisation, de même, suivant elle, l'introduction d'une nouvelle classe dans le gouvernement de la France devait produire un effet semblable, et faire faire un nouveau pas au monde, après avoir simulé la barbarie :

« Cette Révolution peut à la longue éclairer une plus grande

pas, je l'avoue, que ce fût mon tour d'être persécutée, lorsque je voyais en place ceux de mes amis qui n'ont cessé de recevoir de moi des preuves d'une affection constante et dévouée. Je comptais sur vous comme défenseur, et j'apprends que c'est vous que Bonaparte a cité comme lui ayant dit ce qu'on prétend qui se dit chez moi. — C'est une véritable folie que toute cette persécution. Où trouverez-vous des êtres plus intéressés que nous à ce que les Jacobins ne gouvernent pas? Quelle femme s'est montrée dans tous les temps plus enthousiaste de Bonaparte? — Quel est le but de toutes ces persécutions contre quelques phrases indépendantes, et que des menaces trop fortes deux jours avant ont peut-être *rendu tels* (sic) parce que les âmes généreuses sont ainsi faites? Est-ce gouverner que pousser ses amis dans les rangs de ses ennemis, quand il est manifeste que rien n'est plus contraire à leurs intentions, à leurs intérêts, à leurs goûts? — Toute cette intolérance est-elle dans votre caractère? Convient-elle à vos lumières? — Réveillez-vous et venez m'entendre. — Ai-je cessé d'être un caractère bon et généreux? Ai-je cessé d'être celle qui vous a aimé et défendu pendant deux ans? Benjamin n'est-il pas celui qui, le premier entre les amis de Sieyès, vous a rapproché de lui? — Est-il donc établi en révolution que celui qui arrivera le premier doit chercher à perdre celui qui lui a tendu le premier la main? — Toute morale d'amitié, de société, de bonté, est-elle finie? Faut-il uniquement chercher à se renverser les uns les autres? — Mais alors les moyens de nuire ne manqueront pas; vous aujourd'hui, demain un autre. — Rœderer, je vous demande une heure d'entretien : je vous aurais offert à dîner *duodi* avec Lezai si cela vous convenait; mais au moins assignez-moi une heure pour causer avec vous, chez moi ou chez vous. — Je ne vous cache point que depuis trois jours je souffre plus que je n'ai souffert de ma vie. — C'est vous montrer que vous pouvez me faire du bien beaucoup, et vous savez si je suis ingrate! — On s'entend en se voyant; on s'éloigne pour jamais en ne se voyant pas. — Hâtez donc la fin de cette absurde guerre, et soyez l'organe de la paix. »

Tel était l'orage moral intérieur, telles étaient les fluctuations d'esprit de l'illustre et sensible écrivain au moment où ce livre de la *Littérature* allait paraître.

masse d'hommes; mais, pendant plusieurs années, la *vulgarité*[1] du langage, des manières, des opinions, doit faire rétrograder, à beaucoup d'égards, le goût et la raison. Personne ne conteste que la littérature n'ait beaucoup perdu depuis que la Terreur a moissonné, en France, les hommes, les caractères, les sentiments et les idées. »

Elle attribue cet effet prolongé à deux causes ; elle réduit à deux principaux les obstacles qui continuent de s'opposer au développement des esprits : 1° la perte de l'urbanité des mœurs ; 2° celle de l'émulation que pouvaient exciter les récompenses de l'opinion. Fidèle à sa doctrine de la perfectibilité, elle veut chercher, dit-elle, après avoir analysé cette double cause de la décadence, quel est le moyen de la conjurer, de corriger, s'il se peut, les erreurs révolutionnaires, sans abjurer les vérités nouvelles qui sont le point de départ, et de faire sortir un vaste progrès prochain pour l'Europe, de cette barbarie accidentelle et apparente.

Dans toute cette moitié du livre domine une idée trèsbelle qui revient sous mille formes et qui en est comme l'âme, à savoir le besoin et l'urgence, dans le règne des idées démocratiques, de maintenir, de relever d'autant plus la culture de l'esprit, pour faire contre-poids à la brutalité et à la violence qui est la pente naturelle.

Le contraste entre ce qu'elle désire, ce qu'elle appelle, et ce qu'elle a sous les yeux, est frappant :

« L'on est assez généralement convaincu que l'esprit républicain exige un changement dans le caractère de la littérature. Je crois cette idée vraie, mais dans une acception diffé-

---

[1] C'est elle qui a risqué ce mot pour la première fois ; il devenait indispensable pour désigner l'habitude sociale nouvelle. — Le mot *urbanité* avait été mis en circulation et était entré dans la langue au commencement du xviie siècle ; il était juste que le mot *vulgarité* y entrât à la fin du xviiie.

rente de celle qu'on lui donne. L'esprit républicain exige plus de sévérité dans le bon goût qui est inséparable des bonnes mœurs. Il permet aussi, sans doute, de transporter dans la littérature des beautés plus énergiques, un tableau plus philosophique et plus déchirant des grands événements de la vie. Montesquieu, Rousseau, Condillac, appartenaient d'avance à l'esprit républicain, et ils avaient commencé la révolution désirable dans le caractère des ouvrages français : il faut achever cette révolution. La république développant nécessairement des passions plus fortes, l'art de peindre doit s'accroître en même temps que les sujets s'agrandissent ; mais par un bizarre contraste, c'est surtout dans le genre licencieux et frivole qu'on a voulu profiter de la liberté que l'on croyait avoir acquise en littérature. »

Le genre licencieux ! Mme de Staël touche ici à la plaie du Directoire, à ce qui fait que cette littérature aurait eu peine à vivre d'une vie saine et vigoureuse, même quand le régime se serait prolongé. La licence due à l'absence de tout frein dans l'opinion, et à ce déchaînement d'épicuréisme qui suit un lendemain de terreur, passa toutes les bornes et fit, à certains égards, de ce temps une orgie dont le renom est devenu proverbial. Les deux dernières années du Directoire sont marquées par des publications dont la liste seule suffirait pour indiquer l'étendue et la profondeur du mal. Parny, l'ex-abbé Noël, Lemercier lui-même, déjà auteur d'*Agamemnon*, d'autres encore (des hommes recommandables, remarquez-le) se permirent des publications dont ils n'auraient point eu l'idée à d'autres époques. Un cynisme dégoûtant d'incrédulité s'affichait dans le *Dictionnaire des Athées* de Sylvain Maréchal. La littérature républicaine honorable, celle que favorisait en ce moment Mme de Staël, ne faisait nullement contre-poids ; et loin de donner l'antidote, elle autorisait le poison. La *Décade philosophique*, par l'organe de Ginguené, recommandait et servait par extraits à ses lecteurs le poëme licencieux de Parny [1]. Cabanis, l'honnête, l'excellent Cabanis, si distingué par le ton et le talent, lui qu'Andrieux put un jour comparer à Fénelon sans blasphême, n'avait pas (excepté dans ses dernières années, où de plus hautes pensées eurent comme leur vague aurore dans son âme bienveillante), — non, — lui-même n'avait pas et ne cherchait pas d'autres conclusions à offrir que celles justement de Sylvain Maréchal et de Lalande.

Dans son chapitre sur l'*Émulation*, Mme de Staël développe un point que nous avons déjà touché : il faut un but à l'écrivain, un motif de se produire, de se perfectionner, sans quoi la paresse naturelle s'endort et s'abandonne, ou la fantaisie licencieuse se joue.

Un des écrivains les plus distingués de ce temps-ci me disait un jour une chose fort juste et fort délicate : « Dans le peu que je fais, je rougirais de ne pas m'adresser à ceux qui valent mieux que moi, de ne pas chercher à les satisfaire. » Là en effet est le cachet de tout noble et sincère artiste. On peut se tromper, mais il faut avoir en vue le cercle d'élite, il faut viser à satisfaire ses égaux (*pares*) ou ses supérieurs (car on en a toujours), et non pas écrire pour ceux qui ont moins de goût et d'esprit que nous n'en pouvons avoir; en un mot, il faut viser en haut et non en bas.

Et ici, Messieurs, ce n'est plus seulement du Directoire que je parlerai, c'est de nous. Les grands écrivains, les poëtes que la France possède, les romanciers célèbres, qu'ont-ils fait depuis quelques années? Ils se sont mis, à partir d'un certain jour, à ne plus écrire que pour une

---

[1] C'est à ce poëme que pensait M. Joubert en écrivant : « Des blasphêmes mielleux, ou plutôt des ordures vernissées, d'où le blasphême découle avec douceur comme un miel empoisonné, voilà Parny... » Je ne parle pas seulement du sens chrétien, mais le sens social y est violé.

classe plus nombreuse qu'éclairée ; ils ont voulu accaparer le nombre, plutôt que se concilier la qualité. *La quantité plutôt que la qualité*, a été leur devise : « Ce n'est pas pour vous que j'écris, disait à qui voulait l'entendre un grand poëte qui se faisait historien (et historien révolutionnaire), c'est pour le peuple, c'est pour les ateliers. » Tel romancier de même, au lieu de s'adresser aux cœurs délicats et blessés, aux imaginations nobles et sensibles, n'a plus visé qu'aux prolétaires. Chacun a voulu la grosse gloire, plutôt que la grande. « *Etenim nescio quo pacto vel magis homines juvat gloria lata quam magna*[1]. » Presque tous les hommes célèbres aiment encore mieux la banalité que la gloire. Ils prennent l'étendue et la masse pour la puissance. Où est-il celui qui saura unir la vraie puissance avec la délicatesse[2] ?

Mais c'est assez parler de nous et de nos fruits ; revenons au Directoire.

Mme de Staël disait donc qu'il fallait un but, un motif d'émulation au talent : « Quelques esprits s'alimentent du seul plaisir de découvrir des idées nouvelles ; dans les sciences exactes surtout, il y a beaucoup d'hommes à qui ce plaisir suffit. » Mais l'artiste, l'écrivain dont la pensée doit avoir un résultat moral, politique ou sympathique, ne saurait se passer de communication ni de stimulant extérieur : il lui faut le jour et le soleil, — l'applaudisse-

[1] Pline le Jeune, *Lettres*, liv. IV, 12.
[2] « La force : — elle ne régnait autrefois que dans l'ordre temporel et politique ; elle règne aujourd'hui et triomphe, même dans l'ordre spirituel et intellectuel, là où régnait la beauté, la finesse, la délicatesse, l'ironie gracieuse, là où soufflait l'esprit léger de la Muse. Ce n'est plus qu'éloge de la force à tout prix, de la force ambitieuse, bien ou mal employée, déployée à tort et à travers : la gloire est aux *géants* de la pensée, comme on les appelle ; soyez Vulcain et Cyclope, fabriquez, forgez, que tout Lemnos retentisse de vos coups, — lancez d'en haut, à l'aveugle, des quartiers de roche, lancez-en beaucoup et souvent : vous serez admiré, vous serez divinisé. » (Pensées inédites.)

ment, *laus*. Or, il n'y a rien de plus décourageant pour la pensée que l'esprit révolutionnaire (j'analyse toujours Mme de Staël); toute distinction, tout talent lui est une aristocratie qu'il envie, qu'il dénigre et qu'il sape. Comme il prend la forme de l'opinion publique, il est même plus accablant, plus écrasant que ne le serait un seul despote : il décourage plus sûrement.

« Il paraît, au premier coup d'œil, que les troubles civils, en renversant les rangs antiques, doivent donner aux facultés naturelles l'usage et le développement de toutes leurs forces : il en est ainsi, sans doute, dans les commencements ; mais au bout de très-peu de temps, les factieux conçoivent pour les lumières une haine au moins égale à celle qu'éprouvaient les anciens défenseurs des préjugés. Les esprits violents se servent des hommes éclairés quand ils veulent triompher du pouvoir établi ; mais lorsqu'il s'agit de se maintenir eux-mêmes, ils s'essayent à témoigner un mépris grossier pour la raison ; ils répandent sourdement que les facultés de l'esprit, que les idées philosophiques ne peuvent appartenir qu'aux âmes *efféminées*, et le code féodal reparaît sous des noms nouveaux [1]. »

[1] Il est très-vrai que les mœurs vraiment républicaines au sein d'une démocratie organisée, en y admettant même et en y comprenant tout le développement de l'intelligence, impliqueraient dans leur vigueur une sorte de rudesse, et supprimeraient nécessairement certains côtés délicats et nuancés qui tiennent à une société aristocratique. Des républicains comme Mme de Staël et comme Benjamin Constant sont des républicains de salon, des raffinés, et, avec toute la bonne volonté du monde, ils sont pétris de restes d'ancien régime. Je conçois donc qu'un homme de grand talent et de forte logique, mais appartenant tout entier à la démocratie future, — dans un livre récent (1858), — dans un chapitre intitulé : *Influence de l'élément féminin sur les mœurs et la littérature française*, ait dénoncé comme *efféminés* toute une série d'écrivains littéraires éloquents, émus et troublants, à commencer par Jean-Jacques Rousseau et y compris Mme de Staël. « Le moment d'arrêt de la littérature française, dit M. Proudhon, commence à Rousseau : il est le premier de ces *femmelins* de l'intelligence en qui, l'idée se troublant, la passion ou affectivité l'emporte sur la raison... » Mais à la date de Mme de Staël, celle-ci avait affaire à un autre ordre d'adversaires très-peu raisonneurs, très-peu théoriques, et, en présence de leur grossièreté, elle n'était que trop fondée dans sa plainte.

Elle caractérise avec une grande vérité cet esprit sauvage :

« Si cet état se prolongeait, l'on ne posséderait plus aucun homme distingué dans une autre carrière que celle des armes : rien ne peut décourager l'ambition des succès militaires ; ils arrivent toujours à leur but, et commandent à l'opinion ce qu'ils attendent d'elle. Mais, dans ce libre échange d'où résulte la gloire des écrivains et des philosophes, les idées naissent, pour ainsi dire, de l'approbation même que les hommes sont disposés à leur accorder. »

Nous saisissons bien ici la différence qu'il y a entre la société moderne et l'ancienne, celle des Romains ; et la parole de Mme de Staël, mise en regard de ce qui a été dit dans le *Dialogue des Orateurs,* nous explique la contradiction. Chez les Romains, dans cette république forte, munie d'aristocratie, aguerrie aux luttes et d'un tempérament robuste, les orages politiques étaient, jusqu'à un certain point, l'état normal habituel ; ils trouvaient les courages et les talents tout préparés, et ne faisaient que leur offrir plus de chances, leur ouvrir un champ plus vaste. En France, sur ce sol mobile et dans cette arène tourbillonnante, le souffle, l'ouragan révolutionnaire ne laissait rien debout : « Ce n'est que poussière, disait Benjamin Constant (qui s'y connaissait), et quand arrive l'orage, cette poussière devient de la boue [1]. »

Nous n'avons pas à nous occuper du caractère et du tour que Mme de Staël aurait désiré voir prendre à l'éloquence républicaine d'alors, puisque toute cette partie de son ouvrage est restée à l'état de vœu honorable et de projet. La forme élevée, noble, grave, de Cicéron, de

---

[1] Ce ne sont plus là ces *herbes gaillardes* dont parle Montaigne (*herbas lætiores*), que produit un champ indompté. Les Romains avaient une terre forte. Ici nous avons une terre *meuble,* trop légère. Notre premier Forum a été la salle d'un *manège.*

Brutus, de César même, voilà l'idéal qu'elle proposerait volontiers, et dont elle a démêlé aussitôt la grandeur dans cette ancienne langue latine rapidement entrevue. La littérature républicaine du Directoire et du Consulat n'a point laissé de pages plus belles et plus virilement émues que celle-ci, par exemple :

« Les plus beaux morceaux de prose que nous connaissions sont la langue des passions évoquée par le génie. L'homme sans talent littéraire aurait trouvé ces expressions que nous admirons, si le malheur avait profondément agité son âme. Sur les champs de Philippes, Brutus s'écrie : « O vertu, ne serais-tu qu'un fantôme ? » Le tribun des soldats romains, les conduisant à une mort certaine pour forcer un poste important, leur dit : « Il est nécessaire d'aller là, mais il n'est pas nécessaire d'en revenir. *Ire illuc necesse est, unde redire non necesse.* » Arie dit à Pœtus, en lui remettant le poignard : « Tiens, cela ne fait point de mal. » Bossuet, en faisant l'éloge de Charles Ier, dans l'Oraison funèbre de sa femme, s'arrête, et dit, en montrant son cercueil : « Ce cœur, qui n'a jamais vécu que pour lui, se réveille, tout poudre qu'il est, et devient sensible, même sous ce drap mortuaire, au nom d'un époux si cher. » Émile, prêt à se venger de sa maîtresse, s'écrie : « Malheureux ! fais-lui donc un mal que tu ne sentes pas. » Comment distinguer dans de tels mots ce qu'il faut attribuer à l'invention ou à l'histoire, à l'imagination ou à la réalité ? Héroïsme, éloquence, amour, tout ce qui élève l'âme, tout ce qui la soustrait à la personnalité, tout ce qui l'agrandit et l'honore, appartient à la puissance de l'émotion [1].

---

[1] Et encore : en parlant de l'homme, du citoyen généreux qui lutte avec les événements et avec la fortune : « Il a recours, dans son inquiétude, à ces livres, monuments des meilleurs et des plus nobles sentiments de tous les âges. S'il aime la liberté, si ce nom de république, si puissant sur les âmes fières, se réunit dans sa pensée à l'image de toutes les vertus, quelques Vies de Plutarque, une lettre de Brutus à Cicéron, des paroles de Caton d'Utique dans la langue d'Addison, des réflexions que la haine de la tyrannie inspirait à Tacite, les sentiments recueillis ou supposés par les historiens et par les poëtes, relèvent l'âme que flétrissaient les événements contemporains. » — Mme de Staël avait

Je le répète, Messieurs, quelques discours de Garat, surtout de Daunou (l'Éloge du général Hoche, le Discours d'inauguration de l'Institut), ces pages de Mme de Staël, l'Élégie de Marie-Joseph Chénier, ce sont là les témoignages, les inspirations les plus honorables et les plus mémorables qu'ait laissées cette littérature, ou ce projet de littérature républicaine, qui ne s'est point réalisée, que le Directoire si gâté n'aurait point eu sans doute la force de mener à bon terme, auquel le 18 Brumaire coupa court, et qui reçut comme son coup de grâce dans l'élimination du Tribunat et dans la suppression de la Classe des Sciences morales et politiques à l'Institut : frappée à mort en Brumaire, la littérature de l'an III donne un dernier signe de vie sous le Consulat et achève d'expirer à la veille de l'Empire[1].

Si distingué que soit à nos yeux l'ouvrage de Mme de Staël, si plein qu'il nous paraisse d'idées d'avenir, il tenait trop immédiatement au régime cessant, aux idées régnantes que l'auteur aurait voulu continuer en les épurant et les vivifiant, — il tenait trop au passé d'hier pour être le

---

trouvé la vraie note républicaine, grave, mâle, élevée ; mais la France se souciait très-peu d'être républicaine alors.

[1] Je dis que le Directoire (même sans le 18 Brumaire) n'était pas de force à mener une littérature saine à bon terme. En effet, me disent les plus judicieux contemporains, « tout était tombé pendant la Révolution et sous le Directoire au dernier degré de décadence, de désordre, de ruine. Cela se voyait et sautait aux yeux en toutes choses. Pas une maison n'était réparée, pas une porte cochère ne tenait. L'élégance, le luxe étaient si oubliés que, dès qu'il y en avait quelque petit retour, on s'ébahissait et on criait merveille. Un ambassadeur russe qui vint à Paris vers ce temps-là avait un attelage en *tandem* ; on se mettait aux fenêtres pour le regarder passer. » Ainsi pour la littérature ; je me rappelle encore avoir vu dans mon enfance ce respect et cet étonnement pour la plus petite page littéraire imprimée. — Au reste, nous qui avons vu, pas plus tard qu'hier, combien il suffit de quelques mois, de quelques semaines, pour que le niveau de la civilisation baisse tout d'un coup et que la dégradation se fasse, nous comprenons ce que ce pouvait être après dix ans de catastrophes.

vrai signal de l'ouverture du siècle nouveau. L'auteur qui n'avait cessé d'opposer en toute rencontre le *sentiment* à l'*analyse* dont c'était alors la mode, avait lui-même ce don d'analyse au plus haut degré ; il coupait souvent, on l'a dit, une idée en quatre ; et cette finesse extrême d'aperçus s'accordait peu avec l'imagination proprement dite. Aussi, Mme de Staël déclarait-elle le règne de celle-ci terminé :

« La poésie d'imagination, disait-elle, ne fera plus de progrès en France : l'on mettra dans les vers des idées philosophiques ou des sentiments passionnés ; mais l'esprit humain est arrivé, dans notre siècle, à ce degré qui ne permet plus ni les illusions, ni l'enthousiasme qui crée des tableaux et des fables propres à frapper les esprits. Le génie français n'a jamais été très-remarquable en ce genre ; et maintenant on ne peut ajouter aux effets de la poésie, qu'en exprimant, dans ce beau langage, les pensées nouvelles dont le temps doit nous enrichir. »

Au milieu de tant de lueurs et comme de divinations heureuses, c'était là un oracle malencontreux à la veille d'*Atala*, de *René*, du *Génie du Christianisme* et des *Martyrs*.

Elle faisait ses réserves, elle donnait ses explications sans doute ; elle reconnaissait et proclamait, tout à côté, « qu'un nouveau genre de poésie existait dans les ouvrages de J.-J. Rousseau et de Bernardin de Saint-Pierre : c'est *l'observation de la nature dans ses rapports avec les sentiments qu'elle fait éprouver à l'homme....* » Mais Mme de Staël, en réalité, aimait peu, sentait peu la nature directement et en elle-même[1] ; c'était son esprit qui reconnaissait ce nouveau genre de poésie, plutôt que son

---

[1] « Mme de Staël a été dix ans en présence des Alpes sans avoir une image : elle n'était donc pas née essentiellement avec de l'imagination. Son imagination a eu besoin d'être avertie par celle de Chateaubriand. »
(CHÊNEDOLLÉ.)

cœur. Il y a, dans toute cette partie de son ouvrage, beaucoup de vague; et le point juste qui, bien touché, devait faire vibrer alors toutes les âmes, toutes les imaginations, elle ne l'atteignit pas, elle ne le pressentit pas. — Elle n'eut dans cet ouvrage, comme on l'a dit encore, que des *commencements de vérités.*

Aussi, quoiqu'elle ait précédé de beaucoup M. de Chateaubriand dans la publicité, et qu'elle ait disparu longtemps avant lui, ce n'est point par elle que s'ouvre véritablement la littérature du XIXe siècle, en ce que celle-ci eut de tout à fait soudain et nouveau. En 1800, Mme de Staël est encore une personne du XVIIIe siècle; elle en est l'esprit le plus avancé, mais elle y plonge encore. Elle ne subit toute sa transformation qu'après *Delphine,* durant son voyage d'Allemagne de 1804, dans le commerce qu'elle eut avec les Schlegel, les Goethe, les Humboldt. La Mme de Staël toute moderne, l'initiatrice véritable de tout un ordre de générations modernes, date de là.

Et même, suivant moi, pour l'étudier au complet, pour la saisir tout à fait à son avantage, à son plus haut point d'élévation et de développement, il vaudrait mieux encore la prendre en 1818, c'est-à-dire à l'entrée de la Restauration, qu'elle sut si bien comprendre dans son esprit, et dont elle apparaît comme la muse historique et politique par son beau livre posthume des *Considérations sur la Révolution française.* Mme de Staël n'est complète que de ce jour-là; la pleine influence de son astre ne se leva que sur sa tombe.

Je tiens, Messieurs, à bien vous marquer tous ces *temps :* l'histoire littéraire n'a son vrai sens que de la sorte. Les catalogues, les bibliographies donnent la date de la naissance et celle de la mort, la date de la publication de chaque ouvrage : il y a quelque chose de plus à faire pour le critique qui veut ranger, échelonner selon la méthode naturelle toutes ces lignes qui seraient sans vie. C'est ainsi que l'histoire littéraire reprend sa vraie marche et son mouvement. — C'est ainsi que les groupes s'y succèdent, s'y entrelacent sans se confondre, et s'y dénouent harmonieusement comme dans un chœur.

Un écrivain distingué, d'un autre bord que Mme de Staël, qui critiqua l'ouvrage de *la Littérature* et y mit une sorte d'acrimonie polie, M. de Fontanes, avec bien moins d'idées et un fonds incomparablement moins fertile, avait un sentiment plus net, une vue plus éclaircie de la situation. Fontanes avait connu ou plutôt retrouvé en Angleterre, où il s'était réfugié après la proscription de Fructidor, un jeune émigré breton, aimant les Lettres, un peu bizarre d'humeur, sauvage par habitude et singulièrement aimable par accès. Il s'était promené avec lui à l'ombre de Westminster; ils avaient visité ensemble le *Coin des poëtes;* ils avaient causé de Milton, de Gray, de cette mélancolie rêveuse qui faisait le caractère des derniers poëtes anglais, et que l'âme des deux exilés était d'autant mieux disposée à sentir; ils avaient pleuré ensemble en regrettant *Argos*. Lorsque, dans ce petit monde d'émigrés spirituels dont était le chevalier de Panat, on raillait le jeune rêveur pour quelqu'une de ces excentricités et de ces boutades qui semblaient des prétentions peu fondées au génie, Fontanes prenait la défense de l'absent, et disait : « Vous riez, Messieurs, laissez faire, il nous passera tous. » Rentré en France, Fontanes était resté en correspondance avec son ami de Londres, qui le tenait au courant de tous ses projets. Vers cette date de 1800, ayant eu l'idée de recueillir ses poésies, ses œuvres complètes, Fontanes avait déjà donné à l'imprimeur la traduction de l'*Essai sur l'Homme* de Pope, et de plus, un essai de traduction libre en vers du *cinquième Chant* de Lucrèce. Il avait cru intéressant de rapprocher Lucrèce[1] de Pope, et il avait joint à ce second essai un Avant-propos très-remarquable. Mais sur ces entrefaites, la faveur du Consul vint trouver l'élégant écrivain : appelé à prononcer aux Invalides l'Éloge funèbre de Washington, il y manifesta le talent d'orateur dont il était doué ; et se sentant à la veille d'une destinée politique, il ne voulut point la compromettre d'avance par une publication littéraire qui offre toujours prise à la critique. Il arrêta donc l'impression, presque terminée déjà, de ces volumes, et n'en laissa rien paraître. J'en possède pourtant un exemplaire d'épreuves qui s'est conservé. L'Avant-propos, mis en tête du cinquième Chant de Lucrèce, a cela de particulier qu'il nous laisse voir Fontanes beaucoup plus philosophe au fond qu'il ne le parut le lendemain, ou du moins n'ayant pas encore son parti pris aussi ouvertement.

Tout cet Avant-propos est court, il est comme inédit et inconnu ; c'est du Fontanes et du meilleur, avec quelque chose même de plus net et un sens plus ferme qu'il n'en mit depuis dans ses rôles officiels. Lisons donc :

« J'ai cru, disait-il, que le rapprochement de Lucrèce et de Pope pourrait intéresser les lecteurs : tous deux ont été poëtes et philosophes. J'ai choisi, dans le poëme latin, le cinquième Chant, parce qu'il forme, si je ne me trompe, l'ensemble le plus intéressant. Il renferme d'ailleurs un grand nombre de détails, semblables à ceux de la troisième Épître de l'*Essai sur l'Homme*. Si ma faible version donnait quelqu'envie de relire l'original, je ne serais point surpris qu'on préférât à l'énergique précision, aux traits brillants de l'esprit moderne, la majesté simple et les riches développements du génie antique.

[1] Cette étude de Lucrèce avait déjà beaucoup occupé André Chénier dans son poëme d'*Hermès* ; et en général les poëtes de cette fin du XVIIIe siècle avaient été, la plupart, tentés d'écrire le poëme de *la Nature*.

« Ce cinquième Chant offre de grands tableaux. Lucrèce, après avoir peint rapidement la faiblesse et les misères de l'homme, les vicissitudes des éléments, les anciennes révolutions de la terre, et celles qui l'attendent encore; après avoir indiqué les différents systèmes astronomiques connus de son temps, Lucrèce trace l'origine du monde et de ses habitants. Il conduit le genre humain depuis son berceau jusqu'à la naissance des sociétés, des langues, des arts, des lois et des religions. Il s'arrête où la tradition commence. Il nous a rendu cette partie de nos annales, qui n'était gravée, ni sur la pierre, ni dans les livres, ni dans la mémoire. On verra que ce grand homme a prévenu plusieurs opinions de nos philosophes les plus illustres; il a résolu plus d'une fois, en peu de mots, les questions qu'ils ont agitées longuement après lui. On se convaincra plus que jamais, que les idées dont notre orgueil s'attribue la découverte, ne sont bien souvent qu'un héritage de l'Antiquité.

« Vous verrez le poëte romain, dans le tableau des anciens désastres arrivés à notre globe, tracer quelquefois la route à Buffon [1]; et, dans l'examen des causes qui ont répandu chez tous les peuples les cérémonies religieuses, précéder l'auteur de *l'Antiquité dévoilée* et des *Recherches sur le Despotisme oriental* [2], ouvrages que les érudits dépouillent sans cesse depuis vingt ans, et qu'ils oublient soigneusement de citer. En peignant les mœurs sauvages des premiers hommes, Lucrèce semble aussi les préférer, comme Rousseau, à celles de la civilisation; mais sa philosophie, aussi sage qu'élevée, le défend des exagérations de la misanthropie. Occupé de saisir des résultats utiles, il ne s'appesantit point sur des opinions vaines. Qu'importe, en effet, de comparer le bonheur du Sauvage à celui de l'être social; de chercher si le luxe, les arts, le commerce ou la découverte du Nouveau-Monde, ont apporté plus d'inconvénients que d'avantages? Toutes ces questions, qui rentrent les unes dans les autres, et dont s'emparent toujours les rhéteurs, sont indignes d'occuper longtemps les bons esprits. Il faut observer l'homme tel qu'il est dans son état actuel, et non dans celui que conçoivent fort gratuitement quelques rêveurs enthou-

---

[1] *Époques de la Nature.*
[2] Boulanger.

siastes. C'est sur la situation certaine des choses, et non sur d'incertaines conjectures, qu'on doit arranger le plan du bonheur général. Il serait temps de renoncer, *même dans les Académies*, à ces lieux communs, à ces frivoles jeux d'esprit, trop multipliés dans les meilleurs livres modernes. »

Il fait allusion au sujet proposé par l'Académie de Dijon, mais on voit bien, à son ton épigrammatique, qu'il n'est encore ni du Sénat ni de l'Académie. Plus un homme de Lettres arrive à tous les honneurs de la société, moins il ose avoir tout son esprit, toute sa pensée, dans ses écrits et dans ses discours.

Les opinions philosophiques de Fontanes sembleraient, à un certain endroit, pencher d'un côté s'il osait s'y livrer, tandis que ses sentiments et ses désirs de cœur pencheraient plutôt d'un autre :

« L'Athéisme, disait-il, n'a jamais été soutenu avec plus d'audace, ni même avec de plus fortes preuves, que dans ce morceau de Lucrèce. L'existence du mal physique et du mal moral, la difficulté de concevoir l'action d'un être immatériel sur la matière, et d'admettre la Création, qui suppose un temps où rien n'a existé, voilà les principales objections d'Épicure et de son disciple. Les Athées de ces derniers temps n'ont rien dit de plus solide ou de plus spécieux. Il est vrai que les réponses les plus convaincantes des Déistes sont aussi les plus anciennes. Ils triomphent encore de leurs adversaires, en montrant l'ordre de l'Univers : *Cœli enarrant gloriam Dei*. Ce premier élan de l'âme du poëte est le dernier argument de la raison du philosophe. »

Mais voici qui va devenir prophétique : cet épicurien (comme je le définis) qui a l'imagination chrétienne, l'imagination catholique[1], nous révèle à demi ses espérances.

---

[1] Et en effet qu'était-ce, après tout, que Fontanes, et même Chateaubriand? *des Épicuriens qui avaient l'imagination catholique.* — Il y a des hommes qui ont ainsi l'*imagination* catholique indépendamment du

Il va nous tracer le plan du *Génie du Christianisme* tel qu'il le conçoit, tel qu'il le développera mainte fois en conversation ou par lettres en s'adressant à son ami, tel qu'il le lui fera corriger et refaire, aussitôt le retour en France ; car la première forme de l'ouvrage était incohérente, et le style en bien des endroits pouvait sembler rebutant. Ce plan est simple, pur, séduisant, irréprochable : c'est ainsi qu'à sa manière le critique aussi montre du génie. Tout critique qui aide la gloire du poëte pourrait prendre pour devise : *Non sine me tibi partus honos*, comme le disait Tibulle s'adressant à Messala. C'est la consolation à la fois et le seul orgueil du rôle secondaire :

« Si on se rappelle, écrivait Fontanes, toutes les absurdités du Paganisme, on s'étonnera moins que Lucrèce s'élève avec tant d'énergie contre l'influence des opinions religieuses, et qu'il la regarde comme si funeste au genre humain. Un homme de génie, qui voudrait prouver aujourd'hui l'utilité de ces mêmes opinions, devrait chercher d'abord s'il est certain que les peuples et les siècles ont toujours été florissants et heureux avec elles, et s'ils ont véritablement vu disparaître leur gloire et leur bonheur, quand elles se sont affaiblies. Il faudrait suivre d'âge en âge et de contrée en contrée l'ouvrage de la morale et de la religion ; bien distinguer ce qui appartient à l'une ou à l'autre, et n'appuyer jamais ses preuves que sur des faits non équivoques. Il faudrait éviter soigneusement les vaines déclamations, et cette métaphysique vague, obscure et insuffisante, qui n'est point fondée sur la méthode et sur l'analyse [1]. Une vaste érudition, un esprit clair et juste, ne suffi-

---

fond de la croyance. Les pompes du culte, la solennité des fêtes, l'harmonie des chants, l'ordre des cérémonies, l'encens, le rayon mystérieux du sanctuaire, tout cet ensemble les touche et les émeut. — Il y en a d'autres qui (raisonnement à part) ont plutôt la *sensibilité* chrétienne. Une vie sobre, un ciel voilé, quelque mortification dans les désirs, une habitude recueillie et solitaire, tout cela les pénètre, les attendrit et les incline insensiblement à croire. J'en connais de cette sorte.

[1] Il y a ici trace de cette manie du temps qui mettait en avant à tout propos l'*analyse*.

raient pas encore. On exigerait un style digne du sujet; l'élévation et la sensibilité y domineraient, mais sans faste et sans effort. C'est là qu'on aimerait cette heureuse suite de mouvements et de raisonnements qui forme l'éloquence : car dans un tel ouvrage, il faudrait tour à tour forcer la conviction et parler à l'enthousiasme. Le charme, qui persuade, y serait peut-être plus nécessaire que la logique victorieuse, qui subjugue la raison. C'est donc à une âme douce, plutôt qu'à une âme fière, qu'il appartient d'écrire sur les opinions religieuses. Ce livre important reste encore à faire : il mérite un grand écrivain. »

Le grand écrivain était tout trouvé ; Fontanes le connaissait, il l'avait deviné ; mais il s'efforçait par ses conseils de faire que ce jeune et grand écrivain eût toutes les qualités et n'eût aucun des défauts de sa nature. Cette page que nous avons citée est à la fois le plan le plus parfait du *Génie du Christianisme* tel que nous l'avons, et (par anticipation) la critique la plus discrète de l'ouvrage sur certains points où le conseil n'a pas été suivi. Fontanes veut qu'on distingue ce qui est de la *religion* d'avec ce qui est de la *morale ;* qu'on n'appuie jamais ses preuves que sur des *faits non équivoques.* Il veut l'érudition exacte et la justesse de l'esprit, nulle *déclamation*, une élévation et une sensibilité *sans faste* et *sans effort.* En un mot, il touche à tous les points délicats en critique sûr et en ami tendre.

Malgré les défauts qu'il ne sut pas tous éviter, l'ouvrage de M. de Chateaubriand, à sa date, justifia suffisamment le programme tracé par son ami ; le poëte s'inspira surtout là où le critique avait désiré, et rendit le son qu'on demandait de lui : « Après tant de dissertations et d'analyses, il sentit qu'il fallait chanter, et il chanta [1]. » Il chanta les sujets éternels qu'une éclipse

---

[1] M. Vinet.

funèbre avait trop longtemps voilés, que la persécution et le martyre avaient rajeunis,—les pompes religieuses et sociales qu'il égalait, en les retraçant, par la splendeur de ses tableaux, et sous lesquelles il introduisait (au risque d'en altérer l'esprit) je ne sais quoi d'ému, de sensible et même de troublant, qui les rendait plus mystérieuses encore et plus chères. Il combina, par un mélange hardi et où les contrastes choquaient moins qu'ils n'éblouissaient, la poésie de l'Antiquité dont il était plein, avec une poésie toute nouvelle du Moyen-Age, et aussi avec une peinture merveilleuse des scènes naturelles immenses, auxquelles les derniers grands écrivains eux-mêmes n'avaient point accoutumé. Ce fond si dissemblable, et qui n'aurait point supporté le regard du froid examen, mais si admirablement revêtu, saisit à l'instant les imaginations lassées et altérées, qui voulaient à la fois retrouver, adorer ce qui leur était cher, et le retrouver cependant sous une forme légèrement inconnue. De là son succès, qui donna le signal d'une renaissance, et qui ressemblait tout ensemble à une reprise de possession du passé et à une marche en pompe vers l'avenir.

Quel était donc, Messieurs, ce jeune émigré breton qui entrait ainsi brusquement dans la gloire, et dont la première apparition était un événement au lendemain de Marengo ? Il nous faut l'aborder et le connaître d'un peu près dans ses origines et dans ce qui l'a préparé.

TROISIÈME LEÇON.

Chateaubriand enfant ; — de Saint-Malo comme La Mennais. — Sa sœur Lucile ; et des sœurs de grands hommes. — Éléments de l'âme de René : — ennui ; — caprice ardent ; — honneur. — Équilibre *instable* en politique. — Premier séjour à Paris. — Des hommes de Lettres en 89.

Messieurs,

François-*René* (et non Auguste) de Chateaubriand était né à Saint-Malo le 4 septembre 1768, et non le 4 octobre, jour de Saint François, comme lui-même semblait le croire. Quant à la date de l'année, il la mettait volontiers en 1769. Cela veut dire qu'il se rajeunissait un peu, soit pour faire coïncider sa naissance avec cette année 69, à laquelle on se plaisait à rapporter plusieurs naissances illustres, soit tout simplement pour se rajeunir. Et ici je noterai tout d'abord un trait qui paraît futile, et qui tient pourtant à une ligne, à une racine profonde dans cette nature de poëte. — « Vous me paraissez bien triste aujourd'hui, » lui disait un matin Mme de Pastoret en le rencontrant seul dans une allée du parc de Champlâtreux.— « Ah ! Madame, vous l'avouerai-je ? répondit-il ; il m'arrive aujourd'hui un grand malheur. » — « Et quoi donc ? » — « C'est que j'ai aujourd'hui quarante ans. » Il voulut du moins se donner ces malheureux quarante ans un peu plus tard que nature. — Le poëte est tout à fait comme la femme : il tomberait à genoux, s'il osait, devant cette faux qui tranche la jeunesse : « Monsieur le bourreau, encore un moment[1] ! »

La maison où il naquit, rue des Juifs, n'était pas loin de celle où devait naître quatorze ans plus tard M. de La Mennais. Ces deux hommes, qui sentent si bien le cru de Bretagne, se sont rencontrés depuis dans la vie, et leurs rapports seraient curieux à noter avec vérité. Ce qu'on peut dire, c'est que, de prime-abord et d'instinct, ils ne s'aimaient pas; ils étaient plutôt antipathiques l'un à l'autre. L'auteur de l'*Essai sur l'Indifférence* débuta en 1817, sous la Restauration, comme l'autre avait débuté, quinze ans auparavant, sous le Consulat. Il venait, ce semble, à sa manière et avec un surcroît de zèle, prêter main-forte à la même cause. C'était une recrue ardente; on devait être tenté de les comparer. Tant que cela fut possible, ils n'eurent que du froid l'un pour l'autre. Ils s'étaient rencontrés d'abord dans les bureaux du *Conservateur*, au milieu de cette serre chaude d'ultra-royalisme, tous deux en étant alors les organes au premier chef. Ils s'étaient perdus de vue quand M. de Chateaubriand était devenu libéral, faisant la guerre à son ancien parti; M. de La Mennais, lui, tenant toujours alors pour le parti absolutiste et ultramontain. Ils se retrouvèrent en 1835, quand M. de Chateaubriand était redevenu royaliste, au moins d'attitude, après la chute du trône légitime, et que M. de La Mennais était déjà passé dans les rangs de la démocratie. J'assistais par hasard à cette entrevue, non sans sourire. Que de chemin ils avaient fait

---

[1] « Peu de gens savent vieillir, » a dit M. de La Rochefoucauld. M. de Chateaubriand le savait moins que personne, mais il sut rester jeune bien longtemps. Une femme d'une grâce suprême (c'est nommer Mme Récamier), qui s'est consacrée à orner et à embellir tant qu'elle a pu cette vieillesse peu soumise, un jour qu'elle parlait de ses jeunes amis, ajouta tout à coup : « Mais le plus *jeune* de tous mes amis, c'est certainement M. de Chateaubriand. » Le mot était juste. Sauf les toutes dernières années, il était par l'imagination la jeunesse même.

tous deux hors de leur premier camp ! Dès le premier abord, il y eut, des deux parts, des *raccrocs* et des *raccords* de souvenirs qui juraient d'une façon piquante avec le présent ; ils étaient encore l'un pour l'autre *monsieur l'abbé* et *monsieur le vicomte*. Ils continuèrent de se voir dans les douze dernières années, et même, par moments, comme si le goût mutuel leur en était venu ; il y eut à la fin une sorte d'intimité. M. de Chateaubriand goûtait assez M. de La Mennais, surtout quand celui-ci ne lui fit plus office d'auxiliaire dans le même parti, et ne fut à ses yeux qu'un Carrel ou qu'un Béranger de plus. La concurrence cessant, la courtoisie commença.

Je n'ai qu'à parcourir très-rapidement ces premières années de Chateaubriand, dont vous lisez tous les matins la peinture par lui-même[1] : nous avons là une autre édition de *René*, tout aussi poétique sans doute, ou même (je le crois) plus romanesque, mais aussi plus détaillée et avec des circonstances réelles qui particularisent le récit.

Il était le dernier de dix enfants dont six vécurent, quatre sœurs et un frère aîné. Lui, le cadet, dit le chevalier de Chateaubriand, était destiné, selon la mode des cadets en Bretagne, à entrer dans la marine royale. En attendant, on le mit en nourrice au village de Plancouët. Sevré et rentré au logis, il y trouva une vie austère, un père silencieux et craint, une mère bonne, mais grondeuse[2]. Nous connaissons cette digne domestique, l'excellente *Villeneuve*, la seule qui eût quelque soin alors du pauvre délaissé. Le point le plus à noter, le détail le plus touchant et certainement le plus vrai de cette première

---

[1] Les *Mémoires d'Outre-tombe* paraissaient alors en feuilletons dans la *Presse*.

[2] J'aime à croire pourtant qu'il y a quelque *lapsus calami* dans cette phrase des *Mémoires* : « Mon père était la *terreur* des domestiques, ma mère le *fléau*. »

enfance, de cette éducation si négligée et si dure, c'est l'affection bien délicate dont il s'unit en grandissant à la quatrième de ses sœurs, négligée comme lui, et qu'il nous peint d'abord l'air malheureux, maigre, trop grande pour son âge, une robe disproportionnée à sa taille, la poitrine droite enfermée dans un corps piqué dont les pointes la blessent, avec un collier de fer garni de velours brun au cou, et une toque d'étoffe noire rattachant ses cheveux retroussés sur le haut de la tête. Mais bientôt un souffle de grâce et de mollesse passera sur ce jeune front et y éveillera l'essaim des rêves. Cette sœur Lucile est le type virginal, innocent, de l'*Amélie* de *René*[1]. Il n'en dira rien de trop quand il parlera plus tard de sa beauté, de sa grâce, de sa mélancolie qui la lui fera comparer à un *Génie funèbre*. Je possède, par une autre source, des détails intimes sur cette sœur charmante; je vous en entretiendrai peut-être un jour. Elle avait l'instinct de la poésie et elle devina cet instinct chez son frère; elle fut la première à l'exciter; et comme, dans leurs promenades au grand mail de Combourg, il lui parlait avec ravissement de la solitude, elle l'avertit d'un mot, elle lui fit signe du doigt comme la Muse : « *Tu devrais peindre cela!* »

J'ai souvent pensé que les sœurs de grands hommes, d'hommes distingués, quand la nature les a faites les

---

[1] « Amélie avait reçu de la nature quelque chose de divin; son âme avait les mêmes grâces innocentes que son corps; la douceur de ses sentiments était infinie; il n'y avait rien que de suave et d'un peu rêveur dans son esprit; on eût dit que son cœur, sa pensée et sa voix soupiraient comme de concert; elle tenait de la femme la timidité et l'amour, et de l'Ange la pureté et la mélodie. » — Une question qu'on voudrait repousser se glisse malgré nous : René est bien René, Amélie est bien Lucile; qu'est-ce donc? et qu'y a-t-il eu de réel au fond dans le reste du mystère? Poëte, comment donner à deviner de telles situations, si elles ont eu quelque chose de vrai? Comment les donner à supposer, si elles sont un rêve!

dignes sœurs de leurs frères, leurs égales par l'esprit et par le cœur (ce qui s'est vu plus d'une fois), se trouvent plutôt supérieures à eux à d'autres égards; elles se maintiennent plus aisément à la hauteur première. Je m'explique : — la nature, comme ici dans cette famille de dix enfants, produit un homme de génie, et elle crée en même temps un *génie-femme* comme Lucile : eh bien, le génie-femme sera ou restera plus volontiers supérieur et meilleur, moralement, poétiquement. Les hommes, à un certain jour, font leur métier d'hommes; ils sortent du nid paternel, ils se prennent à tous les buissons; la poussière du chemin les ternit; s'ils ne se perfectionnent beaucoup en avançant, ils se gâtent : cela arrive souvent. Les femmes, si elles restent ce qu'elles doivent être, gardent le foyer, et aussi, dans toute sa délicatesse, elles y gardent le culte de l'idée première, de l'idéal (s'il y a poésie); elles sont comme les prêtresses domestiques de cette chose sacrée que nous allons dissipant, dépensant, exploitant au profit souvent ou de notre ambition ou de notre amour-propre, de ce qu'on appelle la gloire. Elles restent fidèles avec religion, avec discrétion et mystère : elles ont en dépôt jusqu'à la fin et accroissent plutôt de leurs larmes le premier trésor[1]. Ainsi fit Lucile en regard

---

[1] J'ai eu l'occasion souvent de vérifier cette observation et de m'en pénétrer, dans le travail que j'ai entrepris sur *Port-Royal;* cela surtout y est très-sensible, car les sœurs des hommes éminents, des grands hommes, entraient au cloître, et là on les peut observer dans toute leur conservation, si je puis dire, dans toute leur intégrité morale. C'est ainsi que pour tous ceux qui ont étudié ce sujet avec intelligence, la sœur de Pascal (Euphémie) a paru l'égale de son frère par l'esprit, et sa supérieure plutôt par le caractère. C'est ainsi que la sœur du grand Arnauld et de M. d'Andilly, la mère Angélique, la grande abbesse et réformatrice, leur est supérieure à quelques égards par une force simple et un mâle oubli d'elle-même dans les épreuves. C'est ainsi encore que la seconde Angélique paraît plus ferme et plus forte d'esprit et de caractère que son frère du monde et de la Cour, M. de Pomponne. (Voir *Port-Royal*, t. III, p. 283.)

de René. On la définirait bien d'un mot : C'est le génie de son frère, dégagé de tout alliage d'auteur, de toute complication littéraire, mondaine, politique et vaine, le pur génie avant qu'il ait revêtu ou après qu'il aura rejeté l'enveloppe mortelle. — « Cette âme virginale, a dit quelqu'un qui l'a bien connue, était comme effarouchée des hommes et de la vie. » — Vers 1803, dévorée d'une mélancolie incurable, et versant, disait-elle agréablement, *plus de pleurs que l'Aurore, mais sans avoir comme elle le don de produire des fleurs* [1], sa raison reçut quelques atteintes qui ne la laissaient pas moins, à ce qu'il paraît, adorable et d'une décence charmante. Elle se rendait compte de ces atteintes ; elle retira vers ce temps la promesse de sa main à un homme qui l'aimait passionnément et voulait l'épouser. Entrée dans une maison de retraite à Paris, elle y mourut [2], et l'on craint même qu'elle n'ait, dans un instant d'égarement, hâté la fin de ses tristes jours. Les Mémoires d'*Outre-tombe* contiennent d'elle des lettres, de petites compositions ravissantes. Il y a déjà bien des années, un auditeur qui avait assisté à cette lecture écrivit, au sortir de là, l'impression qu'il venait d'en recevoir [3] ; et je vous demanderai la per-

---

[1] C'était dans des vers à un ami :

> Que j'aurais à t'offrir de fleurs
> Si, semblable à l'Aurore,
> Comme elle j'avais, par mes pleurs,
> Le don d'en faire éclore !

J'ai entendu citer d'elle une conversation ravissante sur la musique, qu'elle sentait à la manière des Anges ; sur les fleurs, et les oiseaux qu'elle préférait aux fleurs, parce qu'ils étaient plus près du Ciel. — Se promenant avec M. Joubert par une soirée très-sereine, elle lui disait : « C'était là sans doute la couleur de l'Olympe. »

[2] Le 9 novembre 1804.

[3] Ces *Mémoires* ont eu deux moments de lecture bien différents, bien contraires. Les premières fois, avant la publication, ils n'étaient lus qu'à un petit cercle d'initiés, dans un sanctuaire délicieux, avec tous les arrangements de la grâce et les demi-voiles du mystère. La seconde fois,

mission de vous lire ces lignes comme résumant ma propre pensée :

« On a entendu dans cette même lecture d'admirables pages de Lucile sa sœur, l'*Amélie* de *René*, génie de mélancolie égal au sien, qui aurait eu l'art, si elle avait voulu, mais elle *pratiqua* la sensibilité plutôt que de la dépeindre. Inquiète, malheureuse d'imagination et assiégée de terreurs presque comme Jean-Jacques, elle se dévora. Ce que René a dit, elle l'a fait. Quelqu'un entendant ces lettres de Lucile regrettait qu'elle n'eût pas écrit. — « Laissez donc, répondit un plus sage, laissez un peu de sensibilité à l'état de nature et d'entière sincérité; il en faut aussi comme cela; on n'a pas de regret à avoir : à chacun son rôle; ils se le sont partagé; il a écrit pour elle, elle est morte pour lui. »

Ces scènes du fonds natal, ces souvenirs d'enfance qui sont maintenant révélés à tous; la maison de l'aïeule maternelle à *l'Abbaye* près Plancouët; la sœur enjouée de l'aïeule vénérable, mademoiselle de Boiteilleul; ces trois vieilles filles nobles d'à côté qui, averties chaque jour par un coup de pincette, apparaissent comme par ressort et viennent faire la partie de quadrille,

Portraits comme on en voit sur les tapisseries;

la mort peu à peu qui envahit cette petite société et rompt le cercle; une chambre qui se ferme, puis l'autre, et le quadrille qui finit faute de partners; ces premières impressions déjà profondes sur l'enfance rêveuse et inconsolée, je ne vous redirai point tout cela; vous le savez d'hier et de ce matin; je n'ai qu'à courir. Je me borne à relever chaque sentiment essentiel à mesure qu'il éclôt et qu'il *lève* dans cette jeune âme.

découpés en feuilletons au milieu des tempêtes civiles, ils ont été jetés par lambeaux dans les carrefours et ont pu être lus, comme du Rétif, au coin de la borne.

De Saint-Malo, où l'enfant a passé ses premières années à errer parmi les rochers, à écouter le bruissement des vagues sur les écueils, à *béer aux lointains bleuâtres*, le voilà tout d'un coup transplanté avec sa famille au château de Combourg, autre cadre plus silencieux et tout mystérieux, la secrète patrie du poëte. A peine entré sous ces grands ombrages, le charme mélancolique l'a saisi, *l'ennui enchanté* commence. — Envoyé au collége de Dol, il étudie les mathématiques, et sait par cœur ses logarithmes ; il fait des vers latins, surtout il lit le quatrième livre de l'*Énéide*. Ce quatrième livre, un Horace *complet*, les volumes de Massillon, où sont les sermons de *l'Enfant prodigue* et de *la Pécheresse*, ne sortent bientôt plus de ses mains ; il a le temps de couver ces mêmes rêves durant les vacances solitaires de Combourg : un monde nouveau s'entr'ouvre pour lui ; un nouvel homme s'éveille, qui ne mourra plus. Notons bien l'aveu. — Mais les passions ne viennent jamais seules ; « elles se donnent la main comme les Furies ou comme les Muses. » L'honneur donc (et ceci est un nouveau trait distinctif, désormais aussi ineffaçable), l'honneur, « cette exaltation de l'âme qui maintient le cœur incorruptible au milieu de la corruption, ce principe régénérateur placé auprès du principe dévorant, » allume en cette jeune âme un foyer qui ne va plus s'éteindre, et qui sera jusqu'au dernier jour son culte le plus intime peut-être, en même temps que le plus apparent. Ce sentiment de l'honneur se révèle en lui à l'occasion d'un châtiment déshonorant qu'il se refuse à subir. — Je crois, en vérité, que tout est complet déjà ; et si nous osions pénétrer tout d'abord dans cette âme jusqu'à prétendre en compter les mobiles essentiels, les éléments (*Tres imbris torti radios*), je les énumérerai ainsi, en ne donnant la prédominance à aucun, et en les mettant tous sur la même ligne.

Ne trouvez pas, Messieurs, ce que je fais ici trop téméraire. Je parle de l'homme éminent qui fait le sujet de notre étude avec la même liberté que je parlerais de Goethe ou de Byron. La postérité est venue, et l'examen véritable commence. L'admiration, en définitive, retrouvera son compte, mais nous tâcherons de ne la faire porter que sur les portions vraiment dignes d'être admirées.

Premier élément, la rêverie ou *l'ennui*. — La mère du Régent disait de lui qu'il était *né ennuyé*. Combien cela est plus vrai à dire de M. de Chateaubriand ! « Je crois, disait-il, que je me suis ennuyé dès le ventre de ma mère. » Il a comme engendré cet ennui incurable, mélancolique, sans cause, si souvent doux et enchanteur dans son expression, sauvage et desséchant au fond, et mortel au cœur, mortel à la bonne et saine pratique familière des vertus, — le *mal de René*, qui a été celui de tout notre âge, maladie morale qui, après avoir régné cinquante ans plus ou moins, et avec des variantes sans nombre, est aujourd'hui à peu près disparue, qui du moins n'est plus endémique, et qui a fait place à je ne sais quelles autres dispositions plus positives de la jeunesse, lesquelles ont bien aussi leur danger. Pareil aux fleuves *descendant du sein de Jupiter*, le voilà donc à sa source cet ennui qui va s'épancher à travers le monde, qui cherchera partout l'infini et l'indéterminé, le *désert;* qui le ferait autour de soi plutôt que de s'en passer, et qui appelle cela la poésie (*Ubi solitudinem faciunt*, POESIM *appellant*) : — poésie en effet qui a révélé au poëte qui nous occupe, et lui a inspiré de peindre, comme il n'a été donné à nul autre, la sublimité des grands horizons, l'étendue illimitée des Savanes, l'infini du désert de l'Océan, et cet autre Océan canadien (comme il l'appelle) tout de verdure et d'éternelles forêts, l'infini désolé et si plein de grandeur des Campagnes romaines, l'infini du cœur et du dedans le plus vaste et, si l'on peut dire, le plus *irremplissable* de tous.

Second élément, — comment dirai-je? comment l'appellerai-je? le culte de la *jeunesse* et de l'espèce de *délire* d'*illusion* romanesque qu'elle amène avec elle, et qui d'ordinaire avec elle aussi s'évanouit et disparaît. Cet idéal d'ivresse qui est si bien peint dans le quatrième livre de *l'Énéide*, dans *Atala*, dans l'épisode de *Velléda*, le poëte dont nous parlons le caressera et le rêvera jusqu'à la fin. Jusque sous la première conception du *Génie du Christianisme* et dans le cadre de ses *Martyrs* (allez au fond), il avait introduit, en la voilant, cette flamme profane et trop chère; il la portera, il la couvera partout, et jusqu'au milieu des scènes et des sujets les plus faits pour ramener à l'austérité simple. Elle transpirera, je l'ai dit ailleurs, comme un parfum d'oranger voilé. J'ai regret d'avoir à insister sur ce point, mais il est essentiel; quand on fait une étude sur un homme considérable, il faut oser tout voir, tout regarder, et au moins tout indiquer. D'ailleurs, on parle beaucoup de décadence : je crois en effet, à mon grand regret (et j'ai résisté tant que j'ai pu à le croire), que la littérature est en pleine voie de se corrompre; mais il faut voir en quel sens et comment. Car, si l'on remonte surtout à une quarantaine d'années en arrière, ce n'est pas une décadence tellement manifeste et tellement déclarée; il importe d'en bien saisir les causes et les sources. Ce n'est point parce qu'un écrivain de talent se permet une expression plus ou moins hasardée pour rendre une nuance de sa pensée, qu'une littérature est proprement en décadence : ce serait prendre les choses trop à la surface et par l'épiderme. La vraie décadence, dans une littérature brillante et qui compte encore des talents puissants, prend sa source dans le désaccord qu'il y a entre l'inspiration véritable et le résultat apparent,

dans le manque d'harmonie et de vérité au sein des plus beaux ouvrages. Or, nous touchons ici à l'une des causes de disparate et de désaccord les plus intimes et les plus profondes. Ainsi, par exemple, M. de Chateaubriand va à Jérusalem ; il est censé y aller pour visiter en pèlerin les saints lieux, et il le proclame lui-même. Eh bien ! à le prendre plus tard par ses propres aveux, que vient-il nous confesser : « Mais ai-je tout dit dans l'*Itinéraire* sur ce voyage
« commencé au port de Desdémone et d'Othello (Remar-
« quez le choix des noms et les associations d'idées)?
« Allais-je au tombeau du Christ dans les dispositions du
« repentir? Une *seule pensée* m'absorbait, je comptais avec
« impatience les moments. Du bord de mon navire, les
« regards attachés sur *l'Étoile du soir*[1], je lui demandais
« des vents pour cingler plus vite, de la gloire pour me
« faire aimer. J'espérais en trouver à Sparte, à Sion, à
« Memphis, à Carthage, et l'apporter à l'Alhambra.
« Comme le cœur me battait en abordant les côtes de
« l'Espagne ! Aurait-on gardé mon souvenir ainsi que
« j'avais traversé mes épreuves?... » En s'en tenant à son propre aveu, et sans trop vouloir approfondir ce qu'il allait chercher ainsi à Grenade, à ce rendez-vous de l'Alhambra, à travers le grand détour de Jérusalem et du Calvaire, il est bien certain maintenant pour qui vient de l'entendre, qu'il allait chercher autre chose que l'émotion toute dévote d'un pèlerin; sa dernière Station ne devait pas être la plus sainte. De là ce qu'il y a de factice dans l'*Itinéraire*. — Dans la *Vie de Rancé,* ouvrage de sa vieillesse, et où il avait moins la force de retenir son secret, il a trouvé moyen de laisser échapper à tout

---

[1] Comme Léandre, comme tous les amants de l'*Anthologie*, comme cet amoureux dans la gracieuse invocation de Bion :

> Chère Étoile du soir, belle lumière d'or,
> De l'aimable Aphrodite, etc. . . . . .

instant les regrets les plus profanes, le plus en contradiction avec l'austère sujet. Il avait bu de bonne heure le philtre, et il n'a jamais voulu l'oublier. Ceux qui l'ont connu savent qu'il n'a jamais pu se consoler de vieillir, qu'il n'y a jamais consenti; il a pris la vieillesse comme un simple affront, et nul n'a mené si bruyamment le deuil de la fuite de la jeunesse; il était, à ce sujet, comme ces rois d'Asie qui, de colère, déchirent leurs vêtements[1]. Ce second élément, très-positif en lui, est celui que j'appellerai l'élément profane et païen. C'est *l'homme de désir* au sens épicurien, — le désir prolongé et toujours renouvelé d'une Ève terrestre.

Le troisième élément, qui nous est signalé par lui-même, et qui perce également dès son enfance, c'est *l'honneur;* il était bien important que celui-ci vînt s'introduire au plus tôt comme correctif à côté de ces deux autres éléments si dévorants et dissolvants, à côté de l'ennui immense et de cette disposition à chérir avant

---

[1] Si nos pères regrettaient aussi de vieillir, combien c'était plus légèrement :

    Ah ! que vous m'ennuyez, Vieillesse !

soupirait Charles d'Orléans dans un gracieux rondeau. Ainsi l'on se plaignait à demi-voix jusqu'à Voltaire. Mais le ton a bien changé. Je ne sais qui a dit : « Le Temps nous frappe au visage, comme César à Pharsale ordonnait à ses vétérans de frapper au visage les jeunes chevaliers de Pompée. » M. de Chateaubriand, qui n'avait de beau que la tête, mais qui l'avait si belle, ne pardonna jamais au Temps de la lui avoir touchée et d'en avoir fait même une belle tête de vieillard. Il considérait comme un outrage singulier et personnel d'être atteint par le Temps. Humilié et indigné de vieillir, non moins que s'il eût été un demi-dieu, il avait un certain regard de colère, de douleur, de jalouse fierté, qu'il lançait à la jeunesse ; ce n'était pas le *telum imbelle sine ictu* de Priam, c'était encore la flèche d'Apollon. — Un jour qu'il revenait de l'Académie où il avait voulu aller pour une élection, il me disait ironiquement et en marquant chaque syllabe : « J'ai voulu y aller, mais cela m'a coûté, Monsieur ; j'étais là avec mon vieil ami Jouy, qui ressemblait à une vieille femme. » (Lire, après cela, pour le contraste du ton, la jolie pièce de Voltaire qui a pour titre, *les Désagréments de la Vieillesse.*)

tout, à poursuivre le songe rapide, l'éclair du désir. L'honneur, qu'il a si bien défini et dont l'idée s'associe habituellement à son nom, il l'eut donc dès l'origine, il le conçut et l'embrassa de bonne heure : par là il fut véritablement de l'ancienne France, il garda quelque chose des anciens preux. Lui si différent à tant d'égards, il retint par cet anneau la tradition de ses pères, et il se retrouva de leur sang par instinct dans chaque situation mémorable. Cette disposition de l'honneur, elle-même, est plus altière et scabreuse que stable et tout à fait assise : elle tient plus de compte de la gloire que de la vertu, et souvent participe plus de la générosité que de l'équité et de la justice. On est prodigue, libéral, plein d'éclat et de noblesse ; on s'expose, on se sacrifie un moment ; mais à ce prix on se passe bien des passions et tous ses caprices. Du moins il y a là un ressort puissant, quelque chose qui se révolte contre toute lâcheté, contre toute cupidité sordide, contre toute bassesse. Dans un temps dont M. Royer-Collard disait : « L'abaissement éclate de toutes parts, » il y a là du moins quelque chose qui ne vous rabaisse pas.

Je crois, si l'on peut avoir un jugement formel en de telles analyses, que ce sont là les trois éléments essentiels, et tous les trois extrêmement aigus et vifs, qui composèrent cette personnalité si accentuée et si brillante de M. de Chateaubriand. Ajoutez-y ce vaste déploiement d'imagination, cette magie incomparable de plume qui lui fut donnée, et qui, au milieu de mille défauts choquants de goût, réussissait toujours à nous prendre ; avec cela un esprit qui dans les jugements ordinaires (non pas toujours dans l'action) avait beaucoup de justesse et de positif ; une amabilité et une sorte de naïveté de *bon enfant*, qui était réelle quand il voulait se la permettre, qui était rare et habituellement nulle quand on le voyait dans le monde, mais qu'on lui retrouvait par moments à l'improviste dans l'intimité : voilà un premier trait, une première ébauche de cette grande physionomie que ses ouvrages seuls n'expriment pas tout entière.

Mais on remarquera encore combien ces trois éléments sont tous les trois, si je puis ainsi parler, hasardeux, imprudents, et singulièrement propres, pour employer le langage de la chimie, à une combinaison *fulminante* : d'une part, l'ennui sauvage, avide, insatiable, comme base et comme fond ; — d'autre part, sillonnant ce vague ennui, l'éclair idéal, électrique, du désir ; — et l'honneur seul, l'honneur chevaleresque, pour tenir et maîtriser tout cela. Avec de tels coursiers à son char et un tel guide, on doit être tenté à tout moment de raser comme Phaëton le bord de l'abîme[1], de chercher l'émotion et l'éclat, dût-on se briser et périr. On est, en un mot, poussé à *jouer*, sur la moindre chance provocante, *le tout pour le tout*. Et voilà pourquoi, l'avouerai-je en passant? j'ai toujours frémi quand j'ai vu des poëtes, de vrais poëtes, se prendre à la politique et prétendre à devenir nos pilotes. Oh! que Platon les connaissait bien quand il voulait les couronner de fleurs et les bannir de sa république! Et pourtant il ne connaissait que les poëtes selon Homère, selon Sophocle et selon lui-même. Mais chez les modernes, ces poëtes selon René sont les plus dangereux de tous ; ils *entrent avec ravissement dans les mois des tempêtes ;* ils sont repris pour un rien du dégoût de la terre, de cette terre qu'ils veulent pourtant gouverner; ils dé-

---

[1] Ainsi, à la Cataracte de Niagara, l'échelle de lianes qui servait d'ordinaire aux Indiens étant rompue, il voulut néanmoins descendre au bas de la Chute par un rocher à pic d'environ *deux cents pieds* de hauteur (je n'entre pas ici dans les inexactitudes qui ont été relevées) : il ne s'y cassa que le bras. — Et dans *René*, au voyage de l'Etna, il se représente assis sur la bouche du volcan et pleurant sur les mortels dont à *peine* il voyait à ses pieds les demeures : « C'est ainsi que toute ma vie « j'ai eu devant les yeux une création à la fois immense et imperceptible, « et un *abîme* ouvert à mes côtés. »

vorent les siècles en un jour; ils seraient tentés à la moindre contrariété, au moindre défi, de mettre le feu au vaisseau et de s'engloutir eux et tout l'équipage, c'est-à-dire la société tout entière, comme le vaisseau *le Vengeur*, pour avoir une belle mort sur l'Océan[1].

Ces enfants du caprice, de la fantaisie et du rêve sont d'une race tout opposée et ennemie de celle des vrais hommes d'État, des Auguste, des Richelieu, des Cromwell, des Guillaume d'Orange, des Pitt, et, pour prendre un nom sans tache, des Washington. A un moindre degré, entre M. de Villèle et M. de Chateaubriand, c'était une haine de race.

Après le collége de Dol, vient le collége de Rennes, où le chevalier en entrant hérite du lit du chevalier de Parny (un pan de cette robe de Nessus lui est toujours resté), et où il devient le condisciple de Moreau et de Limoëlan. De Rennes il va à Brest, pour y chercher son brevet d'aspirant qui n'y est pas : ses instincts de voyageur s'excitent à contempler tout le jour cet Océan sans bornes, à la pointe de ce Cap extrême. Il est comme ces cygnes sauvages, qui, retenus malgré eux parce que les

---

[1] « L'idée de n'être plus me saisissait le cœur à la façon d'une joie « subite... Il y avait dans le premier succès de l'amour un degré de « félicité qui me faisait aspirer à la destruction. » Quand on a dit de ces mots-là, et qu'on les a sentis, et qu'on a voulu se tuer, on m'est toujours suspect comme pilote; on tient médiocrement au salut des autres et de l'ensemble. — Et qu'on veuille peser encore cette parole finale, non pas du René embelli et légèrement arrangé pour le *Génie du Christianisme*, mais du René primitif et brut des *Natchez* : « Je m'ennuie de « la vie; l'ennui m'a toujours dévoré : ce qui intéresse les autres « hommes ne me touche point. Pasteur ou roi, qu'aurais-je fait de ma « houlette ou de ma couronne? Je serais également fatigué de la gloire « et du génie, du travail et du loisir, de la prospérité et de l'infortune. « En Europe, en Amérique, la société et la nature m'ont lassé. Je suis « vertueux sans plaisir ; si j'étais criminel, je le serais sans remords. « Je voudrais n'être pas né, ou être à jamais oublié. » *(Lettre de René à Céluta)*. — Après de tels aveux une fois proférés, il n'y a plus rien.

ailes ne leur sont pas encore venues, souffrent je ne sais quoi d'inexprimable à la saison des migrations, et ressentent une nostalgie immense[1].

Mais le vent tout d'un coup a *sauté*, comme disent les marins : de Brest il retourne sans savoir pourquoi à Combourg. Ce « château paternel, situé au milieu des forêts, près d'un lac, dans une province reculée, » dont il parlait sans le nommer dans *René*, il nous le décrit aujourd'hui dans ses tours et dans ses salles pleines de mystères. C'est là qu'il nous donne une nouvelle peinture de son rêve, de sa poursuite de l'idéal, sous le nom de sa *Sylphide*. Cette Sylphide qu'en l'écoutant autrefois je n'ai pas été des derniers à applaudir, je ne l'aime pourtant pas de tout point autant que je l'admire encore. Décidément il se joue un peu en vieillissant avec ce qui était plus triste et plus simple dans le premier *René*[2].

Il raconte qu'un jour, dégoûté de la vie, il voulut rejeter la coupe de ses lèvres et la lancer vers le ciel. Il

---

[1] Toute sa vie M. de Chateaubriand garda de cet instinct natal du navigateur et du marin. Passant bien des années après en Angleterre où il était ambassadeur (1822), à peine le pied sur le bateau, dans une pénible traversée de Calais à Douvres par une grosse mer, il était d'une gaieté folle, chantait, sautait, grimpait aux mâts, se moquait des autres passagers malades : l'élève de Brest, le pur Malouin se retrouvait.

[2] L'inconvénient de ces *Mémoires*, s'il faut le dire, et l'effet qu'ils produisent tels qu'on les lit de suite aujourd'hui, c'est que le narrateur arrange un peu tout cela à distance, et qu'il ne réussit pas à l'arranger complétement. Un très-bon juge me dit à l'oreille : « Quant au fond il se rappelle les faits, mais il semble avoir oublié quelque peu les impressions, ou du moins il les change, il y ajoute après coup, il surcharge. Ce sont les gestes d'un jeune homme et les retours d'imagination d'un vieillard, ou, s'il n'était pas vieillard alors qu'il écrivait, d'un homme politique entre deux âges qui revient à sa jeunesse dans les intervalles de son jeu, de sorte qu'il y a bigarrure, et que par moments l'effet qu'on reçoit est double : c'est vrai et c'est faux à la fois. » — Ce genre d'inconvénient est précisément celui qui se fait sentir dans le *Raphaël* de M. de Lamartine. La vraie poésie, celle même de notre propre jeunesse, est comme une maîtresse jalouse ; elle ne nous veut pas à demi.

s'enfonça dans un bois avec un fusil, et ne fût arrêté dans son projet sinistre que par la rencontre d'un garde. Que la scène soit plus ou moins réelle ou poétique, elle ne fait que résumer et fixer une pensée funeste qui est au fond de cette disposition mentale, de cette *maladie de René*, laquelle était déjà la maladie de Rousseau. Et celui-ci finalement y a succombé; car, — il n'y a guère moyen d'en douter aujourd'hui, — Rousseau s'est tué en effet.

Le chevalier était retourné à Saint-Malo, près de partir pour les grandes Indes, lorsqu'un brevet de sous-lieutenant au régiment de Navarre le retient en France, et l'envoie à Cambrai; de là jusqu'à Paris et à Versailles il n'y a qu'un pas.

A Paris (c'était vers 1788), il voit les gens de Lettres, et aspire, comme il le dit aujourd'hui en plaisantant, à insérer quelque idylle dans le *Mercure* ou dans l'*Almanach des Muses*[1]. L'impression qui résulte des illustres *Mémoires* ne m'a jamais paru la plus exacte et la plus vraie sur cette époque de sa vie[2]. En fait, le jeune officier

---

[1] Il parvint en effet à faire insérer une idylle (*l'Amour des Champs*, par le *chevalier* de C.) dans l'*Almanach des Muses* de 1790 (p. 205), entre des vers de Pons de Verdun et d'Hoffman ; elle n'était pas indigne du voisinage, et aurait pu être signée de Berquin ou de Léonard. Il est curieux de voir comme M. de Chateaubriand, dès qu'il écrit en vers, devient un talent pacifique et doux. Ce n'est plus du tout la même imagination. Il a perdu son instrument, son élément. Il me fait l'effet de ces coursiers indomptés qu'on embarque, et qui, une fois en l'air, sont les plus apprivoisés du monde.

[2] Non pas, encore une fois, que ces *Mémoires* ne soient sincères, mais ils sont surtout poétiques et n'ont que ce genre de sincérité-là, — *une vérité d'artiste*. Or, l'artiste ici rend son émotion, son impression telle qu'il l'a au moment où il écrit, non pas toujours telle qu'il l'a eue dans le moment qu'il raconte. Il substitue à son insu ses impressions et ses effets d'aujourd'hui à ses sentiments d'autrefois. En voici un petit exemple que j'ai pu vérifier. Je lis dans une lettre de M. de Chateaubriand à Fontanes, datée d'Avignon, samedi 6 novembre 1802 : « J'arrive de Vaucluse ; je vous dirai ce que c'est. Cela vaut sa « réputation. Quant à Laure la bégueule et Pétrarque le bel esprit, ils

fut beaucoup plus *homme de Lettres* alors, il le fut plus sérieusement dès l'abord qu'il ne veut nous le sembler aujourd'hui. Pour s'en assurer, il suffit de lire ce qu'il disait sur les gens de Lettres de cette époque dans l'*Essai sur les Révolutions :* on y trouve les vrais jugements qu'il portait sur eux. Il vit dès lors Fontanes, et noua avec lui une première liaison qui se resserra ensuite à Londres et y devint la plus étroite amitié. Dès 1788, il visitait Parny qu'il appelait *le Tibulle français*, comme il surnommait Fontanes *le Simonide*[1]. Il consultait La Harpe qui lui témoignait de la bienveillance ; il avait un faible pour Flins, un ami, un diminutif de Fontanes ; et même il ne repoussait pas *le Philosophe de la Nature,* Delisle de Sales,

---

« m'ont gâté la fontaine. J'ai pensé me casser le cou (*tout comme au* « *Niagara*) en voulant grimper sur une montagne où les voyageurs ne « vont jamais, et où le guide a refusé de me suivre... » Eh bien, on n'a qu'à lire dans les *Mémoires d'Outre-tombe* la page émue qu'il a écrite sur Pétrarque et sur Laure, en racontant après coup ce voyage. — Il n'y a de tout à fait vrai que ce qui est un témoignage presque involontaire échappé dans le temps même.

[1] Sur Parny, notamment, il écrivait en 1798 cette note que j'ai sous les yeux, manuscrite, et qui nous permet de juger du degré exact de leur liaison neuf ou dix ans auparavant :

« Le chevalier de Parny est grand, mince, le teint brun, les yeux noirs enfoncés, et fort vifs. Nous étions liés. Il n'a pas de douceur dans la conversation. Un soir, nous passâmes six heures ensemble, et il me parla d'Éléonore. Lorsqu'il était près de quitter l'Ile-de-France, lors de son dernier voyage, Éléonore lui envoya une négresse pour le prier d'aller la voir ; cette négresse était la même qui l'avait introduit en de plus doux rendez-vous. Le vaisseau qui devait ramener Parny en Europe était à l'ancre : il devait partir dans la nuit. Qu'on juge des sensations que l'amant d'Éléonore dut éprouver lorsque, après douze ans de silence, il reçut ce message, au moment de son départ, par cette négresse ! Que de souvenirs ! Éléonore était blonde, assez grande, non belle, mais attrayante, mais respirant la volupté. Au reste, il m'a dit que les sites décrits par Saint-Pierre dans *Paul et Virginie* étaient faux ; mais Parny enviait Bernardin. —

« Fontanes m'a fait faire un dîner fort gai dans ma vie. Nous étions pour convives, moi, Ginguené, Flins, le chevalier de Parny. La Harpe, qui prétendait qu'il n'allait plus à ces parties de *jeunes gens*, nous avait envoyé sa femme. Mme Du F....., la poëtesse et la maîtresse de Fontanes, y était, et, ce qu'il y a de bien Français, c'est que le mari y était aussi et qu'il ne s'apercevait de rien. Grande chère, bon vin, pas trop poëtes ; cependant nous ne pûmes nous empêcher de l'être un peu. »

dont il a tracé plus tard un gai portrait en caricature[1]. Le jeune Breton voyait beaucoup son compatriote Ginguené, déjà produit honorablement dans les Lettres ; et par lui il connaissait le poëte Le Brun, surtout Chamfort qu'il invitait quelquefois à souper dans sa famille, et dont la conversation piquante, pleine de saillies, lui faisait passer des *moments heureux.* Dans son *Essai sur les Révolutions* où se retrouve un Chateaubriand primitif, sauvage, non encore dégrossi ni dégagé, mais plus vrai et plus naïf[2] que depuis, un Chateaubriand sans parti pris et avant la gloire ; il parle de la plupart de ces hommes comme les ayant beaucoup connus et fréquentés ; ses jugements d'alors sur leur compte sont plus indulgents, plus équitables, plus sains selon moi, que ceux qu'il y a ajoutés et par lesquels il a souvent prétendu corriger et rétracter les premiers. Dans cette édition de 1826, où il se flatte d'être un bien meilleur juge, c'est trop souvent le ministre, l'homme monarchique et religieux, qui a son rôle à garder, — c'est trop souvent cet homme officiel qui fait la leçon au *lui-même* d'autrefois, et on peut le trouver surtout tranchant et rigoureux à l'excès pour ces anciennes connaissances de sa jeunesse. Dans ses *Mémoires d'Outre-tombe*, il se borne à être léger à leur propos, et il les traite un peu sous jambe en badinant : cette légèreté va jusqu'à être cruelle pour quelques-uns. La vérité est qu'il

---

[1] « Chaque année, au printemps, il faisait ses *remontes d'idées* en Allemagne. » Ce trait plaisant me paraît faire anachronisme dans le portrait de lui que donnent les *Mémoires d'Outre-tombe*. Je ne vois pas que Delisle de Sales soit allé plus d'une fois à Berlin. L'auteur semble avoir eu ici en vue le germanisme de certains de nos philosophes modernes, et il leur a lâché sa chiquenaude sur la joue du pauvre Delisle de Sales qui n'en peut mais. Celui-ci a payé pour M. Cousin ou pour tel autre.

[2] Un critique à la fois sagace et indulgent (M. Vinet) a dit : « M. de Chateaubriand dans son *Essai* n'est pas plus *sincère* que dans ses autres ouvrages (voulant dire qu'il l'est partout), mais il est plus *naturel.* » J'accepte cette rédaction-là.

les connut et les goûta fort, à son début dans le monde littéraire; il aspirait à y entrer sous leurs auspices et comme leur confrère. Nous aurons à signaler aussi dans l'*Essai* ses premiers jugements réels sur les écrivains célèbres du XVIIIe siècle, notamment sur le *grand Rousseau* auquel il se rattachait si directement alors, et dont il a tout fait pour se séparer et pour divorcer depuis.

Une remarque littéraire qui nous importe est celle-ci : si M. de Chateaubriand avait commencé en 1788, si la Révolution n'était pas venue l'ajourner et l'interrompre, il serait évidemment entré dans le monde littéraire, comme disciple de Rousseau et des autres. Ses dix années d'éloignement et de malheur solitaire lui donnèrent le moyen de s'écarter, de prendre de l'espace, pour faire ensuite souche à part. Virgile, parlant du jeune arbre, du rejeton trop près de son père, dont l'ombre l'étouffe et le gêne a dit :

> Nunc altæ frondes et rami matris opacant,
> Crescentique adimunt fœtus, uruntque ferentem[1].

Chateaubriand, s'élevant à deux pas sous l'ombre de Jean-Jacques, de Bernardin de Saint-Pierre, en eût été d'abord gêné et offusqué dans son développement, *brûlé* dans ses premiers fruits. C'est à cela que servent du moins les révolutions : elles transplantent en déracinant; elles rompent ce qui se suit de trop près, et recommencent le grand mélange. Il y a chance pour qu'au sortir de là il se produise quelque chose d'original et de nouveau.

Cependant l'instinct des voyages, l'inquiétude aventureuse qui était propre à sa nature, le sentiment qu'il n'y avait ni jour ni place pour lui dans ce monde-là à cette heure, arrachent tout d'un coup de Paris le jeune offi-

---

[1] *Géorgiques*, II, 55.

cier. Au moment où la Révolution de 89 a l'air de faire trêve, à la veille de redoubler, il part pour l'Amérique du Nord, muni des instructions de M. de Malesherbes, dont son frère aîné était le petit-gendre. Le goût de la géographie et des grands voyages d'exploration était fort en honneur sous Louis XVI; les succès et les infortunes de Cook et de Lapérouse avaient enflammé les imaginations. Le jeune officier partait donc, en s'imaginant qu'il allait à la découverte du Passage polaire, du Passage au Nord-Ouest du Continent américain : j'admire ces grands desseins tels qu'en cent endroits il nous les expose, mais il n'allait chercher en réalité que des sensations, des images, et un champ illimité pour ses rêves.

Il ne partait pas comme Volney, comme ce ferme et sévère observateur dont il avait pu lire le *Voyage* en Orient, avec un dessein bien arrêté et précis; l'histoire, à cet âge, ne le tentait pas encore : il tournait le dos au vieux monde, et voulait avant tout s'enivrer d'une existence nouvelle inconnue.

La vie sauvage était aussi un des rêves, un contraste idéal des plus caressés dans cette société raffinée de Louis XV et de Louis XVI. Jean-Jacques l'avait mise à la mode. Diderot nous peint avec délire une *Otaïti* selon son imagination et selon son cœur. Le jeune Chateaubriand méditait déjà un poëme des *Natchez* qui devait laisser bien loin *les Incas*, et il voulait en visiter la scène naturelle. Plus tard méditant *les Martyrs*, il ira ainsi en Grèce et dans l'Orient. Entre les divers buts solennels ou mystérieux qui présidèrent à tous ces voyages, il en est un qui reste pour nous bien clair : le peintre allait faire sa palette et amasser ses couleurs.

QUATRIÈME LEÇON.

Encore les hommes de Lettres de 89. — Chamfort et Ginguené vengés. — Chateaubriand en Amérique. — Journal. — Nouveauté de peinture. — Ce qu'on n'a qu'une fois.

Messieurs,

Pendant que notre voyageur fait route pour l'Amérique, je voudrais revenir un peu en arrière, et insister davantage sur un point déjà touché. J'ai parlé des relations du jeune chevalier de Chateaubriand, venu à Paris vers 1788, avec les hommes de Lettres d'alors; j'ai tâché de vous présenter ces relations sous leur vrai jour, et non pas sous la couleur complaisante qu'il est facile de leur donner après coup, aujourd'hui que M. de Chateaubriand est devenu célèbre et immortel, et que la plupart de ces hommes de Lettres, distingués en leur temps, sont oubliés, ou retombés dans cette espèce de crépuscule, de pénombre croissante qui attend les hommes simplement secondaires. Nous avons des moyens sûrs d'atteindre sur ce point à la vérité autrement que par conjecture. En effet, cinq ou six années après avoir quitté la France et les relations qu'il avait pu former à Paris, M. de Chateaubriand a consigné dans un ouvrage publié à Londres ses opinions, ses sentiments sur la plupart des personnages littéraires dont il avait encore le souvenir tout à fait présent; et comme il écrivait alors loin de son pays, il n'avait aucune raison de les flatter ni de les ménager.

Il en était même, comme Chamfort, qui étaient morts dans l'intervalle. Nous pouvons donc savoir de lui-même, de sa propre bouche, comment il les jugeait alors.

De plus, lorsqu'en 1826, il se décida à publier lui-même à Paris, dans la collection complète de ses Œuvres, cet ouvrage autrefois publié à Londres, et qu'il l'accompagna de Notes qui avaient pour but de rétracter ou de corriger, nous savons encore comment il s'exprimait sur ces hommes de Lettres, à trente ans de distance.

Enfin, aujourd'hui que paraissent ses *Mémoires d'Outre-tombe*, nous avons, ce semble, son dernier mot sur leur compte, son jugement suprême. Qu'il me soit permis d'examiner si ce dernier jugement qui m'avait déjà quelque peu choqué lorsque je l'entendis pour la première fois, et que je viens de relire avec une impression pénible, est le plus équitable, le plus juste, — j'allais presque dire le plus sincère ; — mais nous-même gardons-nous de faire injure à une nature si mobile, à une imagination puissante et *rétroactive* qui teint à son insu les objets de ses couleurs, des couleurs de son caprice ou de sa passion.

Le point sur lequel j'insiste a de l'importance : les paroles que jette M. de Chateaubriand ne meurent pas ; elles ont avec elles un mordant qui les grave ; il a ce genre d'amertume qui accompagne la force. Si donc ses paroles avaient l'air de tomber comme une flétrissure sur quelques hommes de Lettres estimables, il faudrait voir avant tout si elles sont méritées, et si lui-même, en d'autres temps, ne nous fournit pas une réfutation victorieuse de ce que lui a dicté en dernier lieu le sentiment de sa force, de sa supériorité désormais hors d'atteinte, et aussi peut-être le ressentiment lointain de l'amour-propre blessé [1].

---

[1] « La férocité naturelle fait moins de cruels que l'amour-propre, » dit La Rochefoucauld. On suppose en général les gens de Lettres plus suscep-

Il en est des grands hommes littéraires comme de tous les hommes : s'ils se sentent tout-puissants, souverains par la parole, par l'admiration qu'ils inspirent, semblables à des monarques sans contrôle, ils sont tentés d'abuser, de se passer tous leurs caprices, tous leurs dépits ; et la légèreté même produit quelquefois sous leur plume le même effet que produirait l'injustice préméditée ou la haine.

Nous ne cherchons ici que la vérité : je ne me plais pas à faire ressortir les contradictions de jugement d'un illustre auteur ; ce serait un plaisir bien chétif et puéril. Je conçois de plus (et ici je réponds à une observation qu'on m'a fait l'honneur de m'adresser), je conçois très-bien les variations dans les jugements, selon qu'on les porte à différents âges de la vie. M. de Chateaubriand, jeune, admire Jean-Jacques et l'imite ; plus tard il s'en détache, et il le juge en le réduisant : rien de plus naturel et de plus légitime. Mais si M. de Chateaubriand, au moment où il juge Jean-Jacques avec sévérité, ajoute qu'il n'a jamais pensé comme lui [1], et le prend sur un ton de hauteur et de dédain qui sent un fond de mépris, je l'arrête, et j'ai droit de lui opposer ses aveux, ses

---

tibles que d'autres ; je ne sais si cela est bien exact, et il n'y aurait rien de bien étonnant en effet, si l'on prend en considération la délicatesse de leur sensibilité nerveuse, sans cesse aiguisée par la nature de leurs travaux. Peut-être aussi n'ont-ils cette réputation d'irritabilité que parce qu'ayant une plume à leur service pour s'exprimer, leur passion laisse plus de trace que ne fait l'amour-propre blessé des autres hommes. Les vrais grands poëtes, d'ailleurs, Shakspeare, Goethe, Molière, Dante, Sophocle, ne devaient pas être irritables ; mais on se les figure plutôt jouissant d'une égalité, d'une sérénité ou d'une sévérité et d'une mélancolie majestueuse, au sein de leur force de création féconde. L'irritabilité est réservée aux hommes de Lettres proprement dits, grands encore, mais de moindre puissance, les Pope, les Voltaire. M. de Chateaubriand, par sa nature, est entre les deux. Il a du grand et du petit, de l'indifférence et du dépit. — (Voir sur cette question d'irritabilité Coleridge, *Biographia literaria*, ch. II.)

[1] Comme dans la Préface de la première édition d'*Atala*.

hommages d'autrefois. Si en présence des mêmes faits, des mêmes souvenirs, il substitue la *malveillance* à la bienveillance, j'ai droit de lui en demander compte. Je ne fais d'autre rôle que celui de l'esclave antique qui avertissait le monarque qu'il était *un homme.* C'est là en partie le rôle du critique — du critique historien ; et c'est celui où je voudrais m'élever enfin en me dégageant de toute vaine complaisance. Si j'entends prononcer un jugement saillant, en termes pleins d'éclat, tombé de haut, mais dur, écrasant, injuste ; j'en souffre, et mon devoir est de rétablir les faits et la vérité, ne fût-ce que relativement à des littérateurs estimables et secondaires qu'on veut sacrifier.

Estimables ! — mais en effet, ils n'ont eu que l'estime, et c'est pour cela qu'il ne faut pas la leur ravir ! Le génie d'un grand écrivain a bien des droits et des prérogatives, mais il n'a pas ce droit-là. Au reste, que chacun soit juge.

J'ouvre les *Mémoires d'Outre-tombe*, et je lis dans les portraits que l'auteur y trace des hommes de Lettres qu'il a connus à Paris en 1788 :

« L'auteur de l'*Histoire de la Littérature italienne*, qui s'insinua dans la Révolution à la suite de Chamfort, nous arriva (chez les sœurs de M. de Chateaubriand) par ce cousinage que tous les Bretons ont entre eux. Ginguené vivait dans le monde sur la réputation d'une pièce de vers assez gracieuse, *la Confession de Zulmé*, qui lui valut une *chétive* place dans les bureaux de M. Necker ; de là sa pièce sur son entrée au Contrôle-général. Je ne sais qui disputait à Ginguené son titre de gloire, *la Confession de Zulmé* ; mais dans le fait, il lui appartenait [1].

« Le poëte rennais savait bien la musique et composait des romances. D'humble qu'il était, nous vîmes croître son or-

---

[1] Si cette jolie pièce est bien de lui, pourquoi donc commencer par donner à entendre qu'elle pourrait bien être d'un autre ?

gueil, à mesure qu'il s'*accrochait*[1] à quelqu'un de connu. Vers le temps de la convocation des États généraux, Chamfort l'employa à *barbouiller* des articles pour des journaux et des discours pour des clubs : il se fit superbe. A la première Fédération il disait : « Voilà une belle fête ! on devrait, pour mieux l'éclairer, brûler quatre aristocrates aux quatre coins de l'autel... »

« Ginguené eut une connaissance anticipée des meurtres révolutionnaires. Mme Ginguené prévint mes sœurs et ma femme du massacre qui devait avoir lieu aux Carmes et leur donna asile ; elles demeuraient *Cul-de-sac Férou*, dans le voisinage du lieu où l'on devait égorger.

« Après la Terreur, Ginguené devint quasi-chef de l'Instruction publique ; ce fut alors qu'il chanta *l'Arbre de liberté* au Cadran-Bleu, sur l'air : *Je l'ai planté, je l'ai vu naître*. On le jugea assez béat de philosophie pour une ambassade auprès d'un de ces rois qu'on découronnait. Il écrivait de Turin à M. de Talleyrand qu'il avait *vaincu un préjugé* : il avait fait recevoir sa femme en *pet-en-l'air* à la Cour. Tombé de la médiocrité dans l'importance, de l'importance dans la niaiserie et de la niaiserie dans le ridicule, il a fini ses jours littérateur distingué comme critique, et, ce qu'il y a de mieux, écrivain indépendant dans la *Décade* : la nature l'avait remis à la place d'où la société l'avait mal à propos tiré. Son savoir est de seconde main[2], sa prose lourde, sa poésie correcte et quelquefois agréable. »

Il veut redevenir juste à la fin, il voudrait le paraître, mais il n'y a plus moyen après des traits aussi sanglants. Il prête à Ginguené des paroles atroces qu'on ne sait

---

[1] Notez les termes dénigrants, méprisants, appliqués aux actes les plus simples. Ginguené commence, comme la plupart des jeunes gens, par avoir une petite place ; cette place est *chétive*. Son mérite le fait connaître ; il trouve des amis : le voilà qui *s'accroche* ; tout à l'heure il *s'insinuait*. Et plus loin, s'il écrit des articles, il les *barbouille*.

[2] Comme preuve que l'érudition de Ginguené n'était pas *de seconde main*, et que l'historien de la littérature italienne s'adressait bien directement aux sources, il suffirait de parcourir le Catalogue de sa Bibliothèque publié par sa veuve sous la direction de Daunou.

comment réfuter; vraiment; il fait plus, il lui prête une complicité qui serait criminelle : *Ginguené eut une connaissance anticipée des meurtres révolutionnaires!* Quoi! parce que Mme Ginguené vous a transmis un avis par humanité, parce qu'elle a caché chez elle votre femme et vos sœurs, vous en concluez que son mari était quasi le complice ou du moins le confident des bourreaux! Rien dans la vie de Ginguené ne justifie et n'autorise de telles insinuations. Il était du parti de la Révolution et de la république; mais il en était comme Daunou, comme Chénier, comme les hommes de cette ligne. Il put avoir dans son ton quelque raideur, quelque morgue à certains moments; ce sont des faiblesses humaines. Des personnes qui l'ont bien connu m'assurent qu'en général, dans l'habitude de la vie, il était d'une urbanité parfaite; ces contradictions n'ont rien d'impossible : mais certainement il fut et resta toujours honnête homme, citoyen estimable, soit qu'après la Terreur il s'efforçât de communiquer à l'instruction publique une impulsion salutaire et réparatrice, soit qu'ambassadeur à Turin sous le Directoire, et diplomate très-impropre (je le conçois), il y amassât les matériaux pour son *Histoire littéraire d'Italie*, soit qu'écrivain indépendant à la *Décade*, il tint bon, selon ses principes, contre le despotisme d'un homme. — Je continue :

« Ginguené avait un ami, le poëte Le Brun. Ginguené protégeait Le Brun comme un homme de talent, qui connaît le monde, protége la simplicité d'un homme de génie; Le Brun, à son tour, répandait ses rayons sur les hauteurs de Ginguené. Rien n'était plus comique que le rôle de ces deux compères, se rendant, par un doux commerce, tous les services que se peuvent rendre deux hommes supérieurs dans des genres divers. »

Voilà Le Brun et Ginguené traités de compères et presque ridicules. Est-ce bien là l'effet qu'ils firent réellement sur le jeune officier en 1788?

En ce qui est de Le Brun d'abord, nous avons mieux que nous ne pouvions espérer pour constater le jugement vrai du jeune chevalier sur son compte. Je tiens peu à relever moralement Le Brun, caractère assez peu honorable ; mais il ne convient pas, quand on est poëte, de rire purement et simplement d'un poëte de cet ordre et de cet essor. Or, Chateaubriand appréciait à tous égards Le Brun, et, en grand peintre qu'il est, il a rendu son impression sincère et complète quand sur un Exemplaire de l'*Essai sur les Révolutions*, chargé de ses corrections et de ses remarques [1], non content de ce qu'il avait dit dans le texte (à la page 128), il ajoutait en marge cette note manuscrite, qui est de 1798 :

« Le Brun a toutes les qualités du Lyrique. Ses yeux sont âpres, ses tempes chauves, sa taille élevée. Il est maigre, pâle, et quand il récite son *Exegi monumentum*, on croirait entendre Pindare aux Jeux olympiques. Le Brun ne s'endort jamais qu'il n'ait composé quelques vers, et c'est toujours dans son lit, entre trois et quatre heures du matin, que l'esprit divin le visite. Quand j'allais le voir le matin, je le trouvais entre trois ou quatre pots sales avec une vieille servante qui faisait son ménage : « Mon ami, me disait-il, ah ! j'ai fait cette nuit quelque chose ! oh ! si vous l'entendiez ! » Et il se mettait à *tonner* sa strophe, tandis que son perruquier, qui enrageait, lui disait : « Monsieur, tournez donc la tête ! » et avec ses deux mains il inclinait la tête de Le Brun, qui oubliait bientôt le perruquier et recommençait à gesticuler et déclamer. »

J'ai interrompu, pour n'avoir pas à revenir sur Le

---

[1] Ce curieux Exemplaire qu'avait conservé par hasard M. de Chateaubriand, qu'il donna un jour sans trop y prendre garde à J.-B. Soulié de *la Quotidienne*, amateur et bibliophile, a passé depuis dans la bibliothèque de M. Aimé-Martin, puis dans celle de M. Tripier, et à mon tour je le possède. J'en userai plus d'une fois.

Brun ; je reprends les pages dénigrantes des *Mémoires d'Outre-tombe*. Plus loin, il y dira de Chamfort :

« Mais, sans contredit, le plus bilieux des gens de Lettres que je connus à Paris à cette époque était Chamfort; atteint de la maladie qui a fait les Jacobins, il ne pouvait pardonner aux hommes le hasard de sa naissance. *Il trahissait la confiance des maisons où il était admis*[1] ; il prenait le cynisme de son langage pour la peinture des mœurs de la Cour. On ne pouvait lui contester de l'esprit et du talent, mais de cet esprit et de ce talent qui n'atteignent point la postérité. Quand il vit que sous la Révolution il n'arrivait à rien, il tourna contre lui-même les mains qu'il avait levées sur la société. Le bonnet rouge ne parut plus à son orgueil qu'une autre espèce de couronne, le sans-culottisme qu'une sorte de noblesse dont les Marat et les Robespierre étaient les grands seigneurs. Furieux de retrouver l'inégalité des rangs jusque dans le monde des douleurs et des larmes, condamné à n'être encore qu'un *vilain* dans la féodalité des bourreaux, il se voulut tuer pour échapper aux supériorités du crime ; il se manqua : la mort se rit de ceux qui l'appellent et qui la confondent avec le néant[2]. »

Maintenant j'ouvre l'*Essai sur les Révolutions* publié à Londres, trois ans après la mort de Chamfort; écoutez comme le ton est différent :

« J'invite le lecteur à lire le volume des Maximes de Chamfort, formant le quatrième volume des Œuvres complètes, publiées à Paris par M. Ginguené, homme de Lettres lui-même et ami du malheureux académicien : la sensibilité, le tour

---

[1] Où a-t-il pris de telles imputations odieuses ? On va voir que ce n'est certainement pas dans les rapports qu'eut Chamfort avec lui et avec sa famille.

[2] Chamfort voulut se tuer, comme se tua Condorcet, pour échapper aux bourreaux dont il n'avait pas assez prévu le règne. Condorcet, qui ne croyait pas plus à l'immortalité de l'âme que Chamfort, réussit avec le poison de Cabanis, et Chamfort, avec ses rasoirs, se manqua. *La mort se rit de ceux*, etc., est d'un parfait mauvais goût et un vrai non-sens. Il semblerait que, pour mériter de se tuer à coup sûr, il faille croire à une autre vie.

original, la profondeur des pensées en font un des plus intéressants comme un des meilleurs ouvrages de notre siècle. Ceux qui ont approché M. Chamfort savent qu'il avait dans la conversation tout le mérite qu'on retrouve dans ses écrits. Je l'ai souvent vu chez M. Ginguené[1], et plus d'une fois il m'a fait passer d'heureux moments, lorsqu'il consentait[2], avec une petite société choisie, à accepter un souper dans ma famille. Nous l'écoutions avec ce plaisir respectueux qu'on sent à entendre un homme de Lettres supérieur. Sa tête était remplie d'anecdotes les plus curieuses, qu'il aimait peut-être un peu trop à raconter... »

Suit un Portrait de Chamfort plein de vérité et d'expression. Trois hommes fort distingués à cette époque, Chamfort, Rivarol et Rulhière, aigris et desséchés par la vie sociale factice poussée à l'excès, par l'habitude de l'épigramme, de l'ironie et du persiflage, tentèrent, dans leurs dernières années, de s'élever à un rôle supérieur, comme publicistes, comme historiens, et ils n'y réussirent qu'incomplétement; mais cet effort même témoigne de leur force secrète et de leur énergie[3].

« Chamfort (continue M. de Chateaubriand dans l'*Essai*) était d'une taille au-dessus de la médiocre, un peu courbé,

---

[1] *Chez* Ginguené. — Il allait chez Ginguené, qu'il nous a représenté tout à l'heure comme se faufilant chez lui et chez ses sœurs, grâce au titre de Breton ; les rôles ici sont inverses. Déjà, en effet, Ginguené commençait à être connu, et le jeune chevalier aspirait seulement à l'être.

[2] Ici c'est Chamfort qui *consent* à *accepter* un souper de famille ; et en effet c'était un homme à la mode que Chamfort. Les hommes de Lettres et les gens d'esprit à la mode tenaient le sceptre dans cette société finissante ; on se les arrachait. Les vrais rôles, intervertis tout à l'heure, sont encore ici rétablis.

[3] La première manière, toute littéraire, de Chamfort avait bien de la distinction et de la grâce ; ses Éloges académiques, qui lui valurent des couronnes à ses débuts, rappellent assez la façon dont M. Villemain toucha depuis le même genre. On a très-bien dit de son Éloge de La Fontaine : « Chamfort a loué le plus naturel des poëtes avec les traits les plus brillants et les plus choisis de l'esprit du XVIIIe siècle. » — Sur Chamfort dont j'ai eu à parler plus tard (voir tome IV des *Causeries du*

d'une figure pâle, d'un teint maladif. Son œil bleu, souvent froid et couvert dans le repos, lançait l'éclair quand il venait à s'animer. Des narines un peu ouvertes donnaient à sa physionomie l'expression de la sensibilité et de l'énergie. Sa voix était flexible, ses modulations suivaient les mouvements de son âme ; mais, dans les derniers temps de mon séjour à Paris, elle avait pris de l'aspérité, et on y démêlait l'accent agité et impérieux des factions. *Je me suis toujours étonné qu'un homme qui avait tant de connaissance des hommes, eût pu épouser si chaudement une cause quelconque* [1]. Ignorait-il que tous les gouvernements se ressemblent ; que *républicain* et *royaliste* ne sont que deux mots pour la même chose ? Hélas ! l'infortuné philosophe ne l'a que trop appris.

« J'ai cru qu'un mot sur un homme aussi célèbre dans la Révolution ne déplairait pas au lecteur. La Notice que M. Ginguené a *préfixée* à l'édition des Œuvres de son ami doit, d'ailleurs, satisfaire tous ceux qui aiment le correct, l'élégant, le chaste : mais pour ceux qui, comme moi, connurent la liaison intime qui exista entre M. Ginguené et M. Chamfort, qu'ils logeaient dans la même maison et vivaient pour ainsi dire ensemble, cette Notice a plus que de la pureté ; en n'écrivant qu'à la troisième personne, M. Ginguené a été au cœur, et la douleur de l'ami, luttant contre le calme du narrateur, n'échappe pas aux âmes sensibles. Au reste, je dois dire qu'en parlant de plusieurs gens de Lettres que je fréquentai autrefois, je remplis pour eux ma tâche d'historien, sans avoir l'orgueil de chercher à m'appuyer sur leur renommée. Lorsque j'ai vécu parmi eux, je n'ai pu m'associer à leur gloire : je n'ai partagé que leur indulgence. »

Ainsi, voilà Ginguené qui, par sa Notice, a su aller

Lundi), j'ai paru moi-même trop sévère à quelques-uns. Je conseille à ceux qui veulent compléter leur idée de cet homme distingué mais controversable, de chercher ce qui en est dit au tome IV des *Œuvres du comte Rœderer*, pages 133-138.

[1] Relevons en passant ce fond d'indifférence première de l'auteur, avant les partis pris et les irritations politiques. Malgré tout, ce fond en lui persista toujours. Nous touchons le *tuf*. M. de Chateaubriand, depuis et en définitive, n'a été qu'un grand acteur cherchant, comme tous les grands acteurs, à *placer* et à déployer son talent.

au cœur et intéresser les *âmes sensibles!* L'auteur de l'*Essai* aurait-il parlé ainsi de lui sans y être obligé, s'il l'avait cru initié aux *meurtres révolutionnaires?* Et que devient aussi, je vous prie, cette disposition de Ginguené à s'*accrocher* à des amis connus (c'est-à-dire, entre autres, à Chamfort), lui qu'on nous montre remplissant discrètement ici, et en s'effaçant, le rôle d'un ami dévoué et fidèle [1]? Ces contradictions sont misérables, surtout si l'on se pose cette question :

« Que s'était-il donc passé dans l'intervalle du premier jugement au second? »

Ce qui s'était passé? — M. de Chateaubriand avait publié le *Génie du Christianisme,* et Ginguené, jugeant l'ouvrage contraire à ses principes et à ses vues philosophiques, en avait fait la critique dans la *Décade* [2].

Si l'on avait averti M. de Chateaubriand de la rancune à laquelle il obéissait presque à son insu, il eût peut-être changé et modifié ses expressions, car il était une nature généreuse; mais il n'était pas une nature essentiellement clémente, ni une nature juste. — Revenons bien vite à ce

---

[1] Ginguené remplit, bien des années après, le même rôle auprès de Le Brun, dont il recueillit et publia les OEuvres.

[2] M. de Chateaubriand n'en est pas venu du premier coup à ce jugement amer et inique sur Ginguené. Dans sa Défense des *Martyrs* (1809) il disait, en faisant allusion aux souvenirs de leur ancienne liaison et à leur rupture : « D'autres littérateurs distingués, que je fréquentais à cette même époque, ont suivi des routes différentes de la mienne : ils se sont déclarés mes ennemis, sans que je les aie provoqués; ils m'ont attaqué dans leurs écrits avec violence. Je ne me suis pas plaint de leur infidélité au souvenir d'une ancienne liaison; j'ai lu les critiques qu'ils ont faites de mes premiers ouvrages, j'y ai remarqué *du goût, de l'esprit, du talent, du savoir...* Je me plais même à reconnaître que *les rudes leçons d'une amitié changée m'ont été utiles,* et que, si *les Martyrs* ont moins de taches que mes précédents écrits, je le dois à ces jugements, peut-être un peu rigoureux. » On retrouve là l'estime encore à travers la plainte; mais, en vieillissant, les nuances s'effacèrent, les tons se confondirent, et la rancune couvrit tout.

qui nous trompera le moins chez les hommes d'un haut talent, à l'étude de leur talent même.

Celui de M. de Chateaubriand commença à se développer dès ces années, de 91 à 99. Mais il eut cet avantage inappréciable, durant cet intervalle, de ne pas se produire devant le public français, et de mûrir à l'étranger loin des regards. Le public n'eut pas à être initié à ses tâtonnements de manière, et ne le connut que quand il en eut une à lui, bien décidée. Le Nil cacha sa source, et il ne nous apparut que grand fleuve.

Aujourd'hui, c'est notre profit et notre plaisir d'étudier, de surprendre ce talent dans son développement intermédiaire et aux divers degrés de sa transformation. La relation du *Voyage en Amérique*, et surtout l'*Essai sur les Révolutions*, nous le livrent tout à fait dans sa *mue*. Il se forme à vue d'œil à mesure qu'il s'applique à ce dernier ouvrage, dont le second volume est bien supérieur au premier. L'auteur ne se décida cependant pour sa neuve et vraie manière qu'en juillet 1798, époque où la nouvelle de la mort de sa mère lui donna je ne sais quel ébranlement de tout l'être moral et détermina la dernière crise. Et encore, il ne reçut tout à fait le dernier poli qu'en 1800, à sa rentrée en France, sous l'œil et de la main de Fontanes.

Au printemps de 1791, il s'embarquait donc à Saint-Malo pour les États-Unis; il était revenu à temps pour émigrer avec son frère en juillet 1792. Il ne passa même pas une année entière en Amérique [1]. Ce qu'il fit durant cette année si remplie, il l'a raconté, peint, imaginé et *romancé* de cent façons; mais nulle part il n'a rendu plus naïvement son but vague et son avidité de jouissance in-

---

[1] Il partit de France quelques jours après la mort de Mirabeau (avril 1791); il quitta la terre d'Amérique le 10 décembre même année. Cela fait huit mois de séjour en tout.

finie que dans cette page de l'*Essai* où, après avoir traduit et transcrit au long l'antique Voyage connu sous le nom de *Périple d'Hannon*, et l'avoir mis en parallèle avec la Relation du capitaine Cook, du savant navigateur, déjà « resserré de toutes parts par les rivages du globe, et connaissant désormais la mesure de notre planète comme le Dieu qui l'a arrondie entre ses mains, » il ajoutait :

« Cependant, il faut l'avouer, ce que nous gagnons du côté des sciences, nous le perdons en sentiment. L'âme des Anciens aimait à se plonger dans le vague infini ; la nôtre est circonscrite par nos connaissances. Quel est l'homme sensible qui ne s'est trouvé souvent à l'étroit dans une petite circonférence de quelques millions de lieues ? Lorsque, dans l'intérieur du Canada, je gravissais une montagne, mes regards se portaient toujours à l'Ouest, sur les déserts infréquentés qui s'étendent dans cette longitude. A l'Orient, mon imagination rencontrait aussitôt l'Atlantique, des pays parcourus, et je perdais mes plaisirs. Mais à l'aspect opposé, il m'en prenait presque aussi mal : j'arrivais incessamment à la mer du Sud, de là en Asie, de là en Europe, de là... J'eusse voulu pouvoir dire, comme les Grecs : « Et là-bas ! là-bas ! la terre inconnue, la terre immense ! » Tout se balance dans la nature : s'il fallait choisir entre les lumières de Cook et l'ignorance d'Hannon, j'aurais, je crois, la faiblesse de me décider pour la dernière [1]. »

Une autre page de ses voyages et de son *Journal*, dans laquelle l'élève de Rousseau, transplanté sur une scène plus vaste, se donne toute carrière et déploie tout le talent de sa première manière déjà bien ferme et vraiment grandiose, c'est encore celle-ci ; on croit entendre l'hymne triomphal de l'indépendance naturelle et le chant d'ivresse de la solitude :

---

[1] *Essai*, tome I, page 244, édition de 1826. — C'est dans un sentiment tout semblable qu'un grand poëte de l'Italie moderne, Leopardi, a parlé de Christophe Colomb dans sa Canzone à Angelo Mai (*Portraits contemporains*, tome III, page 87, 1846).

« Journal sans date (c'est de 1791, onze ans avant la publication du *Génie du Christianisme*). — Le ciel est pur sur ma tête, l'onde limpide sous mon canot, qui fuit devant une légère brise. A ma gauche sont des collines taillées à pic et flanquées de rochers d'où pendent des convolvulus à fleurs blanches et bleues, des festons de bignonias, de longues graminées, des plantes saxatiles de toutes les couleurs; à ma droite règnent de vastes prairies. A mesure que le canot avance, s'ouvrent de nouvelles scènes et de nouveaux points de vue : tantôt ce sont des vallées solitaires et riantes, tantôt des collines nues; ici c'est une forêt de cyprès dont on aperçoit les portiques sombres, là c'est un bois léger d'érables, où le soleil se joue comme à travers une dentelle.

« Liberté primitive, je te retrouve enfin ! Je passe comme cet oiseau qui vole devant moi, qui se dirige au hasard, et n'est embarrassé que du choix des ombrages. Me voilà tel que le Tout-Puissant m'a créé, souverain de la nature, porté triomphant sur les eaux, tandis que les habitants des fleuves accompagnent ma course, que les peuples de l'air me chantent leurs hymnes, que les bêtes de la terre me saluent, que les forêts courbent leur cime sur mon passage. Est-ce sur le front de l'homme de la société ou sur le mien qu'est gravé le sceau immortel de notre origine ? Courez vous enfermer dans vos cités, allez vous soumettre à vos petites lois; gagnez votre pain à la sueur de votre front, ou dévorez le pain du pauvre; égorgez-vous pour un mot, pour un maître; doutez de l'existence de Dieu, ou adorez-le sous des formes superstitieuses : moi j'irai errant dans mes solitudes; pas un seul battement de mon cœur ne sera comprimé, pas une seule de mes pensées ne sera enchaînée; je serai libre comme la nature; je ne reconnaîtrai de Souverain que celui qui alluma la flamme des soleils, et qui, d'un seul coup de sa main, fit rouler tous les mondes [1]. »

Pour les idées, pour le ton, pour le geste et l'apostrophe, nous reconnaissons là du Rousseau et du meil-

---

[1] *Voyage en Amérique*, tome I, page 68, édition de 1828.

leur, du Rousseau ressaisi et rajeuni déjà par Chateaubriand.

Un sentiment personnel et que j'appellerai royal, domine, — le sentiment d'Adam glorieux et souverain dans Éden. Il prend possession du désert, et il dit *mes* solitudes. Car on remarquera que ces trois grands peintres et *descriptifs* français, Rousseau, Bernardin de Saint-Pierre et M. de Chateaubriand, qui sentent si bien la nature et qui l'embrassent d'une si forte étreinte, s'en détachent pourtant, en demeurent distincts et ne s'y confondent jamais. Ils restent spiritualistes, déistes, et ne sont pas panthéistes, comme on dit. C'était difficile à eux de s'en tenir à ce point, avec le sentiment si plein et si débordant qu'ils avaient de la nature; il fallait qu'ils eussent, pour y résister et faire contre-poids, une personnalité bien énergique ; et il est vrai que ce n'est pas ce qui leur a manqué.

Tout ce Journal, ces simples notes sont curieuses; rien ne rend mieux l'impression vraie, toute pure, à sa source : ce sont les cartons du grand peintre, du grand paysagiste, dans leur premier jet. Il entre dans une forêt vierge :

« Trois heures.

« Qui dira le sentiment qu'on éprouve en entrant dans ces forêts aussi vieilles que le monde, et qui seules donnent une idée de la Création telle qu'elle sortit des mains de Dieu ? Le jour, tombant d'en haut à travers un voile de feuillages, répand dans la profondeur du bois une demi-lumière changeante et mobile, qui donne aux objets une grandeur fantastique. Partout il faut franchir des arbres abattus, sur lesquels s'élèvent d'autres générations d'arbres. Je cherche en vain une issue dans ces solitudes; trompé par un jour plus vif, j'avance à travers les herbes, les orties, les mousses, les lianes et l'épais humus composé des débris des végétaux; mais je n'arrive qu'à une clairière formée par quelques pins tombés.

Bientôt la forêt redevient plus sombre; l'œil n'aperçoit que des troncs de chênes et de noyers qui se succèdent les uns *les* autres, et qui semblent se serrer en s'éloignant : l'idée de l'infini se présente à moi [1]. »

On a fort critiqué, je le sais, les détails de ce voyage de Chateaubriand en Amérique. Sa description des bords du Meschacebé dans *Atala* a été particulièrement contestée; on a prétendu qu'il n'avait pas visité tous les lieux qu'il décrit, et qu'il avait transporté aux uns ce qui n'est vrai que des autres. On est même allé, en se prévalant des inexactitudes, jusqu'à insinuer qu'il n'avait peut-être pas vu la Cataracte de Niagara [2]. Quelques inadvertances de souvenirs ne surprendront personne parmi ceux qui connaissent l'habitude à la fois grandiose et négligente, le procédé composite et poétique de M. de Chateaubriand. Mais dans ce Journal sans date, dans ces forêts sans nom, en descendant ce fleuve qu'il ne nomme pas davantage, c'est là qu'il est en pleine vérité, qu'il abonde et qu'il nage en plein sentiment de la nature américaine. Et qui donc nous l'a révélée le premier comme lui? Continuons à ses côtés cette marche, heure par heure, à l'aventure :

---

[1] *Voyages*, tome 1, pages 71 et suivantes (1828).
[2] Les articles critiques auxquels je fais allusion parurent en 1832 et en 1835 dans l'*Invariable, nouveau Mémorial catholique*, qui s'imprimait à Fribourg, en Suisse. Un amateur distingué, M. de Saint-Mauris, a fait depuis réimprimer ces articles à un petit nombre d'exemplaires pour les joindre aux Œuvres complètes de Chateaubriand. — Rendant compte d'un *Voyage* de Mackensie dans le *Mercure* (1802), Chateaubriand commit une erreur géographique considérable qui fut relevée dans la *Décade* du premier trimestre de l'an XI (tome XXXV, page 375). Il supposait qu'il n'y aurait que deux cent cinquante lieues de terrain à parcourir du fond de la baie du Refus jusqu'au détroit de Behring en suivant une certaine route. Son contradicteur, qui signe *Terre-à-terre*, lui démontre par des calculs qu'il y aurait au moins huit cent soixante-seize lieues et probablement beaucoup plus. Les espaces à franchir ne lui coûtent pas.

« Six heures.

« J'avais entrevu de nouveau une clarté et j'avais marché vers elle. Me voilà au point de lumière : triste champ plus mélancolique que les forêts qui l'environnent ! ce champ est un ancien cimetière indien. Que je me repose un instant dans cette double solitude de la mort et de la nature : est-il un asile où j'aimasse mieux dormir pour toujours ?

« Sept heures.

« Ne pouvant sortir de ces bois, nous y avons campé. La réverbération de notre bûcher s'étend au loin ; éclairé en dessous par la lueur *scarlatine*[1], le feuillage paraît ensanglanté ; les troncs des arbres les plus proches s'élèvent comme des colonnes de granit rouge ; mais les plus distants, atteints à peine de la lumière, ressemblent, dans l'enfoncement du bois, à de pâles fantômes rangés en cercle au bord d'une nuit profonde.

« Minuit,

« Le feu commence à s'éteindre, le cercle de sa lumière se rétrécit. J'écoute : un calme formidable pèse sur ces forêts ; on dirait que des silences succèdent à des silences...

« Minuit et demi.

« Le repos continue, mais l'arbre décrépit se rompt ; il tombe. Les forêts mugissent ; mille voix s'élèvent. Bientôt les bruits s'affaiblissent ; ils meurent dans des lointains presque imaginaires ; le silence envahit de nouveau le désert.

---

[1] Ces mots-là sentent le peintre pur ; ce sont des couleurs *crues* ; il note et copie les choses au vif pour en fixer le souvenir, l'exacte nuance, comme il l'a vue. Plus tard quand il transportera ces tableaux dans d'autres ouvrages, on lui fera changer ces mots de chevalet ; il les adoucira, comme sentant trop la couleur pour la couleur. Il leur substituera d'autres teintes mystiques ou morales, qui, jointes au sentiment vif et vrai du fond, produiront un effet singulier, ineffable ; car on aura à la fois ce sentiment primitif de la réalité, et la réfraction au moral, je ne sais quel reflet mystique qui se jouera sur tout cela.

« Une heure du matin.

« Voici le vent; il court sur la cime des arbres; il les secoue en passant sur ma tête. Maintenant c'est comme le flot de la mer qui se brise tristement sur le rivage.

« Les bruits ont réveillé les bruits ;· la forêt est toute harmonie. Est-ce les sons graves de l'orgue que j'entends, tandis que des sons plus légers errent dans les voûtes de verdure? Un court silence succède; la musique aérienne recommence; partout de douces plaintes, des murmures qui renferment en eux-mêmes d'autres murmures ; chaque feuille parle un différent langage, chaque brin d'herbe rend une note particulière... »

C'est là du Buffon, mais plus animé, moins ordonné avec majesté, du Buffon plus humain et moins impassible. C'est du Rousseau, mais du Rousseau plus vaste, plus étendu, et qui a pénétré plus avant dans les profondeurs naturelles et dans les mystères du Génie de la solitude. On sent l'homme qui a écouté, qui a veillé la Nature à tous ses instants — de sommeil, de réveil; — qui a entendu ses soupirs, et comme surpris ses silencieuses pulsations.

Le sentiment de la nature, et le pittoresque vrai qu'il produit, ne remontent pas très-haut dans notre littérature. On peut dire que les premiers grands exemples ne sont pas d'avant le milieu du XVIII° siècle et datent seulement de Rousseau. Avant lui il n'y avait que des aperçus et des vestiges. M. de Stendhal (Beyle) citait toujours, dans *la Princesse de Clèves*, une certaine *allée de saules* où M. de Nemours va promener sa rêverie [1] : c'était, selon lui, le premier léger indice du pittoresque chez nous. On en trouverait encore, par-ci par-là, d'autres échantillons ; mais le progrès en ce genre nous est très-bien figuré par la petite rangée de *saules* mise en regard de la forêt vierge

---

[1] « La passion n'a jamais été si tendre et si violente qu'elle l'étoit alors en ce prince. Il s'en alla sous des saules, le long d'un petit ruisseau qui couloit derrière la maison où il étoit caché. » (*La Princesse de Clèves*, quatrième partie.)

du Canada. Quand les romanciers du xviie siècle ont à parler d'un désert, ils en parlent toujours comme étant *affreux* et horrible à voir; ils y entassent les rochers selon leur fantaisie; ou bien ce sont des déserts fabuleux et imaginaires, comme dans l'*Astrée*. La vraie nature n'a point de place [1]. Il y avait à côté du parc des *Rochers* (en Bretagne) un charmant petit lac, un étang; Mme de Sévigné n'en parle pas. Elle ne sortait point de ses belles allées droites. Rousseau à cet égard a été le grand initiateur.

Mais remarquez la gradation :

De même qu'aux xve et xvie siècles chaque navigateur hardi revenait avec sa découverte, de même au xviiie chaque grand écrivain, chaque peintre, au retour de ses voyages, apportait et versait dans la langue les couleurs et la flore d'une nouvelle contrée :

Rousseau avait découvert et peint la nature alpestre, le jardin du Pays de Vaud, et les belles forêts de nos climats;

Bernardin de Saint-Pierre nous révéla le ciel et la végétation des Iles de l'Inde;

Mais à Chateaubriand, le premier, échut le *vaste* du Désert américain, de la forêt transatlantique.

Ce fut sa grande conquête. Depuis il a su peindre en maître bien des cieux et des contrées, la Campagne romaine, le rivage attique, la vallée du Jourdain; il a pu être plus par-

---

[1] On cite un mot de Mme de Rambouillet, qui exprime la manière de sentir assez générale dans la société de ce temps-là : « Les esprits doux et amateurs des belles-lettres ne trouvent jamais leur compte à la campagne. » — C'est ainsi qu'au xviiie siècle le grand jurisconsulte Pothier, allant à la campagne pour huit jours, disait : « Cela est très-beau, *sed non habemus hic manentem civitatem.* » Et Mme de Staël, dans le même sens que Mme de Rambouillet, disait qu'elle aimerait assez l'agriculture, si cela *sentait moins le fumier.* Mme Roland, au contraire, cette sincère élève de Jean-Jacques, étant à la campagne où elle prenait du lait d'ânesse, écrivait sans pruderie : « J'asine à force et m'occupe de tous les petits soins de la vie *cochonne* de la campagne. Je fais des poires tapées qui seront délicieuses... » On a toutes les variétés de ton.

fait, plus correct de ligne qu'il ne l'avait été d'abord, plus classique : nulle part il n'a égalé ces premières pages de descriptions, celles que nous retrouverons dans *Atala*, pour la grandeur, l'étendue, la vivacité originale des impressions, la majesté toute naturelle des tableaux. C'est qu'au moment où il les écrivait, il sentait ces grands objets dans leur entière nouveauté et avec cette fraîcheur avide de l'âme, qu'on n'a qu'une fois. Il semble que le fond d'une âme d'artiste (même de celles qui ont, en apparence, le don de se renouveler plus d'une fois) soit avide d'un certain idéal inconnu, d'une certaine impression première : comme ces murailles préparées pour la fresque, elle boit aussitôt la première couleur, les premières images que la nature, ce grand peintre, y jette en courant. Plus tard on peut ajouter à ce fond ; mais il domine, il persiste, on ne l'efface plus ; et aucune couche nouvelle, si riche qu'elle soit, ne saurait le remplacer ni le recouvrir. Plusieurs années après, voyageant en Italie, M. de Chateaubriand rendait admirablement ce changement dans les impressions en face de la nature, cette sorte de *saturation* qui fait qu'on ne sent plus deux fois avec la même vivacité, avec le même développement et la même plénitude :

« Je vous dirai plus, écrivait-il à M. de Fontanes[1], j'ai été importuné du bruit des eaux (des eaux de Tivoli !), de ce bruit qui m'a tant de fois charmé dans les forêts américaines. Je me souviens encore du plaisir que j'éprouvais lorsque, la nuit, au milieu du désert, mon bûcher à demi éteint, mon guide dormant, mes chevaux paissant à quelque distance, j'écoutais la mélodie des eaux et des vents dans la profondeur des bois. Ces murmures, tantôt plus forts, tantôt plus faibles, croissant et décroissant à chaque instant, me faisaient tressaillir ; chaque arbre était pour moi une espèce de lyre harmonieuse dont les vents tiraient d'ineffables accords.

[1] *Lettre à M. de Fontanes sur la Campagne romaine*, imprimée d'abord dans le *Mercure* du 3 mars 1804.

« Aujourd'hui je m'aperçois que je suis beaucoup moins sensible à ces charmes de la nature ; je doute que la Cataracte de Niagara me causât la même admiration qu'autrefois. Quand on est très-jeune, la nature muette parle beaucoup ; il y a surabondance dans l'homme ; tout son avenir est devant lui (si mon Aristarque veut me passer cette expression); il espère communiquer ses sensations au monde et il se nourrit de mille chimères. Mais dans un âge avancé, lorsque la perspective que nous avions devant nous passe derrière, que nous sommes détrompés sur une foule d'illusions, alors la nature seule devient plus froide et moins parlante ; *les jardins parlent peu* [1]. Pour que cette nature nous intéresse encore, il faut qu'il s'y attache des souvenirs de la société : nous nous suffisons moins à nous-même ; la solitude absolue nous pèse, et nous avons besoin de ces conversations *qui se font le soir à voix basse entre des amis* [2]. »

Il est bien vrai que la jeunesse seule a le don par excellence de peupler la solitude : elle porte en soi des essaims de rêves. Plus tard quand les rêves se sont envolés et que

---

[1] La Fontaine, dans la fable de *l'Ours et l'Amateur des Jardins* (fable x, livre VIII).

[2] Si c'est une allusion au vers, *lenesque sub noctem susurri* (Odes, I, IX, 19), Horace entend par là quelque chose de mieux encore que des conversations *entre amis*. — J'ai à faire, au sujet de tout ce morceau, une remarque assez singulière. D'ordinaire ce sont les poëtes de son temps qui ont mis en vers les pages de M. de Chateaubriand : ici c'est lui qui s'est souvenu de Delille et qui se l'est approprié. Au chant premier de *l'Homme des Champs* publié en 1800, c'est-à-dire quatre ans environ avant la *Lettre à Fontanes,* on lit ces agréables vers dont les derniers ont l'air d'être une traduction de la grande prose qu'on vient d'admirer :

> Mais c'est peu des beaux lieux, des beaux jours, de l'étude,
> Je veux que l'amitié, peuplant ma solitude,
> Me donne ses plaisirs et partage les miens.
> O jours de ma jeunesse ! hélas ! je m'en souviens,
> Épris de la campagne, et l'aimant en poëte,
> Je ne lui demandais qu'un désert pour retraite,
> Pour compagnons des bois, des oiseaux et des fleurs.
> Je l'aimais, je l'aimais jusque dans ses horreurs :
> J'aimais à voir les bois, battus par les tempêtes,
> Abaisser tour à tour et redresser leurs têtes ;

bien peu sont revenus avec le rameau, quand l'ombre s'est retournée, qu'elle seule désormais marche et grandit devant nous, et que le soleil déjà couchant est derrière nos têtes, les souvenirs peuvent être doux, mais ils sont tristes aussi; ils sont plus froids, plus lents, ils nous font moins de bruit, et surtout ne remplissent point une âme avec ivresse. De là aussi la solitude a des attraits moins animés. Pourtant la nature en elle-même ne cesserait jamais sans doute pour ses vrais amis d'avoir le même charme puissant, mais c'est à la condition qu'ils lui soient restés fidèles. Si vous vous êtes pris vivement aux choses de la société, si l'ambition vous a une fois mordu le cœur, si le démon littéraire vous a irrité et piqué, si les autres passions factices et secondaires se sont logées en vous et vous ont inoculé leur fièvre, vous êtes moins propre en effet à la solitude, au commerce avec la nature. Un doux poëte anglais, le dernier des Lakistes survivants, Wordsworth l'a remarqué quelque part : la nature a ses mystères, ses secrets, ses replis; elle est sainte; elle ne se communique pas en un jour à l'ambitieux, à l'homme du monde ou de plaisir, qui, dans une heure d'ennui ou de mécompte, vient lui demander une distraction passagère, et qui croit en jouir familièrement parce qu'il l'a une fois aimée et connue. Elle ne s'ouvre tout à fait qu'aux âmes restées je ne dis

> J'allais sur les frimas graver mes pas errants,
> Et de loin j'écoutais la course des torrents.
> Mais tout passe ; aujourd'hui qu'un sang moins vif m'enflamme,
> Que les besoins des sens font place à ceux de l'âme,
> S'il est longtemps désert, le plus aimable lieu
> Ne me plaît pas longtemps ; *les arbres parlent peu,*
> Dit le bon La Fontaine ; et ce qu'un bois m'inspire,
> Je veux à mes côtés trouver à qui le dire.

Cette dernière pensée est la même que celle de Balzac : « La solitude est véritablement une belle chose, mais il y a plaisir d'avoir quelqu'un qui sache répondre, à qui on puisse dire de temps en temps que c'est une belle chose. » (Et aussi voir Cicéron, *De Amicitia*, ch. XXIII.)

pas innocentes, du moins simples, qui lui reviennent avec franchise et qui n'ont pas de but plus cher. J.-J. Rousseau, Bernardin de Saint-Pierre jusqu'à la fin de leur vie, celui qui écrivit *Oberman*, y sont restés autant sensibles peut-être qu'au premier jour. C'est qu'ils n'avaient pas joué à tous ces jeux de la société, surtout à ce jeu dévorant de l'ambition, et que cette fièvre, la plus desséchante de toutes et dont on sait le moins se passer quand on en a été atteint, ne les avait jamais saisis. Un grand poëte, Lamartine, au temps de ses jeunes et belles douleurs, s'est écrié :

> Mais la nature est là, qui t'invite et qui t'aime ;
> Plonge-toi dans son sein qu'elle t'ouvre toujours :
> Quand tout change pour toi, la nature est la même,
> Et le même soleil se lève sur tes jours.

Redirait-il aujourd'hui les mêmes paroles? et s'il les disait, la nature lui répondrait-elle comme autrefois?

Notre jeune voyageur, encore précédé de tous ses rêves, s'ébattait donc à travers les forêts vierges, méditant tableaux et poëmes, lorsqu'un soir, arrivé proche des défrichements américains à une ferme où il reçut l'hospitalité, il trouva un journal anglais qui racontait la fuite de Louis XVI, son arrestation à Varennes et la réunion de presque tous les officiers de l'armée royale sous les drapeaux des Princes : il crut entendre la voix de l'honneur, et il partit, rompant à l'instant tous ses premiers projets.

Il y a dans le cœur humain, surtout dans le cœur du poëte, un certain besoin d'instabilité et de revirement, qui fait que même les choses les plus chères et les plus désirées, si elles se prolongent, on est heureux de les rompre à la première occasion qui s'offre, et surtout si l'on peut se figurer qu'on les sacrifie.

CINQUIÈME LEÇON.

Retour en France. — Émigration. — Eudore aux bords du Rhin; Vauvenargues en Moravie. — Chateaubriand à Londres. — *Essai sur les Révolutions;* idée du livre. — Système du *cercle* en histoire. — Défauts de composition. — Pages à tiroir. — Du sentiment du ridicule. — Une jeunesse qui ne rit plus.

MESSIEURS,

Que voulait, après tout, Chateaubriand dans cette pointe en Amérique, une fois son premier but du Pôle oublié? Il voulait faire ce qu'il a fait en tous ses voyages, obéir à l'instinct de migration, échapper au secret ennui, voir, changer, ravir en courant ce qu'il lui fallait de réalité pour peindre ensuite ses fonds de tableaux et pour décorer ses mondes. Il lui advint là, d'ailleurs, ce qu'il éprouva toute sa vie : à peine arrivé dans un lieu, l'ennui le reprenait, et il repartait aussitôt. Il harassait son guide, le grand Hollandais, comme plus tard en Grèce il mettra sur les dents domestique et janissaire, ne leur laissant pas un instant de repos, et menant les voyages comme la guerre, *brûlant le pays* comme on dit. Les figures romanesques, les chers fantômes qu'il promenait avec lui et qu'il commençait à animer d'une vie immortelle, nous les connaissons : lui d'abord, René, la grande et principale figure de ses tableaux; puis cette charmante Lucile, si poétique, si tendre, si mystérieuse, qu'il se plaisait à déguiser à peine dans le personnage d'Amélie, en lui prêtant ou en lui dérobant avec art des sentiments troublés ; d'autres figures encore, dont il lui avait suffi d'entrevoir, en passant, quelques traits terrestres pour achever de les rêver et de les diviniser dans le monde idéal de la poésie et de la passion, la douce Céluta, la fière Atala, et aussi le vieux Sachem. Une fois ces traits rapides saisis avec flamme, que lui fallait-il encore ? revenir vite sur le théâtre du monde, combiner, fixer dans une œuvre brillante ces trésors nouveaux, en tirer parti pour la gloire ; intéresser, ravir, conquérir à sa manière cette société maudite qu'il avait fuie un moment ; se mettre en règle avec elle, lui payer la dette de l'honneur, obéir en un mot à ces autres instincts mondains non moins puissants chez lui que ceux du solitaire, bien qu'alors moins déclarés.

Il revint en France, prit terre au Havre (janvier 92), rejoignit sa famille en Bretagne, se maria (moment singulièrement choisi) pour complaire, dit-il, à sa sœur Lucile[1], et partit le lendemain, où peu s'en faut, de son mariage pour l'armée des Princes. Ce qu'il raconte dans les *Mémoires d'Outre-tombe* de ses appréciations politiques à Paris, en y passant, demanderait à être confronté avec ses vraies opinions d'alors sur les hommes et sur les choses, telles qu'on les lit dans l'*Essai :* mais ce côté nous importe peu ici. Il assista au siége de Thionville, et il a rendu ses propres sensations durant les veilles nocturnes du camp, dans le récit d'Eudore, quand celui-ci est aux avant-postes de l'armée romaine sur les frontières de la Germanie. En général, j'aime mieux saisir ses impressions personnelles, là où il ne se pose pas directement pour nous les dire : il y a chance pour qu'elles sortent plus sincères, plus naturelles. Il est plus vrai sous le nom d'Eudore qu'en son propre nom :

---

[1] Sur ce mariage il m'a été raconté d'étranges choses : je dirai peut-être ce que j'en ai su, à la fin de ce volume.

« Épuisé par les travaux de la journée, je n'avais durant la nuit que quelques heures pour délasser mes membres fatigués. Souvent il m'arrivait, pendant ce court repos, d'oublier ma nouvelle fortune; et lorsqu'aux premières blancheurs de l'aube, les trompettes du camp venaient à sonner l'air de Diane, j'étais étonné d'ouvrir les yeux au milieu des bois. Il y avait pourtant un charme à ce réveil du guerrier échappé aux périls de la nuit. Je n'ai jamais entendu, sans une certaine joie belliqueuse, la fanfare du clairon, répétée par l'écho des rochers, et les premiers hennissements des chevaux qui saluaient l'aurore. J'aimais à voir le camp plongé dans le sommeil, les tentes encore fermées d'où sortaient quelques soldats à moitié vêtus, le centurion qui se promenait devant les faisceaux d'armes en balançant son cep de vigne, la sentinelle immobile qui, pour résister au sommeil, tenait un doigt levé dans l'attitude du silence, le cavalier qui traversait le fleuve coloré des feux du matin, le victimaire qui puisait l'eau du sacrifice, et souvent un berger appuyé sur sa houlette, qui regardait boire son troupeau [1]. »

Tels deviennent ses souvenirs, armés et vêtus à la romaine ; telle devient la réalité réfléchie dans cette imagination merveilleuse. N'admirez-vous pas comme le tableau se compose et s'achève; comme de vingt traits épars observés un à un, puis rassemblés et groupés, il sait faire un tout où rien ne manque? C'est l'art suprême. Un aimable auteur moraliste, et peintre aussi, Vauvenargues, parlant à un jeune ami *sur la Gloire* et l'y exhortant, a rappelé également avec vérité et sentiment, avec moins d'art, mais d'une manière qui me touche plus encore, ses souvenirs de soldat, qui font vibrer la corde de l'honneur au sein de ce XVIIIe siècle amolli. Puisqu'il est bien entendu que nous sommes dans une étude littéraire et que nous n'avons pas plus à nous presser que nous ne

---

[1] *Les Martyrs*, livre VI.

ferions dans une promenade, nous nous permettrons ici le rapprochement :

« Quand vous êtes de garde au bord d'un fleuve, où la pluie éteint tous les feux pendant la nuit et pénètre dans vos habits, vous dites : Heureux qui peut dormir sous une cabane écartée, loin du bruit des eaux ! Le jour vient ; les ombres s'effacent et les gardes sont relevées ; vous rentrez dans le camp ; la fatigue et le bruit vous plongent dans un doux sommeil, et vous vous levez plus serein pour prendre un repas délicieux. Au contraire, un jeune homme né pour la vertu, que la tendresse d'une mère retient dans les murailles d'une ville forte, pendant que ses camarades dorment sous la toile et bravent les hasards, celui-ci qui ne risque rien, qui ne fait rien, à qui rien ne manque, ne jouit ni de l'abondance ni du calme de ce séjour : au sein du repos, il est inquiet et agité ; il cherche les lieux solitaires ; les fêtes, les jeux, les spectacles ne l'attirent point ; la pensée de ce qui se passe en Moravie occupe ses jours, et pendant la nuit il rêve des combats et des batailles qu'on donne sans lui[1]. »

On a ici le sentiment de l'honneur, de la vertu, du patriotisme dans toute sa pureté et son ingénuité, le sentiment moral, exquis, antique, plus antique que celui d'Eudore, malgré le costume romain de ce dernier. C'est la différence du moraliste au poëte pittoresque, au peintre.

Eudore ne fait encore qu'exprimer les sensations nouvelles de son auteur, dans ces paroles qui contrastent si bien avec ce que nous avons vu des perspectives infinies du Désert américain ; on dirait qu'il étouffe maintenant dans cet automne brumeux de nos contrées :

« Mais lorsque jetant les yeux autour de nous, nous apercevions les horizons noirs et plats de la Germanie, ce ciel sans

[1] Vauvenargues, *Discours sur la Gloire*.

lumière *qui semble vous écraser sous sa voûte abaissée* [1], ce soleil impuissant qui ne peint les objets d'aucune couleur; quand nous venions à nous rappeler les paysages éclatants de la Grèce [2], la haute et riche bordure de leurs horizons, le parfum de nos orangers, la beauté de nos fleurs, l'azur velouté d'un ciel où se joue une lumière dorée; alors il nous prenait un désir si violent de revoir notre terre natale, que nous étions près d'abandonner les Aigles. »

Partout M. de Chateaubriand, jeune, faisait la même chose : à travers ses fortunes diverses, en Amérique ou au camp de Condé, il ramassait des images que l'art du grand écrivain devait employer et distribuer un jour. Il portait dans son havresac *Atala*, et déjà il préparait, sans y songer, Eudore. Il ne paraît pas d'ailleurs avoir épousé bien vivement cette cause des Princes; il fit alors ce qu'il jugea de son honneur comme émigré, mais rien de plus.

Il a raconté lui-même comment, atteint de maladie durant la retraite des Prussiens, en 92, on le crut mort, et on le laissa au bord d'un fossé, d'où il arriva comme il put à Namur. S'il avait péri là, que de trésors littéraires nous manquaient ! Quelle direction, quelle impulsion puissante aurait fait faute, et comme un seul anneau brisé aurait changé la suite et l'enchaînement de la tradition littéraire, telle qu'elle s'offre à nous aujourd'hui ! — Eh ! Messieurs, on parle toujours, comme d'une force fatale et comme d'une cause souveraine, de l'*esprit du siècle*, de l'*esprit du temps :* cet esprit du temps à chaque époque, il faut bien le savoir, n'est qu'un effet et un produit. Ce sont quelques hommes supérieurs qui le font et le refont

---

[1] Ce sont de ces expressions comme il les aime et comme il les crée, qui peignent d'un trait et comme d'un son : ainsi *la cime indéterminée des forêts :* le désert qui déroule *ses solitudes démesurées; le ciel noyé de la Scandinavie...*

[2] Lui, au lieu de Grèce, il se rappelait alors ou se figurait ce qui n'avait pas moins d'éclat, — un paysage des Florides au printemps.

sans cesse en grande partie et qui le déterminent, cet esprit de tous, en s'appuyant sans doute sur ce qui est à l'entour et en partant de ce qui a précédé, mais en renversant aussi d'ordinaire tout un état de choses, même au moral, et en le renouvelant. A chaque tournant de siècle, il y a de ces hommes puissants qui donnent le signal, — c'est trop peu dire, — qui donnent *du coude* à l'humanité et lui font changer de voie. Supposez Bonaparte noyé dans la traversée en revenant d'Égypte, ou Chateaubriand mort de la fièvre à quelques lieues de Namur, et demandons-nous ce que deviendra la double force initiale du XIXe siècle, la direction nouvelle dans l'ordre politique et, subsidiairement, dans l'ordre poétique et littéraire. Ne faisons pas comme cet historien de nos jours, homme de talent, que j'entends d'ici, dogmatique et ingénu, me dire avec aplomb, à la seule supposition de tels accidents : « Mais cela n'aurait pu être. » Sachons seulement qu'il y a eu, qu'il y aura toujours, dans cette vaste loterie humaine, de ces chances contraires et de ces malheurs. Parlant des beaux génies perdus dans le nombre des hommes, — perdus et étouffés par diverses causes (car la mort n'est pas la seule chose qui tue), Montesquieu disait avec piquant : « Comme des marchands, ils sont morts sans déplier. » Gray a célébré et presque envié ces génies inconnus des autres et d'eux-mêmes, dans son immortelle Élégie. Et quand Chateaubriand pauvre et luttant à Londres contre le malheur traduisait ou imitait cette Élégie (*les Tombeaux champêtres*), il faisait sans doute un amer retour sur lui si obscur et sur sa propre destinée encore si douteuse :

> Là dorment dans l'oubli des poëtes sans gloire,
> Des orateurs sans voix, des héros sans victoire...
> Ainsi brille la perle au fond des vastes mers ;
> Ainsi meurent aux champs des roses passagères

> Qu'on ne voit point rougir, et qui, loin des bergères,
> D'inutiles parfums embaument les déserts [1].

Arrivé à Londres, après bien des traverses, malade et se croyant atteint mortellement, M. de Chateaubriand, âgé de vingt-six ans, se mit à écrire en 1794 son *Essai sur les Révolutions anciennes et modernes, considérées dans leur rapport avec la Révolution française,* dont le premier volume, énorme et qui en fait deux des nôtres, parut à Londres en 1797. La suite n'a jamais été donnée, les idées et les visées de l'auteur ayant changé avant qu'il eût mené l'ouvrage à fin. C'est dans ce livre incohérent, mais vaste et curieux, qu'on peut étudier très-bien, je l'ai dit, le Chateaubriand primitif, non encore façonné et bien loin d'avoir atteint la perfection de sa forme, mais nous livrant davantage son vrai fond [2].

Pour être juste toutefois, il convient d'abord de faire dans ce livre deux parts : il en est une qui est celle encore de l'écolier et du disciple, que l'homme non moins que l'écrivain dépouillera naturellement en avançant, et qu'il ne faudrait pas lui imputer comme essentielle et propre. Ce n'est, à parler franc, qu'une première gourme qu'il avait à jeter. Mais cette part faite, il en est une autre qui est bien celle de l'homme même, son fond de pensée et de nature primitive, jusques et y compris son tour de talent et de manière, — ce que j'ai déjà appelé le *tuf,* —

---

[1] En vers M. de Chateaubriand est rarement poëte ; mais ici il l'est véritablement. Le sentiment ému a triomphé de l'entrave. On peut comparer son imitation de l'Élégie de Gray avec celle qu'en a essayée Marie-Joseph Chénier ; la comparaison est toute à son avantage.

[2] Avant même d'aborder l'*Essai*, si nous voulions suivre exactement l'ordre chronologique, il faudrait nous occuper des *Natchez*, de cet immense ramas qui se composait d'abord de 2383 pages in-folio ; mais, une fois entrés dans cette espèce de forêt primitive du talent de M. de Chateaubriand, nous n'en sortirions pas : pour en avoir quelque idée, nous attendrons *Atala* qui n'en est qu'une portion détachée et un fragment soumis à l'art.

son fond d'opinions qui se dissimulera souvent ensuite (et parfois à ses propres yeux) dans des inspirations acquises et des excitations passagères, mais qui persistera malgré tout et se retrouvera à chaque intervalle, surtout vers le soir de la vie. Le commencement et la fin se rejoignent plus qu'on ne pense. Ce jeune homme de l'*Essai*, chez M. de Chateaubriand, ce sera un jour le *vieil homme*.

Lorsqu'en 1826, pour faire taire certains mauvais bruits qui exagéraient la portée philosophique et la tendance d'incrédulité de ce premier ouvrage, l'auteur crut devoir le comprendre dans l'édition de ses Œuvres complètes, il l'accompagna, comme c'était son droit, de Notes et de réfutations qui font aujourd'hui de cette lecture le plus singulier mélange. L'écrivain de 1826 se critique, se gourmande, se dément, se raille au passé sur tous les tons. Il se croit corrigé, mais il ne l'est pas. Ses Notes, je l'avoue, sont impatientantes : il ne se tance que pour se louer ; il nous fait souvenir à tout instant de ce mot de La Rochefoucauld qu'il cite : « On aime mieux dire du mal de soi que de n'en point parler. » Si, dix ans plus tard, en 1836, M. de Chateaubriand, vieilli et hors de la scène, dégagé davantage de son rôle officiel de 1826, n'ayant plus là en face de lui M. de Villèle et la Congrégation, et ce portefeuille de Ministre du Roi perdu d'hier et toujours en perspective, — s'il s'était mis à donner une troisième édition de l'*Essai*, je me figure, sans trop de crainte de me tromper, qu'il aurait fait d'autres Notes critiques sur et *contre* ses Notes de 1826, et qu'il aurait donné raison plus souvent à ce jeune et libre auteur qu'il était alors, au temps de Londres et dans les années de l'exil.

J'ai dit précédemment qu'un livre tel que l'*Esprit des Lois* ne pouvait se méditer, s'écrire en pleine révolution, et qu'il n'aurait pu se produire de 1789 à 1799. L'ouvrage du jeune émigré n'était qu'une tentative hardie et impos-

sible pour fixer le brûlant sujet social en fusion, qui se
dérobait à sa prise, et pour saisir les lois de la foudre
sous les coups redoublés de la foudre même. Il faut sans
doute un orage pour l'expérience de Franklin, mais il faut
aussi qu'il ne soit pas trop violent, et que la terre elle-
même, à tout coup, ne s'entr'ouvre pas. M. de Maistre,
isolé par ses antécédents et par sa position, put écrire sur
la Révolution française des *Considérations* élevées et per-
çantes, mais qui n'excèdent pas les bornes d'un jugement
historique supérieur et d'un sublime pamphlet, comme
celui de Burke, jaillissant de la circonstance. Ces *Considérations* paraissaient au même moment que l'*Essai*,
en 1797. Un an auparavant, Mme de Staël écrivait à Lausanne son livre *de l'Influence des Passions sur le Bonheur
des individus et des nations*, qui n'est à bien des égards,
sous sa forme sentimentale, que la préoccupation des
mêmes problèmes et l'agitation des mêmes pensées. Ici,
comme Mme de Staël, malgré tout, est femme, l'émotion
extrême se trahit, l'impossibilité du sang-froid est évidente :

« Honte à moi, s'écrie-t-elle en débutant, si, durant le cours
de deux épouvantables années, si pendant le règne de la Terreur en France, j'avais été capable d'un tel travail; si j'avais
pu concevoir un plan, prévoir un résultat à l'effroyable mélange de toutes les atrocités humaines! La génération qui
nous suivra examinera peut-être la cause et l'influence de ces
deux années; mais nous, les contemporains, les compatriotes
des victimes immolées dans ces jours de sang, avons-nous pu
conserver alors le don de généraliser les idées, de méditer des
abstractions, de nous séparer un moment de nos impressions
pour les analyser? Non, aujourd'hui même encore, le raisonnement ne saurait approcher de ce temps incommensurable [1].

---

[1] L'émotion débordante de Mme de Staël, en présence des horreurs
de son temps, me rappelle par contraste une pensée de Montaigne. Il
vivait dans un siècle qu'on a appelé le siècle le plus tragique de toute

Juger ces événements, de quelques noms qu'on les désigne, c'est les faire rentrer dans l'ordre des idées existantes, des idées pour lesquelles il y avait déjà des expressions. A cette affreuse image tous les mouvements de l'âme se renouvellent, on frissonne, on s'enflamme, on veut combattre, on souhaite de mourir; mais la pensée ne peut se saisir encore d'aucun de ces souvenirs; les sensations qu'ils font naître absorbent toute autre faculté. C'est donc en écartant cette époque monstrueuse, c'est à l'aide des autres événements principaux de la Révolution de France et de l'histoire de tous les peuples, que j'essayerai de réunir des observations impartiales sur les gouvernements, etc., etc. »

On voit comme tout cela est saignant et palpitant. L'*Essai* affecte une forme plus stoïque et plus mâle.

L'idée de l'*Essai*, s'il fallait chercher une idée principale à un livre aussi peu cohérent, serait celle-ci :

L'expérience sanglante que la France et le monde viennent de faire dans la Révolution n'est pas nouvelle : elle s'est opérée autrefois, la même presque à la lettre, dans les révolutions des anciens peuples, dans celles des Grecs et des Romains. Si l'on sait bien lire l'histoire ancienne dans ses moments principaux qui sont : 1° l'établissement des républiques en Grèce; 2° la sujétion de ces républiques sous Philippe de Macédoine et Alexandre; 3° la chute des rois à Rome; 4° la subversion du gouver-

---

l'histoire; il n'en était pas autrement ému : « A veoir nos guerres civiles, qui ne crie que cette machine se bouleverse et que le jour du Jugement nous prend au collet? sans s'adviser que plusieurs pires choses se sont veues, et que les dix mille parts du monde ne laissent pas de galler le bon temps ce pendant : moy, selon leur licence et impunité, admire de les veoir si doulces et molles. A qui il gresle sur la teste, tout l'hémisphère semble estre en tempeste et orage... Nous sommes insensiblement touts en cette erreur. » (*Essais*, liv. 1, chap. xxv.) Sans doute l'époque de la Terreur n'a guère pu être surpassée en aucun temps; disons seulement qu'il y a eu quelques autres époques aussi affreuses que les contemporains jugeaient également hors de toute comparaison et de toute mesure.

nement populaire au profit des Césars; 5° enfin le renversement de l'Empire par les Barbares; — si l'on étudie bien ces cinq grands moments, on possédera tous les éléments d'une comparaison qui atteindra à la rigueur d'une science. « L'homme, faible dans ses moyens et dans son génie, ne fait que se répéter sans cesse; il circule dans un *cercle* dont il tâche en vain de sortir; les faits mêmes qui ne dépendent pas de lui, et qui semblent tenir au jeu de la fortune, se reproduisent incessamment dans ce qu'ils ont d'essentiel.[1] » Et l'auteur en conclut contre le goût des innovations, persuadé, comme Salomon, qu'il n'y a rien de nouveau sous le soleil.

Il croit même qu'on pourrait tirer de cette étude du passé un pronostic certain sur l'avenir de la Révolution française et sur la question de savoir si elle se consolidera. Il incline tout à fait à croire que *non;* mais on entrevoit cette solution négative plutôt qu'il ne la donne explicitement.

« Le passé prédit l'avenir, » a dit énergiquement Mably; l'auteur de l'*Essai* exprime la même pensée en poëte : « Celui qui lit l'histoire ressemble à un homme voyageant dans le désert, à travers ces bois fabuleux de l'Antiquité qui prédisaient l'avenir. »

Les pensées de ce genre sont continuelles dans l'*Essai* et sortent à chaque pas. L'idée générale peut paraître très-contestable. L'illustre auteur, critiquant son ouvrage en 1826, a protesté contre ce *cercle* dans lequel il voulait alors enfermer l'humanité : devenu libéral et partisan de la perfectibilité tout autant que Mme de Staël, qu'il avait d'abord combattue sur ce point-là, il assigne à la marche

---

[1] Chateaubriand a retrouvé cette idée de l'*Essai* dans ses *Mémoires d'Outre-tombe* (tome VI, page 261) : « L'histoire n'est qu'une répétition des mêmes faits appliqués à des hommes et à des temps divers. » — L'abbé Galiani avait eu la même idée : « L'histoire moderne n'est que de l'histoire ancienne sous d'autres noms. »

de l'humanité une série de cercles concentriques qui vont en s'élargissant, et dont la circonférence s'accroîtra sans cesse dans un espace infini, c'est-à-dire qu'il a substitué à l'image du *cercle* simple celle de la *spirale*, montant en cercles de plus en plus élargis. Plus vieux et jeté hors de l'arène, je ne sais trop ce qu'au fond il pensait et du *cercle* et de la *spirale*. Ce qui est certain, c'est que, tout en ne voulant pas se brouiller avec la république future, il ne parlait jamais de l'avenir que comme d'un épouvantable chaos, et que sa prédiction habituelle revenait à dire : *Après moi le déluge !* Je ne prétends pas chercher un lien entre ces contradictions trop visibles, aux différents âges[1]. Je me garderai encore moins d'exprimer un avis sur ces immenses et, selon moi, insondables questions ; je remarquerai seulement que l'auteur de 1826 paye tribut à l'esprit et, si j'ose dire, au lieu commun de son temps : le jeune auteur de 1797 y résistait mieux. Certes, même en faisant la part des différences essentielles propres aux sociétés modernes, on pourrait encore soutenir, après avoir étudié les révolutions anciennes avec les Thucydide et les Aristote, que toutes les formes sont déjà sorties du cours naturel des choses et de la roue de la fortune, et que l'expérience toujours perdue et toujours vaine recommence[2]. Les sciences, il est vrai, comme le remarque

---

[1] Ce serait, je crois, un soin superflu. Il y avait de sa part, sur ces questions, plutôt des boutades qu'une haute et constante vue : ce qui fait qu'il n'a pas été proprement un *grand esprit*.

[2] Un homme d'État éclairé a pu écrire le 23 décembre 1819 : « Je passe mes soirées avec Thucydide, Démosthène et Plutarque, et plus j'avance, plus j'admire ce peuple auquel nous devons toutes nos lumières. Tout ce que nous savons en science de la vie et du gouvernement, les Grecs l'ont su avant nous, avec cette différence que chez nous c'est l'apanage du petit nombre, tandis que chez eux c'était répandu dans la masse ; souvent un seul mot grec définit mieux la chose que des traités entiers des modernes. » (Lettre d'Albert Rengger, ancien ministre de la République helvétique, au général La Harpe.)

l'auteur de l'*Essai*, sont des *inconnues* qui se dégagent sans cesse ; mais aussi, comme il ne le remarque pas moins (après Pascal), le vice et la vertu, selon l'histoire, paraissent *une somme donnée qui n'augmente ni ne diminue*[1]. Or (et c'est toujours lui que je cite) il est bien moins question de la ressemblance de position, en politique, et de la similitude d'événements, que de la situation *morale* du peuple : les *mœurs*, voilà le point où il faut se tenir, la clef qui ouvre le livre secret du Sort. Tout cela n'est pas si déraisonnable, même aujourd'hui.

J'ai besoin d'ajouter qu'une telle analyse de l'*Essai*, réduite à ces termes généraux, bien que fondée sur des textes, donnerait de l'ensemble une idée très-incomplète, très-infidèle, et le ferait juger beaucoup trop raisonnable, et pas assez extraordinaire. L'*Essai* est un livre étrange et désordonné. Sous prétexte d'écrire pour *lui* et pour *lui seul*, l'auteur y a tout mis, y a versé pêle-mêle toutes ses pensées, toutes ses rêveries, toutes ses lectures. J'y devine d'avance l'auteur des *Études historiques*, et ce procédé commode qu'il s'est trop permis, et qui fait qu'à part les courtes œuvres de *René*, d'*Atala* et de l'*Abence-*

---

[1] « Les inventions des hommes vont en avançant de siècle en siècle : la bonté et la malice du monde en général reste la même. » C'est ce qu'on lit dans les anciennes éditions des *Pensées* de Pascal ; on a récemment prétendu que cette pensée était de celles que les éditeurs avaient modifiées : quel qu'en soit l'auteur, elle est fort belle. — Les littérateurs en général, ceux qui ne sont que cela, battent la campagne sur cette question de la perfectibilité ; ils se prennent à des mirages d'où l'on peut tirer indifféremment des inductions contraires. Le seul progrès net de l'esprit humain est dans la marche et dans les résultats des sciences mathématiques, physiques et naturelles, et aussi de la science historique, en tant qu'elle procède de l'observation comparée et qu'elle ne cesse de s'armer, en tous sens, d'une critique positive. C'est grâce à ces sciences seules que se modifie et se modifiera à la longue, lentement, — bien lentement, — mais d'une manière certaine et à fond, l'état moral et intellectuel de l'humanité. Pascal l'a très-bien entrevu, par rapport à l'ordre de sciences qu'il possédait : un peu moins frappé de terreur sacrée, il l'aurait senti encore davantage.

rage, et le poëme des *Martyrs*, il n'a donné que des pages et n'a plus composé d'ouvrage véritablement joint et consistant. On y reconnaît un talent inquiet, hardi, avide de toutes les questions, les abordant, les traitant un peu trop cavalièrement, à bâtons rompus, avec des éclairs perçants, ici et là, beaucoup de décousu, et l'absence totale d'unité; — un esprit vigoureux pourtant, capable en toute matière de fortes poussées, de vastes et rudes lectures, de ces esprits qui sont capables de *dévorer des pierres comme Saturne*[1]. On ne saurait imaginer d'ailleurs à quel point il a poussé l'abus des rapprochements, de l'antithèse historique ou du parallèle[2]. L'abus porté à ce point est plus qu'un accident, et trahit un tour d'esprit, un pli bien marqué : il lui en restera toujours quelque chose. Rien n'est bizarre, dans la première partie surtout de l'*Essai*, comme de voir accouplés à tout bout de champ Pisistrate et Robespierre, Lycurgue et Saint-Just, Harmodius et Marat, Mégaclès et Tallien, Épiménide et M. de Flins (Flins, que les moqueurs d'alors appelaient *le Ragotin de la littérature!*). Il cite du Solon; beaucoup de Solon, à côté d'une fable de M. de Nivernais. Cela ressemble par moments à une plaisanterie. M. de Chateaubriand n'a pas le sentiment du ridicule, ce sentiment si français avant lui, mais qui l'est beaucoup moins depuis cinquante ans; — ce sentiment qu'avait si peu Rousseau, et que possédait jusqu'au bout des ongles ce libertin de Voltaire.

Non, le Breton Chateaubriand, si chevaleresque auprès du génevois Rousseau, n'avait pas beaucoup plus que lui ce sentiment-là, qui fut l'arme de leur grand rival. Quand

---

[1] Expression de Montesquieu.
[2] On a comparé certains chapitres de l'*Essai*, pour l'antithèse ambitieuse de leur titre, à « des sacs sur lesquels on aurait posé l'étiquette de tout l'argent qu'ils pourraient renfermer, et qu'on aurait oublié de remplir. » Il y a, en effet, plus d'enseigne que de fond.

son premier ouvrage, *Atala*, parut en France, les élèves, les fils de Voltaire, Chénier en tête, partirent d'un éclat de rire; mais le reste de la France ne comprit pas ce rire, et la société, déjà sérieuse par le malheur, fut pour celui qui ne riait pas.

Il y a dans l'*Essai* un Portrait parallèle des Français et des Athéniens, qui est une des pages remarquables, et que l'auteur a replacé depuis ailleurs en l'arrangeant : car c'est là un de ses procédés très-habituels, et plus faciles à celui qui écrit seulement des pages, et *par pages*, qu'à l'écrivain qui compose avec ensemble et méditation des ouvrages véritables. On a reproché à Delille de ne pas faire des poëmes, mais seulement des morceaux : Chateaubriand, en grand, a fait trop souvent ainsi, et mérite ce même reproche; il fut de bonne heure dans le système des beaux morceaux; il a de ces chapitres *à tiroirs*, de ces pages à effet, qui ont pu passer d'un ouvrage dans un autre et servir indifféremment d'ornement à chacun, comme ces vases, ces surtouts ou dréssoirs d'argent magnifiques, qui servent tantôt à la décoration du salon, tantôt à la pompe des festins, quelquefois même à l'autel[1]. — Nous lisons donc ce piquant Parallèle des Athéniens et des Français, dont il a transporté depuis une partie, avec correctif, dans le *Génie du Christianisme :*

« Quels peuples furent jamais plus aimables dans le monde ancien et moderne, que les nations brillantes de l'Attique et de la France ? L'étranger, charmé à Paris et à Athènes, ne rencontre que des cœurs compatissants et des bouches toujours prêtes à lui sourire. Les légers habitants de ces deux

[1] Ce n'était point d'ailleurs par avarice de talent qu'il faisait cela, ni par stérilité, comme Malherbe. Celui-ci, quand on lui montrait de ces doubles emplois d'une même pensée, répondait brusquement : « Ne puis-je pas mettre sur mon buffet un tableau qui aura été sur ma cheminée? » — Oui ; mais, si c'est un tableau d'amour, n'allez pas le mettre indifféremment dans votre oratoire.

Capitales du goût et des beaux-arts semblent formés pour couler leurs jours au sein des plaisirs. C'est là qu'assis à des banquets, vous les entendrez se lancer de fines railleries, rire avec grâce de leurs maîtres ; parler à la fois de politique et d'amour, de l'existence de Dieu et du succès de la comédie nouvelle, et répandre profusément les bons mots et le sel attique, au bruit des chansons d'Anacréon et de Voltaire, au milieu des vins, des femmes et des fleurs.

« Mais où court tout ce peuple furieux ? d'où viennent ces cris de rage dans les uns, et de désespoir dans les autres ? Quelles sont ces victimes égorgées sur l'autel des Euménides ? Quel cœur ces monstres à la bouche teinte de sang ont-ils dévoré ?... Ce n'est rien : ce sont ces Épicuriens que vous avez vus danser à la fête, et qui, ce soir, assisteront tranquillement aux farces de Thespis, ou aux ballets de l'Opéra.

« A la fois orateurs, peintres, architectes, sculpteurs, amateurs de l'existence, pleins de douceur et d'humanité, du commerce le plus enchanteur dans la vie, la nature a créé ces peuples pour sommeiller dans les délices de la société et de la paix. Tout à coup la trompette guerrière se fait entendre ; soudain toute cette nation de femmes lève la tête. Se précipitant du milieu de leurs jeux, échappés aux voluptés et aux bras des courtisanes, voyez ces jeunes gens, sans tentes, sans lits, sans nourriture, s'avancer en riant contre ces innombrables armées de vieux soldats, et les chasser devant eux comme des troupeaux de brebis obéissantes.

« Les Cours qui gouvernent sont pleines de gaieté et de pompe. Qu'importent leurs vices ? Qu'ils dissipent leurs jours au milieu des orages ceux-là qui aspirent à de plus hautes destinées ; pour nous, chantons, rions aujourd'hui. Passagers inconnus, embarqués sur le fleuve du Temps, glissons sans bruit dans la vie. La meilleure Constitution n'est pas la plus libre, mais celle qui nous laisse de plus doux loisirs... O Ciel ! pourquoi tous ces citoyens condamnés à la ciguë ou à la guillotine ? ces trônes déserts et ensanglantés ? ces troupes de bannis, fuyant sur tous les chemins de la patrie ? — Comment ! ne savez-vous pas que ce sont des tyrans qui voulaient retenir un peuple fier et indépendant dans la servitude ?

« Inquiets et volages dans le bonheur, constants et invincibles dans l'adversité ; nés pour tous les arts ; civilisés jusqu'à l'excès durant le calme de l'État, grossiers et sauvages dans leurs troubles politiques ; flottants comme un vaisseau sans lest au gré de leurs passions impétueuses, à présent dans les cieux, le moment d'après dans l'abîme ; enthousiastes et du bien et du mal, faisant le premier sans en exiger de reconnaissance, le second sans en sentir de remords ; ne se rappelant ni leurs crimes ni leurs vertus ; amants pusillanimes de la vie durant la paix, prodigues de leurs jours dans les batailles ; vains, railleurs, ambitieux, novateurs, méprisant tout ce qui n'est pas eux ; individuellement les plus aimables des hommes, en corps les plus détestables de tous ; charmants dans leur propre pays, insupportables chez l'étranger ; tour à tour plus doux, plus innocents que la brebis qu'on égorge, et plus féroces que le tigre qui déchire les entrailles de sa victime : tels furent les Athéniens d'autrefois, et tels sont les Français d'aujourd'hui [1]. »

On sourit, on applaudit irrésistiblement à ces contrastes si vivement exprimés, et d'où les applications s'échappent de toutes parts comme en étincelles électriques. Voilà ce qui s'appelle se connaître soi-même et se juger. Pourtant lui, Chateaubriand, il déroge déjà un peu à ce portrait du Français ; il est déjà de cette génération (et on l'en peut saluer le chef[2]) qui sera sérieuse et grave à dix-neuf ans, qui n'aura pas la plaisanterie légère (il n'aura plus tard dans ses colères que l'ironie sanglante) ; il mène et introduit dans la vie cette nouvelle jeunesse, triste par tempérament et par choix, mélancolique et un peu *collet-monté* au *saillir* de l'enfance[3] ; qui parlera des mystères de

---

[1] *Essai*, tome I, page 106 et suiv. (édit. de 1826). J'ai tenu à donner cet excellent morceau de rhétorique dans toute son étendue : dans le *Génie du Christianisme* (3ᵉ partie, livre III, chap. 5) l'auteur ne l'a reproduit que tronqué, et n'en a pris que le dernier paragraphe, le *bouquet*, qui fait dès lors d'autant plus d'effet qu'il est moins prévu.

[2] Avec Mme de Staël qui partage la principauté à quelques égards.

[3] « *Au saillir de mon enfance* et en l'aage de povoir monter à cheval... » (Philippe de Commynes, au début de ses *Mémoires*.)

la vie avant d'avoir vécu, et qui tranche tout à fait par la
solennité du ton en tous sujets avec l'ancienne jeunesse
qui affectait plutôt le frivole. Il est le Prince, a dit
quelqu'un, de cette jeunesse qui n'a pas su être jeune, et
qui, les années venues, ne saura pas vieillir. Il a, d'ailleurs, bien assez d'autres qualités du Français tel qu'il le
décrit, le brillant, le généreux, le glorieux[1]; il a l'à-propos. Mais dans l'enveloppe, il gardera de la raideur. Après
tout, c'est un *Breton* qui se distingue, par quelques traits
originels reconnaissables, du *Français* proprement dit,
un compatriote de Du Guesclin, petit de taille, disproportionné, avec des épaules hautes, une forte tête enfoncée qui deviendra la plus belle en vieillissant, mais
évidemment faite pour un autre corps, des manières un
peu guindées[2], même quand elles se piquent d'être faciles
et légères. Approchez cependant, regardez, surprenez
cette grande physionomie au moment où elle ne pose
pas, et où aucun trait commandé ne vient pincer et tirer
la lèvre, quel sourire! M. Molé dit qu'il n'a jamais vu de
sourire plus aimable, ou du moins plus distingué, plus
fin, que celui de Napoléon et celui de Chateaubriand.
Mais ni l'un ni l'autre ne souriaient tous les jours.

Je continuerai de faire quelques remarques à l'occasion
de l'*Essai*, de ces remarques qui portent sur tout l'homme.

---

[1] Il a droit de dire dans la nouvelle Préface de l'*Essai* (édit. de 1826):
« Si j'ai combattu en faveur des sentiments généreux partout où j'ai
cru les apercevoir; si j'ai parlé avec enthousiasme de tout ce qui me
paraît beau et touchant sur la terre, la religion, la vertu, l'honneur,
la liberté, l'infortune, il faudra convenir que ma passion supposée pour
la célébrité sort du moins d'un principe excusable : on pourra me plaindre, il sera difficile de me condamner. *D'ailleurs, ne suis-je pas Français? quand j'aimerais un peu la gloire, ne pourrais-je pas dire à mes
compatriotes : Qui de vous me jettera la première pierre?* »

[2] Il y avait un Chateaubriand secret aussi lâché et débridé de ton que
l'autre l'était peu, mais celui-là connu seulement d'un très-petit nombre
dans l'intimité.

SIXIÈME LEÇON.

Manière de composer de Chateaubriand. — De son érudition ; de son procédé historique. — Du vrai sens philosophique de l'*Essai*. — Haute misanthropie. — Demi-réconciliation avec la société. — Masque et défaut du masque dans le personnage. — Sensibilité vraie dans l'*Essai* ; pages touchantes. — Lettre (inédite) à Fontanes ; — jour qui en résulte sur les croyances de l'auteur en 1799. — Belle parole du théosophe Saint-Martin.

MESSIEURS,

Cette absence totale de plan et d'ordonnance qui se montre dans le premier ouvrage de M. de Chateaubriand, se retrouvera plus ou moins, je l'ai dit, dans tous ceux qui suivront, si l'on excepte ses trois courts romans et *les Martyrs*. Ce poëme des *Martyrs* est la seule grande composition qui fasse exception au défaut que je signale, la seule dans laquelle l'imagination de l'auteur se trouve dispensée sur une vaste étendue, avec une économie savante. Il avait longtemps porté l'œuvre avant de la produire. Le reste de ses écrits est composé toujours de pièces et de morceaux, de très-beaux morceaux, mais qui ne réussissent à faire qu'un ensemble haché, saccadé. Il y a du grandiose, mais à tout moment brisé, un grandiose qui *casse* à tout coup. Sa force trahit par là moins encore la fatigue que la négligence. Ces défauts s'expliquent d'ailleurs par sa manière de travailler. J'ai parlé précédemment du procédé de Mme de Staël ; voici celui de M. de Chateaubriand, si nous écoutons quelqu'un qui l'a bien connu : « M. de Chateaubriand dit qu'il n'a jamais pú travailler ni composer de tête; il ne le peut que la plume à la main. Il ne pense même jamais, dit-il, à ce qu'il écrit que lorsqu'il tient la plume. Il est vrai que, quand il s'y met, il la tient longtemps, quelquefois des douze et quinze heures de suite. Il dit que le procédé inverse, c'est-à-dire la préméditation, lui est impossible. On le conçoit. Au fond, il ne tient assez à la vérité sur rien pour y songer si longuement à l'avance; c'est assez temps pour lui de se résoudre quand il est obligé de s'y appliquer [1]. Partant, il n'y a point chez lui de ces enchaînements logiques, de ces développements continus qui puissent se préparer et se composer presque tout entiers de tête, comme c'était le cas pour Jean-Jacques [2]. Sa pensée est plutôt par accès, comme son style est tout en traits; il recommence à chaque instant; chaque paragraphe est une suite de *recommencements* successifs, brillants, saccadés. Point de teneur fondamentale, ni de *flumen orationis*, mais une multitude de ces étincelles et de ces éclairs qui résultent d'une plume magique faisant feu sur le papier. »

Rousseau, au contraire, nous dit : « Je n'ai jamais pu rien faire la plume à la main, vis-à-vis d'une table et de mon papier; c'est à la promenade, au milieu des rochers et des bois, c'est la nuit dans mon lit et durant mes insomnies que j'écris dans mon cerveau : on peut juger avec quelle lenteur [3]... » — Ainsi, l'un porte tout de tête;

---

[1] « Et que fait-il donc quand il est seul? demandera-t-on. — Quand il est seul, il *rêve*, c'est-à-dire il se livre à tout l'essor d'une imagination sans frein, il voyage et vagabonde à travers l'espace sur l'hippogriffe ailé. Et s'il lui arrive de causer à l'aise, tout à fait à l'aise dans le tête à tête, en s'abandonnant, il exprimera cette rêverie et ses mille accidents imaginaires avec une verve, une audace, une fantaisie, j'allais dire une licence, qui font de lui, en ces moments, le plus étrange *vis-à-vis* du Chateaubriand solennel, le seul que le public et les salons aient connu. »

[2] Et aussi pour Buffon.

[3] *Les Confessions*, partie 1, liv. III.

il a de longs trains de pensées et de périodes qui se succèdent et se lient étroitement. L'autre se fie à l'aventure; sa plume est comme l'épée de Roland : il sait qu'à chaque coup il en fera jaillir des éclairs.

En lisant l'*Essai*, l'érudition, au premier aspect, pourrait y sembler immense ; l'ouvrage atteste en effet beaucoup de lecture et en tous sens, une grande puissance de travail. Ce rêveur ne recule devant aucun gros livre ; écrivains grecs, latins, il les cite, il les traduit ; il s'inquiète déjà même de la poésie *sanscrite* et de ce qu'on en connaissait alors. Est-ce donc un historien sérieux et solide, est-ce un bénédictin à travers le poëte, qui se prépare? — Je trouve dans les pensées de Varron une très-belle maxime, que je me permettrai d'appliquer ici : « *Qui audit ut auditorum narrator fiat, nunquam fiet par docenti.* » Varron ne parle que des auditeurs, mais cela s'applique aux lecteurs également : « Celui qui n'écoute ou qui ne lit que pour citer ce qu'il a appris, et en faire montre, ne devient jamais l'égal du maître. » Or, il est évident, pour qui lit l'*Essai*, que l'auteur, tandis qu'il faisait ses nombreuses et si diverses lectures, n'était occupé que d'en tirer parti et effet pour son livre. Je crois remarquer quelque chose du même défaut dans tout ce que M. de Chateaubriand a écrit d'historique : à travers des traits admirables et qui sillonnent sa matière, le fond ne m'inspire jamais une entière confiance. Je crois sentir un écrivain artiste qui n'a pas étudié les choses *en elles-mêmes* avec assiduité, avec patience et longanimité, décidé à n'y voir que ce qu'elles lui donneraient, et à ne rien leur faire rendre de plus. Il ne lit que prêt à écrire à son tour, et il a toujours en vue, sitôt qu'il tient la plume, le triomphe de quelque point saillant, politique ou autre, ne serait-ce que le triomphe d'un effet littéraire. Sa plume impatiente, et qui veut à tout prix des contrastes, ne s'accommoderait pas d'un résultat terne et lent. Cela n'empêche pas qu'il ne laisse à tout moment échapper de ces mots, de ces éclairs qui tombent en plein sur une situation ou sur un caractère et qui les pénètrent, — de ces traits qu'un honnête historien bien appliqué ne trouverait jamais.

On parlait un jour devant M. de Chateaubriand de l'érudition, de l'étude dans le genre des Bénédictins; et il en exprimait avec amour le charme et le désir. — « Oui, lui dit-on, si vous aviez pu éteindre quelques-unes de vos facultés, celle de l'érudition vous aurait à merveille réussi sans doute. » — Mais il nia que l'érudition fût du tout ennemie de l'imagination; celle-ci devance, éclaire l'autre.—« C'est une belle lanterne en effet, une lampe un peu merveilleuse, » dit quelqu'un. — « L'imagination, reprit-il, est à l'érudition comme un coureur qui pousse toujours, comme un Cosaque qui fait ses pointes. » — Et il faisait du geste le coup de lance. Cela est charmant et dit toutes ses qualités. Mais le Cosaque, si propre à la charge, ne suffit pas à la victoire; il faut donner à l'infanterie le temps d'arriver.

Pourquoi M. de Chateaubriand, avec de si belles parties, n'était pas fait pour être véritablement historien dans le sens sérieux et auguste du mot, dans le sens qui faisait dire magnifiquement à l'ami de Tacite[1] : « Quanta potestas, quanta dignitas, quanta majestas, quantum denique *numen* sit historiæ... », lui-même il va nous en dire plusieurs bonnes raisons; car le meilleur et le plus sûr moyen de pénétrer et de juger un écrivain, un homme, c'est de l'écouter, de le bien écouter et longtemps : laissez-les faire et se déployer, sans les presser, ils vous diront tout d'eux-mêmes sur eux-mêmes; ils viendront se peindre en

---

[1] Pline le Jeune, lettre xxvii du livre IX.

vous, dans votre esprit. A la longue, soyez-en sûr, nul homme, nul poëte surtout et nul écrivain ne gardera son secret. Dans son *Génie du Christianisme*, l'auteur futur des *Études historiques* et des *Mémoires*, se posant donc cette question : *Pourquoi les Français n'ont-ils que des mémoires au lieu d'histoire ?* y a répondu ainsi :

« Le Français a été dans tous les temps, même lorsqu'il était barbare, vain, léger et sociable. Il réfléchit peu sur l'ensemble des objets ; mais il observe curieusement les détails, et son coup d'œil est prompt, sûr et délié : il faut toujours qu'il soit en scène, et il ne peut consentir, même comme historien, à disparaître tout à fait. Les mémoires lui laissent la liberté de se livrer à son génie. Là, sans quitter le théâtre, il rapporte ses observations, toujours fines, et quelquefois profondes. Il aime à dire : *J'étais là, le Roi me dit... J'appris du Prince... Je conseillai, je prévis le bien, le mal*. Son amour-propre se satisfait ainsi ; il étale son esprit devant le lecteur ; et le désir qu'il a de se montrer penseur ingénieux le conduit souvent à bien penser. De plus, dans ce genre d'histoire, il n'est pas obligé de renoncer à ses passions, dont il se détache avec peine. Il s'enthousiasme pour telle ou telle cause, tel ou tel personnage ; et, tantôt insultant le parti opposé, tantôt se raillant du sien, il exerce à la fois sa vengeance et sa malice. »

Je ne sais si l'on pourrait mettre ce jugement pour épigraphe aux *Mémoires d'Outre-tombe*, mais il le faudrait mettre certainement au *Congrès de Vérone*.

Pour revenir à l'*Essai* et en définir le sens à travers toutes les digressions qu'y a mêlées l'auteur, on peut dire que M. de Chateaubriand, philosophe à cette époque par l'esprit, par les opinions, ne l'est point par les conclusions. Il est bien au fond de l'avis des philosophes, de l'avis de Jean-Jacques et du Vicaire savoyard (si tant est même qu'il s'en tienne là[1]), mais il est d'avis aussi qu'*il*

---

[1] Et il ne s'y tenait pas ; l'Exemplaire de l'*Essai sur les Révolutions*, chargé de ses notes manuscrites confidentielles, le montre, à cette

ne faut pas le dire : voilà en quoi il diffère déjà essentiellement de son siècle et s'en sépare. Après le plus magnifique éloge de l'*Émile*, éloge qu'il a depuis rétracté le plus qu'il a pu, et plus qu'il n'était nécessaire ou même convenable à un rival aussi noble que lui, il conclut que c'est à dater de la publication de cet ouvrage que l'éducation s'altéra totalement en France. L'homme-vierge de Rousseau, jeté parmi ses contemporains abâtardis, produisit des monstres :

« La profession de foi du Vicaire savoyard, ajoute l'auteur de l'*Essai* avec un sentiment douloureux, les principes moraux et politiques de cet ouvrage, sont devenus les machines qui ont battu l'édifice des Gouvernements actuels de l'Europe, et surtout celui de la France, maintenant en ruines. Il s'ensuit que la vérité n'est pas bonne aux hommes méchants ; qu'elle doit demeurer ensevelie dans le sein du Sage, comme l'espérance au fond de la boîte de Pandore. Si j'eusse vécu du temps de Jean-Jacques, j'aurais voulu devenir son disciple : mais j'eusse conseillé le secret à mon maître. Il y a plus de philosophie qu'on ne pense, au système de mystère adopté par Pythagore et par les anciens prêtres de l'Orient. »

L'auteur de l'*Essai*, à travers toutes ses hardiesses de pensée et tous ses doutes qui vont par moments aussi loin que possible [1], incline donc déjà pour ce que j'appellerai le Christianisme social, le Christianisme *quand même*. Il se

date de 1797-1798, non-seulement anti-chrétien, mais fataliste, non croyant à l'immortalité de l'âme, et aussi athée qu'il pouvait l'être. Je renvoie au tome X des *Causeries du Lundi*, où j'ai donné les plus curieux de ces passages.

[1] A la page 621 de la première édition de l'*Essai*, dans ce que j'appelle l'Exemplaire confidentiel, à côté de ces mots : « Je suis bien fâché que mon sujet ne me permette pas de rapporter les raisons victorieuses avec lesquelles les *Abbadie*, les *Houteville*, les *Bergier*, les *Warburton* ont combattu leurs antagonistes (les incrédules dont il vient de reproduire en partie les objections), et d'être obligé de renvoyer à leurs ouvrages ; » il ajoutait : « Oui, qui ont débité des platitudes, mais j'étais bien

sépare des Encyclopédistes qui minent l'édifice, et il leur dit : « A quoi bon ? quand ce sera miné, que gagnerez-vous à avoir étalé et démontré la ruine ? » C'est par là qu'il se prépare et se dispose, encore à son insu, à ce qu'il fera bientôt dans le *Génie du Christianisme*. C'est là le lien réel et comme le *pont* entre les deux ouvrages qui semblent d'abord contradictoires[1].

La chimère de l'auteur de l'*Essai* (car il en a une) est de croire encore, du milieu de ses résultats amers, à je ne sais quel retour possible vers la nature, comme il l'entend, c'est-à-dire vers un état primordial et sauvage. Il croyait théoriquement avec Rousseau à la supériorité et à la félicité de cet état assez équivoque, et ce qu'il en avait vu dans ses voyages ne l'en avait point dégoûté[2]. Bien au contraire, comme souverain remède à tous les maux de la société, il n'a rien de mieux à proposer à son lecteur, en finissant, que de venir passer une nuit avec lui chez les Sauvages du Canada, pour se faire idée de cette espèce de liberté toute délicieuse et céleste. Cette page finale de l'*Essai* est magnifique de description et tout à fait belle ; mais j'aime mieux citer cet autre passage, d'ailleurs plus court, qui précède, et où se révèlent de sombres et fortes pensées qui lui étaient familières alors ; la forme est encore, à quelques égards, celle de Rousseau, mais le fond, l'inspiration est bien de lui :

obligé de mettre cela à cause des sots. » — C'est peu flatteur pour les sots ; mais enfin en public, jusque dans son moment d'extrême hardiesse, il daignait tenir compte de cette majorité de l'espèce humaine et avoir quelques égards pour elle.

[1] « Épiménide, dit-il en un endroit, ne traitait point de superstition ce qui tend à diminuer le nombre de nos misères ; il savait que la statue populaire, que le Pénate obscur qui console le malheureux est plus utile à l'humanité que le livre du philosophe qui ne saurait essuyer une larme. »

[2] Chose remarquable ! il avait vu les Sauvages *impunément*, a dit M. Vinet.

« Soyons hommes, c'est-à-dire libres; apprenons à mépriser les préjugés de la naissance et des richesses, à nous élever au-dessus des grands et des rois, à honorer l'indigence et la vertu ; donnons de l'énergie à notre âme, de l'élévation à notre pensée; portons partout la dignité de notre caractère, dans le bonheur et dans l'infortune; sachons braver la pauvreté et sourire à la mort : mais, pour faire tout cela, il faut commencer par cesser de nous passionner pour les institutions humaines, de quelque genre qu'elles soient. *Nous n'apercevons presque jamais la réalité des choses, mais leurs images réfléchies faussement par nos désirs*[1]; et nous passons nos jours à peu près comme celui qui, sous notre zone nuageuse, ne verrait le ciel qu'à travers ces vitrages coloriés qui trompent l'œil, en lui présentant la sérénité d'une plus douce latitude. Tandis que nous nous berçons ainsi de chimères, le temps vole et la tombe se ferme tout à coup sur nous. *Les hommes sortent du néant, et y retournent : la mort est un grand lac creusé au milieu de la nature; les vies humaines, comme autant de fleuves, vont s'y engloutir; et c'est de ce même lac que s'élèvent ensuite d'autres générations qui, répandues sur la terre, viennent également, après un cours plus ou moins long, se perdre à leur source.* Profitons donc du peu d'instants que nous avons à passer sur ce globe pour connaître au moins la vérité. Si c'est la vérité politique que nous cherchons, elle est facile à trouver. Ici, un ministre despote me bâillonne, me plonge au fond des cachots, où je reste vingt ans sans savoir pourquoi : échappé de la Bastille, plein d'indignation, je me précipite dans la démocratie; un anthropophage m'y attend à la guillotine. Le Républicain, sans cesse exposé à être pillé, volé, déchiré par une populace furieuse, s'applaudit de son bonheur; le Sujet, tranquille esclave, vante les bons repas et les caresses de son maître[2]. O

---

[1] En vue d'une seconde édition, il disait de cet endroit : « Ceci est trop, il faut le retrancher jusqu'au mot *Tandis...* » (Note marginale manuscrite de l'Exemplaire confidentiel.)

[2] Exagération et déclamation tant que l'on voudra ! de telles paroles ne sauraient se mettre en oubli et s'abolir : et il avait peur de n'en avoir pas encore dit assez, car à cet endroit de l'*Essai* (à la page 666 de la première édition), je lis en marge cette variante manuscrite dans l'Exemplaire confidentiel : « Qu'est-ce qu'un Républicain? un sot dévoré par des fripons. Qu'est-ce qu'un Royaliste? un sot dévoré par un... » Il a

Homme de la nature, c'est toi seul qui me fais me glorifier d'être homme ! Ton cœur ne connaît point la dépendance; tu ne sais ce que c'est que de ramper dans une Cour, ou de caresser un tigre populaire. Que t'importent nos arts, notre luxe, nos villes ? As-tu besoin de spectacle : tu te rends au temple de la nature, à la religieuse forêt; les colonnes moussues des chênes en supportent le dôme antique; un jour sombre pénètre la sainte obscurité du sanctuaire; et de faibles bruits, de légers soupirs, de doux murmures, des chants plaintifs ou mélodieux, circulent sous les voûtes sonores... »

A ne prendre cet appel et cet élancement que comme un recours individuel et poétique, et qui ne saurait être que l'exception, — que le remède de quelques âmes d'élite, hors de pair et déclassées, on ne saurait nier qu'il ne s'y trouve noblesse et grandeur. J'avoue même que j'aime mieux ce Chateaubriand-là primitif et tout d'accord avec sa poésie, que celui qui se réconciliera plus tard avec la société, mais qui ne se réconciliera jamais qu'à demi. Car il va rentrer en France l'âme encore remplie de ses déserts, avec son imagination plus grandiose encore

laissé en blanc le nom du monstre. — Mais est-ce bien d'un pareil livre que l'auteur, en le réimprimant, a pu dire en 1826 : « On y trouvera aussi un jeune homme exalté plutôt qu'abattu par le malheur, et dont le cœur est *tout à son roi*, à l'honneur et à la patrie ? » — Au reste, cette première manière de sentir et de parler des rois persistera au fond, et reparaîtra souvent comme par accès chez M. de Chateaubriand, même après qu'il aura pris l'affiche d'un parti; ce qui a fait dire à quelqu'un : « Le royalisme de M. de Chateaubriand est d'une singulière espèce, et il a fallu que les rois eussent l'esprit bien fait pour s'en accommoder. Il ne se donne pour royaliste et pour fidèle qu'afin de se mieux procurer par moments le droit d'insulter et d'injurier ceux auxquels il se voue. *Notre cœur*, dit-il en se vantant, *n'a jamais beaucoup battu pour les rois* (*Congrès de Vérone*). — Après tout, dit-il de la branche aînée, c'est une monarchie tombée; il en tombera bien d'autres : *nous ne lui devions que notre fidélité : elle l'a.* » Et là-dessus il redouble ses duretés. Je crois voir une femme de mauvais caractère qui, sous prétexte qu'elle est femme d'honneur et fidèle, s'en autorise pour dire à son mari sur tous les tons qu'elle ne l'aime pas et pour le traiter comme un nègre. C'est ainsi que M. de Chateaubriand traite ses rois.

qu'aimable, et je ne sais quoi de gigantesque dans l'expression qui sortira à première vue du ton et du cadre français proprement dit. Puis peu à peu il s'y fera; il sera pris par la société et ses mille liens, par ses vanités, ses coquetteries, ses rivalités, ses irritations de toutes sortes; il s'y rapetissera, mais sans jamais s'y apprivoiser complétement. Il résultera de l'assemblage du civilisé et du raffiné avec ce sauvage à demi converti, et toujours prêt pourtant à reparaître, le plus singulier et le plus bizarre mélange, surtout quand le personnage politique, soi-disant monarchique, viendra recouvrir le tout, et que le mélancolique et l'éblouissant rêveur qui, au fond, méprisait et méprise tant encore (au moment où il s'y mêle le plus) les acteurs et les choses politiques, sera lui-même un des chefs de l'action, un des coryphées de la scène. Oh! alors, il laissera échapper à tout instant, dans l'entre-deux des tirades, ses *a-parte* à lui, ses boutades d'impatience ou de colère[1], faites pour déconcerter et déjouer le rôle des autres et le sien, et pour faire tomber la pièce. Le vieil homme (ce jeune homme de l'*Essai*) percera à tout propos et hors de propos sous le masque, et menacera bien souvent de l'arracher[2].

Et ceci nous fournit déjà le moyen de répondre à une

---

[1] « Mes *pauvres diables* d'amis, s'écrie-t-il à chaque instant en parlant de ses amis politiques,.... mes *pauvres* amis sont bien *pauvres.* » Et quant à ses ennemis, on sait comment il les a traités.

[2] C'est ce qui a fait dire de lui sous la Restauration, dans les moments où l'on croyait pouvoir le moins se passer de son alliance, qu'il était à la fois *indispensable* et *impossible.*

Nec tecum possum vivere, nec sine te;

tout comme avec une maîtresse pleine de caprices. Au moindre désaccord, à la moindre contrariété, il en avait déjà *de tout ceci cent pieds par-dessus la tête;* il voulait tout planter là, s'en retourner... où?... je ne dis pas dans les forêts du Canada, comme le jeune homme de l'*Essai*, mais à cent, à mille lieues également, hors du cercle tracé :

Le vicomte indigné sortait au second acte.

question qui peut sembler embarrassante et que j'ai entendu poser. Un des hommes qui ont le plus connu M. de Chateaubriand jeune et avant qu'il eût pris sa double et triple écorce, M. Molé, me faisait remarquer avec beaucoup de justesse que cette destinée de Chateaubriand offre l'exemple peut-être unique de tout un temps qui se fait le complice et presque le *compère* d'un écrivain; qui se prête au rôle emprunté que cet homme joue durant près de cinquante ans, et cela sans le démentir un seul instant et sans lui tirer le masque par aucun côté[1]. Jamais le secret de la *tragédie* ne fut mieux gardé. Pour obtenir une telle concession de son époque, il faut avoir en soi un vrai prestige, et ce prestige est quelque chose dont on doit tenir compte avant tout en analysant le personnage qui l'a exercé à ce degré. Mais la vraie raison peut-être pour laquelle on n'a jamais tiré ce masque de Chateaubriand, c'est que lui-même avait sa sincérité et qu'il n'a jamais trop dissimulé que ce fût un masque, — un masque noble et qu'il prenait pour tel. Il était tellement sujet à se le tirer lui-même qu'on était plutôt tenté de le lui remettre, et de lui dire : « Mais il va tomber, prenez garde! restez donc dans ce beau rôle, restez-y tout entier; nous vous aimons, nous vous voulons comme cela! » On le traitait comme un acteur qu'on aime, et qui a un moment de mauvaise humeur. Voilà, selon moi, l'explication de ce jugement que j'ai cité, et de cet autre mot encore : « Chateaubriand est peut-être le seul écrivain de ce temps-ci qui ait pu porter le masque si constamment, sans que cette sorte d'hypocrisie ait nui à sa dignité. »

L'*Essai*, cet immense amas de matières premières, cette mine où nous découvrons pour ainsi dire couche par couche l'homme futur, nous révèle encore chez l'au-

---

[1] Sauf en certains moments de polémique sous la Restauration, au fort de la lutte avec le parti Villèle.

teur une faculté de sensibilité et une puissance de souffrir qui subira bien des modifications par la suite et bien des altérations. Qu'on lise le chapitre intitulé : *Aux Infortunés*[1] : au milieu de quelques formes déclamatoires et qui n'offensent que le goût, on y sent une profonde commisération, une sympathie vive et active pour ceux qui souffrent ; c'est un de leurs semblables, un enfant du malheur qui veut apprendre aux autres à traverser moins douloureusement les mêmes sentiers. Il en vient aux moindres détails ; il donne naïvement des *règles de conduite dans le malheur;* il se reproche de n'en pas trouver d'assez efficaces :

« Je m'imagine, s'écrie-t-il, que les malheureux qui lisent ce chapitre le parcourent avec cette avidité inquiète que j'ai souvent portée moi-même dans la lecture des moralistes, à l'article des misères humaines, croyant y trouver quelque soulagement. Je m'imagine encore que, trompés comme moi, ils me disent : Vous ne nous apprenez rien ; vous ne nous donnez aucun moyen d'adoucir nos peines ; au contraire vous prouvez trop qu'il n'en existe point. O mes compagnons d'infortune ! votre reproche est juste : je voudrais pouvoir sécher vos larmes, mais il vous faut implorer le secours d'une main plus puissante que celle des hommes. Cependant ne vous laissez point abattre ; on trouve encore quelques douceurs parmi beaucoup de calamités. Essayerai-je de montrer le parti qu'on peut tirer de la condition la plus misérable ? Peut-être en recueillerez-vous plus de profit que de toute l'enflure d'un discours stoïque[2]. »

Et il entre dans le détail des conseils appropriés : Éviter les jardins publics, le fracas, le grand jour ; le plus souvent ne sortir que la nuit; s'asseoir quelquefois au sommet d'une colline qui domine la ville et contempler de loin les feux qui brillent sous tous ces toits habités ; ici le réverbère à la porte du riche qui, du sein des fêtes,

---

[1] *Essai*, tome II, page 156 (édit. de 1826).
[2] Le style nous rend ici un écho de Pascal et de Montaigne.

ignore qu'il y a des misérables; là-bas, quelque petit rayon tremblant dans une pauvre maison écartée du faubourg; et se dire : « *Là, j'ai des frères*[1] ! »

Mais il indique surtout la consolation de la nature comme plus réelle et plus présente à celui que sa destinée rejette hors de la société : « La vie est douce avec la nature. Pour moi, je me suis sauvé dans la solitude, et j'ai résolu d'y mourir sans me rembarquer sur la mer du monde... Heureux ceux qui aiment la nature! Ils la trouveront, et trouveront seulement elle aux jours de l'adversité. » Il ne va point jusqu'à souhaiter comme Horace d'oublier les êtres qui lui furent chers : *Oblitusque meorum, obliviscendus et illis*. La douleur même lui paraîtrait bien préférable à un tel oubli; « mais leur souvenir se fondra avec le calme des bois et des cieux : il gardera sa douceur, et ne perdra que son amertume. »

Il indique encore d'autres sources de plaisir qu'on peut tirer du malheur, et il recommande particulièrement l'étude de la botanique qui, telle qu'il la dépeint et qu'il l'entend, n'est guère que le culte des *harmonies* de la nature. Son infortuné s'attachera surtout à ces « lis mélancoliques dont le front penché semble rêver sur le courant des eaux, » à ce *convolvulus* « qui entoure de ses fleurs pâles quelque aulne décrépit... » Là encore, il cherche partout des correspondances mystérieuses avec les affections de son âme. Puis, au retour de cette course laborieuse, *on*

---

[1] En marge de cette page, on lit dans l'Exemplaire confidentiel : « Ici j'ai peint toute ma vie en Angleterre; j'avais d'abord parlé à la première personne, mais il me semble que la troisième fait plus d'effet. — Au reste le bonheur est une chimère. On ne console point les hommes avec des mots, quand le mal est à la source de l'âme, quand le cœur est brisé, quand nos amis ont disparu dans la tombe, quand l'âge des illusions est passé, cet âge où les chagrins fuient comme un songe, où nous voyons dans chaque homme un ami, dans chaque femme une maîtresse. »

rentre dans sa misérable demeure, chargé de la dépouille des champs. Et viennent les détails humbles, familiers, non inventés, de ces détails tels que le Sénancour des *Rêveries* et tout solitaire pauvre est accoutumé à en observer : Comme si l'on craignait que quelqu'un ne vînt ravir ce trésor, *fermer mystérieusement la porte sur soi;* se mettre à faire l'analyse de sa récolte, blâmant ou approuvant Tournefort, Linné, Vaillant, Jussieu... :

« Cependant la nuit approche ; le bruit commence à cesser au dehors, et le cœur palpite d'avance du plaisir qu'on s'est préparé. Un livre qu'*on a eu bien de la peine à se procurer* [1], un livre qu'*on tire précieusement du lieu obscur où on l'avait caché,* va remplir ces heures de silence. Auprès d'un humble feu et d'une lumière vacillante, certain de n'être point entendu, on s'attendrit sur les maux imaginaires des Clarisse, des Clémentine, des Héloïse, des Cécilia. Les romans sont les livres des malheureux : ils nous nourrissent d'illusions, il est vrai ; mais en sont-ils plus remplis que la vie ? »

Ce sont de ces pages qui révèlent toute une âme première, une âme modeste qu'on aurait peine dans la suite à retrouver. Misère et infirmité de notre nature, que le peintre de Chactas et de René a lui-même si bien dénoncée ! cette immense faculté de douleur qui rendait com-

---

[1] Voilà de ces choses comme René plus tard n'en dira pas ; René est plus noble, plus aristocratique, plus retenu, même dans ses plus entiers aveux. Ici encore l'Exemplaire confidentiel vient compléter le texte, mais cette fois d'une manière heureuse et touchante : « C'est ce qui m'est arrivé vingt fois, lit-on à la marge de cette page 474 en regard des humbles détails dans lesquels il est entré ; mais malheureusement j'avais toujours l'inquiétude du lendemain. Je pourrais encore être heureux et à peu de frais ; il ne s'agirait que de trouver quelqu'un qui voulût me prendre à la campagne ; je payerai ma pension après la guerre. Là je pourrais écrire, herboriser, me promener tout à mon aise, pourvu que je ne fusse obligé de faire compagnie à personne, qu'on me laissât tranquille et livré à mon humeur sauvage. Ce qu'il y a de singulier, c'est que ce bonheur, qui a l'air si facile à obtenir, est cependant presque

patissant, — à force de se nourrir de soi et de s'exhaler au dehors, elle-même à un certain moment elle se sature ou s'épuise. On est encore sensible, mais d'une sensibilité rapide, d'une larme d'artiste et qui sèche aussitôt ; on est sensible, mais sous forme vague d'*ennui*, ou sous forme d'*idéal*, en se croyant privilégié et hors du commun. Tandis que l'auteur de l'*Essai* disait en regardant un petit rayon tremblant dans une maison écartée du faubourg : *Là, j'ai des frères*, René mélancolique, errant le soir dans une grande ville et « regardant les lumières qui brillent dans la demeure des hommes, » se complaît à penser que sous tant de toits habités, *il n'a pas un ami*. On est devenu à peu près indifférent et impropre à tout ce qui est proprement l'objet et l'emploi naturel de l'affection humaine, et à quoi le cœur devrait savoir se prendre et s'enraciner durant les années de la maturité et jusqu'à la tombe. On est capable de s'irriter encore, de désirer violemment, de haïr, de combattre ; on se passionne et l'on se pique à tous les jeux factices de l'ambition et de la société ; mais on n'aime plus, on ne s'attache plus, on ne saigne plus véritablement ; et, chose étrange et pénible à dire ! ceux qui précisément dans leur jeunesse ont excellé à exprimer avec le plus d'accent la dou-

---

impossible, et je ne sais pas après tout si je voudrais moi-même demeurer chez des étrangers. Si la paix se fait, j'obtiendrai aisément ma radiation, et je m'en retournerai à Paris où je prendrai un logement au Jardin des Plantes ; je publierai mes *Sauvages*, et je reverrai toute ma société. Toute ma société ! combien je trouverai d'absents ! M. Beding... m'avait proposé de me donner un petit temple dans son parc, mais on voit trop de monde dans cette maison : j'aurais été assiégé sans cesse d'importuns et de visiteurs. D'ailleurs ces femmes n'ont pas le sens commun ; elles sont ignorantes et mal élevées : en un mot cela ne pouvait me convenir. Je voudrais une retraite plus petite et plus tranquille, des gens honnêtes et aimables, et non des *Grands*. » Il est déjà misanthrope, mais il est encore homme et simple mortel : le dieu en lui n'a pas commencé.

leur n'en ont rien gardé pour eux, — rien que sous la forme poétique, entendons-le bien, — mais non plus sous la forme simplement naturelle et humaine : ils ont dépensé leur dose par une autre voie. Concluons qu'il n'y a de vraie sensibilité, et tout à fait sincère, que celle qui est avant l'art et avant la gloire.

Mais il est temps de sortir de l'*Essai*. Je n'aurais plus à y faire que quelques remarques de détail et qui se rapporteraient au style dont nous avons vu de belles preuves, de magnifiques témoignages, mais qui est en général des plus mélangés. A côté de la touchante et simple page *aux Malheureux* que nous avons lue, l'auteur citant le mot d'Agrippine à ses meurtriers : *Ventrem feri* (frappe ce ventre qui a porté Néron), ajoutera, par exemple, que c'est un mot dont la sublimité fait *hocher la tête!* Quelle est l'intention, le sens de ce *hocher?* Ces familiarités-là viennent plutôt d'affectation, peut-être aussi de distraction; il y en avait chez M. de Chateaubriand écrivain. Déjà l'on sent ce qui sera bientôt la curiosité du style, des recherches d'archaïsme mêlées à des expressions modernes : « Toutes les choses que depuis son enfance il *soulait* tenir bonnes et vertueuses; » — « à l'*orée* septentrionale d'un bois; »—mais rien encore n'est fondu et amené au point; et ce ne fut qu'après son retour en France que dans un petit cercle de gens de goût, qui avaient de plus le mérite de le sentir, l'écrivain se débarrassa de cette sauvagerie native d'expression, et arriva à maîtriser sa manière.

J'ai de ceci la preuve frappante dans une lettre qu'il adressait de Londres à Fontanes, en octobre 1799, lettre écrite d'un style bien bizarre, mais qui nous est précieuse et intéressante à d'autres titres. Il importe auparavant de fixer avec précision les circonstances. Il vivait donc depuis quelques années à Londres, pauvre, malade, faisant des traductions pour vivre durant le jour, écrivant pour lui la nuit, tout entier livré à ses perspectives funèbres et *n'ayant pour table* dans le dénûment de son exil, comme il l'a dit énergiquement et un peu solennellement (à sa manière), *que la pierre de son tombeau*. Il venait de publier l'*Essai* qui avait eu quelques lecteurs à Londres et même à Paris, mais qui n'avait dû laisser dans l'esprit des juges que l'idée d'un jeune homme exalté, ayant assez de talent, mais étrange, sans goût et peu destiné à percer. Sa mère, qui avait été très-affligée de ce livre ou plutôt encore de certaines irrégularités antérieures qu'on ne nous dit pas[1], mourut sur ces entrefaites; et une de ses sœurs, Mme de Farcy, personne d'esprit et qui faisait des vers, qui avait vécu dans le monde littéraire, à Paris, et avait été en commerce de bel-esprit avec La Harpe, Mme de Farcy, devenue très-religieuse, écrivit à son frère la lettre suivante :

« Saint-Servan, 1ᵉʳ juillet 1798.

« Mon ami, nous venons de perdre la meilleure des mères : je t'annonce à regret ce coup funeste... Quand tu cesseras d'être l'objet de nos sollicitudes, nous aurons cessé de vivre. *Si tu savais combien de pleurs tes erreurs ont fait répandre à notre respectable mère*, combien elles paraissent déplorables à tout ce qui pense et fait profession non-seulement de piété, mais de raison ; si tu le savais, peut-être cela contribuerait-il à t'ouvrir

---

[1] Ginguené, très-bien informé sur cette période intime de la vie de Chateaubriand, paraît douter que la douleur de Mme de Chateaubriand la mère ait tenu principalement à la publication de l'*Essai* : « Quels étaient donc ces égarements, dit-il, dont le souvenir troubla les derniers jours de sa malheureuse mère? étaient-ce ces déclamations et ces sophismes dont il s'accuse et qu'elle avait peu entendus? à quels dogmes étaient inhérents les principes de morale qu'il avait pu oublier?... Je serais fâché qu'il lui fût désagréable d'être ainsi poussé de questions. » Il faut lire dans la *Décade* même (30 prairial, an X) ce début des *extraits* de Ginguené, qu'on s'est bien gardé de reproduire intégralement dans les *Œuvres complètes* de Chateaubriand à la suite du *Génie du Christianisme*.

les yeux, à te faire renoncer à écrire ; et si le Ciel touché de nos vœux permettait notre réunion, tu trouverais au milieu de nous tout le bonheur qu'on peut goûter sur la terre ; tu nous donnerais ce bonheur, car il n'en est point pour nous tandis que tu nous manques, et que nous avons lieu d'être inquiètes de ton sort. »

Cette lettre, venue juste à un certain moment, détermina en lui une crise morale, et le ramena à la foi, dit-il, par la piété filiale. Il faut ajouter que Mme de Farcy, peu après cette missive funèbre, était morte elle-même, et que quand il reçut sa lettre, ce fut comme le message de deux morts. Il a confessé lui-même cette vive impression dans la Préface du *Génie du Christianisme* :

« Ma mère, après avoir été jetée à soixante-douze ans dans des cachots, où elle vit périr une partie de ses enfants, expira dans un lieu obscur, sur un grabat où ses malheurs l'avaient reléguée. Le souvenir de mes égarements répandit sur ses derniers jours une grande amertume ; elle chargea, en mourant, une de mes sœurs de me rappeler à cette religion dans laquelle j'avais été élevé. Ma sœur me manda le dernier vœu de ma mère : quand la lettre me parvint au delà des mers, ma sœur elle-même n'existait plus ; elle était morte aussi des suites de son emprisonnement. Ces deux voix sorties du tombeau, cette mort qui servait d'interprète à la mort m'ont frappé : je suis devenu chrétien. Je n'ai point cédé, j'en conviens, à de grandes lumières surnaturelles ; ma conviction est sortie du cœur : j'ai pleuré, et j'ai cru. »

Nous touchons ici à un point délicat, et nous l'aborderons avec franchise : la sincérité de cette page fut contestée dans le temps et depuis ; les écrivains du parti opposé à M. de Chateaubriand, ceux avec qui il se mettait en hostilité ouverte à cette date de 1802, les mêmes qui l'avaient connu en 89, et à qui, dans son exil, il adressait son *Essai sur les Révolutions* en le recommandant à leur plume, ces écrivains, qui n'étaient pas tenus à une extrême indulgence envers leur nouvel adversaire, le traitèrent un peu comme un converti intéressé et peu s'en faut comme un transfuge. Ils *hochèrent* la tête d'un air d'incrédulité à son récit[1]. Ils se trompaient et n'entraient pas dans les mystères de cette âme ardente, de cette imagination passionnée, sensible par accès et toujours mobile. Voici la lettre écrite dans l'intimité par Chateaubriand à Fontanes, lettre que j'ai trouvée autrefois dans les papiers de celui-ci, et qui n'était destinée qu'à lui seul; elle en dit plus que je ne pourrais. Le ton en est certainement étrange, le style exagéré; celui qui l'écrit est encore sous l'empire de l'exaltation, mais la sincérité de cette exaltation ne saurait être mise en doute un moment :

« Ce 25 octobre 1799 (Londres).

« Je reçois votre lettre, en date du 17 septembre. La tristesse qui y règne m'a pénétré l'âme. Vous m'embrassez les larmes aux yeux, dites-vous. Le Ciel m'est témoin que les miens n'ont

[1] Avant d'envoyer son livre de l'*Essai* à quelques écrivains et journalistes de Paris, Chateaubriand leur avait envoyé, pour les tâter, un tableau détaché, la *Nuit chez les Sauvages de l'Amérique*, qui est au dernier chapitre : « Toute cette Nuit, nous dit-il en marge dans l'Exemplaire confidentiel, est connue des gens de Lettres de Paris : on l'a fort applaudie. Reste à savoir ce que le public en pensera. Combien faut-il de *sots* pour former un public? disait Chamfort. » — C'est probablement à l'occasion de cet envoi, qu'il écrivait de Londres à Rœderer, alors journaliste des plus actifs et des plus estimés, le petit billet suivant (6 avril 1795) : « Un malheureux banni recommande à l'indulgence de M. Rœderer le petit ouvrage qu'il a l'honneur de lui envoyer. » — Il s'est bien gardé de se souvenir depuis de M. Rœderer et de le mentionner au nombre de ceux dont il recherchait en un temps le suffrage. — M. Rœderer ayant, bien plus tard, donné à lire à Sieyes l'*Essai sur les Révolutions*, qui peut-être lui avait été aussi envoyé par l'auteur, Sieyes lui écrivait en l'en remerciant : « Je vous rends, Monsieur le Comte, le fatras à prétentions philosophiques de M. de C... Quel charlatan! Est-ce que vous avez pu le lire jusqu'au bout? » De Sieyes à Chateaubriand, ce sont des antipathies de race, et, entre leurs méthodes et procédés, il y a des abîmes.

jamais manqué d'être pleins d'eau ¹ toutes les fois que je parle de vous. Votre souvenir est un de ceux qui m'attendrit davantage, parce que vous êtes selon les choses de mon cœur et selon l'idée que je m'étais faite de l'homme à grandes espérances. Mon cher ami, si vous ne faisiez que des vers comme Racine, si vous n'étiez pas bon par excellence comme vous l'êtes, je vous admirerais, mais vous ne posséderiez pas toutes mes pensées comme aujourd'hui, et mes vœux pour votre bonheur ne seraient pas si constamment attachés à mon admiration pour votre beau génie. Au reste, c'est une nécessité que je m'attache à vous de plus en plus, à mesure que tous mes autres liens se rompent sur la terre. Je viens encore de perdre une sœur ² que j'aimais tendrement, et qui est morte de chagrin dans le lieu d'indigence où l'avait reléguée Celui qui frappe souvent ses serviteurs pour les éprouver et les récompenser dans une autre vie. Oui, mon cher ami, vous et moi sommes convaincus qu'il y a une autre vie. Une âme telle que la vôtre, dont les amitiés doivent être aussi durables que sublimes, se persuadera malaisément ³ que tout se réduit à

---

¹ Style de la première manière.
² Mme de Farcy. Il semble par là que la coïncidence de cette mort avec celle de sa mère n'ait pas été aussi exacte qu'il l'a présenté tout à l'heure, et que le coup des deux morts ne lui soit pas arrivé en même temps : *Cette mort qui servait d'interprète à la mort...* Toujours, jusque dans la douleur, un peu d'arrangement.
³ On croit entrevoir que Fontanes, homme d'une imagination religieuse, mais d'une pratique un peu épicurienne, lui avait exprimé quelques doutes. Il n'avait pu, dans tous les cas, en dire plus à Chateaubriand que celui-ci ne s'en était dit à lui-même; à la page 569 de l'*Essai*, dans l'Exemplaire confidentiel, en regard de l'apostrophe au Dieu inconnu et de la question qui y est posée, on lit ceci : « Quelquefois je suis tenté de croire à l'immortalité de l'âme; mais ensuite la raison m'empêche de l'admettre. D'ailleurs pourquoi désirerais-je l'immortalité? il paraît qu'il y a des peines mentales totalement séparées de celles du corps, comme la douleur que nous sentons à la perte d'un ami, etc. Or, si l'âme souffre par elle-même indépendamment du corps, il est à croire qu'elle pourra souffrir également dans une autre vie; conséquemment l'autre monde ne vaut pas mieux que celui-ci. Ne désirons donc point survivre à nos cendres; mourons tout entiers de peur de souffrir ailleurs. Cette vie-ci doit corriger de la manie d'*être*... » *Quæ lucis miseris tam dira cupido!* — Chateaubriand, dans cette lettre à Fontanes, semble s'attacher à se réfuter lui-même.

quelques jours d'attachement dans un monde dont les figures passent si vite, et où tout consiste à acheter si chèrement un tombeau. Toutefois, Dieu qui voyait que mon cœur ne marchait point dans les voies iniques de l'ambition, ni dans les abominations de l'or, a bien su trouver l'endroit où il fallait le frapper, puisque c'était lui qui en avait pétri l'argile et qu'il connaissait le fort et le faible de son ouvrage. Il savait que j'aimais mes parents et que là était ma vanité : il m'en a privé afin que j'élevasse les yeux vers lui. Il aura désormais avec vous toutes mes pensées [1]. Je dirigerai le peu de forces qu'il m'a données vers sa gloire, certain que je suis que là gît la souveraine beauté et le souverain génie, là où est un Dieu immense qui fait cingler les étoiles sur la mer des cieux comme une flotte magnifique, et qui a placé le cœur de l'honnête homme dans un fort inaccessible aux méchants [2].

Il faut que je vous parle encore de l'ouvrage auquel vous vous intéressez [3]. Je ne saurais guère vous en donner une idée à cause de l'extrême variété des tons qui le composent; mais je puis vous assurer que j'y ai mis tout ce que je puis, car j'ai senti vivement l'intérêt du sujet. Je vous ai déjà marqué que vous y trouveriez ce qu'il y a de mieux dans *les Natchez*. Puisque je vous ai entretenu de morts et de tombeaux au commencement de cette lettre, je vous citerai quelque chose de mon ouvrage à ce sujet. C'est dans la septième partie où, après avoir passé en revue les tombeaux chez tous les peuples anciens et modernes, j'arrive aux *Tombeaux chrétiens*. Je parle de cette fausse sagesse qui fit transporter les cendres de nos pères hors de l'enceinte des villes, sous je ne sais quel prétexte de santé; je dis [4] :

« Un peuple est parvenu au moment de sa dissolution lorsqu'on y entend sans cesse répéter ces maximes horribles :

---

[1] *Il aura désormais avec vous...* Dieu et Fontanes mis sur la même ligne : singulière association !

[2] Il parle dans cette lettre du même ton que dans son livre, tout aussi solennellement.

[3] L'ouvrage qu'il avait entrepris sur le *Christianisme.*

[4] Il est curieux de comparer cette première version avec le texte imprimé du *Génie du Christianisme;* on y voit au net de quel genre de corrections l'auteur fut redevable à ses amis de Paris.

Que m'importe après ma mort où on me jette; qu'on fasse de mon cadavre ce que l'on voudra! — Eh! malheureux! n'as-tu donc ni Dieu, ni patrie, ni parents, ni amis! Que je te plains d'être insensible aux charmes d'un tombeau sous les arbres qui t'ont vu naître! Cela fut un spectacle réservé à nos jours[1] que de voir ce qui était regardé comme le plus grand malheur chez les Anciens, ce qui devenait le dernier supplice dont on punissait les scélérats (nous entendons la dispersion des cendres), que de voir, disons-nous, cette dispersion des cendres applaudie comme le chef-d'œuvre de la philosophie. Et où était donc le crime de nos aïeux pour traiter ainsi leurs restes, sinon d'avoir mis au jour des fils tels que nous? Mais écoutez la fin de tout ceci, et voyez l'énormité de la sagesse humaine : dans plusieurs villes de la France on bâtit des cachots sur l'emplacement des cimetières : on éleva les prisons des hommes sur le champ où Dieu avait décrété la fin de tout esclavage; on édifia des lieux de douleurs pour remplacer les demeures où toutes les peines venaient finir; *la couche de l'insomnie et des larmes*[2] *fut étendue à la place du lit où jamais le chagrin ne se réveille; de l'asile de l'espérance on fit l'asile du désespoir;* enfin il ne resta qu'une ressemblance effroyable entre ces prisons et ces cimetières : c'est que là s'exercèrent souvent les jugements iniques des hommes, là où Dieu avait prononcé les arrêts de son inviolable justice! »

Dans un autre endroit, je peins ainsi les Tombeaux de Saint-Denis avant leur destruction :

« On frissonne en voyant ces vastes ruines où sont mêlées également la grandeur et la petitesse, les mémoires fameuses et les mémoires ignorées; où, lorsqu'on cherche une expression assez magnifique pour peindre ce qu'il y a de plus exalté dans les temps, l'objet ou la réflexion *subséquente*[3] sollicite le

---

[1] C'est ici qu'on peut commencer de faire le rapprochement avec le texte imprimé (voir *Génie du Christianisme*, IVe partie, livre II, au chapitre des *Tombeaux chrétiens*).

[2] Ces membres de phrases, où l'excès de redoublement trahit trop la pure rhétorique, ont disparu dans le texte imprimé.

[3] Ce *subséquente* a disparu dans l'imprimé; ce sont de ces locutions dont l'a guéri Fontanes. (Voir le chapitre intitulé *Saint-Denis*, dans la IVe partie, livre II, du *Génie du Christianisme*.)

mot le plus bas, pour exprimer ce qu'il y a de plus vil et de moindre valeur sur la terre. O Trépas ! on ne peut méconnaître ici tes sombres royaumes ! Les ombres de ces vieilles voûtes, qui s'abaissent pour se confondre avec les ombres de ces vieux tombeaux ; ces inutiles grilles de fer, rangées autour de ces cercueils, et qui ne peuvent défendre la mort des empressements des hommes ; ce calme si profond où l'on entend comme le sourd travail du ver du sépulcre qui se repaît sur les feuilles des générations tombées, et qui file dans tous ces cercueils les indestructibles réseaux de la mort ; *tout, tout*[1] annonce qu'on est descendu à l'empire des ruines : et, à je ne sais quelle odeur de vétusté et de poussière répandue sous ces arches funèbres, on croirait respirer les temps passés, et pour ainsi dire, sentir les siècles[2]. »

Je n'ai pas besoin de vous dire qu'auprès de ces couleurs sombres on trouve de riantes sépultures, telles que nos Cimetières de campagne, les Tombeaux chez les Sauvages de l'Amérique (où se trouve *le tombeau dans l'arbre*), etc. Je vous avais mal cité le titre de l'ouvrage ; le voici : *Des Beautés poétiques et morales de la Religion chrétienne, et de sa supériorité sur tous les autres cultes de la terre*. Il formera deux volumes in-8°, 350 pages chacun.

Mais, mon cher ami, ce n'est pas de moi, c'est de vous que je devrais vous entretenir. Travaillez-vous à la G. S.[3] ? Vous parlez de talents : que sont les nôtres auprès de ceux que vous possédez ! Comment persécute-t-on un homme tel que vous ? Les misérables ! Mais enfin ils ont bien renié le Dieu qui a fait le ciel et la terre, pourquoi ne renieraient-ils pas les hommes en qui ils voient reluire, comme en vous, les plus beaux attributs de cet Être puissant[4] ? Tâchez de me rendre service tou-

---

[1] Un des deux *tout* a été supprimé ; et la page entière a subi bien des remaniements et des allégements dans les éditions successives.

[2] Ce *sentir les siècles* a disparu. C'était pourtant la *pointe*, le *bouquet* du morceau. Aussi, ce trait supprimé, l'auteur ne sait plus comment finir, et si l'on examine la première édition, on le voit transposer sa dernière phrase, puis la reprendre, en l'affaiblissant, dans les éditions suivantes. Il cherche son effet sans parvenir à le retrouver.

[3] *La Grèce sauvée.*

[4] Décidément, il tient à ce rapprochement et à cette espèce d'association de Fontanes avec Dieu.

chant l'ouvrage en question, mais, au nom du Ciel, ne vous exposez pas. Veillez aux papiers publics, lorsqu'il paraîtra [1]; écrivez-moi souvent. Voici l'adresse à employer : *A M. César Goddefroy, négociant à Hambourg* sur la première enveloppe, et en dedans à *Messieurs Dulau et Cⁱᵉ, libraires. Mon nom est inutile sur l'adresse; mettez seulement, après Dulau, deux étoiles* **... Je suis à présent fort lié avec cet admirable jeune homme auquel vous me *léguâtes* à votre départ [1]. Nous parlons sans cesse de vous. Il vous aime presque autant que moi. Adieu : que toutes les bénédictions du Ciel soient sur vous ! Puissé-je vous embrasser encore avant de mourir ! »

Maintenant nous sommes tranquilles, ce me semble : l'auteur du *Génie du Christianisme* nous a dit vrai, suffisamment vrai dans sa Préface, et ce livre a été entrepris en effet et en partie exécuté sous le genre d'inspiration qu'il exprime et qu'il tend à consacrer. C'est là ce qu'il importait de constater avant tout. Il est trop certain que, dans une nature mobile comme celle de M. de Chateaubriand, cette inspiration première n'a point persisté autant qu'il l'aurait fallu pour l'entière efficacité de sa mission et même pour l'entière convenance de son rôle. Il est le premier à nous l'avouer, et il y aurait mauvaise grâce à le trop presser là-dessus : « Quand les semences de la religion, dit-il en un endroit de ses *Mémoires*, germèrent la première fois dans mon âme, je m'épanouissais comme une terre vierge qui, délivrée de ses ronces, porte sa première moisson. Survint une bise aride et glacée, et la terre se dessécha. Le Ciel en eut pitié, il lui rendit ses tièdes rosées; puis la bise souffla de nouveau. Cette alter-

---

[1] Il comptait publier son livre à Londres, chez MM. Dulau.

[2] De quel *admirable* jeune homme s'agit-il ici? La grande liaison de Chateaubriand alors était, après Fontanes, avec M. Christian de Lamoignon. — Les personnes qui ont le mieux connu M. de Chateaubriand au fond, *intus et in cute* (et il n'y en a pas eu un grand nombre), sont Fontanes, Joubert, M. Molé, M. Christian de Lamoignon, — et M. Bertin l'aîné.

native de doute et de foi a fait longtemps de ma vie un mélange de désespoir et d'ineffables délices. » Otez les images, allez au fond, et vous obtenez l'entier aveu : *Habemus confitentem...* Que nous faut-il de plus ? Vous entendrez dire peut-être (car il vient un moment où tout ce qu'on sait éclate et se dit) qu'un exemplaire de l'*Essai* chargé de notes marginales de la main de l'auteur existe, et que dans ces notes ajoutées, l'auteur se montre encore plus hardi, plus téméraire en scepticisme qu'il ne l'avait été d'abord dans le texte imprimé. J'ai vu moi-même autrefois entre les mains de J.-B. Soulié (de l'Arsenal) cet exemplaire que possédait dans les derniers temps M. Aimé Martin, et auquel les bibliophiles attribuent aujourd'hui une valeur exagérée[1]. — Un jeune homme, quelqu'un qui était jeune sous l'Empire, ayant lu *René*, fut saisi d'un accès de mélancolie pareil, et il s'adressa à l'auteur pour qu'il lui redît les paroles qui guérissent. Mais M. de Chateaubriand, qui était en veine d'ironie ce jour-là, s'amusa au contraire à écrire au jeune homme une longue lettre où il réfutait les conclusions de *René*. On m'assure que la lettre existe. — Qu'importent, encore une fois, ces anecdotes et que prouvent-elles ? Que l'auteur n'a pas cru toujours, qu'il n'a point persisté constamment ? C'est ce qu'il vient de nous dire lui-même. M. de Chateaubriand a cru *un moment*, et c'est à ce moment qu'il a entrepris et ébauché le premier plan de son livre : voilà pour nous l'essentiel, ce qui prouve sa sincérité, là seulement où nous avons droit de l'interroger et de l'atteindre, — sa sincérité, je ne dis pas de fidèle (cet ordre supérieur et intime

---

[1] Je parlais ainsi avant d'être possesseur du volume et de l'avoir pu examiner tout à mon aise : je ne sais si le démon de la propriété et le lutin de la bibliophilie opèrent, mais il me semble maintenant que, sinon le prix vénal qui a été excessif, du moins la valeur morale qu'on attribuait à l'exemplaire n'était point exagérée. Au reste, on en a pu juger par ce que j'en ai cité précédemment, pages 108, 118, 158, 160, etc.

nous échappe), mais sa sincérité d'artiste et d'écrivain. La lettre à M. de Fontanes qu'on vient de lire, écrite dans le feu de la composition du *Génie du Christianisme*, est évidemment celle d'un homme qui croit à sa manière, qui prie, qui pleure, — d'un homme qui *s'est mis à genoux* avant et après, pour parler le langage de Pascal.

C'est encore Pascal qui a dit : « Les hommes prennent souvent leur imagination pour leur cœur, et ils se croient convertis dès qu'ils pensent à se convertir. » Tous les hommes sont ainsi volontiers, même ceux chez qui l'imagination n'est pas un don du génie; combien à plus forte raison ceux en qui domine cette faculté puissante, cette fée païenne des métamorphoses !

Ce qui n'empêche pas qu'il eût infiniment mieux valu, pour la solidité et la vertu de l'œuvre, que l'auteur suivît une autre voie, qu'il eût la tête moins échauffée et moins montée, le cœur plus sérieusement touché. Un écrivain qui a parlé avec respect de M. de Chateaubriand, et que celui-ci en retour n'a traité qu'avec légèreté et méconnaissance, le théosophe Saint-Martin, vers la fin de son *Ministère de l'Homme-Esprit*, publié en 1802, s'écrie avec l'accent d'une conviction intérieure bien autrement vraie et sentie : « L'un de ces éloquents écrivains dit avec une douce sensibilité *qu'il a pleuré, et puis qu'il a cru*. Hélas ! que n'a-t-il eu le bonheur de commencer par être sûr ! combien ensuite il aurait pleuré[1] ! ! ! »

---

[1] Voir *le Ministère de l'Homme-Esprit*, 1802, page 379. — On lit de Saint-Martin, dans ses *OEuvres posthumes* (tome I, page 130), une note intéressante sur un dîner qu'il fit avec Chateaubriand chez un ami commun à l'École polytechnique, alors au Palais-Bourbon. M. de Chateaubriand, dans ses *Mémoires*, a parlé de ce même dîner en le tournant en raillerie, et en le refaisant d'imagination avec une souveraine inexactitude. Averti (par moi-même) du désaccord qu'il y avait entre les deux témoignages, il s'est borné à ajouter une phrase de regret sans se donner la peine de rectifier son premier récit et de le faire concorder avec celui de Saint-Martin qu'il a pris soin de transcrire cependant, sans

doute parce que ce récit est à sa louange. Évidemment il ne s'était pas donné non plus la peine de lire à leur naissance les admirables pages du *Ministère de l'Homme-Esprit* qui paraissaient le lendemain du *Génie du Christianisme* et qui étaient écrites à son intention. Jamais il ne s'est fait du *Génie du Christianisme* de critique plus intérieure et plus profonde ; on en jugera par quelques extraits :

« L'art d'écrire, s'il n'est pas un don supérieur, est un piége, et peut-être le plus dangereux que notre ennemi puisse nous tendre...

« Illustres écrivains, célèbres littérateurs, vous ne concevez pas jusqu'où s'étendraient les droits que vous auriez sur nous si vous vous occupiez davantage de les diriger vers notre véritable utilité. Nous nous présenterions nous-mêmes à votre joug : nous ne demanderions pas mieux que de vous voir exercer et étendre votre doux empire. La découverte d'un seul des trésors renfermés dans l'âme humaine, mais embelli par vos riches couleurs, vous donnerait des titres assurés à nos suffrages et des garants irrécusables de vos triomphes...

« Mais les professeurs en littérature, et généralement ceux qui ne se nourrissent que des travaux de l'imagination, se tiennent toujours sur les confins de la vérité ; ils circulent sans cesse autour de son domaine, mais ils semblent se garder d'y entrer et d'y faire entrer leur auditoire ou leurs lecteurs, de peur que ce ne fût sa gloire seule qui brillât...

« Il n'y a presque pas un des ouvrages célèbres parmi les écrits produits par l'imagination des hommes, qui ne soit fondé sur une base fragile et caduque, sans compter ceux qui le sont sur un blasphème ou au moins sur une impiété enfantée par une orgueilleuse hypocrisie. Car les écrivains qui parlent d'une Providence, d'une moralité, même d'une religion, ne sont pas exempts de ce reproche s'ils ne sont pas en état de rendre raison de ces grands objets de leurs spéculations, s'ils ne les emploient que pour servir de décoration à leurs ouvrages et d'aliment à leur orgueil...

« Quand est-ce que la marche de l'esprit humain se dirigera vers un but plus sage et plus salutaire ? Faut-il que la littérature entre les mains des hommes, au lieu d'être le sentier du vrai et de la vertu, ne soit presque jamais que l'art de voiler, sous des traits gracieux et piquants, le mensonge, le vice et l'erreur ! Serait-ce dans une pareille carrière que la vérité ferait sa demeure ?...

« Je le répète, ô vous ! habiles écrivains, célèbres littérateurs, ne cesserez-vous point d'employer vos dons et vos richesses à des usages aussi pernicieux, aussi futiles ? L'or n'est-il destiné qu'à orner des habits de théâtre ? Les foudres fulminantes dont vous pourriez disposer pour terrasser les adversaires de notre bonheur devraient-elles se réduire à amuser l'oisive multitude par des feux artificiels ?...

« Des écrivains remplis de talent ont essayé de nous peindre les glorieux effets du Christianisme ; mais quoique je lise leurs ouvrages avec une fréquente admiration, cependant n'y trouvant point ce que leur sujet les obligeait, ce me semble, de nous donner, voyant qu'ils remplacent quelquefois des principes par de l'éloquence, ou même, si l'on veut, par de la poésie; je ne les lis parfois qu'avec précaution. Néanmoins, si je fais quelques remarques sur leurs écrits, ce n'est sûrement ni comme athée ni comme incroyant que j'ose me les permettre ; j'ai combattu depuis longtemps les mêmes ennemis que ces auteurs attaquent avec courage, et mes principes en ce genre n'ont fait avec l'âge qu'acquérir plus de consistance.

« Ce n'est pas non plus comme littérateur ni comme érudit que je vais leur offrir ici mes observations ; je leur laisse sur ces deux points tous les avantages qu'ils possèdent.

« Mais c'est comme amateur de la philosophie divine que je me présenterai dans la lice, et sous ce titre, ils ne doivent pas se défier des réflexions d'un collègue qui, comme eux, aime par-dessus toutes choses ce qui est vrai.

« Le principal reproche que j'ai à leur faire, c'est de confondre à tous les pas le Christianisme avec le Catholicisme : ce qui fait que leur idée fondamentale n'étant pas d'aplomb, ils offrent nécessairement dans leur marche un cahotage fatigant pour ceux qui voudraient les suivre...

« Je vois ces écrivains distingués tantôt vanter la nécessité des mystères, tantôt en essayer l'explication, tantôt même regarder comme pouvant être comprise par les esprits les plus simples la démonstration que Tertullien donne de la Trinité. Je les vois vanter l'influence du Christianisme sur la poésie, et convenir en plus d'un endroit que la poésie n'a que l'erreur pour aliment...

« Enfin, malgré le brillant effet que leurs ouvrages doivent produire, je n'y vois point la nourriture substantielle dont notre intelligence a besoin, c'est-à-dire l'esprit du véritable Christianisme, quoique j'y voie l'esprit du Catholicisme. »

Suit un long parallèle entre le Christianisme et le Catholicisme qui sont différents et quelquefois même opposés. Après une discussion sur les rapports des beaux-arts avec le Christianisme, rapports qu'il réduit à leur juste valeur, le théosophe se livre à une haute critique du poëme de Milton et des autres poëmes dits religieux. Je voudrais donner l'envie d'aller chercher les pages mêmes de Saint-Martin enfouies dans un livre rare et peu lu. On pourrait les rapprocher des considérations également chrétiennes qu'exprimait au même moment M. Gonthier, dans *la Voix de la Religion au XIXe Siècle* (Lausanne, 1802), et que M. Vinet nous a signalées.

SEPTIÈME LEÇON.

Religion du talent. — Les salons en 1800 ; — le petit salon de Mme de Beaumont. — Lettre de Chateaubriand contre Mme de Staël. — Relations exactes des deux grands écrivains à cette époque. — Publication d'*Atala*. — Rousseau attaqué dans la Préface. — Poétique élevée de Chateaubriand. — Prologue d'*Atala*. — Magie et infidélité. — Manie de grouper. — Parallèle avec Bernardin de Saint-Pierre.

MESSIEURS,

Je ne crois pas me tromper en disant que nous avons eu une satisfaction véritable à lire la lettre de Chateaubriand à Fontanes, qui nous l'a montré sous l'empire d'une haute exaltation sensible et religieuse au moment où il concevait le *Génie du Christianisme*. En y réfléchissant, il était impossible qu'il n'en eût pas été ainsi. Une part de factice peut se mêler bientôt et s'introduire dans l'exécution des longues œuvres ; cela se voit trop souvent ; mais si elles sont élevées et si elles ont été puissamment émouvantes, il faut que l'inspiration première du moins ait été vive, et qu'il y ait eu un foyer. Le talent porté à ce degré a aussi sa religion, et qui ne saurait tromper.

Ainsi, quoi que vous entendiez dire, quoi qu'il puisse tôt ou tard se révéler des variations, des contradictions subséquentes ou antérieures de M. de Chateaubriand, un point nous est fermement acquis. Jeune, exilé, malheureux, vers le temps où il écrivait ces pages pleines d'émotion et de tendresse adressées *aux Infortunés*, — sous le double coup de la mort de sa mère et de celle de sa sœur, — les souvenirs de son enfance pieuse le ressaisirent ; son cœur de Breton fidèle tressaillit et se réveilla : il se repentit, il s'agenouilla, il pria avec larmes ; — la lettre à Fontanes, expression et témoignage de cet état d'exaltation et de crise mystique, est écrite de la même plume, et, si je puis dire, de la même encre que l'ouvrage religieux qu'il composait à ce moment et dont il transcrivait pour son ami quelques pages. Les taches de goût même et les exagérations de style que nous avons pu y remarquer sont des garants de plus, des témoins de l'entière sincérité.

M. de Chateaubriand rentra en France au printemps de 1800 ; le naufragé aborda au rivage en tenant son manuscrit à la main, comme Camoëns. Ou plutôt, pour parler prosaïquement, comme l'impression de son ouvrage avait été déjà commencée à Londres, il rapportait avec lui les *bonnes feuilles* tirées, et comptait achever le reste à Paris. Mais il reçut de ses amis de France des conseils si délicats qu'il résolut de détruire ce qui était déjà imprimé, et de revoir, de refondre le tout. Il sentit, comme il l'a dit justement, qu'*on n'écrit avec mesure que dans sa patrie*.

Quels étaient les amis de France qui eurent sur lui tout d'abord une influence si directe et si heureuse ? Je les ai déjà nommés, et j'aurai à les montrer d'un peu plus près encore.

M. de Chateaubriand avait, nous le savons, un tendre ami, Fontanes ; cet ami était intimement lié avec M. Joubert ; M. Joubert l'était avec Mme de Beaumont, cette charmante fille de M. de Montmorin, qu'il nous a si bien fait connaître[1]. L'initiation entre eux tous fut prompte et vive ; la petite société de la Rue-Neuve-du-Luxembourg naquit à l'instant dans toute sa grâce.

Il y avait à cette époque (1800-1803) divers salons re-

---

[1] Voir *Pensées de M. Joubert* (1842), au tome II, la Correspondance ; et aussi, dans l'excellente Notice de M. Raynal, les pages 29 et suivantes du tome I.

naissants, les cercles brillants du jour, ceux de Mme de Staël, de Mme Récamier, de Mme Joseph Bonaparte, des Reines du moment, non pas toutes éphémères, quelques-unes depuis immortelles[1]! Il y avait les cercles réguliers qui continuaient purement et simplement le XVIIIe siècle, le salon de Mme Suard, le salon de Mme d'Houdetot : les gens de Lettres y dominaient, et les philosophes. Il allait y avoir un salon unique qui ressaisirait la fine fleur de l'ancien grand monde revenu de l'émigration, le salon de la princesse de Poix; si aristocratique qu'il fût, c'était pourtant le plus simple, le plus naturel à beaucoup près de tous ceux que j'ai nommés : on y revenait à la simplicité de ton par l'extrême bon goût. Mais le petit salon de Mme de Beaumont,

---

[1] Je trouve dans les papiers de Chênedollé une note sur le salon de Mme de Staël en 1802 : « On y voyait Chateaubriand dans tout l'éclat de sa première gloire; Mme Récamier dans toute la fleur délicate de sa grâce et de sa jeunesse; Mme Visconti, avec sa majestueuse beauté romaine, et son tour d'épaule éblouissant; le chevalier de Boufflers dans le négligé d'un vicaire de campagne, mais souriant avec la finesse exquise du regard d'un courtisan, et disant les mots les plus piquants avec un air extrême de bonhomie; le comte Louis de Narbonne, un des plus agréables causeurs de l'ancienne Cour, toujours en veine de mots heureux, et renouvelant dans le salon de Mme de Staël les inépuisables trésors de grâce, de folie et de gaieté, et toutes les séductions d'une conversation qui savait charmer Bonaparte lui-même. Venaient ensuite les hommes politiques, et d'abord Benjamin Constant... C'était un grand homme, droit, bien fait, blond, un peu pâle, avec de longs cheveux tombant à boucles soyeuses sur ses oreilles et sur son cou à la manière du vainqueur d'Italie. Il avait une expression de malice et de moquerie dans le sourire et dans les yeux que je n'ai vue qu'à lui. Rien de plus piquant que sa conversation; toujours en état d'épigrammes, il traitait les plus hautes questions de politique avec une logique claire, serrée, pressante, où le sarcasme était toujours caché au fond du raisonnement; et quand avec une perfide et admirable adresse il avait conduit son adversaire dans le piège qu'il lui avait tendu, il le laissait là battu et terrassé sous le coup d'une épigramme dont on ne se relevait pas. Nul ne s'entendait mieux à *rompre les chiens*, et à jeter de l'inattendu dans la conversation. En un mot, c'était un interlocuteur, un second, digne de Mme de Staël. »

à peine éclairé, nullement célèbre, fréquenté seulement de cinq ou six fidèles qui s'y réunissaient chaque soir, offrait tout alors : c'était la jeunesse, la liberté, le mouvement, l'esprit nouveau comprenant le passé et le réconciliant avec l'avenir.

Tandis que le jeune écrivain travaillait courageusement à corriger son œuvre sous l'œil de ses amis, il débuta dans la publicité en brisant une lance, assez peu courtoise, il faut le dire, contre Mme de Staël, que la célébrité lui désignait comme sa grande rivale du moment. M. de Fontanes, dans des articles du *Mercure* qui avaient fait éclat, avait critiqué et raillé l'ouvrage de Mme de Staël sur la *Littérature*. Celle-ci crut devoir, en tête de la seconde édition de son ouvrage, répondre quelques mots à cette critique légère et cavalière qui prétendait trancher toute la question de la perfectibilité par les vers du *Mondain*. M. de Chateaubriand s'imagina qu'il était généreux à lui de venir au secours de Fontanes, lequel n'avait guère besoin d'aide, et aurait eu besoin plutôt de modérateur ; dans une Lettre écrite à son ami, mais destinée au public, et qui fut en effet imprimée dans le *Mercure*[1], il prit à partie la doctrine de la *perfectibilité* en se déclarant hautement l'adversaire de la philosophie. Sa Lettre était signée *l'Auteur du Génie du Christianisme*. Ce dernier ouvrage, très-annoncé à l'avance, était déjà connu sous ce titre avant de paraître. J'ai regret de le dire, mais l'homme de parti se montre à chaque ligne dans cette Lettre. Nous n'avons plus affaire à ce jeune et sincère désabusé qui a écrit l'*Essai* en toute rêverie et en toute indépendance, y disant des vérités à tout le monde et à lui-même, et ne se tenant inféodé à aucune cause : ici il se pose, il a un but, et le rôle est commencé. « Néophyte

---

[1] N° du 1er nivose an IX (décembre 1800).

à cette époque, a-t-on dit spirituellement[1], il avait quelques-unes des faiblesses des néophytes, et s'il existait quelque chose qu'on pût appeler la fatuité religieuse, l'idée en viendrait, je l'avoue, en lisant ces lignes de sa critique : « Vous n'ignorez pas que ma folie à moi est
« de voir Jésus-Christ partout, comme Mme de Staël la
« perfectibilité... Vous savez ce que les philosophes nous
« reprochent *à nous autres gens religieux* : ils disent que
« nous n'avons pas la tête forte... On m'appellera *Capucin*,
« mais vous savez que Diderot aimait fort les Capucins... »
— Il parle à tout propos de sa *solitude* ; il se donne encore pour *solitaire* et même pour *sauvage*, mais on sent qu'il ne l'est plus. Il y a même des passages qu'on relit par deux fois, tant ils semblent singuliers à force de personnalité blessante et de maligne insinuation, de la part d'un chevalier, d'un preux s'adressant à une femme : « En amour, disait-il ironiquement, Mme de Staël a commenté *Phèdre* : ses observations sont fines, et l'on voit par la leçon du scholiaste qu'il a parfaitement entendu son texte... » Faut-il ajouter, pour aggraver le tort, qu'à cette époque Mme de Staël commençait à encourir la défaveur ou du moins le déplaisir marqué de celui qui devenait le maître. Fontanes, *l'homme aux habiles pressentiments*[2], pouvait deviner ces choses et n'en pas moins pousser sa pointe : il avait ses éperons à gagner, a-t-on dit, contre la nouvelle Clorinde ; et d'ailleurs, sans chercher tant d'explications, il suivait son instinct de critique en même temps que d'homme du monde, très-décidé à n'aimer les femmes que quand elles étaient moins viriles que cela[3]. Mais il n'était pas de la générosité de

---

[1] M. Vinet, *Études sur la Littérature française au XIXᵉ siècle*, tome I, page 78.
[2] Expression de Vinet.
[3] La tactique de Fontanes, dans sa rédaction du *Mercure*, était de

M. de Chateaubriand de mettre la main en cette affaire et de se tourner du premier jour contre celle que la célébrité n'allait pas garantir de la persécution. Enfin il fut homme de parti, c'est tout dire. Cet esprit de parti dont il avait été parfaitement exempt jusqu'alors, dans les années de la solitude et du malheur, l'attendait en France au retour, et il se le laissa inoculer. Nous lui en retrouverions des accès désormais et des reprises très-vives, très-acerbes, en chaque circonstance décisive de sa vie.

Dans la Préface d'*Atala* qui parut peu après cette Lettre d'attaque, l'auteur consignait à la fin une sorte de rétractation, mais dont les termes mêmes laissent à désirer :

« On m'a dit que la femme célèbre, dont l'ouvrage formait le sujet de ma Lettre, s'est plainte d'un passage de cette Lettre. Je prendrai la liberté d'observer que ce n'est pas moi qui ai employé le premier l'arme que l'on me reproche et qui m'est odieuse[1] ; je n'ai fait que repousser le coup qu'on portait à un homme dont je fais profession d'admirer les talents et d'aimer tendrement la personne. Mais, dès lors que j'ai offensé, j'ai

railler la philosophie et les philosophes, et de n'avoir pas l'air de les prendre au sérieux : c'est ce qu'il fit pour Mme de Staël : « Nous ne devons pas, disait-il, hurler comme certains journaux contre les philosophes, mais leur donner des ridicules. Cela est plus efficace. Ils ne craignent que le mépris. Ils se félicitent des excès de Geoffroy qui passe toute mesure et toute pudeur. » (Lettre à M. Gueneau de Mussy, au sujet des articles de ce dernier dans le *Mercure*.)

[1] De quelle arme s'agit-il? S'il s'agit de l'ironie, qui donc avait le premier employé cette arme, sinon Fontanes lui-même contre Mme de Staël? Celle-ci sait peu plaisanter, elle s'émeut trop vite, et elle n'était ici que sur la défensive. Mais il est à croire que le passage dont se plaignait Mme de Staël était celui dans lequel Chateaubriand, sous prétexte de relever une allusion aux opinions monarchiques de son ami, s'était échappé jusqu'à des représailles peu généreuses : « Ne pourrait-on pas rétorquer l'argument contre Mme de Staël et lui dire qu'elle a bien l'air de ne pas aimer le Gouvernement actuel, et de regretter les jours d'une plus grande liberté? » Il était autrement grave, en 1801, de dire à quelqu'un tout haut qu'il n'aimait pas le *Gouvernement actuel* par républicanisme, que de faire entendre qu'il inclinait à des opinions monarchiques. Le jeu n'était pas égal.

été trop loin ; qu'il soit donc tenu pour effacé, ce passage. Au reste, quand on a l'existence brillante et les beaux talents de Mme de Staël, on doit oublier facilement les petites blessures que peut nous faire un solitaire, et un homme aussi ignoré que je le suis. »

Solitaire et *ignoré!* Il sentait bien qu'il allait cesser de l'être, et que son heure était venue[1].

Mme de Staël oublia du reste complétement la *petite blessure*, ou, si elle s'en souvint, ce fut pour redoubler de bons procédés et de zèle chaleureux pour le jeune adversaire et rival qui lui venait dans la gloire, pour celui dont elle désirait les succès, même quand elle ne les prévoyait pas[2].

---

[1] On trouve encore une espèce de note *rétractative* et faite pour adoucir, dans le second article sur la *Législation primitive* que M. de Chateaubriand donna au *Mercure* le 18 nivose an XI (janvier 1803); les qualités morales et la bonté de Mme de Staël y reçoivent un hommage éclatant. — Les *Mémoires d'Outre-tombe*, écrits (en ce qui concerne Mme de Staël) sous l'influence clémente de Mme Récamier, nous offrent d'ailleurs de singulières inadvertances et des *lapsus* de souvenir tout à fait piquants. Parlant de Fontanes, l'auteur nous dit : « Il a été souverainement injuste envers Mme de Staël. » Et vous donc, qu'avez-vous fait? Il oublie parfaitement lui-même qu'il a été le premier à prêter main forte à son ami dans cette injure. Mais ce qui est plus fort que tout, énumérant les prétendues injustices et les omissions jalouses dont il aurait été l'objet de la part de lord Byron et des autres, il reproche à Mme de Staël de ne l'avoir pas nommé dans son livre de la *Littérature* : « Un autre talent supérieur a évité mon nom dans un ouvrage sur la *Littérature*. » Et proclamant à l'instant son enthousiasme pour Mme de Staël comme pour lord Byron, il se donne les honneurs de la générosité. Il oublie tout à fait que Mme de Staël ne pouvait le nommer dans ce livre publié *avant* qu'il se fût donné à connaître, et il paraît encore moins se souvenir que son premier acte de publicité en France fut d'attaquer ce même livre où il s'étonne naïvement de ne point figurer.

[2] Elle n'était pas femme non plus à en vouloir à Fontanes ni à lui garder rancune. Il y eut au commencement de la Restauration, chez Mme de Staël (alors rue Royale), un dîner de réconciliation avec lui. M. de Chateaubriand y était, ainsi que M. Pasquier, Mme de Vintimille, qui avait arrangé ce rapprochement, et M. de Lally ; on y chanta les *pots-pourris* de ce dernier qui n'était pas seulement *le plus gras*, et qui était encore *le plus gai des hommes sensibles*. Mme de Staël y fut d'une

Mais auprès d'elle on oublia moins, et pour initier à toute la vérité sur ces relations réelles et sur l'antagonisme d'esprit des principaux groupes littéraires d'alors, je produirai ce passage d'une lettre de Benjamin Constant à Fauriel, écrite de Paris au printemps de 1802, c'est-à-dire au moment où le *Génie du Christianisme* venait de paraître :

« Pour me distraire des autres folies, écrivait Benjamin Constant, je lis Chateaubriand. Il est difficile, quand on tâche pendant cinq volumes de trouver des mots heureux et des phrases sonores, de ne pas réussir quelquefois ; mais c'est la plupart du temps un galimatias double ; et dans les plus beaux passages il y a un mélange de mauvais goût, qui annonce l'absence de la sensibilité comme de la bonne foi. Il a pillé les idées de l'ouvrage sur la *Littérature* dans tout ce qu'il dit sur l'allégorie, sur la poésie descriptive et sur la sensibilité des Anciens, avec cette différence que ce que l'auteur de ce dernier ouvrage attribue à la perfectibilité, il l'attribue au Christianisme. Ce plagiat ne l'a pas empêché de faire des allusions très-amères ; et à leur tour ces allusions ne l'ont pas empêché de croire que c'était un devoir d'amitié que de le protéger et même de le louer [1]. »

grâce suprême, et de la plus belle patte de velours que femme puisse faire. Fontanes, dont la position comme ancien offenseur était plus difficile, s'y montra aussi très-aimable et très-spirituel.

[1] Ceux qui prennent plaisir à comparer ce qui se dit dans les *aparté* des coulisses avec ce qui se débite avec pompe sur le devant de la scène, n'ont qu'à chercher à la suite du *Congrès de Vérone* une lettre écrite par Benjamin Constant à Chateaubriand, à qui il venait d'adresser son ouvrage sur la *Religion* (31 mars 1824) : « Monsieur le Vicomte, je remercie votre Excellence de vouloir bien, quand elle le pourra, consacrer quelques instants à la lecture d'un livre dont, j'ose l'espérer, malgré des différences d'opinion, quelques détails pourront lui plaire... Vous avez le mérite d'avoir le premier parlé cette langue, lorsque toutes les idées élevées étaient frappées de défaveur, et si j'obtiens quelque attention du public, je le devrai aux émotions que le *Génie du Christianisme* a fait naître, et qui se sont prolongées parce que la puissance du talent imprime des traces ineffaçables... Votre Excellence trouvera dans mon livre un hommage bien sincère à la supériorité de son talent et au courage avec lequel elle est descendue dans la lice, forte de ses propres forces, etc. »

Quant à Mme de Staël même, elle louait volontiers, je l'ai dit, le jeune auteur et s'intéressait à lui avec cette curiosité émue et sincère qu'elle mettait à tout. Voici ce que je lis dans une lettre intime d'elle, antérieure d'une année environ au *Génie du Christianisme*[1] : « J'ai beaucoup vu l'auteur d'*Atala* depuis votre départ; c'est certainement un homme d'un talent distingué. Je le crois encore plus sombre que sensible; mais il suffit de n'être pas heureux, de n'être pas satisfait de la vie, pour concevoir des idées d'une plus haute nature et qui plaisent aux âmes tendres. » On sent le ton sincèrement affectueux. Puis quand le *Génie du Christianisme* eut paru, elle écrivait en envoyant à l'un de ses amis[2] les volumes de la part de l'auteur : « M. de Chateaubriand me charge de vous envoyer son livre. Vous en serez surpris en mal et en bien; c'est du moins l'effet qu'il a produit sur moi...[3] » *René* était sans doute ce qui la surprenait *en bien* dans le *Génie du Christianisme*, et elle le préférait sous ses orages et dans son éclair à des inspirations plus douces, à celles même de la ravissante idylle de Bernardin de Saint-Pierre. Telle est la vérité, dégagée de tous voiles complaisants.

---

[1] Lettre à Fauriel du 17 prairial an IX (1801).
[2] Au même M. Fauriel.
[3] Elle ajoutait, il est vrai, en *post-scriptum* : « M. de Chateaubriand a un chapitre intitulé : *Examen de la Virginité sous ses rapports poétiques*; n'est-ce pas trop compter, même dans ces temps malheureux, sur le sérieux des lecteurs ? » Ce chapitre la chiffonnait particulièrement. Mme Récamier la trouva un matin tenant un volume du *Génie du Christianisme* tout fraîchement paru : « Vous me voyez désolée, lui dit Mme de Staël, ce pauvre Chateaubriand va se couvrir de ridicule; son livre va tomber. » Et elle cita ce même chapitre si singulier de texte et de titre. Elle ne voyait pas que ces défauts de goût seraient recouverts et rachetés par l'effet de l'ensemble, et que cet effet enlèverait tout. Si M. de Chateaubriand s'était monté la tête à lui-même, il était de ceux qui la montent aussi à leurs lecteurs. Ces écrivains *monteurs de têtes* réussissent particulièrement chez nous.

Atala, ou *les Amours de deux Sauvages dans le Désert*, parut avec le printemps de 1801. Dans le *Génie du Christianisme*, dont le premier titre devait être les *Beautés poétiques et morales de la Religion chrétienne*, il se trouve une section entière consacrée à la poétique du Christianisme, aux beaux-arts, à la littérature, après quoi viennent les *Harmonies de la Religion chrétienne avec les Scènes de la nature et les Passions du cœur humain*. Ce livre des *Harmonies* se couronnait dans le principe par une anecdote extraite des Voyages de l'auteur en Amérique : c'était *Atala*. Quelques épreuves de cette histoire s'étant trouvées égarées, et la refonte que l'auteur faisait du *Génie du Christianisme* amenant des lenteurs dans la publication de tout l'ouvrage, il se décida à lancer à l'avance *Atala*, « comme ces petits ballons d'essai qu'on fait partir avant le grand pour pressentir l'état de l'atmosphère[1]. » Il pourra sembler singulier que, pour se rendre compte de l'effet que devait produire un livre dont le sujet et le titre étaient le *Génie du Christianisme*, on choisit un roman, une histoire d'amour ; mais enfin, comme l'expérience réussit à merveille, il faut bien croire qu'il y avait à cela d'excellentes raisons résultant des circonstances d'alors et du tour que prennent aisément les choses, même les plus graves, en cet heureux pays de France.

Dans la première Préface d'*Atala,* l'auteur, après avoir expliqué à quelle occasion il avait composé cette histoire qui ne devait être primitivement qu'un épisode de sa grande épopée des *Natchez* ou de *l'Homme de la Nature*, ajoutait : « Au reste je ne suis point comme M. Rousseau un enthousiaste des Sauvages ; et quoique j'aie peut-être autant à me plaindre de la société que ce philosophe avait à s'en louer (Voilà le ton d'aigreur et de dénigrement qui

---

[1] La comparaison est de M. Vinet. Je la crois même plus ancienne et d'un journaliste du temps.

commence), je ne crois point que la *pure nature* soit la plus belle chose du monde. Je l'ai toujours trouvée fort laide partout où j'ai eu occasion de la voir (Holà! que veut dire ceci? Nous savons, ce me semble, tout le contraire : loin de la trouver *toujours laide*, il l'a toujours trouvée belle et sublime jusqu'au jour où il a pensé à prendre parti dans la bataille et à faire volte-face contre les philosophes, c'est-à-dire jusqu'au jour d'hier. Si de telles contradictions se trouvaient dans un autre auteur que Chateaubriand, on n'hésiterait pas à dire tout net : *Il ment;* de lui il faut dire seulement : *Il oublie*); bien loin, ajoute-t-il, d'être d'opinion que l'homme qui pense soit un *animal dépravé*, je crois que c'est la pensée qui fait l'homme. Avec ce mot de *nature* on a tout perdu. »

Mais laissons ces préliminaires et ces précautions qui sont déjà de la tactique, et voyons ce qu'est en elle-même *Atala*. — Il ne serait pas difficile encore aujourd'hui de faire d'*Atala* une analyse qui, tout en étant textuelle dans les termes qu'on emploierait, la rendrait aussi singulière et en apparence aussi ridicule que l'a voulu présenter Chénier dans quelques pages ironiques de son *Tableau de la Littérature*. Cette critique est célèbre; elle a paru un chef-d'œuvre de plaisanterie exquise à des gens qui ne manquaient pas de goût en leur temps : qu'on essaye de la trouver telle, si on le peut, aujourd'hui. Quand on relit *Atala* sans prévention, sans engouement, comme je viens de le faire, une telle critique cesse d'être piquante, et elle ne paraît pas seulement injuste, elle est souverainement petite et pauvre. De toutes les dispositions de l'esprit en effet, celle qui est la moins intelligente, c'est l'ironie.

« Je ne sais, disait l'auteur d'*Atala*, si le public goûtera cette histoire qui sort de toutes les routes connues, et qui présente une nature et des mœurs tout à fait étrangères à l'Europe. Il n'y a point d'aventures dans *Atala*. C'est une sorte de poëme, moitié descriptif, moitié dramatique : tout consiste dans la peinture de deux amants qui marchent et causent dans la solitude ; tout gît dans le tableau des troubles de l'amour au milieu du calme des déserts et du calme de la religion. J'ai donné à ce petit ouvrage les formes les plus antiques ; il est divisé en *Prologue*, *Récit* et *Épilogue*. Les principales parties du récit prennent une dénomination, comme *les Chasseurs*, *les Laboureurs*, etc. ; c'était ainsi que dans les premiers siècles de la Grèce les Rhapsodes chantaient sous divers titres les fragments de *l'Iliade* et de *l'Odyssée*. »

Atala donc, dans la pensée de l'artiste, n'est pas précisément un *roman*, c'est plutôt un *poëme*. Tenons compte d'avance de cette distinction. Un roman, quand ce n'est pas un roman de pure curiosité et d'aventures, mais de sentiment, est fait avant tout pour attendrir. Les romans sont les livres des malheureux, disait l'auteur de l'*Essai*. *Clarisse*, *Clémentine*[1], *Héloïse*, — *la Princesse de Clèves*, la perle du genre, — la *Delphine* de Mme de Staël sont des romans proprement dits, développés en sentiments, en analyses, et nous offrant le progrès successif et lent d'une situation et d'une pensée : il faut que cela ressemble le plus possible à la réalité, pour faire illusion. Il y a de l'abandon, ou il faut qu'il y ait au moins un air d'abandon dans le roman. Dans le poëme l'art intervient tout d'abord et ne craint pas de se montrer un peu : il dispose de la marche, il la coupe, il la cadence avec rhythme ; il la relève quand elle serait près de s'affaisser. Il mesure même les larmes, et son but n'est point de trop *éplorer* son héroïne ni d'amollir son lecteur ;

« Je dirai encore, écrivait M. de Chateaubriand dans sa première Préface d'*Atala*, je dirai que mon but n'a pas été d'ar-

[1] Dans Grandisson.

racher beaucoup de larmes ; il me semble que c'est une dangereuse erreur avancée, comme tant d'autres, par M. de Voltaire, que *les bons ouvrages sont ceux qui font le plus pleurer.* Il y a tel drame, dont personne ne voudrait être l'auteur, et qui déchire le cœur bien autrement que *l'Énéide.* On n'est point un grand écrivain parce qu'on met l'âme à la torture. Les vraies larmes sont celles que fait couler une belle poésie ; il faut qu'il s'y mêle autant d'admiration que de douleur[1]. C'est Priam disant à Achille : « Juge de l'excès de mon mal-« heur, puisque je baise la main qui a tué mes fils. » C'est Joseph s'écriant : « Je suis Joseph votre frère que vous avez « vendu pour l'Égypte. » Voilà les seules larmes qui doivent mouiller les cordes de la lyre et en attendrir les sons. Les Muses sont des femmes célestes qui ne défigurent point leurs traits par des grimaces ; quand elles pleurent, c'est avec un secret dessein de s'embellir. »

Nous saisissons à l'instant un côté nouveau et tout à fait inattendu dans cette *Poétique* de vrai poëte qu'apportait l'auteur d'*Atala* : c'est le côté d'art élevé, revenant à l'antique, sortant décidément du Diderot, du Marmontel et de tout ce procédé vulgaire au fond, prosaïque, dont le XVIIIe siècle, et Voltaire lui-même si plein de tact per-

---

[1] Il a redit la même chose dans l'un de ses articles sur Shakspeare (*Mercure* du 25 prairial an X). M. de Chateaubriand, en parlant ainsi, est dans le vrai de sa nature d'artiste. C'est lui qui disait à ses heures de franchise : « Je n'ai jamais pleuré que d'admiration. » Il disait encore qu'il n'avait jamais pu lire ni réciter sans pleurer la première scène d'*Athalie* :

Oui, je viens dans son temple adorer l'Éternel...

La théorie de Lamartine est tout autre : « Le sublime lasse, dit-il, *le beau trompe ; le pathétique seul est infaillible dans l'art. Celui qui sait attendrir sait tout. Il y a plus de génie dans une larme que dans tous les musées et dans toutes les bibliothèques de l'univers.* » (*Les Confidences,* livre VIII.) Les deux théories, ainsi mises en regard, marquent bien la différence et, jusqu'à un certain point, l'antipathie des deux talents. A les bien prendre, elles ont l'une et l'autre leur justesse ; elles ont aussi leur excès. L'une a conduit Chateaubriand à tendre la lyre jusqu'à la raidir ; l'autre a mené Lamartine à l'attendrir jusqu'à l'énerver.

sonnel, de tact social, — et Rousseau si plein de chaleur et de sensibilité naturelle, — n'avaient pas su s'affranchir dans la composition. Nous avons affaire ici à quelqu'un qui a lu la Bible, qui a lu Homère, et qui en a senti la grandeur; qui essayera d'en reproduire les effets à sa manière et moyennant transposition; qui cherchera et soignera avant tout la noblesse de la ligne, du contour, de l'attitude, et qui aspirera à faire passer dans ses tableaux quelque chose du groupe sophocléen.

L'inconvénient, c'est d'avoir à chercher ces beautés simples ou grandioses en y remontant avec effort, plutôt que de les rencontrer directement et de première venue : mais cet inconvénient, à peu près inévitable, devient un des caractères inhérents à toutes les secondes et troisièmes époques; et c'est pour cela que nous ne sommes pas en 1800 à l'aurore d'un grand siècle, mais seulement au début de la plus brillante des périodes de déclin.

A une grande époque, laquelle pourtant était à quelques égards une époque seconde, Fénelon avait retrouvé par l'étude, par la puissance d'imitation[1], mais sans apparence d'effort, ni même de réflexion, et il avait épanché dans son *Télémaque* le sentiment de ces primitives beautés.

Quand j'ai dit que nul écrivain au XVIIIe siècle n'avait pressenti cette Poétique élevée et tout à fait digne de son nom, que Chateaubriand remettait en lumière, je me trompe : il y en avait un qui l'avait retrouvée dans la pratique avec plus d'art que Fénelon, et pourtant comme lui avec une sorte de simplicité instinctive : je veux parler de Bernardin de Saint-Pierre et de sa chaste et idéale manière se couronnant volontiers de l'image antique et rajeunie. Mais la discrétion et la fusion même où cet art

---

[1] Expression de M. Villemain, qui excelle à ces alliances de mots.

s'était offert avaient empêché d'en remarquer tout le prix.

M. de Chateaubriand se présentait donc comme novateur ; il savait ce qu'il avait voulu faire, et il le disait.

Atala commence par un Prologue où la nature de l'Amérique septentrionale est décrite en quelques pages. Le Meschacebé (nom plus harmonieux du Mississipi) apparaît dans sa majesté et comme une conquête nouvelle de la poésie, qui ne craint pas d'y ajouter à l'instant ses propres merveilles :

« Ce dernier fleuve, dans un cours de plus de mille lieues, arrose une délicieuse contrée, que les habitants des États-Unis appellent le nouvel Éden, et à qui les Français ont laissé le doux nom de Louisiane. Mille autres fleuves, tributaires du Meschacebé, le Missouri, l'Illinois, l'Akansa, l'Ohio, le Wabache[1], le Tenase, l'engraissent de leur limon, et la fertilisent de leurs eaux. Quand tous ces fleuves se sont gonflés des déluges de l'hiver, quand les tempêtes ont abattu des pans entiers de forêts, le Temps[2] assemble, sur toutes les sources, les arbres déracinés : il les unit avec des lianes, il les cimente avec des vases, il y plante de jeunes arbrisseaux, et lance son ouvrage sur les ondes. Chariés par les vagues écumantes, ces radeaux descendent de toutes parts au Meschacebé. Le vieux Fleuve s'en empare, et les pousse à son embouchure, pour y former une nouvelle branche. Par intervalle, il élève sa grande voix, en passant sous les monts, et répand ses eaux débordées autour des colonnades des forêts et des pyramides des tombeaux indiens : c'est le Nil des déserts. Mais la grâce est tou-

---

[1] Le *Wabash*, et non *Wabache*, est un des confluents, non du Mississipi, mais de l'Ohio. Quant au *Tenase*, il s'agit sans doute du *Tennessee*, lequel est encore un des confluents de l'Ohio. (J'emprunterai ces critiques et observations de fait à deux *Lettres* qui ont paru en 1832 et 1835 dans *l'Invariable, nouveau Mémorial catholique*, publié à Fribourg, et que M. de Saint-Mauris a fait réimprimer en 1837 ; j'en ai déjà dit un mot à la page 127.)

[2] Je prends ici le texte de la première édition d'*Atala* comme plus caractéristique, et je le puis d'autant mieux qu'aucune de mes critiques ne portera sur les points où l'auteur a fait des changements.

jours unie à la magnificence dans les scènes de la nature ; et tandis que le courant du milieu entraîne vers la mer les cadavres des pins et des chênes, on voit sur les deux courants latéraux remonter, le long des rivages, des îles flottantes de pistia et de nénuphar, dont les roses jaunes s'élèvent comme de petits pavillons. Des serpents verts, des hérons bleus, des flammants roses, de jeunes crocodiles[1] s'embarquent, passagers sur ces vaisseaux de fleurs, et la colonie, déployant au vent ses voiles d'or, va aborder, endormie, dans quelque anse retirée du fleuve. »

Sommes-nous dans l'Amérique du Nord ? Sommes-nous aux mers de Délos où nous voyons voguer une théorie ? — Suit un tableau des deux rives le plus extraordinaire et le plus contrasté qui se puisse imaginer[2] : sur le bord occidental rien que des savanes qui se déroulent à perte de vue, des ondulations de verdure à l'infini, et des prairies sans bornes « où l'on voit errer à l'aventure des

---

[1] Il a un faible pour les crocodiles qui reviendront souvent sous sa plume, et il veut ici les rendre intéressants. Les hérons bleus, et surtout les flammants roses, sont très-contestés ; il n'y en a jamais eu, dit-on, dans ces contrées. Le poëte s'amuse.

[2] Le contraste entre les deux rives, assure-t-on, n'est ni aussi complet ni aussi admirable qu'il le suppose. Les savanes ne sont pas toutes d'un côté, ni les forêts toutes de l'autre ; à l'ouest comme à l'est ce sont les forêts qui dominent. Il est probable que, durant ses huit mois de séjour en Amérique, M. de Chateaubriand n'avait réellement pas poussé jusqu'au Mississipi ; il s'était borné à descendre un peu le cours de l'Ohio, et il avait généralisé la vue en exagérant, et en jetant à profusion ensuite les teintes méridionales : « On voit bien, dit une *Revue* américaine, qu'il voudrait donner à penser qu'il a longtemps vécu parmi nos Indiens et beaucoup voyagé dans nos déserts, et en particulier qu'il est très-familiarisé avec la Louisiane, le Mississipi et les Florides ; mais cela est impossible. Ses scènes de description dans *Atala* et dans *les Natchez* sont entièrement fausses. Une personne capable de peupler les bords du Mississipi de perroquets, de singes et de flammants, ne peut jamais y avoir été, et quoiqu'il semble probable qu'il a fréquenté nos forêts dans la direction du Niagara, et qu'il a vu quantité de ces Indiens qui alors étaient nombreux des deux côtés de la ligne du Canada, il ne semble point croyable qu'il ait été au sud-ouest, dont les aspects sont si différents, etc... » (*American quarterly Review*, décembre 1827.)

troupeaux de trois ou quatre mille buffles sauvages. Quelquefois un bison chargé d'années, fendant les flots à la nage, se vient coucher parmi les hautes herbes dans une île du Meschacebé : à son front orné de deux croissants, à sa barbe antique et limoneuse, vous le prendriez pour le dieu mugissant du fleuve, qui jette un œil satisfait sur la grandeur de ses ondes et la sauvage abondance de ses rives. »

Le Rhin *tranquille et fier du progrès de ses eaux*, tous nos vieux fleuves ne sont que des nains auprès de ce hideux bison chargé d'années, lequel, avec son énorme bosse de graisse au-dessus du col, devient tout d'un coup majestueux et domine le fond de l'immense paysage : ce sont là des jeux et des artifices de cette imagination magique qui tire effet et, jusqu'à un certain point, *beauté* de tout. Seulement il nous devient sensible déjà comme évidemment elle arrange. Continuons d'assister au développement du tableau ; le texte dans son étendue est indispensable à notre commentaire :

« Telle est la scène sur le bord occidental ; mais elle change tout à coup sur la rive opposée, et forme un admirable contraste. Suspendus sur le cours des ondes, groupés sur les rochers et sur les montagnes, dispersés dans les vallées, des arbres de toutes les formes, de toutes les couleurs, de tous les parfums, se mêlent, croissent ensemble, montent dans les airs à des hauteurs qui fatiguent les regards. Les vignes sauvages, les bignonias, les coloquintes s'entrelacent au pied de ces arbres, escaladent leurs rameaux, grimpent à l'extrémité des branches, s'élancent de l'érable au tulipier, du tulipier à l'alcée[1], en formant mille grottes, mille voûtes, mille portiques.

---

[1] M. Alfred de Vigny s'est souvenu de cette description fantastique et de ces noms harmonieux dans sa comparaison du Colibri, l'un des beaux morceaux d'*Éloa* :

Comme dans les forêts de la Louisiane etc.

Souvent égarées d'arbre en arbre, ces lianes traversent des bras de rivières, sur lesquelles elles jettent des ponts et des arches de fleurs : alors les chaînes de feuillage, les pommes d'or, les grappes empourprées, tout pend en festons sur les ondes. Du sein de ces massifs embaumés, le superbe magnolia élève son cône immobile; surmonté de ses roses blanches, il domine tous ces berceaux, et n'a d'autre rival que le palmier, qui balance légèrement auprès de lui ses éventails de verdure.

« Pour embellir encore ces retraites, l'inépuisable main du Créateur y fit une multitude d'animaux, dont les jeux et les amours répandent la vie de toutes parts. De l'extrémité des avenues on aperçoit des ours enivrés de raisin qui chancellent sur les branches des ormeaux [1]; des troupes de cariboux se baignent dans un lac; des écureuils noirs se jouent dans l'épaisseur des feuillages; des oiseaux moqueurs, des colombes virginiennes de la grosseur d'un passereau, descendent sur les gazons rougis par les fraises; des perroquets verts à tête jaune [2], des piverts empourprés, des cardinaux de feu, grimpent, en circulant, au haut des cyprès; des colibris étincellent sur le jasmin des Florides, et des serpents-oiseleurs sifflent suspendus aux dômes des bois, en s'y balançant comme des festons de lianes. »

Remarquez! toujours l'image finale qui *panache* le tout; chez Bernardin de Saint-Pierre elle se contentait de couronner. — Et tandis que sur l'autre rive, du côté des savanes, tout est silence et repos, ici au contraire tout est mouvement, harmonie, murmure, ramage bigarré de couleurs et de chants :

« Mais quand une brise vient à animer toutes ces solitudes, à balancer tous ces corps flottants, à confondre toutes ces

[1] On a beaucoup ri de ces ours. L'auteur a beau les justifier, montrer qu'ils ne sont pas de son invention, ils paraîtront toujours singuliers; car si le fait n'est pas de son invention, l'image qu'il en tire, la posture où il les met, est bien sortie en propre de son imaginative.

[2] Ces perroquets à tête jaune ne se trouvent pas plus dans le pays que les flammants roses de tout à l'heure,

masses de blanc, d'azur, de vert, de rose, à mêler toutes les couleurs, à réunir tous les murmures, alors il sort de tels bruits du fond de ces forêts, il se passe de telles choses aux yeux que j'essayerai en vain de les décrire à ceux qui n'ont point parcouru ces champs primitifs de la nature. »

Il suffit déjà de ces premières pages. Ne sentez-vous pas que l'enchantement est commencé et qu'il opère?

Après cette peinture d'avant-scène, les personnages sont introduits : le premier, qui est un vieillard nommé *Chactas* (c'est-à-dire *voix harmonieuse*, comme si c'était un nom grec), et qui va raconter sa propre aventure, a eu des circonstances fort singulières dans sa vie. Il a dans sa jeunesse visité l'Europe : « Retenu aux galères à Marseille par une cruelle injustice, rendu à la liberté, présenté à Louis XIV (car la scène d'*Atala* est censée se passer sous Louis XIV, et celle de *René* en plein Louis XV!), il a conversé avec tous les grands hommes du siècle et assisté aux fêtes de Versailles, aux tragédies de Racine (ce qui est un peu fort), aux oraisons funèbres de Bossuet (de plus en plus étonnant!); en un mot le Sauvage a contemplé la société à son plus haut point de splendeur[1]. »

Nous saisissons ici, au milieu de la pompe et de la magnificence, le défaut de l'auteur qui a le don, le talent, mais aussi la manie de grouper. Il groupe, dans cette vie de Chactas, des circonstances extraordinaires et disparates, ou du moins trop éloignées et trop singulières pour

[1] Je m'en tiens au Chactas d'*Atala*, sans remonter, dans *les Natchez*, au récit détaillé qu'il fait de son voyage à la Cour de Louis XIV, récit qui est bien ce qui se peut imaginer de plus incroyable, de plus bizarre, et, tranchons le mot, de plus grotesque. Il s'y trouve à tout moment du grotesque et du charmant. Le souper de Chactas chez Ninon, où il y a des choses presque insensées (comme de le montrer au courant du Calcul infinitésimal alors inventé par Newton et Leibniz), se termine par une réflexion sur les passions qui est de la poésie la plus neuve et d'une admirable beauté.

que leur assemblage puisse paraître naturel, de même que tout à l'heure, dans la description des forêts, il groupait des accidents trop rares, trop singuliers et trop frappants pour être présentés comme habituels. Ce Chactas qui a assisté aux pièces de Racine est du même ordre que ces ours enivrés de raisin qui chancellent sur les branches des ormeaux. Sans doute c'est possible ; il est même certain que ce dernier accident arrive pour des ours de petite espèce qui sont dans les forêts de l'Amérique du Nord, qui aiment le raisin, qui s'enivrent, et qu'on prend de cette façon. Mais l'auteur, en n'expliquant pas la chose, en ne la réduisant pas à ce qu'elle est dans la réalité, mais en la forçant à plaisir, en nous donnant à croire que ce sont de gros ours, des ours *ordinaires*, qu'on voit *ordinairement* dans cette position de buveurs chancelants au haut des branches, et qui font perspective habituelle à l'extrémité des avenues, s'est heurté à l'invraisemblable ; de même quand il nous donne à entendre que le Sauvage Chactas a été l'hôte *familier* de Fénelon et a goûté comme *familières* les beautés de Bossuet ou de Racine, il passe toutes les bornes et nous avertit que nous sommes dans le fictif et le composite. Même dans le poëme, j'aimerais plus de vérité.

Nous touchons ici à la clef, à l'une des clefs du procédé de M. de Chateaubriand, à l'un de ses défauts les plus brillants et les plus saillants. Il importe d'abord d'y insister et de le bien définir. Que M. de Chateaubriand excelle à choisir, à rassembler vingt traits épars dans l'observation et à en composer un tableau achevé où rien ne manque, je suis loin de le nier, et c'est là une des gloires de son pinceau. Nous n'avons pas oublié ce magnifique et parfait tableau du camp romain en Germanie dans le récit d'Eudore, où chaque trait concorde si justement à son point et vient accomplir l'ensemble. J'admire donc et je salue les succès du grand peintre, mais je note l'excès et l'abus de la manière.

Les critiques qu'on a faites des premières pages d'*Atala*, quant au peu de fidélité du dessin et des couleurs, nous démontrent que l'auteur n'a pas cherché l'exactitude pittoresque réelle; qu'après une vue générale et rapide, il a remanié d'autorité ses souvenirs et disposé à son gré les riches images, réfléchies moins encore dans sa mémoire que dans son imagination; qu'il ne s'est pas fait faute de transporter à un fleuve ce qui est vrai d'un autre, de dire du Meschacebé ce qui serait plus juste de l'Ohio, d'inventer en un mot, de combiner, d'agrandir; il a fait acte de poëte et de créateur[1]. Ses amis de 1800 avaient raison de dire de lui à cet égard : « Chateaubriand peint les objets comme il les voit, et il les voit comme il les aime. » Il faut bien certes accorder quelque chose à la magie du talent. L'imagination des grands poëtes et peintres est comme un lac où les objets naturels se réfléchissent, mais où ils se réfléchissent avec quelques conditions nouvelles qu'ils n'ont pas strictement dans la réalité. Il est parlé dans un vieux roman français[2] d'une fontaine merveilleuse dans laquelle se réfléchissait tout un verger, non pas seulement les objets du bord, mais tous les arbres, fleurs et buissons contenus dans l'enclos, si éloignés qu'ils fussent : l'imagination du grand peintre-poëte est un peu ainsi. Douée d'une force pareille à celle du cristal merveilleux, elle rapproche, elle détache, et va saisir les objets en les réfléchissant; elle les groupe; elle compose en un mot le paysage, au moment même où elle le rend

---

[1] Les poëtes ne font guère autrement; et Lamartine, à sa manière, n'a fait autre chose, dans certains paysages alpestres de *Jocelyn*, qu'assembler des contrastes et des impossibilités que savent dénoncer au premier coup d'œil les personnes habituées à la vie des montagnes.

[2] *Le Roman de la Rose*.

en couleurs fidèles. Voilà ce qu'il faut se dire toutes les fois que l'on considère les tableaux de la nature réfléchis dans une imagination ou une sensibilité d'artiste ; ce n'est pas un miroir parfaitement uni et simple, c'est toujours un miroir plus ou moins enchanté. Qu'il le soit du moins de manière, en nous émerveillant, à ne pas trop forcer les vrais rapports, et à paraître respecter ces douces harmonies naturelles qui ne sont ennemies ni de l'éclat ni de la grandeur.

La nuance que j'ose désirer peut paraître subtile, mais elle n'est pas vaine ; j'en ai pour garants les plus grands des noms de poëtes restés chers à la mémoire des hommes : je voudrais qu'on pût dire du talent qu'il est un *enchanteur* toujours, et jamais un *imposteur*.

Les images chez M. de Chateaubriand sont belles, éclatantes, grandioses, mais elles concourent souvent à former un groupe un peu raide et un peu factice à la manière de la peinture de l'Empire, à la manière des groupes de David ou de ce Girodet qui a si bien traduit aux yeux Atala. La nature se groupe aussi, mais moins artistement, avec des formes et dans des poses d'un relief moins accusé ; s'il faut presque toujours que l'art intervienne pour accomplir ce qui n'est que commencé et épars dans la nature, s'il faut qu'il lui prête un peu la main pour mieux détacher le tableau, il ne faut jamais qu'il lui prête *main-forte*, pour ainsi dire. Le coup de ciseau qui achève la statue naturelle doit être délicat et souvent insensible.

Ceci rappelle un mot de Bernardin de Saint-Pierre qui touche au vif Chateaubriand et qui jette du jour sur les rapports exacts qu'ils ont entre eux. Un matin de 1810, un jeune Suisse[1] arrivé depuis peu à Paris et adorateur des œuvres de Bernardin de Saint-Pierre alla à lui ; et

---

[1] M. Henri Piguet. (Voir *Portraits littéraires*, tome II, page 137, 1844.)

comme font les jeunes gens tout pleins de leur enthousiasme, il l'assiégeait de questions curieuses sur ses écrits, sur sa manière de composer, et il en vint ensuite à lui demander ses jugements sur les ouvrages célèbres du jour : « Que pensez-vous de M. de Chateaubriand ? » — « Je l'ai peu lu, répondit Bernardin de Saint-Pierre (les grands auteurs une fois arrivés à la gloire se lisent et ne lisent guère qu'eux-mêmes), je n'en ai lu que des extraits ; mais il a l'imagination trop forte. » Ce mot est juste et charmant, et je l'aime mieux que cet autre mot qui serait injuste et qu'on lui a prêté : « Oh ! moi, la nature ne m'a donné qu'un tout petit pinceau, mais M. de Chateaubriand a une brosse[1]. » Bernardin de Saint-Pierre a bien pu dire les deux mots qui ont au fond le même sens, mais tenons-nous-en au premier.

Pour corriger cependant l'effet de ces mots dont le moins dur est encore piquant, je veux citer d'autres jugements pleins de grâce et de justesse sur tous deux, des jugements sortis de cette petite société d'élite dont j'ai parlé. Dans une conversation avec Chênedollé, le 2 février 1807, Joubert disait :

« L'ouvrage de M. de Saint-Pierre ressemble à une statue de marbre blanc, celui de M. de Chateaubriand à

---

[1] Voici toute l'anecdote : « Malgré le charme et la douceur répandus dans ses écrits, Bernardin de Saint-Pierre avait, comme on sait, un amour-propre fort irritable. A l'époque de la publication et de la grande vogue du *Génie du Christianisme*, il fut invité à un dîner très-nombreux. Pendant le repas, tous les convives s'extasièrent à l'envi sur le mérite du nouvel ouvrage. A la fin, on voulut bien cependant s'apercevoir que l'auteur de *Paul et Virginie* était présent, et on lui adressa quelques paroles obligeantes. Il répondit que l'on était bien bon de se rappeler ses ouvrages ; qu'ils ne pouvaient, sous aucun rapport, être mis en parallèle avec le *Génie du Christianisme* ; que la nature ne lui avait donné qu'un petit pinceau, tandis que M. de Chateaubriand avait une brosse. » (*Revue britannique*, 1826, tome VII, page 357, extrait du *New monthly Magazine*.) — Le peintre Vien disait, mais plus doucement, de son élève David qui le détrôna : « J'ai entr'ouvert la porte, David l'a poussée, »

une statue de bronze fondue par Lysippe. Le style du premier est plus poli ; celui du second plus coloré. Chateaubriand prend pour matière le ciel, la terre et les enfers : Saint-Pierre choisit une terre bien éclairée. Le style de l'un a l'air plus frais et plus jeune; celui de l'autre a l'air plus ancien : il a l'air d'être de tous les temps. Saint-Pierre semble choisir ce qu'il y a de plus pur et de plus riche dans la langue : Chateaubriand prend partout, même dans les littératures vicieuses; mais il opère une vraie transmutation, et son style ressemble à ce fameux métal qui, dans l'incendie de Corinthe, s'était formé du mélange de tous les autres métaux. L'un a une unité variée, l'autre a une riche variété.

« Il y a un reproche à faire à tous les deux : M. de Saint-Pierre a donné à la matière une beauté qui ne lui appartient pas; Chateaubriand a donné aux passions une innocence qu'elles n'ont pas, ou qu'elles n'ont qu'une fois. Dans *Atala*, les passions sont couvertes de longs voiles blancs.

« Saint-Pierre n'a qu'une ligne de beauté qui tourne et revient indéfiniment sur elle-même, et se perd dans les plus gracieux contours : Chateaubriand emploie toutes les lignes, même les défectueuses, dont il fait servir les brisures à la vérité des détails et à la pompe des ensembles.

« Chateaubriand produit avec le feu. Il fond toutes ses pensées au feu du ciel.

« Bernardin écrit au clair de lune, Chateaubriand au soleil. »

Ainsi parlait le critique aimable, en ce moment poëte lui-même, et il multipliait, en se jouant, les perspectives.

HUITIÈME LEÇON.

Jalousie des vieillards. — Trois âges dans l'ordre des images poétiques. — Bernardin de Saint-Pierre peintre virgilien. — Des images dans *Paul et Virginie*. — Un couplet de Théocrite. — Le récit dans *Atala*. — Harmonie et nombre. — Couleur locale. — Incohérence dans les caractères. — Citation de M. Vinet. — Puissance et passion.

Messieurs,

Quand Bernardin de Saint-Pierre s'exprimait comme je vous l'ai dit sur son jeune et brillant rival, il éprouvait un sentiment qu'il est difficile à l'artiste d'étouffer : il en voulait un peu à la gloire bruyante de Chateaubriand, comme tout grand écrivain vieillissant en veut à son successeur, comme Chateaubriand s'impatientera un jour de l'applaudissement donné à Lamartine, comme le vieux Corneille était importuné du jeune Racine, comme le vieux Michel-Ange descendant du Capitole[1] regardait avec humeur et dédain le jeune Raphaël qui y montait, comme tous ces vieux et illustres jaloux le ressentent à l'égard de leurs jeunes héritiers. L'applaudissement du Cirque, qu'il entend de loin, importune le vieux coursier retiré de l'arène.

Des deux mots qu'on attribue à Bernardin de Saint-Pierre il en est un que je retiens et que j'adopte de préférence, parce qu'il est parfaitement convenable et juste, et qu'il nous donne avec mesure une leçon de goût : « M. de Chateaubriand a l'imagination trop forte. » La comparai-

---

[1] Du Capitole d'alors, c'est-à-dire du Vatican.

son de leurs deux procédés, comme peintres, ne serait que le commentaire et le développement de cette parole.

Prenez *Paul et Virginie* et relisez-le en même temps qu'*Atala*. Je ne parle pas encore de l'intérêt et du genre d'action, je ne parle que de la manière extérieure de peindre et des images du tableau : vous saisissez à l'instant la différence. L'image, chez Chateaubriand, se détache volontiers et se pose ; elle se dresse comme une colonne et dit : *Regardez-moi, admirez-moi !* L'image, chez Bernardin, se fond davantage au récit et insensiblement le couronne.

Je distinguerai trois grandes manières et comme trois âges dans les images et les comparaisons des poëtes. Le premier âge, la première manière, qui est la plus grande, nous offre les images dans le goût d'Homère ou des poëtes hébreux, de ces similitudes vastes, naturelles, qui n'expriment le rapport des choses que par un côté essentiel, et qui pour le reste vont d'elles-mêmes, continuant sans plus se préoccuper du rapport, et comme s'oubliant. Cet ordre d'images ressemble en réalité à la nature, qui a des harmonies et non des symétries, et qui ne sait ce que c'est que de calquer[1]. — Pindare, les Chœurs des tragiques, rentrent par l'art et sous forme

---

[1] J'indiquerai seulement quelques-unes des comparaisons homériques : celle d'Euphorbe à la belle chevelure, de ce jeune guerrier qui tombe dans la mêlée (*Iliade*, liv. XVII, v. 50), comparé au jeune olivier florissant, nourri dans l'enclos qu'arrose une source abondante ; mais ici les détails mêmes des deux objets correspondent encore assez exactement. Une comparaison plus hardie, plus libre, et non moins fidèle, est celle d'Ulysse en Phéacie prêt à partir le soir même pour revoir Ithaque, et retournant souvent la tête durant le dernier festin pour voir si le soleil n'est pas bientôt couché (*Odyssée*, liv. XIII, v. 28) ; Homère le compare au laboureur qui, après une rude journée, voit avec désir le coucher du soleil pour s'en aller prendre son repas du soir : *et les genoux lui font mal en marchant.* — De même la joie, l'étreinte de Pénélope reconnaissant après bien des doutes et embrassant Ulysse est comparée à celle de pauvres naufragés dont, le plus grand nombre ayant péri, quelques-uns

d'enthousiasme lyrique dans cette large et libre manière des comparaisons premières, et sans les offrir aussi *naturelles*, ils les laissent aussi abondantes, ils les ont aussi flottantes et indéterminées.

Le second ordre et le second âge des comparaisons et des images nous est figuré dans sa perfection chez Théocrite, chez Virgile et chez les modernes de l'école de Virgile. Ici l'image est accomplie et définie ; elle se rapporte plus nettement et jusque dans le détail à son objet, mais elle se fond encore dans l'ensemble et ne fait point de ces saillies trop exactes, trop symétriques, qui avertissent de l'artifice et qui ressemblent quelquefois à une gageure et à un jeu. Cette seconde manière devient un peu étroite, un peu courte, et un peu juste dans l'école moderne des Pope et des Boileau : l'image est ordinairement exacte et parfaite, mais elle n'est pas ample.

La troisième manière et le troisième âge des comparaisons et des images, nous y touchons avec Chateaubriand : sous prétexte de revenir à la première manière, toute naturelle et toute grande, l'artiste s'attache à modeler, à mouler plus qu'il ne faut, et à saisir les regards. Une imagination puissante, souvent aimable, naturellement grandiose, se complique de bizarre et de gigantesque[1]. Des images extrêmes, qu'il ne faudrait employer

à grand'peine atteignent et embrassent le rivage (*Odyssée*, liv. XXIII, v. 233). Tout peut différer dans les détails, tout excepté le ton principal, le sentiment profond.

[1] Pour étudier le procédé de Chateaubriand à sa source, il faut surtout lire *les Natchez* ; c'est là qu'on saisit à la fois dans toute sa fécondité et dans tout son abus le retour à la comparaison homérique : l'étude y est à nu. Jamais, pour parler le langage de l'atelier, le *chic* homérique n'a été poussé plus loin. Il y a dans *les Natchez* plus d'images et de comparaisons qu'il n'en faudrait pour défrayer plusieurs poëmes épiques. — Soumet, imitateur et parodiste à son tour (parodiste sérieux) de Chateaubriand en ses vastes Épopées en vers, disait dans le déshabillé, quand on le louait de certaines de ses comparaisons et descriptions qui avaient grand air : « Oui, il y a de la *yabegie* homérique. »

que lorsqu'on y est comme contraint pour rendre plus fidèlement sa pensée, reviennent sans nécessité sous la plume, et, comme elles dépassent le but, elles ne peuvent paraître que forcées[1].

Une imagination *trop forte* particulièrement (dans le même sens qu'on dit une vue ou une lunette trop forte) détache, découpe trop les objets, les rapproche et les tire à soi dans une saillie qui éblouit, qui offense parfois le regard plutôt que de le reposer et de le réjouir. Ce trop de saillant des images, M. de Chateaubriand le corrigera bien souvent, notons-le d'avance, par l'harmonie des sons, par

---

[1] Je veux donner un petit exemple de ce que j'appelle des images forcées. Se représentant, dans une des Préfaces de l'*Essai*, comme atteint d'un mal mortel au moment où il le composa, il disait : « L'amertume de certaines réflexions n'étonnera plus : un écrivain qui croyait toucher au terme de la vie, et qui, dans le dénûment de son exil, *n'avait pour table que la pierre de son tombeau*, ne pouvait guère promener des regards riants sur le monde. » L'image est un peu solennelle; je l'ai déjà remarqué; mais elle est énergique, elle se rapporte à une situation vraie; on peut à la rigueur en être touché et y voir une expression de détresse. Mais qu'est-ce? voilà que je retrouve justement cette même image dans la sixième des *Études historiques*; c'est à la fin d'une page brillante où l'auteur a précisément appliqué aux événements de l'histoire ce même procédé d'assemblage et de groupe un peu forcé que nous lui avons déjà vu appliquer aux circonstances du désert et des forêts d'Amérique. Après avoir parlé du grand bouleversement du monde aux IVe et Ve siècles, et avoir montré comment les hommes de ce temps, poëtes, rhéteurs, rêveurs, ambitieux, trouvaient pourtant moyen de mener leur train de vie à travers cette ruine générale : « Enfin, ajoute-t-il, il y avait des historiens qui fouillaient comme moi les archives du passé au milieu des ruines du présent, qui écrivaient les annales des anciennes révolutions au bruit des révolutions nouvelles ; eux et moi *prenant pour table* dans l'édifice croulant *la pierre tombée à nos pieds*, en attendant celle qui devait écraser nos têtes. » Cette dernière image vient bien à la fin, mais j'y reconnais à peu de chose près la *pierre du tombeau* de tout à l'heure ; je vois l'artiste, l'écrivain qui se pose pour l'effet, et je me méfie. Que sera-ce donc lorsque, pour la troisième fois, la même image reparaîtra en tête des *Mémoires d'Outre-tombe* : « Les tempêtes ne m'ont laissé souvent *de table pour écrire que l'écueil de mon naufrage*. » Oh ! pour le coup, je connais le procédé, et cette pose funèbre ne me touche plus.

les effets merveilleux et vagues qu'il excelle à en tirer. C'est ainsi que Mme de Staël a pu comparer l'effet de son style à celui de l'*harmonica* qui a une action directe sur les nerfs. Mme de Beaumont disait plus tendrement : « Le style de M. de Chateaubriand me fait éprouver une espèce de frémissement d'amour : il joue du clavecin sur toutes mes fibres. »

J'ai parlé de Bernardin de Saint-Pierre : celui-ci est tout à fait de l'école de Virgile pour les images. Je ne prétends pas, en opposant ainsi d'abord Bernardin de Saint-Pierre à Chateaubriand, faire comme Chénier et les adversaires ; je n'entends pas décidément le lui préférer : Chateaubriand est un génie, un talent bien plus puissant en définitive et bien autrement varié que Bernardin. Ce dernier d'ailleurs a aussi ses défauts ; il en a même dans ce charmant et accompli poëme, dans cette pure idylle de *Paul et Virginie*. Bernardin de Saint-Pierre déclame avec plus de douceur, mais il déclame quelquefois aussi. Il est atteint de cette philanthropie et de cet optimisme assaisonné de misanthropie, qui à la fois s'exagère la bonté de l'homme naturel et la bienfaisance de la nature, et s'en prend d'un ton aigre-doux à la société et à l'histoire. Il a sa légère manière de mauvais goût enfin : il aime les petites devises, les emblèmes, le langage allégorique des fleurs, il en veut aux monuments des rois ; mais en le lisant, rien de tout cela ne choque, tant il le revêt de couleurs douces, de tons suaves et de mélodie. En images pourtant, il est maître ; il est de la famille des peintres excellents et modérés qui ont su tout concilier et tout unir.

Nous avons vu l'avant-scène pleine de magnificence et de grandeur qui va servir de cadre et de fond à *Atala*. Rappelons et plaçons en regard le cadre plus modeste, plus resserré, mais si parfait de contour, si délicieux de lumière et de sérénité, qui s'ouvre au début pour accueillir l'enfance de Paul et de Virginie (j'essaye en vain, pour abréger la citation, d'y retrancher quelque chose; il n'y a moyen de rien omettre) :

« Sur le côté oriental de la montagne qui s'élève derrière le Port-Louis de l'Ile-de-France, on voit, dans un terrain jadis cultivé, les ruines de deux petites cabanes. Elles sont situées presque au milieu d'un bassin, formé par de grands rochers, qui n'a qu'une seule ouverture tournée au nord. On aperçoit à gauche la montagne appelée le Morne de la Découverte, d'où l'on signale les vaisseaux qui abordent dans l'île, et, au bas de cette montagne, la ville nommée le Port-Louis ; à droite, le chemin qui mène du Port-Louis au quartier des Pamplemousses; ensuite l'église de ce nom, qui s'élève avec ses avenues de bambous au milieu d'une grande plaine ; et, plus loin, une forêt qui s'étend jusqu'aux extrémités de l'île. On distingue devant soi, sur les bords de la mer, la Baie du Tombeau ; un peu sur la droite, le Cap Malheureux ; et au delà, la pleine mer, où paraissent à fleur d'eau quelques îlots inhabités, entre autres le Coin de Mire, qui ressemble à un bastion au milieu des flots.

« A l'entrée de ce bassin, d'où l'on découvre tant d'objets, les échos de la montagne répètent sans cesse le bruit des vents qui agitent les forêts voisines, et le fracas des vagues qui brisent au loin sur les récifs ; mais, au pied même des cabanes, on n'entend plus aucun bruit, et on ne voit autour de soi que de grands rochers escarpés comme des murailles. Des bouquets d'arbres croissent à leurs bases, dans leurs fentes, et jusque sur leurs cimes, où s'arrêtent les nuages. Les pluies que leurs pitons attirent peignent souvent les couleurs de l'arc-en-ciel sur leurs flancs verts et bruns, et entretiennent à leurs pieds les sources dont se forme la petite rivière des Lataniers. Un grand silence règne dans leur enceinte, où tout est paisible, l'air, les eaux et la lumière. A peine l'écho y répète le murmure des palmistes qui croissent sur leurs plateaux élevés, et dont on voit les longues flèches toujours balancées par les vents. Un jour doux éclaire le fond de ce bassin, où le soleil ne luit qu'à midi ; mais dès l'aurore ses rayons en frappent le couronnement, dont les pics, s'élevant au-dessus des ombres de la montagne, paraissent d'or et de pourpre sur l'azur des cieux. — J'aimais à me rendre dans ce lieu, où l'on jouit à la fois d'une vue immense et d'une solitude profonde. »

Dès l'ouverture, voyez! les deux aspects de l'histoire touchante sont déjà présagés et réfléchis dans le paysage, les deux aspects de la vie! la mer naufrageuse et l'abri sûr, le bonheur et le malheur, tout est là; du berceau à la tombe, tous les points sont touchés. Ce premier horizon enferme tous les lieux et tous les noms redoutables ou chéris qui vont successivement revenir. La *Baie du Tombeau*, le *Cap Malheureux* et les îlots à fleur d'eau sont devant nous, pour nous avertir de l'écueil fatal jusqu'au sein de la félicité et de l'innocence.

En abordant *Paul et Virginie*, on sent comme à chaque pas, dès l'entrée, une certaine mesure, une marche cadencée, coupée à de justes moments. Je ne dirai pas que cela est coupé par strophes : — oh! non pas; la strophe a quelque chose de trop élancé, de trop altier et trop *vertical*, pour ainsi dire; mais chaque paragraphe ressemble assez à un couplet harmonieux qui s'enchaîne et se lie aussitôt avec le suivant. « Chaque petit ensemble, on l'a dit, aboutit non pas à un trait aiguisé, mais à quelque image, soit naturelle et végétale, soit prise aux souvenirs grecs; on se figure une suite de jolies collines dont chacune est terminée au regard par un arbre gracieux ou par un tombeau[1]. »

Parlant de l'amitié formée dès l'abord entre Mme de La Tour et Marguerite, ces deux intéressantes jeunes femmes, victimes toutes deux des préjugés ou des vices de la société, et qui, de race et de condition inégale, étaient devenues deux sœurs au désert :

---

[1] *Portraits littéraires*, 1844, tome II, page 130.

« Elles-mêmes, dit le vieillard qui raconte, unies par les mêmes besoins, ayant éprouvé des maux presque semblables, se donnant les doux noms d'amie, de compagne et de sœur, n'avaient qu'une volonté, qu'un intérêt, qu'une table. Tout entre elles était commun. Seulement, si d'anciens feux, plus vifs que ceux de l'amitié, se réveillaient dans leur âme, une religion pure, aidée par des mœurs chastes, les dirigeait vers une autre vie, comme la flamme, qui s'envole vers le ciel lorsqu'elle n'a plus d'aliment sur la terre. »

On songe à peine à remarquer le choix parfait des expressions si en accord avec les sentiments. Comme il a les images légères !

Et sur leurs deux enfants qu'elles adoptaient chacune comme une mère, qu'elles allaitaient indifféremment tour à tour :

« Comme deux bourgeons qui restent sur deux arbres de la même espèce, dont la tempête a brisé toutes les branches, viennent à produire des fruits plus doux, si chacun d'eux, détaché du tronc maternel, est greffé sur le tronc voisin ; ainsi ces deux petits enfants, privés de tous leurs parents, se remplissaient de sentiments plus tendres que ceux de fils et de fille, de frère et de sœur, quand ils venaient à être changés de mamelles par les deux amies qui leur avaient donné le jour. »

Et plus tard, quand ces deux enfants grandissent, les images, les similitudes riantes se multiplient :

« Quand on en rencontrait un quelque part, on était sûr que l'autre n'était pas loin. Un jour que je descendais du sommet de cette montagne, j'aperçus, à l'extrémité du jardin, Virginie qui accourait vers la maison, la tête couverte de son jupon, qu'elle avait relevé par derrière, pour se mettre à l'abri d'une ondée de pluie. De loin je la crus seule ; et m'étant avancé vers elle pour l'aider à marcher, je vis qu'elle tenait Paul par le bras, enveloppé presque en entier de la même couverture, riant l'un et l'autre d'être ensemble à l'abri sous un parapluie de leur invention. Ces deux têtes charmantes, renfermées sous ce jupon bouffant, me rappelèrent les enfants de Léda, enclos dans la même coquille. »

Comme ce capuchon de forme imprévue est aussitôt relevé et sauvé avec grâce! Comme cela est charmant, idéal, familier, chaste et hardi sans qu'on y songe!

Je n'entre pas encore dans le fond et dans l'action du roman[1]; je n'en suis qu'au procédé du peintre et à caractériser sa manière de composer et de grouper.

Qu'on se rappelle encore cette longue course de Virginie à la *Rivière-Noire* pour demander la grâce de la pauvre esclave, la négresse marronne, — sa fatigue au retour et ses forces brisées, quand les deux enfants se sentent égarés dans les bois; — qu'on se rappelle ces situations intéressantes, toujours figurées aux yeux par un groupe, par une attitude gracieuse et décente : Paul qui traverse la rivière à gué en portant Virginie sur son dos; ces brodequins improvisés qu'il fait pour elle avec de longues feuilles de scolopendre, et qui protégent un peu contre les meurtrissures ses pieds délicats :

Ah ! tibi ne teneras glacies secet aspera plantas !

puis à la fin du jour, quand les deux enfants n'en peuvent plus de fatigue et que Virginie succombe d'épuisement, après que Domingue les a retrouvés, tout d'un coup ces quatre nègres marrons qui se présentent, qui les placent sur un brancard fait de branches d'arbre et de lianes, les enlèvent sur leurs épaules et les ramènent à la case en

---

[1] Dans le livre si mélangé des *Confidences* de M. de Lamartine, on trouve (livre huitième, paragr. XII-XIX) une admirable analyse de *Paul et Virginie*, une analyse en drame et en action, telle qu'un poëte seul l'a pu faire,

triomphe, le vieux Domingue marchant devant avec son flambeau. C'est ainsi que chez Bernardin les images ont toutes leur sens et se lient à l'action. L'image est dans ce cas la pensée morale elle-même : *Jamais Dieu ne laisse un bienfait sans récompense.* Ce groupe enchanteur des deux enfants portés par ces quatre nègres robustes et reconnaissants sur un brancard de feuillage à la clarté d'un flambeau, c'est l'accomplissement et comme la couronne de l'action, de l'intention première : la moralité se termine aux yeux dans une harmonie sensible.

Bernardin de Saint-Pierre est un génie vraiment virgilien, un peintre qui a l'onction et la piété dans le pinceau; il y joint la discrétion heureuse; c'est le Raphaël de la nature de l'Inde, le Raphaël et le Claude Lorrain des Iles fortunées.

M. de Chateaubriand qui, d'ailleurs, a parlé de lui admirablement dans le *Génie du Christianisme*, mieux qu'il n'en parlera plus tard dans ses *Mémoires*[1] (car il aime à se rétracter sur les éloges qu'il avait accordés dans le premier moment à ses vrais rivaux), M. de Chateaubriand a dit : « Il est certain que le charme de *Paul et Virginie* consiste en une certaine morale mélancolique qui brille dans l'ouvrage et qu'on pourrait comparer à cet éclat uniforme que la lune répand sur une solitude parée de fleurs. » Et rattachant ce charme à la pensée chrétienne, il essaye d'établir que ces *Bucoliques australes*, comme il les qualifie avec bonheur, sont pleines du souvenir des

---

[1] « Un homme dont j'admirais et dont j'admire toujours le pinceau, Bernardin de Saint-Pierre, manquait d'esprit, et malheureusement son caractère était au niveau de son esprit. Que de tableaux sont gâtés dans les *Études de la Nature* par la borne de l'intelligence et par le défaut d'élévation d'âme de l'écrivain ! » — Si l'intelligence de Bernardin laisse voir ses bornes et s'il a surtout dans les idées de la monotonie, je ne vois pas en quoi le manque d'*élévation d'âme* se trahit dans son noble et pur talent.

Écritures, qu'elles rappellent quelque chose d'ineffable comme la Parabole du *bon Pasteur.* Il y aurait bien ici matière, si on le voulait, à distinction et à discussion. Le Christianisme de Bernardin de Saint-Pierre, après tout, n'est autre que celui du Vicaire savoyard, un Christianisme qui n'admet pas le mal inhérent dans la nature, et qui ne reconnaît pas la *Chute :* nous ne savons si M. de Chateaubriand l'entend ainsi ; mais littérairement il a raison, et cette nuance qu'il trouve dans le chef-d'œuvre de Bernardin, il l'a exprimée comme il sait faire. M. Villemain, depuis, dans une comparaison avec le roman de *Daphnis et Chloë* a fait ressortir ce même point de vue, et fait valoir le triomphe de l'idée morale, de l'idée de pudeur, dans ce que M. de Chateaubriand appelait un peu hardiment les *évangéliques amours* de Paul et Virginie. Tous deux s'accordent à décerner, à cet égard, au peintre moraliste la supériorité sur les Anciens ; et peut-être M. de Chateaubriand, avocat éloquent d'une cause, a-t-il sacrifié un peu facilement Théocrite à l'aimable moderne. Faut-il donc toujours sacrifier un talent à l'autre ? Le propre de tout ce qui est vraiment beau est de subsister en soi sans se détruire réciproquement et sans se nuire. Comme je n'en suis ici qu'aux images et que je n'aborde point le fond du récit, je me permettrai de trouver que sur ce point-là, sur ce chapitre de l'imagination, Théocrite tient tête à Bernardin, et qu'en choisissant bien les endroits, il a de ces tableaux et de ces vues que nul peintre de la nature n'a pu surpasser. Ainsi, dans son idylle huitième, dont le dialogue est entre deux enfants, Daphnis et Ménalque, Théocrite voulant peindre l'enfance de ce Daphnis mystérieux et célèbre, le créateur du genre bucolique, mort si jeune et dévoré d'une passion funeste, — voulant retracer cette enfance encore heureuse et simple de l'Orphée des bergers, a trouvé des traits et des couleurs qui me rappellent involontairement les noms de Bernardin de Saint-Pierre et de Raphaël, de ces peintres célestes qui ont excellé à nous rendre de chastes ou divines enfances. Chacun des deux petits bergers chante à son tour, et Daphnis qui doit être le vainqueur dit, entre autres couplets, celui-ci que Paul pourrait également chanter à Virginie en vue de cette mer si belle :

« Je ne souhaite point d'avoir la terre de Pélops, je ne souhaite point d'avoir des talents d'or, ni de courir plus vite que les vents; mais sous cette roche que voilà, je chanterai t'ayant entre mes bras, regardant nos deux troupeaux confondus, et devant nous la mer de Sicile ! »
— Voilà ce que j'ai appelé ailleurs le Raphaël dans Théocrite : trois lignes simples et l'horizon bleu qui couronne tout. Si Paul avait cherché pour Virginie un chant digne de leur amour, un même couplet à répéter éternellement dans leur bonheur, où aurait-il trouvé mieux que celui-là ?

Revenons à un grand peintre qui n'est pas Raphaël, à Chateaubriand dans *Atala*. Nous arrivons à l'action.

Chactas commence son récit : il est bien vieux, il a soixante-treize ans : « A la prochaine lune des fleurs, il y aura sept fois dix neiges, et trois neiges de plus, que ma mère me mit au monde sur les bords du Meschacebé. » Il raconte à René la grande aventure de sa jeunesse, quand il ne comptait encore que *dix-sept chutes de feuilles*. Son père, le guerrier Outalissi, de la nation des Natchez alliée aux Espagnols, l'a emmené à la guerre contre les Muscogulges, autre nation puissante des Florides. Son père a succombé dans le combat, et lui, resté sans protecteur à la ville de Saint-Augustin, il courait risque d'être enlevé pour les mines de Mexico, lorsqu'un vieil Espagnol, Lopez, s'intéresse à lui, l'adopte et essaye de l'apprivoiser à la vie civilisée. Mais après avoir passé *trente lunes* à Saint-Augustin, Chactas fut saisi du dégoût de la vie des cités :

« Je dépérissais à vue d'œil : tantôt je demeurais immobile pendant des heures à contempler la cime des lointaines forêts; tantôt on me trouvait assis au bord d'un fleuve que je regardais tristement couler. Je me peignais les bois à travers lesquels cette onde avait passé, et mon âme était tout entière à la solitude. » — Ce sont de ces accents vrais et profondément sentis, qui rachètent les endroits moins simples[1].

Un matin, il revêt ses habits de Sauvage et va se présenter à Lopez, l'arc et les flèches à la main, en déclarant qu'il veut reprendre sa vie de chasseur. Il part, s'égare dans les bois, est pris par un parti de Muscogulges et de Siminoles; il confesse hardiment, et avec la bravade propre aux Sauvages, son origine et sa nation : « Je m'appelle Chactas, fils d'Outalissi, fils de Miscou, qui ont enlevé plus de cent chevelures aux héros muscogulges. » Le chef ennemi Simaghan lui dit : « Chactas, fils d'Outalissi, fils de Miscou, réjouis-toi; tu seras brûlé au grand village. »

Il y a bien dans tout ceci une légère *parodie* du langage d'Homère, de la forme épique primitive. Ce Chactas qui a vécu non-seulement chez l'Espagnol Lopez, mais qui plus tard a visité la Cour de Louis XIV, n'en a guère profité, dira-t-on; ou s'il a profité des conversations de Fénelon, ç'a été pour apprendre de lui la diction homérique, et pour la transporter après coup, à l'iroquoise, dans ses

---

[1] Je reviens au texte consacré par les dernières éditions. Si cela n'avait dû mener trop loin, j'aurais aimé pourtant à reprendre, pour le citer, le texte de la première édition d'*Atala*, toutes les fois que je le trouve aussi bon et plus naturel que l'autre. Un grand nombre, en effet, des corrections qu'a faites l'auteur ne portent que sur des vétilles réputées très-importantes dans l'ancienne école classique : éviter un mot répété (fût-il le mot propre) ; éviter la conjonction *et* deux fois répétée, etc., etc. Ces corrections ont quelquefois nui au premier jet et changé un peu l'allure de la phrase. Elle est devenue plus nette, plus dégagée, mais elle a perdu en liberté et en naturel.

déserts. Il y a dans le langage de Chactas, à la fois des prétentions au style sauvage et des réminiscences singulières de l'homme civilisé. Au reste c'est là le défaut du genre, et c'est une concession qu'il faut faire une fois pour toutes à l'auteur. *Atala* pourrait se définir un drame de *caractère* exécuté par des personnages en qui la couleur locale est un peu une convention.

Tout à côté, des observations charmantes, vives, naturellement exprimées et couronnées de fraîches images, demandent grâce pour ce qui a pu sembler une prétention par trop naïve :

« Tout prisonnier que j'étais, je ne pouvais, durant les premiers jours, m'empêcher d'admirer mes ennemis. Le Muscogulge, et surtout son allié le Siminole, respire la gaieté, l'amour, le contentement. Sa démarche est légère, son abord ouvert et serein. Il parle beaucoup et avec volubilité; son langage est harmonieux et facile. L'âge même ne peut ravir aux Sachems cette simplicité joyeuse : comme les vieux oiseaux de nos bois, ils mêlent encore leurs vieilles chansons aux airs nouveaux de leur jeune postérité. »

Les femmes surtout témoignent un intérêt aimable pour ce jeune captif qui compte au plus dix-neuf printemps. Ici encore l'imagination heureuse de l'auteur se joue. Il y aura à tout moment dans ce récit un travestissement, un rajeunissement en Sauvage, des pensées, des sentiments, des choses tendres et gracieuses qui commencent à s'user si on leur laisse leur expression civilisée : c'est comme une beauté trop connue qui se déguise pour reparaître nouvelle et plus piquante. Il y a, en un mot, dans *Atala* de l'Homère et du Théocrite traduits en siminole. Pour opérer une telle transposition avec charme, fallait une imagination à la fois forte et souple, capable de soutenir la gageure sans trahir la gêne. M. de Chateaubriand y a réussi à ravir, de manière par moments à enchanter et à mériter qu'on l'applaudisse : je dis *qu'on l'applaudisse* à dessein, car on sent le jeu, même quand on est séduit et charmé :

« Les femmes qui accompagnaient la troupe témoignaient pour ma jeunesse une pitié tendre et une curiosité aimable. Elles me questionnaient sur ma mère, sur les premiers jours de ma vie; elles voulaient savoir si l'on suspendait mon berceau de mousse aux branches fleuries des érables, si les brises m'y balançaient auprès du nid des petits oiseaux. C'était ensuite mille autres questions sur l'état de mon cœur : elles me demandaient si j'avais vu une biche blanche dans mes songes, et si les arbres de la vallée secrète m'avaient conseillé d'aimer. »

Quelle harmonie de ton ! quel nombre ! C'est par cette harmonie, non moins que par l'éclat des couleurs, que M. de Chateaubriand est grand poëte et grand magicien. A l'aide des sons et de certains mots bien placés, il produit des effets d'enchantement. Quand on sait tirer de tels effets de la prose, on a presque le droit de dédaigner les vers[1].

Cette douceur de chant respire dans tout ce que dira Chactas aux femmes muscogulges et dans tout ce que lui répondra Atala : « Je leur disais : Vous êtes les grâces du jour, et la nuit vous aime comme la rosée... » Puis il ajoute :

« Ces louanges faisaient beaucoup de plaisir aux femmes; elles me comblaient de toutes sortes de dons; elles m'appor-

---

[1] « Il ne faisait aucun cas des vers contemporains; il a un mépris profond pour tout ce qui est vers, » assure Chênedollé, et je le crois. — Ce qu'on vient de dire de sa magie d'harmonie est vrai de son premier style et de son second; mais qu'il y a loin de là à son troisième et dernier style, à celui des *Mémoires d'Outre-tombe* qui sent quelque peu son bas-breton et qui ressemble parfois à du Sidoine Apollinaire, tant c'est martelé ! « Je ne sais, disait un admirateur judicieux, mais je croirais que certaines pages qui portent la date de 1822 ont reçu une couche de 1836. »

taient de la crème de noix, du sucre d'érable, de la sagamité, des jambons d'ours, des peaux de castor, des coquillages pour me parer, et des mousses pour ma couche. Elles chantaient, elles riaient avec moi, et puis elles se prenaient à verser des larmes, en songeant que je serais brûlé. »

Je ne saurais pourtant laisser passer sans réflexion ces *jambons d'ours* qui peuvent être de la couleur locale, mais où je ne verrai jamais une beauté. Cette espèce de tatouage dans le style n'est, selon moi, que singulier et manque son effet; loin de faire illusion, il nous avertit que l'auteur est là derrière, qui n'est pas fâché de nous étonner sous prétexte d'être exact et fidèle, et cela aussi nous empêche d'être touchés sérieusement si nous en étions tentés.

C'est comme plus loin, quand il dira racontant sa traversée du désert avec Atala :

« Chaque soir nous allumions un grand feu, et nous bâtissions la hutte du voyage, avec une écorce élevée sur quatre piquets. Si j'avais tué une dinde sauvage, un ramier, un faisan des bois, nous le suspendions devant le chêne embrasé, au bout d'une gaule plantée en terre, et nous abandonnions au vent le soin de tourner la proie du chasseur. Nous mangions des mousses appelées *tripes de roches*, etc., etc. »

Je veux bien qu'on soit exact en fait de couleur locale, et même je le désire; mais il faut qu'alors le narrateur, surtout si c'est une aventure de sentiment et de passion qu'il nous raconte, soit exact d'un air naturel, sans paraître y viser et sans se piquer de trop faire attention à des hors-d'œuvre; il faut qu'il nous donne ces détails accessoires comme involontairement, comme étant plein de ses souvenirs et de tout ce qui s'y rattache, et non pas qu'il aille choisir exprès dans ces mêmes souvenirs et dans leur expression je ne sais quoi qui nous étonne, qui nous déconcerte, et qui ressemble toujours à une *niche* d'auteur qu'il nous fait.

Je touche là un des points les plus essentiels de la Poétique naturelle. Jamais Homère, jamais les grands poëtes naturels n'ont de telles préméditations : quand un détail singulier ou même bizarre se mêle chez eux à l'expression d'un sentiment, c'est qu'il leur vient involontairement à la bouche, c'est que le trait sort de soi et que l'auteur n'y a pas songé. Jamais il ne s'arrêtera au milieu d'une émotion pour vous indiquer du doigt un tel détail.

Hélène, à un endroit touchant de *l'Odyssée*, s'appelle *impudente* et *chienne*[1] ; mais ce mot lui échappe naturellement, et alors il ne choquait pas. Il choquerait aujourd'hui à bon droit, si un auteur mettait exprès un tel mot au milieu d'un passage pathétique pour faire preuve de couleur locale.

A la seconde époque, les Sophocle, les Virgile surtout, et ceux chez qui l'étude et la méditation se combinent au génie sont plutôt attentifs à éviter ces sortes de détails qu'à les rechercher; les grands poëtes primitifs ne les évitent ni ne les recherchent; les seconds au contraire aimeront mieux négliger telle ou telle particularité trop saillante qui ne sera pas en harmonie avec l'ensemble de l'impression qu'ils veulent produire, et qui, bien qu'exacte, semblerait une faute de ton. Ils se souviennent du précepte :

Le vrai peut quelquefois n'être pas vraisemblable.

Ils savent au besoin sacrifier les accessoires à l'unité d'intérêt et à la fusion des couleurs.

Mais à la troisième époque, sous prétexte de revenir à

---

[1] *Odyssée*, livre IV, vers 145.

la première, on se met à rechercher ces détails singuliers qui pouvaient se rencontrer naturellement chez les premiers poëtes simples qui disaient tout : on croit revenir par cette affectation à plus de vérité, on ne fait que marquer son effort. On manque à l'unité vraie, en voulant à la fois toucher par la passion du récit et piquer l'attention par la curiosité du costume ou du paysage[1].

Cependant Atala apparaît pour la première fois à Chactas :

« Une nuit que les Muscogulges avaient placé leur camp sur le bord d'une forêt, j'étais assis auprès du *feu de la guerre* avec le chasseur commis à ma garde. Tout à coup j'entendis le murmure d'un vêtement sur l'herbe, et une femme à demi voilée vint s'asseoir à mes côtés. Des pleurs roulaient sous sa paupière; à la lueur du feu un petit crucifix d'or brillait sur son sein. Elle était régulièrement belle; l'on remarquait sur son visage je ne sais quoi de vertueux et de passionné dont l'attrait était irrésistible. Elle joignait à cela des grâces plus tendres; une extrême sensibilité, unie à une mélancolie profonde, respirait dans ses regards; son sourire était céleste. »

A propos de ce charmant portrait d'Atala nous avons déjà quelques remarques à faire et du même genre que celles qui s'appliquent au caractère de Chactas.

Voici donc Atala qui nous apparaît à première vue avec

---

[1] Cet effort, habilement ménagé, se dissimule d'un air de bonne grâce et de vigueur chez le plus scrupuleux et le plus parfait des peintres modernes en ce genre, M. Mérimée. La singularité du trait exact joue et contraste à tout instant chez lui avec l'émotion vraie qu'il réussit, au moment voulu, à produire : il en résulte une contradiction piquante et qui sent sa malice. C'est un des secrets de sa rare manière qui est si ferme, si distinguée, si *rentrée,* et qui excelle à exprimer la réalité, si ce n'est la nature. — Sur le point particulier qui nous occupe, la différence entre M. de Chateaubriand et M. Mérimée est celle-ci : chez M. Mérimée on a la réalité pure, même singulière, mais dans un tissu exactement serré et parfait. Chez M. de Chateaubriand, c'est l'idéal qui se pique par endroits de réalité; cette réalité est là tranchante et *voyante,* dressée comme en vedette au haut d'un mât.

je ne sais quoi de vertueux et de passionné : il est difficile de dire ce que peut être dans cette circonstance ce *je ne sais quoi de vertueux*. L'auteur, ou du moins Chactas, assure qu'elle y joignait une *extrême sensibilité* qu'il distingue de la *mélancolie profonde*. Atala est-elle ou n'est-elle pas une Sauvage ? Est-elle une personne civilisée ? Je sais qu'elle est chrétienne par sa mère, mais il faut convenir qu'elle l'est par le vœu et par le désir plutôt que par l'esprit[1]. Elle dira d'elle-même qu'enfant elle croissait *fière comme une Espagnole et comme une Sauvage*. On laisse dire ces choses aux autres plutôt qu'on ne les sait dire soi-même de soi. En un mot Atala, pas plus que Chactas n'a une physionomie morale, une et reconnaissable. C'est un mélange d'impressions, d'observations déjà raffinées, et de sentiments qui veulent être primitifs. Le Christianisme en elle est plaqué. M. Vinet, comparant ces deux caractères à ceux de Paul et de Virginie, a mis en relief l'infériorité, à cet égard, des deux personnages du poëme de M. de Chateaubriand :

« *Atala*, dit l'excellent critique que nous ne pourrions qu'affaiblir, est l'exagération, je n'ose pas dire la charge de *Paul et Virginie*. Ici la sainte, l'éternelle loi de la pudeur, là le res-

---

[1] Ce Christianisme d'Atala a été l'objet d'une remarque critique de Volney. Dans un des Éclaircissements qu'il a mis à la fin de son *Tableau du Climat et du Sol des États-Unis* (1803), le voyageur philosophe observe que les Sauvages n'ont jamais pris des missionnaires que des pratiques extérieures : « Mais le bon sens grossier de ces hommes n'a jamais pu se plier ou s'ouvrir à la croyance des dogmes incompréhensibles ; ils allaient à l'office et disaient le chapelet uniquement afin d'avoir le verre d'eau-de-vie et le pain qu'on leur distribuait et dont le don favorisait leur paresse. Je n'ai jamais ouï citer aux États-Unis l'exemple d'un seul Sauvage réellement chrétien : aussi, lorsque chez nous un auteur préconisé a fondé l'intérêt d'un roman récent sur la *dévotion* presque *monacale* d'une *Sqwa* ou *fille sauvagesse*, il a manqué à la règle des vraisemblances, de laquelle naît cet intérêt ; mais, s'il n'a eu en vue que de plaire à un parti et d'arriver à un but, il a parfaitement réussi ; et c'est particulièrement le cas de dire : *Tout chemin mène à Rome!* »

pect d'un vœu prononcé par une autre ; ici la mort préférée à l'ombre du mal, là le suicide, c'est-à-dire un crime réel prévenant un crime imaginaire : j'ai le droit de parler ainsi, puisque c'est au vœu coupable de sa mère, et non au devoir imprescriptible de la chasteté, que la jeune Indienne offre sa vie en sacrifice. A la lettre, il est vrai qu'Atala elle-même a fait un vœu; mais ce vœu lui a été arraché par la violence. L'intérêt du dénoûment est préparé dans *Paul et Virginie* par l'aimable histoire de leur enfance et de leurs amours ; on les connaît l'un et l'autre ; on a vécu avec eux ; chacun d'eux a un caractère, une physionomie morale. Chactas et Atala n'en ont point, non pas même celle de leur patrie ; s'ils sont trop sauvages pour des prosélytes de la civilisation, ils sont trop civilisés pour des sauvages ; leur langage mêle constamment et sans aucune mesure la naïveté des races primitives aux idées abstraites et générales des Européens du xixe siècle. Cette même Atala qui dit, en parlant de sa mère : « Ensuite « le chagrin d'amour vint la chercher, et elle descendit dans « la petite cave garnie de peaux d'où l'on ne sort jamais, » elle dira plus tard : « Sentant une Divinité qui m'arrêtait dans « mes horribles transports, j'aurais désiré que cette Divinité « se fût anéantie, pourvu que, serrée dans tes bras, j'eusse « roulé d'abîme en abîme avec *les débris de Dieu et du monde.* » Chactas dit quelque part « qu'il avait désiré de dire les choses « du mystère à celle qu'il aimait déjà comme le soleil, » et que « le Génie des airs secouait sa chevelure bleue, embaumée « de la senteur des pins ; » à la bonne heure, quoiqu'il soit étrange que l'homme qui a conversé avec Fénelon et qui reproduit si fidèlement le langage du Père Aubry, puisse encore s'exprimer ainsi : qu'il soit donc sauvage tant qu'il lui plaira; mais qu'après avoir parlé de « la chevelure bleue du « Génie des airs, » il ne vienne pas nous dire, en parlant d'Atala, « qu'on remarquait sur son visage je ne sais quoi de ver- « tueux et de passionné, dont l'attrait était irrésistible ; qu'elle « joignait à cela des grâces plus tendres, et qu'une extrême « sensibilité, unie à une mélancolie profonde, respirait dans « ses regards ; » surtout qu'il se garde bien de dire au missionnaire : « Périsse le Dieu qui contrarie la nature ! » Les hommes de la nature, comme on les appelle, ne parlent guère de la nature; ce mot n'existe pas pour eux; c'est à peine s'il existait pour les Français du siècle de Louis XIV dans le sens que lui donne Chactas[1]. »

M. Vinet remarque encore très-justement que les détails qui nous sont présentés dans le roman sur le caractère et sur les actions d'Atala ne répondent pas à l'idée compliquée qu'en veut donner Chactas : « C'est ainsi que ce dernier nous parle de l'*élévation de l'âme* d'Atala *dans les grandes choses,* et de sa *susceptibilité dans les petites;* c'est ainsi qu'Atala elle-même, au lit de mort, s'accuse d'avoir *beaucoup tourmenté* Chactas *par son orgueil et par ses caprices.* » C'est là, disait l'abbé Morellet, la confession d'une coquette très-civilisée. Ce sont du moins des nuances qui appartiendraient à un caractère de femme du monde, à un personnage de roman européen; mais on se demande en quoi l'Indienne Atala a pu prêter à ces éloges ou à ces reproches, et comment même son amant ou elle ont pu en concevoir l'idée si pleine d'analyse, et cela en quelques jours de marche dans le désert[2].

Voilà bien des critiques et j'en ferai peut-être encore en continuant. Eh bien ! tel est le charme, telle est la puissance du talent que, toutes ces choses dites et sues à l'avance, on est enlevé malgré soi, entraîné, enivré en relisant *Atala*. J'ai voulu relire tout à côté *Paul et Virginie :* là l'émotion pure, naturelle, graduelle et continue,

---

[1] *Études sur la Littérature française au XIXe Siècle*, tome I, page 267 (1849).
[2] En vingt-sept jours, si l'on compte depuis leur fuite; ou bien en trente et quelques jours, si l'on veut compter depuis la première apparition d'Atala auprès du captif. Il est vrai qu'il n'en fallut pas plus au chevalier Des Grieux (du 28 d'un mois au 29 du mois suivant) dans son premier séjour à Paris, pour croire connaître à fond Manon Lescaut. Ce sont là des illusions de la passion qui se figure que quelques jours sont une éternité. Aussi est-ce l'expression de Chactas qui est à reprendre, plutôt que son idée même.

comme une source qui sort du rocher et qui serpente longtemps dans la vallée natale avant de devenir une cascade ou un fleuve écumant. Puis peu à peu, au milieu des plus douces larmes, le trouble naissait; il vous prenait insensiblement au cœur, amené et ménagé toujours par de vagues pressentiments; la scène s'agrandissait, la passion régnait poignante, déchirante, mais idéale encore : alors éclatait l'horreur des dernières scènes, la sublimité si exacte et si vraie de cette incomparable tempête; et toujours le pathétique, l'idéal de la décence et de la pudeur, mêlé et fondu jusque dans le terrible! — Eh bien! malgré tout, Atala gardait non pas son charme (c'est un mot trop doux et que j'aime mieux laisser à Virginie), mais son ascendant troublant; au milieu de toutes les réserves qu'une saine critique oppose, la flamme divine y a passé par les lèvres de Chactas ou de l'auteur, qu'importe? il y a de la grandeur même dans la convulsion. L'orage du cœur y vibre et y réveille les échos les plus secrets. On y sent le philtre, le poison qui, une fois connu, ne se guérit pas; on emporte avec soi la flèche empoisonnée du désert.

NEUVIÈME LEÇON.

Expressions créées et nuances. — Les quatre manières comparées de Jean-Jacques, —de Bernardin, — de Chateaubriand, —de Lamartine. — Les Anciens partent de la nature ; les Modernes y reviennent. — Cri de Chactas. — Dernier mot de René. — Le Père Aubry. — Bizarrerie et faux brillant. — Faux Bossuet. — Vrai Chateaubriand.

Messieurs,

Nous continuons notre lecture d'*Atala.* Savoir bien lire un livre en le jugeant chemin faisant, et sans cesser de le goûter, c'est presque tout l'art du critique. Cet art consiste encore à comparer, et à bien prendre ses points de comparaison : ainsi, à côté d'*Atala* lire *Paul et Virginie* et *Manon Lescaut;* — à côté de *René* lire *Oberman* et *le Lépreux;* — à côté des *Martyrs* lire *l'Odyssée*, *Télémaque* et Milton. Faites cela, et laissez-vous faire. Le jugement résultera tout naturellement en vous et se formera de votre impression même.

Le principal mérite d'un guide en matière de goût est de bien choisir ses points, et de mettre chacun à même de juger comme lui. C'est là toute mon ambition aujourd'hui dans ces conversations où je parle seul, mais où j'aime à croire que la pensée de plus d'un me répond [1].

[1] Ma manière, mon habitude pour l'analyse appliquée à la littérature et aux livres est celle-ci : prendre les choses et les recueillir tout proche de la conversation ou à la simple lecture, sans tant de méthode, mais selon qu'elles viennent au naturel, *sed quæ plane sparsæ sint et nativæ* comme l'a dit Bacon, qui ajoute excellemment : « De même que les vins qui découlent doucement sous un premier foulage sont plus doux que ceux qui sont exprimés au pressoir, parce que ceux-ci prennent quelqu

Je n'analyserai pas *Atala* page par page; c'est un livre trop facile à lire, et trop difficile à analyser. Je courrai seulement à travers, relevant au passage quelques traits. Parfois le vieux Chactas dans son récit est forcé de s'interrompre par ses larmes :

« Les souvenirs se pressèrent en foule dans son âme; ses yeux éteints inondèrent de larmes ses joues flétries : telles deux sources, cachées dans la profonde nuit de la terre, se décèlent par les eaux qu'elles laissent filtrer entre les rochers. »

Plus loin l'auteur fera dire à Chactas, qui cherche en vain à rappeler sur ses lèvres les brûlantes paroles de sa jeunesse :

« Le vent du midi, mon cher fils, perd sa chaleur en passant sur des montagnes de glace. Les souvenirs de l'amour dans le cœur d'un vieillard sont comme les feux du jour réfléchis par l'orbe paisible de la lune, lorsque le soleil est couché et que le silence plane sur les huttes des Sauvages. »

Toujours l'image; mais comme elle est grande, heureuse, poétique! comme elle atteste la hauteur naturelle de l'imagination qui l'a portée. — L'inconvénient sera dans l'habitude; car plus tard, et même quand l'image

---

chose, pour le goût, du pepin et de la peau du raisin, de même tout à fait salubres et douces sont les doctrines qui découlent des Écritures doucement foulées, et qui ne sont pas réduites en discussion ou ramenées à des lieux communs : *Certe quemadmodum vina quæ sub primam calcationem molliter defluunt, sunt suaviora quam quæ a torculari exprimuntur; quoniam hæc ex acino et cute uvæ aliquid sapiant : similiter salubres admodum ac suaves sunt doctrinæ, quæ ex Scripturis leniter expressis emanant, nec ad controversias aut locos communes trahuntur.* » (*De Augmentis Scientiarum*, tout à la fin.) Ce que Bacon dit là de l'impression qu'on retire des Saintes Écritures se peut dire de toute remarque sur les livres anciens ou même plus ou moins nouveaux : la meilleure et la plus douce critique est celle qui s'exprime ainsi des beaux ouvrages, non *pressés au pressoir*, mais légèrement foulés à une libre lecture. Enfin, pour parler encore avec Bacon, j'aime que la critique soit une *émanation* des livres.

ne viendra pas, la plume de l'auteur la cherchera toujours, et l'inventera, la forgera plutôt que de s'en passer. La verge continuera, même à sec, de frapper le rocher.

La tribu est toujours en marche vers le grand village où le prisonnier doit être brûlé. Le soir Atala vient quelquefois visiter à la dérobée le prisonnier *sous les liquidambars de la fontaine;* elle trouve moyen d'éloigner le guerrier qui le garde; elle lui détache ses liens, et ils font une promenade ensemble dans la forêt :

« Sans lui répondre, je pris sa main dans ma main, et je forçai cette biche altérée d'errer avec moi dans la forêt. La nuit était délicieuse. Le Génie des airs secouait sa chevelure bleue, embaumée de la senteur des pins, et l'on respirait la faible odeur d'ambre qu'exhalaient les crocodiles couchés sous les tamarins des fleuves. La lune brillait au milieu d'un azur sans tache, et sa lumière gris de perle descendait sur la cime indéterminée des forêts. Aucun bruit ne se faisait entendre, hors je ne sais quelle harmonie lointaine qui régnait dans la profondeur des bois : on eût dit que l'âme de la solitude soupirait dans toute l'étendue du désert. »

Est-il besoin d'indiquer cet effet magique d'harmonie qui rend l'effet de lumière vague et d'ombre : *sur la cime indéterminée des forêts?* Plus loin il dira, rendant également le vague de l'étendue par le vague des sons : « Le désert déroulait maintenant devant nous ses *solitudes démesurées*[1]... »

Remarquons aussi ces expressions créées : *Sa chevelure bleue, embaumée de la senteur des pins...* Quand on en est là en prose dans une littérature, on est arrivé à saisir

---

[1] Et dans les *Martyrs*, pour rendre la douceur des horizons de l'Arcadie sous les rayons de la lune : « Les hauts sommets du *Cyllène*, les croupes du *Pholoé* et du *Thelphusse*, les forêts d'*Anémose* et de *Phalante*, formaient de toutes parts un horizon confus et vaporeux. » (Liv. XII.) Jamais avec des sons et par l'oreille on n'a mieux réussi à rendre un effet de vue et de couleur.

aussi près que possible et à égaler les nuances pittoresques les plus indéfinissables : il n'y a plus un seul progrès à faire qui ne soit un excès.

Et plus loin, parlant toujours des promenades à deux dans ces solitudes enchantées, il montre Atala s'appuyant sur sa foi religieuse pour l'opposer au torrent des passions, « lorsque, dit-il, tout les favorise, et le secret des bois et l'absence des hommes, et la fidélité des ombres. » La *fidélité des ombres*, c'est encore ce que j'appelle une expression créée, — un reflet moral mêlé dans une même teinte et faisant nuance avec l'obscurité qu'il s'agissait de peindre.

Cette création dans l'expression est particulière à M. de Chateaubriand, et aussi à Bernardin de Saint-Pierre ; ce sont les premiers dans notre littérature qui s'en soient avisés expressément. Si grands peintres que puissent paraître Jean-Jacques et Buffon, je ne leur trouve pas cette qualité originale à un haut degré. Ils ont l'expression large, simple, naturelle ou pompeuse, qui répond à son objet, mais une expression générale; ils ne se donnent pas beaucoup de peine pour entrer dans les nuances et pour exprimer les reflets[1]. J'en prendrai tout de suite un exemple, et je l'emprunte au plus beau passage de Rousseau en fait de rêverie : il raconte dans sa *cinquième Promenade* les deux mois délicieux qu'il a passés dans la petite île de Saint-Pierre au milieu du lac de Bienne, oubliant les hommes et les livres, herborisant, décrivant la *Flore* du pays, découvrant avec des transports de joie les *cornes de la brunelle*. M. de Chateaubriand s'est fort sou-

---

[1] M. Cousin s'est amusé à donner d'après un manuscrit les différentes *leçons* par lesquelles Rousseau passa avant d'atteindre à la perfection de son style dans le fameux épisode du *Vicaire savoyard*. A travers ces corrections diverses on voit que ce qu'il recherche surtout, c'est la propriété dans l'expression.

venu de ces pages touchantes dans le chapitre de l'*Essai*
dédié *aux Infortunés.*

« L'exercice que j'avais fait dans la matinée, nous dit l'éloquent promeneur, et la bonne humeur qui en est inséparable, me rendaient le repos du dîner très-agréable ; mais quand il se prolongeait trop, et que le beau temps m'invitait, je ne pouvais si longtemps attendre, et pendant qu'on était encore à table, je m'esquivais et j'allais me jeter seul dans un bateau que je conduisais au milieu du lac, quand l'eau était calme ; et là, m'étendant tout de mon long dans le bateau, les yeux tournés vers le ciel, je me laissais aller et dériver lentement au gré de l'eau, quelquefois pendant plusieurs heures, plongé dans mille rêveries confuses, mais délicieuses, et qui, sans avoir aucun objet bien déterminé ni constant, ne laissaient pas d'être à mon gré cent fois préférables à tout ce que j'avais trouvé de plus doux dans ce qu'on appelle les plaisirs de la vie. Souvent averti par le baisser du soleil de l'heure de la retraite, je me trouvais si loin de l'île, que j'étais forcé de travailler de toute ma force pour arriver avant la nuit close. D'autres fois, au lieu de m'écarter en pleine eau, je me plaisais à côtoyer les verdoyantes rives de l'île, dont les limpides eaux et les ombrages frais [1] m'ont souvent engagé à m'y baigner. Mais une de mes navigations les plus fréquentes était d'aller de la grande à la petite île, d'y débarquer et d'y passer l'après-dînée, tantôt à des promenades très-circonscrites au milieu des marceaux, des bourdaines, des persicaires, des arbrisseaux de toute espèce, et tantôt m'établissant au sommet d'un tertre sablonneux, couvert de gazon, de serpolet, de fleurs, même d'esparcette et de trèfles [2] qu'on y avait vraisemblablement semés autrefois, et très-propres à loger des lapins qui pouvaient là multiplier en paix sans rien craindre, et sans nuire à rien. Je donnai cette idée au receveur, qui fit venir

---

[1] Il se contente de dire que les rives sont *verdoyantes*, les eaux *limpides* et les ombrages *frais*. C'est ce qui apparaît à première vue ; la nuance n'y est pas encore.

[2] Ce que j'appelle la nuance se fait sentir ici dans cette curiosité de description botanique qui est propre à Rousseau, et qui donne une physionomie, une gaieté particulière au paysage.

de Neufchâtel des lapins mâles et femelles, et nous allâmes en grande pompe, sa femme, une de ses sœurs, Thérèse et moi, les établir dans la petite île, où ils commençaient à peupler avant mon départ, et où ils auront prospéré sans doute, s'ils ont pu soutenir la rigueur des hivers. La fondation de cette petite colonie fut une fête. Le pilote des Argonautes n'était pas plus fier que moi, menant en triomphe la compagnie et les lapins de la grande île à la petite, et je notais avec orgueil que la receveuse, qui redoutait l'eau à l'excès, et s'y trouvait toujours mal, s'embarqua sous ma conduite avec confiance, et ne montra nulle peur durant la traversée.

« Quand le lac agité ne me permettait pas la navigation, je passais mon après-midi à parcourir l'île, en herborisant à droite et à gauche, m'asseyant tantôt dans les réduits les plus riants et les plus solitaires pour rêver à mon aise, tantôt sur les terrasses et les tertres, pour parcourir des yeux le superbe et ravissant[1] coup d'œil du lac et de ses rivages, couronnés d'un côté par des montagnes prochaines, et, de l'autre, élargis en riches et fertiles plaines, dans lesquelles la vue s'étendait jusqu'aux montagnes bleuâtres plus éloignées, qui la bornaient.

« Quand le soir approchait, je descendais des cimes de l'île, et j'allais volontiers m'asseoir au bord du lac, sur la grève, dans quelque asile caché ; là, le bruit des vagues et l'agitation de l'eau fixant mes sens, et chassant de mon âme toute autre agitation, la plongeaient dans une rêverie délicieuse, où la nuit me surprenait souvent sans que je m'en fusse aperçu. Le flux et reflux de cette eau, son bruit continu, mais renflé par intervalles, frappant sans relâche mon oreille et mes yeux, suppléaient aux mouvements internes[2] que la rêverie éteignait en moi, et suffisaient pour me faire sentir avec plaisir mon existence, sans prendre la peine de penser. De temps à autre naissait quelque faible et courte réflexion sur l'instabilité des choses de ce monde, dont la surface des eaux m'offrait l'image ; mais bientôt ces impressions légères s'effaçaient dans

---

[1] *Superbe* et *ravissant*, il en reste à l'expression et à l'impression générale, un peu commune.

[2] *Internes*, le mot est un peu dur, il sent la nomenclature psychologique et détonne avec la mollesse de la rêverie. M. de La Mennais aime beaucoup ce mot-là et l'emploie très-habituellement.

l'uniformité du mouvement continu qui me berçait, et qui, sans aucun concours actif[1] de mon âme, ne laissait pas de m'attacher, au point qu'appelé par l'heure et par le signal convenu je ne pouvais m'arracher de là sans efforts. »

Voilà d'admirables pages, simples et tout à fait neuves à leur moment ; le coup de pinceau y est large, plein, facile, grave encore et ferme, bien que souple et gracieux ; il semble qu'il n'y ait rien à désirer. — Rien en effet qu'un je ne sais quoi de velouté qui y manque, le *lumen purpureum* du poëte.

Mais un autre coloriste s'avance : disciple pieux de Rousseau, mais disciple original et doué d'une certaine manière particulière de regarder la nature et de la peindre, il va faire un pas de plus, lever un nouveau voile avec lenteur et nous initier par sa douce magie aux nuances du mystère. Prenons-le dans une des scènes où il est en présence de son maître et de son premier modèle, en pèlerinage au tombeau de Jean-Jacques ; les différences de pinceau vont à l'instant se faire sentir :

« Les feuilles et les fleurs de la plupart des végétaux, dit Bernardin de Saint-Pierre, reflètent les rayons de la lune comme ceux du soleil... J'ai éprouvé une nuit un effet enchanteur de ces reflets lunaires des végétaux. Quelques dames et quelques jeunes gens de mes amis firent un jour avec moi la partie d'aller voir le tombeau de Jean-Jacques à Ermenonville : c'était au mois de mai. Nous prîmes la voiture publique de Soissons, et nous la quittâmes à dix lieues et demie de Paris, une lieue au-dessus de Dammartin. On nous dit que de là à Ermenonville il n'y avait pas trois quarts de lieue. Le soleil allait se coucher lorsque nous mîmes pied à terre au milieu des champs. Nous nous acheminâmes par le sentier des guérets, sur la gauche de la grande route, vers le couchant. Nous marchâmes plus d'une heure et demie dans une vaste cam-

---

[1] Ici encore on sent quelque manque de mollesse dans le tour et dans le son.

pagne sans rencontrer personne. Il faisait nuit obscure, et nous nous serions infailliblement égarés, si, par bonheur, nous n'eussions aperçu une lumière au fond d'un petit vallon : c'était la lampe qui éclairait la chaumière d'un paysan. Il n'y avait que sa femme qui distribuait du lait à cinq ou six petits enfants de grand appétit. Comme nous mourions de faim et de soif, nous la priâmes de nous faire participer au souper de sa famille. Nos jeunes dames parisiennes se régalèrent avec elle de gros pain, de lait, et même de sucre dont il y avait une assez ample provision. Nous leur tînmes bonne compagnie. Après avoir bien reposé notre âme et notre corps par ce festin champêtre, nous prîmes congé de notre hôtesse, aussi contente de notre visite que nous étions satisfaits de sa réception. Elle nous donna pour guide l'aîné de ses garçons, qui, après une demi-heure de marche, nous conduisit à travers des marais dans les bois d'Ermenonville. La lune vers son plein était déjà fort élevée sur l'horizon, et brillait de l'éclat le plus pur dans un ciel sans nuages. Elle répandait les flots de sa lumière sur les chênes et les hêtres qui bordaient les clairières de la forêt, et faisait apparaître leurs troncs comme les colonnes d'un péristyle. Les sentiers sinueux où nous marchions en silence traversaient des bosquets fleuris de lilas, de troènes, d'ébéniers, tout brillants d'une lueur bleuâtre et céleste. Nos jeunes dames vêtues de blanc, qui nous devançaient, paraissaient et disparaissaient tour à tour à travers ces massifs de fleurs, et ressemblaient aux Ombres fortunées des Champs-Élysées. Mais, bientôt émues elles-mêmes par ces scènes religieuses de lumière et d'ombre, et surtout par le sentiment du tombeau de Jean-Jacques, elles se mirent à chanter une romance : leurs voix douces, se mêlant aux chants lointains des rossignols, me firent sentir que, s'il y avait des harmonies entre la lumière de l'astre des nuits et les forêts, il y en avait encore de plus touchantes entre la vie et la mort, entre la philosophie et les amours[1]. »

Enfin, après ce divin coloriste, nous avons MM. de Chateaubriand et de Lamartine, ce dernier tenant plus directement de Bernardin de Saint-Pierre par une certaine

---

[1] *Harmonies végétales du soleil et de la lune.*

douceur facile et abondante, — disons mieux, une douceur céleste, qui se joue aux ondulations et aux harmonieuses mollesses. De nuit, voguant sur les flots, entendez-vous la jeune Napolitaine qui chante du rivage en s'adressant au pêcheur qu'elle aime :

> Vois : la mousse a pour nous tapissé la vallée ;
> Le pampre s'y recourbe en replis tortueux,
> Et l'haleine de l'onde, à l'oranger mêlée,
> De ses fleurs qu'elle effeuille embaume mes cheveux.
>
> A la molle clarté de la voûte sereine
> Nous chanterons ensemble assis sous le jasmin,
> Jusqu'à l'heure où la lune, en glissant vers Misène,
> Se perd en pâlissant dans les feux du matin.

Jamais l'harmonie musicale n'a versé plus d'enchantement dans une parole humaine. — Hélas ! que sont-ils devenus ces dons d'un coloris céleste ? qu'est-elle devenue cette lune du golfe de Baïa et du cap Misène ? Dans bien des pages de l'énervante et coupable *Histoire des Girondins*, elle est allée se jouer dans des flaques de sang[1].

Nous avons donc en présence les quatre manières comme couleur et harmonie. La manière de Jean-Jacques est la première à titre de signal et d'exemple ; elle est aussi la plus directe, la plus large et la plus simple, mais elle peut s'imiter, se copier presque (quand on a du talent), et elle a été mainte fois reproduite en effet dans de belles pages qu'on dirait de lui, et qui sont ou de M. de La Mennais ou de Mme Sand. Mais Bernardin de Saint-Pierre, mais Chateaubriand, on n'y parvient pas, ils déjouent le disciple ; ils ont plus que Jean-Jacques l'expression créée, l'expression rare et impossible pour tout

---

[1] O noble Muse du poëte, je ne vous l'ai point encore pardonné ! pourquoi s'être allée faire dangereuse et raccoleuse des masses, sous prétexte de pouvoir un jour, quand tout sera à bas, devenir utile ? La Muse de poésie, telle que je la conçois, est si à part et si au-dessus de ces choses, qui même, quand elles semblent immenses aux contemporains, ne sont que des choses d'un jour !

autre que pour eux. Ils ont dérobé la nuance, la demi-teinte, le reflet ; ils ont réussi à saisir et à rendre le sentiment de l'ineffable.

Les Anciens n'ont pas tout à fait suivi cette même marche compliquée dans la peinture des choses naturelles. Les plus anciens poëtes et peintres ont dès l'abord réfléchi les objets dans toute leur étendue, et aussi dans toute leur distinction variée et leur fraîcheur. Les derniers venus comme Théocrite ont un peu raffiné peut-être en exprimant, mais encore ils n'ont pas cessé d'être de l'école des premiers et grands peintres. C'est que les Anciens n'ont pas eu à faire comme les Modernes, qui sont partis de l'abstrait et du factice social pour revenir au naturel, et qui ont eu tout à reconquérir en ce genre. Il a fallu faire violence aux habitudes de salon pour reprendre pied, pas à pas, dans la nature. Il a fallu (à la lettre) sortir de l'hôtel Rambouillet pour découvrir le Mont-Blanc et même la vallée de Montmorency.

Je reviens à *Atala*, qui nous est une occasion pour relever et définir, chemin faisant, les qualités principales de l'écrivain que nous étudions.

Arrivé au grand village, Chactas qui n'est pas délivré se voit à la veille de son supplice. Il y a là un conseil tenu à son sujet entre les Sachems, dans lequel figurent cinquante vieillards *en manteau de castor* rangés sur des gradins. Cette partie du poëme est un peu singulière et prête à la plaisanterie. On ne peut s'empêcher de sourire en entendant cette matrone qui se lève pour répondre à un Sachem de la tribu de l'Aigle, et qui lui dit : « Mon père l'Aigle, vous avez l'esprit d'un renard et la prudente lenteur d'une tortue. » Ce sont là les faiblesses du genre[1].

Enfin Chactas est délivré, et il fuit avec sa libératrice

---

[1] Ce qu'un de nos amis, homme d'esprit et qui s'entend à nommer les choses, appelle le *tatouage*.

dans le désert. J'indique en passant de gracieuses images qui sont faites exprès pour attirer le regard :

« Quand nous rencontrions un fleuve, nous le passions sur un radeau ou à la nage. Atala appuyait une de ses mains sur mon épaule, et, comme deux cygnes voyageurs, nous traversions ces ondes solitaires. »

Et plus loin :

« Ces profondes solitudes n'étaient point troublées par la présence de l'homme. Nous ne vîmes qu'un chasseur indien qui, appuyé sur son arc et immobile sur la pointe d'un rocher, ressemblait à une statue, élevée dans la montagne au Génie de ces déserts. »

Toujours, toujours le procédé ! Oh ! nous le connaîtrons bien. Est-il donc si nécessaire de terminer absolument sa pensée, bon gré mal gré, en image ou en statue ? Quand la pensée ou la chose aperçue ne se présente qu'à l'état pur et simple, pourquoi ne pas la laisser telle sans la tourmenter pour la revêtir, comme si l'on avait toujours à parler devant des enfants ou devant des Sauvages ? On me dira que Chactas est un Sauvage. Il le serait plus, s'il ne se piquait pas tant de l'être.

Chactas cependant ne peut rien comprendre aux contradictions d'Atala qui l'aime et le repousse, qui l'enchante et le désole sans cesse. La scène de l'orage va lui livrer la clef de ce cœur combattu. Sous les coups redoublés du tonnerre, à la lueur des pins embrasés, Atala lui raconte son histoire : Atala est chrétienne. Elle n'est pas, comme on le croit, la fille du magnanime Simaghan, elle est la fille de Lopez, de ce vieil Espagnol qui fut le bienfaiteur de Chactas. Mais laissons cette romanesque histoire. La beauté de la scène (et elle est grande) se retrouve tout entière dans la situation, dans l'immensité de l'orage et de l'incendie, dans la résistance, motivée ou non, d'une simple et fragile mortelle, dans ce cri de Chactas qui est plutôt déjà celui de René, celui de tout cœur malade et ulcéré qui se retourne et cherche ses représailles contre le Ciel :

« Pompe nuptiale, digne de nos malheurs et de la grandeur de nos amours : superbes Forêts qui agitiez vos lianes et vos dômes comme les rideaux et le ciel de notre couche, Pins embrasés qui formiez les flambeaux de notre hymen, Fleuve débordé, Montagnes mugissantes, affreuse et sublime Nature, n'étiez-vous donc qu'un appareil préparé pour nous tromper, et ne pûtes-vous cacher un moment dans vos mystérieuses horreurs la félicité d'un homme ! »

O Chactas ! ce n'est pas vous qui avez poussé ce cri déchirant : celui qui l'a poussé, et qui le poussera bien des fois encore, est ce même cœur malade et incapable de bonheur en même temps qu'il en est insatiable, ce cœur de Prométhée que le bonheur même, une fois trouvé, ne remplirait pas et qui le rejetterait bien vite plutôt que de s'en contenter, qui le renierait avec mépris en se retournant encore contre les Cieux. C'est celui qui, parlant un jour en son propre nom et dans tout son orgueil à la femme subjuguée, a livré en ces termes effrayants son désolé secret :

« ... Ne croyez pas désormais recevoir impunément les caresses d'un autre homme ; ne croyez pas que de faibles embrassements puissent effacer de votre âme ceux de René. Je vous ai tenue sur ma poitrine au milieu du désert, dans les vents de l'orage, lorsqu'après vous avoir portée de l'autre côté d'un torrent, j'aurais voulu vous poignarder pour fixer le bonheur dans votre sein, et pour me punir de vous avoir donné ce bonheur. C'est toi, Être suprême, source d'amour et de beauté, c'est toi seul qui me créas tel que je suis, et toi seul me peux comprendre ! Oh ! que ne me suis-je précipité dans les Cataractes au milieu des ondes écumantes ? je serais rentré dans le sein de la Nature avec toute mon énergie [1]. »

[1] Lettre de René à Céluta au tome II des *Natchez*.

Telle est dans toute sa franchise, dans tout son blasphème, l'inspiration qui se peut dire infernale et satanique ; mais elle ne se produit ailleurs qu'à demi voilée et comme dans un faux jour, en se mêlant frauduleusement à un rayon d'en haut. Nous la retrouverons dans *René*, dans *Velléda*. C'est elle qui s'élance du sein de l'orage dans *Atala*, et qui, autant que l'imagination descriptive du début, répand sur ce petit poëme la grandeur.

Il faut convenir toutefois que tout cela est étrangement placé dans le *Génie du Christianisme*. J'aimerais autant dire que de telles histoires sont des pièces justificatives de l'*Hamlet* de Shakspeare ou du *Prométhée enchaîné* d'Eschyle.

Chactas et Atala ont été trouvés pendant l'orage et sauvés par le Père Aubry, un vénérable missionnaire qui a fondé près de là une colonie d'Indiens convertis au Christianisme : cette portion du récit a pour titre *les Laboureurs*, comme la portion précédente s'intitulait *les Chasseurs*. Ce Père Aubry, *l'homme des anciens jours*, est célèbre, et il a été accueilli à son entrée en scène par bien des plaisanteries. L'auteur a corrigé plus d'un passage qui y avait donné lieu : on ne voit plus dans *Atala*, telle que nous l'avons aujourd'hui, le nez aquilin du Père Aubry et sa longue barbe « qui avaient quelque chose de sublime dans leur quiétude, et comme d'aspirant à la tombe par leur direction naturelle vers la terre. » — Somme toute, cette partie du poëme est grandiose, quoique un peu raide et pleine d'effets calculés :

« En descendant la montagne, j'aperçus des chênes où les Génies semblaient avoir dessiné des caractères étrangers. L'ermite me dit qu'il les avait tracés lui-même, que c'étaient des vers d'un ancien poëte, appelé Homère, et quelques sentences d'un autre poëte plus ancien encore, nommé Salomon. Il y avait je ne sais quelle mystérieuse harmonie entre cette sagesse des temps, ces vers rongés de mousse, ce vieux solitaire qui les avait gravés, et ces vieux chênes qui lui servaient de livres. »

Pour le plaisir de faire la réflexion si concertée, l'auteur, par la bouche de Chactas, accumule les invraisemblances, et fait du Père Aubry un savant curieux qui, au besoin, rédigerait son Anthologie. — Et plus loin, au moment de la célébration des saints mystères :

« L'aurore paraissant derrière les montagnes enflammait l'Orient. Tout était d'or ou de rose dans la solitude. L'astre annoncé par tant de splendeur sortit enfin d'un abîme de lumière, et *son premier rayon rencontra l'hostie consacrée, que le prêtre en ce moment même élevait dans les airs.* O charme de la religion ! Ô magnificence du culte chrétien ! etc., etc. »

Et il tire de cet accident du rayon une raison de croire ; je dis *il*, c'est-à-dire l'auteur, car ce ne peut être Chactas qui, cinquante ans après, n'est pas converti encore. L'invraisemblance en fait de caractère s'ajoute ici à la légèreté et au faux brillant en matière de foi. Bon Dieu ! que dirait Calvin qui, dans sa colère, compare la messe à une *Hélène*, de la voir ainsi mêlée à l'Aurore *aux doigts de rose ?* Mais que doivent penser surtout de ces jeux de lumière ceux qui croient tout gravement au Saint-Sacrement de l'autel, et qui, par conséquent, n'y croient pas moins les jours de nuage que les jours de soleil ?

Le *Drame* commence, présentant le tableau de la mort et des derniers instants d'Atala qui s'est empoisonnée durant l'orage, croyant par là (pauvre ignorante !) satisfaire au vœu de sa mère et se garantir d'elle-même. Il y aurait, du point de vue moral, bien des choses à opposer (même après ce que dit le Père Aubry) à cette fatale superstition d'Atala, à cette invention romanesque et violente ; mais, arrivé à cet endroit du récit, on est subjugué, on est ému, et l'on ne raisonne guère. — Les paroles d'Atala mourante sont d'ailleurs animées d'un sublime délire de passion ; elles répondent en beauté, en énergie brûlante, au cri que Chactas a poussé tout à l'heure dans la forêt : « Quel dessein n'ai-je point rêvé ? quel songe n'est point sorti de ce cœur si triste ?... » Et tout ce qui suit, où s'exhale ce vœu forcené d'un bonheur à tout prix, même à travers l'anéantissement de Dieu et du monde.

A un moment, Atala mourante dit à Chactas : « Le soleil doit être près de se coucher maintenant. Chactas, ses rayons seront bien beaux au désert, sur ma tombe ! » — Je ne sais si Atala a pu avoir une telle pensée, si elle s'est figuré d'avance cet effet de lumière ; mais il est certain que ç'a été une idée fixe de l'auteur que cette perspective funèbre : comme les rois d'Égypte, il a passé sa vie à méditer et à projeter son sépulcre. Il s'est redit perpétuellement : « Cet Océan qui m'a vu naître est sublime : ses vagues seront bien belles en venant se briser autour du rocher de ma tombe. » On y peut voir une préoccupation personnelle bien persistante, un désir d'art et d'effet bien prolongé ; mais un tel mode de personnalité n'est pas vulgaire [1].

---

[1] « Pour moi, dit-il quelque part, loin de regarder comme un insensé le roi qui fit bâtir la grande Pyramide, je le tiens au contraire pour un monarque d'un esprit magnanime. L'idée de vaincre le temps par un tombeau, de forcer les générations, les mœurs, les lois, les âges, à se briser au pied d'un cercueil, ne saurait être sortie d'une âme vulgaire. Si c'est là de l'orgueil, c'est du moins un grand orgueil. Une vanité comme celle de la grande Pyramide, qui dure depuis trois ou quatre mille ans, pourrait bien à la longue se faire compter pour quelque chose. » (*Itinéraire.*) — Étant ambassadeur à Rome en 1829, il eut, un moment, l'idée de se choisir un sarcophage antique pour cercueil : « Mes fouilles vont bien, écrivait-il à Mme Récamier : je trouve force sarcophages vides ; j'en pourrai choisir un pour moi, sans que ma poussière soit obligée de chasser celle de ces vieux morts que le vent a déjà emportée... J'aurai du moins un grand tombeau en échange d'une petite vie. » — Quel arrangement et quelle pose jusque dans la mort !

Le discours du Père Aubry à Atala et à Chactas est célèbre. Combien de fois quelques-unes de ces paroles ont été répétées depuis sans qu'on se rappelât bien d'où elles étaient tirées!

« L'habitant de la cabane et celui des palais, tout souffre, tout gémit ici-bas; les reines ont été vues pleurant comme de simples femmes, et l'on s'est étonné de la quantité de larmes que contiennent les yeux des rois! »

Un spirituel critique citait un jour ces paroles comme étant de Bossuet : elles ont un faux air de Bossuet en effet; mais il en est d'autres, à côté, qui seraient plus dignes de lui être attribuées en ce qu'elles sont plus simples :

« Est-ce votre amour que vous regrettez? Ma fille, il faudrait autant pleurer un songe. Connaissez-vous le cœur de l'homme, et pourriez-vous compter les inconstances de son désir? Vous calculeriez plutôt le nombre des vagues que la mer roule dans une tempête. »

Et cette pensée qui scandalisait si fort l'abbé Morellet :

« Croyez-moi, mon fils, les douleurs ne sont point éternelles; il faut tôt ou tard qu'elles finissent, parce que le cœur de l'homme est fini; c'est une de nos grandes misères : nous ne sommes pas même capables d'être longtemps malheureux. »

L'abbé-philosophe prétendait au contraire que l'homme, puisqu'il avait la faculté de se consoler, *en était, par là même, moins misérable*. A la bonne heure! c'est selon le sens où on le prend. Il n'y a que manière d'entendre les choses.

A côté de ces grandes paroles qu'un Bossuet ne désavouerait pas, il en est de plus neuves, de plus particulières en images, et qui ne peuvent être signées que de Chateaubriand, mais qui sont belles encore :

« Le cœur, ô Chactas ! est comme ces sortes d'arbres qui ne donnent leur baume pour les blessures des hommes, que lorsque le fer les a blessés eux-mêmes[1]. »

Et encore, pour exprimer qu'il n'est point de cœur mortel qui n'ait au fond sa plaie cachée :

« Le cœur le plus serein en apparence ressemble au puits naturel de la savane Alachua : la surface en paraît calme et pure, mais quand vous regardez au fond du bassin, vous apercevez un large crocodile, que le puits nourrit dans ses eaux. »

Ce crocodile-là ne cessa jamais d'habiter au fond du cœur de René, et il s'y réveillait à chaque moment qui aurait pu être du bonheur.

On peut regretter, après ces beautés neuves, qu'il y ait dans le rôle du Père Aubry trop de *l'homme des anciens jours*, de *l'homme du rocher*, de ces expressions qu'il sera trop facile ensuite à un D'Arlincourt de copier. Mais l'effet des paroles du religieux reste, quoi qu'on puisse dire, plein de grandeur et de magnificence.

Les funérailles d'Atala sont d'une rare beauté et d'une expression idéale. Nous n'avons plus qu'à y assister, à suivre son convoi en le comparant à celui de Manon Lescaut. C'est bien hardi de venir rapprocher le nom de la pauvre fille de celui de la fière Atala ; mais la passion, le malheur et la mort rapprochent tout.

---

[1] M. de Lamartine, parlant du jeune Dauphin dans cette *Histoire des Girondins* où il y a des émotions et des scènes pour tout le monde, a dit avec ce talent qui, par malheur, ne l'abandonne jamais : « L'enfant, *précoce comme les fruits d'un arbre blessé*, semblait devancer de l'intelligence et de l'âme les enseignements de la pensée et les délicatesses du sentiment. »

DIXIÈME LEÇON.

De la prose poétique. — Réparation à Jean-Jacques et à Buffon. — Funérailles d'Atala ; — celles de Manon Lescaut. — Côté antique dans *Atala*. — Jugement de M. Joubert. — Critique de l'abbé Morellet. — *Panurge* et sa calotte de toile cirée.

Messieurs,

A propos de ce que j'ai dit précédemment en comparant les styles descriptifs de Jean-Jacques, de Bernardin de Saint-Pierre et de M. de Chateaubriand, une observation m'a été adressée par un de mes bienveillants auditeurs. Il lui a semblé que je donnais de tout point le désavantage, l'infériorité à Jean-Jacques. Telle n'a pas été précisément ma pensée, et je saisirai cette occasion de la mieux mettre en lumière.

Dans la comparaison que j'établissais, je ne considérais qu'une des formes du style, qu'une de ses applications, le style descriptif et pittoresque, le style poétique. A cet égard, et à ne le prendre que par cet aspect, il n'y a nul doute que la prose de Bernardin de Saint-Pierre et de M. de Chateaubriand ne renchérisse, et souvent avec bonheur, sur celle de Jean-Jacques et celle de Buffon que je n'en sépare pas ; qu'elle n'arrive à exprimer des effets, des reflets, des nuances, auxquelles les deux autres grands écrivains n'ont ni atteint ni visé.

Mais la prose poétique et pittoresque n'est qu'une extrémité de la prose, s'il est permis de parler ainsi ; ce n'en est qu'une province, la plus riche, la plus brillante, une Asie Mineure comme auraient dit les Anciens[1] ; en s'y concentrant tout entière et s'y fixant, la langue court risque de se corrompre et de se dénaturer.

Ce reproche avait déjà été adressé à Buffon tout le premier : on a prétendu qu'il dénaturait la prose en lui prêtant mal à propos le langage de la poésie. Voltaire, qui en d'autres endroits s'exprime noblement sur le compte de Buffon, en a parlé ailleurs comme d'un physicien qui écrivait en prose poétique. Chénier l'en a très-bien justifié[2]. L'auteur de l'*Histoire naturelle*, le grand écrivain qui a si admirablement discouru de la langue devant l'Académie française, ne manquait d'aucune des qualités du style. On peut dire que, pour posséder toutes ces qualités et en avoir la juste économie, il importe de se tenir et d'habiter en quelque sorte à la source même et au centre de la pensée : de là, selon la nécessité et l'occasion, l'écrivain habile se porte avec la parole dans toutes les directions voulues ; s'il s'agit de raconter, il raconte ; de raisonner et de discuter, il discute ; de décrire et de peindre, il a des couleurs. Il est présent partout et presque à la fois sur chaque point du vaste empire. Buffon et Jean-Jacques ont une prose noble, juste, vigoureuse, souple et brillante, qui suffit à tous les emplois, qui triomphe dans plusieurs, qui ne paraît ni déplacée ni gênée dans aucun. En dirons-nous autant de la prose de Chateaubriand, ou même de celle de Bernardin de Saint-Pierre ? Par cela même qu'ils se sont fixés et comme acclimatés dans la région exclusivement brillante, quand le sujet les convie

---

[1] « Et antiqua quidem illa divisio inter Asianos atque Atticos fuit ; cum hi pressi et integri, contra inflati illi et inanes haberentur ; et in his nihil superflueret, illis judicium maxime ac modus deesset. » (Quintilien, *de l'Institution de l'Orateur*, liv. xii, chap. 10.) Il faudrait modifier cette définition et en transposer les caractères de l'orateur à l'écrivain.

[2] *OEuvres* de Marie-Joseph Chénier, tome IV, p. 339 (1825).

à en sortir ou les y force, ils ne le font pas naturellement et avec aisance. Ils ont un plus long chemin à faire. Quand il faut raisonner, souvent ils sont faibles, ils se prennent à des lueurs d'idées, ils portent partout un excès de rayon. Un jour Bernardin de Saint-Pierre, comme directeur de l'Académie française, eut à répondre aux discours de MM. Laujon, Raynouard et Picard, qu'on recevait à la fois (24 novembre 1807). Jamais on ne vit moins de souplesse et de grâce, et certes il en aurait fallu beaucoup. A partir d'un certain endroit de son discours l'orateur rentre dans ses idées philosophiques, dans ses images familières, et s'y abandonne démesurément :

« La France n'était plus éclairée, dit-il, que par de fausses lumières. Toute philosophie avait disparu. Tel est notre *pôle*, abandonné du soleil, lorsqu'une *aurore boréale*, toujours expirante, ne peut plus y enfanter le jour, et n'annonce à la nuit que de nouvelles nuits : ses rayons, décolorés et tremblants, n'y laissent entrevoir qu'un *océan de glace*, et ne montrent sur ses rivages d'autres êtres vivants que des *renards arctiques acharnés sur des cadavres*. — Où étiez-vous alors, filles chéries de la philosophie, Muses françaises? quelle sombre forêt, quelle grotte caverneuse vous tenait cachées?...

« Enfin, s'écrie-t-il encore, le Ciel nous envoya un libérateur. Ainsi l'*aigle* s'élance au milieu des orages; en vain les *autans* le repoussent et font replier ses ailes, il accroît sa force de leur furie, et, s'élevant au haut des airs, il s'avance dans l'axe de la tempête, à la faveur même des vents contraires. Tel apparut aux regards de l'Europe conjurée cet homme dont la vertu s'accroît par les obstacles, ce héros *philosophe*[1] organisé pour l'empire... »

Des *aigles*, des *aurores boréales*, des *autans*! Bernardin de Saint-Pierre dépaysé et jeté hors de sa sphère ne peut pourtant se passer de ses termes de comparaison habi-

---

[1] Accordez-lui, puisqu'il le faut, toutes les louanges : de grâce seulement n'y mêlez pas celle de *philosophe*.

tuels, mais il les force. Que nous sommes loin de ce discours si approprié, si convenable et si éloquemment décent de Buffon ! — J'en dirai autant de la prose de Chateaubriand lorsqu'elle s'applique à l'histoire, à la politique. Je sais que c'est la mode de dire qu'il est parfait en ce dernier genre. Il excelle dans la polémique ; il a des traits qui percent, il emporte la pièce. Mais son style politique manque trop souvent de suite, d'enchaînement, de calme, de sang-froid et de gravité. Il est à tout instant à la merci de la pointe et de l'image. Rien qu'à son mouvement saccadé on y sent la violence. A côté de développements justes, vrais, dignes d'un historien et d'un publiciste du premier ordre, il y a tout d'un coup des parades chevaleresques et *françaises*. Ce style est tout rempli de panaches blancs et de fanfares d'honneur qui, pour tout bon esprit, en gâtent les vérités[1]. Le plus sûr donc, et je le conseille à ceux qui le peuvent, c'est encore d'avoir une prose comme celle de Jean-Jacques et de Buffon.

Chaque langue a son génie, sa portée, ses limites ; il est périlleux d'en vouloir déplacer le centre, d'en oser transférer la capitale, fût-on Constantin. Chateaubriand a un peu fait comme ce grand empereur qu'il a célébré : il a transporté le centre de la prose de Rome à Bysance, et quelquefois par delà Bysance, — de Rome à Antioche ou à Laodicée. C'est de lui que date dans la prose française le style bas-empire. Ce style a bien du brillant, et ajoutons que, manié par une forte imagination, il est loin

---

[1] Enfin, M. de Salvandy, un jour, dans ce fameux article sur les funérailles de Louis XVIII, a pu paraître à tout Paris (sauf à trois ou quatre personnes) du pur Chateaubriand, et du meilleur. — Le bon Ballanche me disait un jour à propos des dernières brochures politiques de M. de Chateaubriand (vers 1832-1833) : « Monsieur, que vous en semble? ne croyez-vous pas que le règne de la *phrase* est passé? » En disant cela Ballanche croyait que le règne de l'*idée*, de sa propre idée, allait venir. Il ne voyait pas que, le règne d'une phrase cessant, c'est le règne d'une autre phrase qui commence.

d'être sans grandeur : le style de saint Augustin n'est autre que du style bas-empire. Mais quand on en est là, le pur style romain est à jamais perdu, et le retrouvât-on par hasard en écrivant, il paraîtrait désormais trop nu et trop simple. En un mot, la Capitale d'une langue, ainsi rejetée à une extrême frontière, est bien voisine des Barbares. — Nous reprenons les funérailles d'Atala.

Ces funérailles, si elles ont quelque apprêt, sont d'ailleurs d'un effet extraordinaire et d'une perfection suprême. Quelles que soient les objections qu'un goût simple puisse y faire même au nom du cœur, un sentiment plus fort les repousse, les ajourne et les fait oublier :

« Vers le soir, raconte Chactas, nous transportâmes ses précieux restes à une ouverture de la grotte, qui donnait vers le nord. L'ermite les avait roulés dans une pièce de lin d'Europe, filé par sa mère ; c'était le seul bien qui lui restât de sa patrie, et depuis longtemps il le destinait à son propre tombeau. Atala était couchée sur un gazon de sensitives de montagnes ; ses pieds, sa tête, ses épaules et une partie de son sein[1] étaient découverts. On voyait dans ses cheveux une fleur de magnolia fanée..., celle-là même que j'avais déposée sur le lit de la vierge pour la rendre féconde. Ses lèvres, comme un bouton de rose cueilli depuis deux matins, semblaient languir et sourire. Dans ses joues, d'une blancheur éclatante, on distinguait quelques veines bleues. Ses beaux yeux étaient fermés, ses pieds modestes étaient joints, et ses mains d'albâtre pressaient sur son cœur un crucifix d'ébène ; le scapulaire de ses vœux était passé à son cou. Elle paraissait enchantée par l'Ange de la Mélancolie et par le double sommeil de l'innocence et de la tombe. Je n'ai rien vu de plus céleste. Quiconque eût ignoré que cette jeune fille avait joui de la lumière aurait pu la prendre pour la statue de la Virginité endormie. »

[1] . . . . στέρνα θ' ὡς ἀγάλματος
Κάλλιστα. . , ...

Son beau sein semblable à celui d'une statue ! (Euripide, dans *Hécube*, récit de la mort de Polyxène.)

Ce Chactas, avant d'être amant, est certainement peintre et statuaire ; c'est à croire qu'à son passage en France il a étudié le Primatice. Il se souvient du trépas sacré de Polyxène. Girodet, dans son tableau si connu, n'a fait que copier littéralement le poëte et le traduire. Ce groupe de Chateaubriand est un marbre de Canova ; une *morbidezza* divine y respire.

« La lune prêta son pâle flambeau à cette veillée funèbre. Elle se leva au milieu de la nuit comme une blanche Vestale qui vient pleurer sur le cercueil d'une compagne. Bientôt elle répandit dans les bois ce grand secret de mélancolie qu'elle aime à raconter aux vieux chênes et aux rivages antiques des mers... »

Admirons ici le génie de Chateaubriand dans toute son originalité et sa beauté. Il trouve moyen d'ajouter encore quelque chose aux *clairs de lune* si délicieux et si élyséens de Bernardin de Saint-Pierre. Les siens ont quelque chose de plus mélancolique et comme de douloureux.

Et plus loin, après cette nuit de poésie et de prière, et encore plus enchantée que bénie :

« Cependant une barre d'or se forma dans l'orient. Les éperviers criaient sur les rochers, et les martres rentraient dans le creux des ormes : c'était le signal du convoi d'Atala. Je chargeai le corps sur mes épaules ; l'ermite marchait devant moi, une bêche à la main. Nous commençâmes à descendre de rocher en rocher ; la vieillesse et la mort ralentissaient également nos pas... »

Cette *barre d'or*, ces *martres*, ces *éperviers* donnant le signal de l'aurore, sont de ces traits qui ne se trouvent point si on ne les a observés. C'est ce qui met à l'idéal même le *sceau de la réalité*[1]. On croit en effet à la réalité

---

[1] Expression de M. Vinet.

des choses qui sont attestées par de tels signes caractéristiques surpris dans la nature. Quel dommage que celui qui savait les voir ne s'y soit pas tenu, et qu'il ait à tout instant excédé !

« Prenant alors un peu de poussière dans ma main, et gardant un silence effroyable [1], j'attachai pour la dernière fois mes yeux sur le visage d'Atala. Ensuite je répandis la terre du sommeil sur un front de dix-huit printemps... ».

Chactas, dans cette belle description (trop belle pour être entièrement touchante), n'a d'autre défaut que de faire trop d'attention à l'effet qu'il éprouve et à celui qu'il produit, et de trop regarder toute chose et lui-même.

Il y a trois grandes ou touchantes scènes de funérailles qui peuvent se rapprocher et se comparer : les funérailles de Virginie, celles d'Atala, et celles de Manon Lescaut, puisque décidément nous prenons sur nous de la nommer, la pauvre fille ! à côté de ces nobles créatures. Les funérailles de Virginie nous sont présentes : d'ailleurs, si pathétiques qu'elles soient, elles se firent avec régularité et avec pompe ; mais dans les funérailles de Manon, comme dans celles d'Atala, c'est l'amant, l'ami passionné et désolé qui doit ensevelir lui-même son plus cher trésor.

Dans cette incomparable et si naturelle *Histoire du chevalier Des Grieux et de Manon Lescaut,* ce qui manque ou plutôt ce qui est absent d'un bout à l'autre, et à quoi personne (auteur ni lecteur) ne songe, c'est la poésie, c'est l'art : ce qui domine et anime tout, c'est la passion, — la passion dans son cours le plus naturel et le plus abandonné, dans sa physionomie la plus ingénue et la plus expressive. Quand il arrive par hasard que l'auteur, le narrateur veut trouver une image, une comparaison,

---

[1] *Effroyable* pour qui ? Il n'y a pas d'autre témoin que le Père Aubry.

il est faible et vague, ou commun[1]; mais tout ce qui sort du cœur des personnages est direct, naturel, vif, court et brûlant. Tout est en action. Ainsi, dans ces funérailles de Manon, le malheureux chevalier raconte comment en Amérique (dans cette Amérique qu'il s'inquiète si peu de décrire), après son duel avec le neveu du gouverneur de la Nouvelle-Orléans, blessé lui-même il prend la fuite avec Manon; et là, dans le désert, elle expire dans ses bras de lassitude et d'épuisement; il ne prend pas ce moment pour prodiguer les couleurs :

« Pardonnez si j'achève en peu de mots un récit qui me tue. Je vous raconte un malheur qui n'eut jamais d'exemple; toute ma vie est destinée à le pleurer. Mais quoique je le porte sans cesse dans ma mémoire, mon âme semble reculer d'horreur chaque fois que j'entreprends de l'exprimer.

« Nous avions passé tranquillement une partie de la nuit. Je croyais ma chère maîtresse endormie, et je n'osais pousser le moindre souffle dans la crainte de troubler son sommeil. Je m'aperçus dès le point du jour, en touchant ses mains, qu'elle les avait froides et tremblantes; je les approchai de mon sein pour les échauffer. Elle sentit ce mouvement, et, faisant un effort pour saisir les miennes, elle me dit d'une voix faible qu'elle se croyait à sa dernière heure.

« Je ne pris d'abord ce discours que pour un langage ordinaire dans l'infortune, et je n'y répondis que par les tendres consolations de l'amour. Mais ses soupirs fréquents, son silence à mes interrogations, le serrement de ses mains, dans lesquelles elle continuait de tenir les miennes, me firent connaître que la fin de ses malheurs approchait.

« N'exigez point de moi que je vous décrive mes sentiments, ni que je vous rapporte ses dernières expressions. Je la perdis;

---

[1] Ainsi quand Des Grieux, depuis un an abbé à Saint-Sulpice, se retrouve tout d'un coup au parloir face à face avec Manon : « Je frémissais, dit-il pour rendre son étonnement, *comme il arrive lorsqu'on se trouve la nuit dans une campagne écartée*, etc. » La comparaison, la métaphore n'étaient pas encore inventée ou perfectionnée.

je reçus d'elle des marques d'amour au moment même qu'elle expirait : c'est tout ce que j'ai la force de vous apprendre de ce fatal et déplorable événement.

« Mon âme ne suivit pas la sienne. Le Ciel ne me trouva sans doute point assez rigoureusement puni ; il a voulu que j'aie traîné depuis une vie languissante et misérable. Je renonce volontairement à la mener jamais plus heureuse.

« Je demeurai plus de vingt-quatre heures la bouche attachée sur le visage et sur les mains de ma chère Manon. Mon dessein était d'y mourir ; mais je fis réflexion, au commencement du second jour, que son corps serait exposé, après mon trépas, à devenir la pâture des bêtes sauvages. Je formai la résolution de l'enterrer et d'attendre la mort sur sa fosse. J'étais déjà si proche de ma fin, par l'affaiblissement que le jeûne et la douleur m'avaient causé, que j'eus besoin de quantité d'efforts pour me tenir debout. Je fus obligé de recourir aux liqueurs fortes que j'avais apportées[1] ; elles me rendirent autant de force qu'il en fallait pour le triste office que j'allais exécuter. Il ne m'était pas difficile d'ouvrir la terre dans le lieu où je me trouvais ; c'était une campagne couverte de sable. Je rompis mon épée pour m'en servir à creuser, mais j'en tirai moins de secours que de mes mains. J'ouvris une large fosse ; j'y plaçai l'idole de mon cœur après avoir pris soin de l'envelopper de tous mes habits pour empêcher le sable de la toucher. Je ne la mis dans cet état qu'après l'avoir embrassée mille fois avec toute l'ardeur du plus parfait amour. Je m'assis encore près d'elle ; je la considérai longtemps ; je ne pouvais me résoudre à fermer sa fosse. Enfin, mes forces recommençant à s'affaiblir, et craignant d'en manquer tout à fait avant la fin de mon entreprise, j'ensevelis pour toujours, dans le sein de la terre, ce qu'elle avait porté de plus parfait et de plus aimable. Je me couchai ensuite sur la fosse, le visage tourné vers le sable, et, fermant les yeux avec le dessein de ne les ouvrir jamais, j'invoquai le secours du Ciel, et j'attendis la mort avec impatience. »

Le visage tourné vers le sable... Mouvement admirable,

---

[1] Des *liqueurs fortes* : il ne songe pas à être idéal : c'est la vérité même qu'il expose, la réalité nue.

mais admirable comme la nature, en geste, en action, en attitude (*effusus*) ! Rien de l'art, rien de la statuaire antique, mais le sentiment pur.

« Ce qui vous paraîtra difficile à croire, c'est que pendant tout l'exercice de ce lugubre ministère il ne sortit point une larme de mes yeux ni un soupir de ma bouche. La consternation profonde où j'étais, et le dessein déterminé de mourir, avaient coupé le cours à toutes les expressions du désespoir et de la douleur. Aussi ne demeurai-je pas longtemps dans la posture où j'étais sur la fosse sans perdre le peu de connaissance et de sentiment qui me restaient. »

Quand on rencontre le beau ou le vrai de la passion sous quelque forme que ce soit, il n'y a pas à préférer ni à choisir ; il faut savoir tout comprendre, tout sentir et admirer. Nous n'avons donc pas à nous décider entre les deux tableaux. Disons seulement que des récits vrais, simples, courants, d'une limpidité de source, comme celui de *Manon Lescaut*, sont de ces bonheurs qui ne se rencontrent pas deux fois : il est plus aisé de diversifier les beautés de l'art que de recommencer une telle expression directe de la nature.

L'Épilogue d'*Atala* couronne dignement le poëme : c'est l'auteur lui-même, Chateaubriand, qui reprend la parole et qui raconte la suite de la destinée des personnages survivants (le Père Aubry, Chactas), telle qu'il l'a apprise dans ses voyages aux terres lointaines. Il y a bien encore quelque trace de manière : « Quand un Siminole me raconta cette histoire (transmise de Chactas à René, et des pères aux enfants), je la trouvai fort instructive et parfaitement belle, parce qu'il y mit la *fleur du désert*, la *grâce de la cabane*, et une simplicité à conter la douleur que je ne me flatte pas d'avoir conservée. » Ce ton-ci, en effet, est bien moins de la simplicité que de la simplesse. Mais à côté se trouve le touchant tableau de la jeune mère indienne ensevelissant et berçant son enfant mort parmi les branches d'un érable. La description de la Cataracte de Niagara qui vient à cet endroit pourrait, dit-on, ne pas perdre en grandeur et offrir plus de vérité. Enfin, après le récit, qui lui est fait par la jeune Indienne, du massacre de Chactas et du Père Aubry dont elle lui montre les cendres, le voyageur s'éloigne à grands pas en s'écriant :

« Ainsi passe sur la terre tout ce qui fut bon, vertueux, sensible ! Homme ! tu n'es qu'un songe rapide, un rêve douloureux ; tu n'existes que par le malheur ; tu n'es quelque chose que par la tristesse de ton âme et l'éternelle mélancolie de ta pensée ! »

Nous reconnaissons l'accent pénétrant, le cri d'aigle blessé (comme je l'ai dit ailleurs de Pascal), — blessé de la blessure que certains cœurs apportent en naissant. Ce cri va se prolonger et retentir dans tout *René*.

Il y aurait bien encore quelques remarques à faire au sujet d'*Atala :* par exemple, sur ce côté d'Antiquité, de génie antique, qui s'y retrouve déguisé trop souvent et comme parodié sous des costumes sauvages, mais parfois aussi dans toute la beauté d'un véritable rajeunissement. Ainsi, quand Chactas raconte cette heure suprême où, captif, à la veille de son supplice, le soir de l'orgie du camp, il se croyait sans ressource et abandonné d'Atala :

« La nuit s'avance : les chants et les danses cessent par degrés ; les feux ne jettent plus que des lueurs rougeâtres, devant lesquelles on voit encore passer les ombres de quelques Sauvages ; tout s'endort ; à mesure que le bruit des hommes s'affaiblit, celui du désert augmente, et au tumulte des voix succèdent les plaintes du vent dans la forêt. C'était l'heure où une jeune Indienne qui vient d'être mère se réveille en sursaut au milieu de la nuit, car elle a cru entendre les cris de son premier-né, qui lui demande la douce nourriture... »

Ces signes naturels empruntés à l'ordre moral ajoutent l'émotion à la réalité. On se rappelle les beaux vers de Virgile :

> Nox erat, et placidum carpebant fessa soporem
> Corpora per terras, silvæque et sæva quierant
> Æquora : cum medio volvuntur sidera lapsu,
> Cum tacet omnis ager, pecudes, pictæque volucres...

Mais cette mère indienne est mieux ici que le *pecudes* et le *volucres*. Elle me rappelle, dans l'épisode de la Médée d'Apollonius, cette autre mère que Virgile a, je ne sais pourquoi, oubliée : « C'était déjà l'heure où tout voyageur et tout gardien aux portes des villes commence à désirer le sommeil; un assoupissement profond s'emparait même des mères dont les enfants sont morts... » La mère qui *se réveille en sursaut*, et celle qui succombe au sommeil, sont diversement belles, et Chateaubriand ici a égalé l'antique.

La conclusion que j'ai à offrir sur *Atala* après une si longue étude me sera facile, et je l'emprunterai à M. Joubert, le plus délicat des amis et des juges. Avec M. Joubert, remarquons-le, nous entrons dans une critique plus raffinée, plus subtile que celle du xviiie siècle, et toute d'accord avec la nouveauté de son objet. La critique de Marmontel et de La Harpe est dépassée : elle n'eût pas suffi pour pénétrer cette œuvre de création nouvelle, pour la saisir et la démêler dans ses mystères. M. de Chateaubriand eut ce bonheur, au début, d'avoir d'un côté Fontanes, le critique classique pur, mais dans tout son feu et sa ferveur; et de l'autre côté M. Joubert, le critique-initiateur, aussi hardi que délicat : il marchait éclairé, soutenu, retenu tour à tour ou excité par chacun d'eux.

— M. Joubert écrivait donc le 6 mars 1801 à Mme de Beaumont, qui mettait au succès de l'auteur tout l'intérêt et toute l'anxiété qu'y pouvait apporter le cœur de femme le plus dévoué et le plus aimant :

« Je ne partage point vos craintes, car ce qui est beau ne peut manquer de plaire ; et il y a dans cet ouvrage une Vénus, céleste pour les uns, terrestre pour les autres, mais se faisant sentir à tous.

« Ce livre-ci n'est point un livre comme un autre. Son prix ne dépend point de sa matière, qui sera cependant regardée par les uns comme son mérite, et par les autres comme son défaut ; il ne dépend pas même de sa forme, objet plus important, et où les bons juges trouveront peut-être à reprendre, mais ne trouveront rien à désirer. Pourquoi ? Parce que, pour être content, le goût n'a pas besoin de trouver la perfection. *Il y a un charme, un talisman qui tient aux doigts de l'ouvrier. Il l'aura mis partout, parce qu'il a tout manié,* et partout où sera ce charme, cette empreinte, ce caractère, là sera aussi un plaisir dont l'esprit sera satisfait [1]. Je voudrais avoir le temps de vous expliquer tout cela, et de vous le faire sentir, pour chasser vos poltronneries ; mais je n'ai qu'un moment à vous donner aujourd'hui, et je ne veux pas différer de vous dire combien vous êtes peu raisonnable dans vos défiances. Le livre est fait, et, par conséquent, le moment critique est passé. *Il réussira, parce qu'il est de l'Enchanteur.* S'il y a laissé des gaucheries, c'est à vous que je m'en prendrai [2] ; mais vous m'avez

---

[1] Je lis quelque chose de tout semblable chez un écrivain très-spirituel, qui est, dans un autre art, un talent extraordinaire et puissant, dans les *Questions sur le Beau* par Eugène Delacroix (*Revue des Deux-Mondes*, 15 juillet 1834) : « La nature a donné à chaque talent un talisman particulier que je comparerais à ces métaux inestimables formés de l'alliage de mille métaux précieux et qui rendent des sons ou charmants ou terribles suivant les proportions diverses des éléments dont ils sont formés. » — Pour qu'il y ait charme, il faut qu'il y ait talisman, et quand celui-ci manque, il peut y avoir travail, effort, mérite, tout ce qui est de la critique, il n'y a ni magie ni poésie. — Et pour appliquer cela à la peinture, je dirai : Sans le talisman il y a du Delaroche, il n'y a pas de Delacroix.

[2] Par *gaucheries* (et il en était resté quelques-unes en effet) il entend ce qui tient à la situation délicate des deux amants dans le désert et qui pouvait prêter à la plaisanterie. Sur ces points-là les femmes ont le tact plus fin et plus sûr que les hommes.

paru si rassurée sur ce point, que je n'ai aucune inquiétude. Au surplus, eût-il cent mille défauts, il a tant de beautés qu'il réussira : voilà mon mot. J'irai vous le dire incessamment. »

Le mot de M. Joubert est aussi le dernier mot de la postérité [1].

Irai-je maintenant revenir et m'arrêter sur les critiques qu'essuya le livre dans le temps de son apparition, toutes critiques que l'auteur a pris soin de recueillir et de réimprimer à la suite de son œuvre comme un triomphateur enchaîne des vaincus à son char [2] ? J'ai déjà cité Chénier qui passait pour très-piquant et que je n'ai trouvé qu'inintelligent sur ce point. Voulez-vous une autre critique qui résumera pour nous toutes les autres, car elles roulaient toutes sur les mêmes phrases à peu près? voici un philosophe du XVIII° siècle, l'abbé Morellet, qui passe pour mordant (l'abbé *mords-les*, disait Voltaire) et qui vient essayer sa dent usée sur cette œuvre forte et jeune, mais sans parvenir à l'entamer : *Offendet solido...* il ne va pas au delà de l'écorce.

L'abbé Morellet était un homme d'esprit et de bon sens,

---

[1] *Pensées et Maximes de M. Joubert*, tome II, p. 273. — Il faudrait citer aussi la lettre suivante du 1ᵉʳ août 1801, par laquelle M. Joubert fait dire à son ami de ne pas trop céder aux conseils soi-disant classiques, et de ne pas trop se *corriger* : « Recommandez à l'auteur, écrit-il à Mme de Beaumont, d'être plus original que jamais, et de se montrer constamment ce que Dieu l'a fait. Les étrangers, qui composent les trois quarts et demi de l'Europe, ne trouveront que frappant ce que les habitudes de notre langue nous portent machinalement à croire bizarre dans le premier moment. *L'essentiel est d'être naturel pour soi : on le paraît bientôt aux autres.* Que chacun garde donc avec soin les singularités qui lui sont propres, s'il en a de telles... L'accent personnel plaît toujours. Il n'y a que l'accent d'imitation qui déplaise, quand il n'est pas celui de tout le monde. »

[2] Ajoutons pourtant qu'il ne les a pas mises au complet ni dans tout leur avantage; il ne les a enchaînées qu'en les estropiant.

mais sa vue en toute chose était restreinte par beaucoup de bornes et barrée par des systèmes. Il avait eu affaire bien des années auparavant et sur un tout autre terrain, sur le terrain de l'économie politique, à un dangereux adversaire, l'abbé Galiani. Celui-ci, qui avait plus d'esprit que de dignité, mais autant d'esprit certainement qu'il est possible d'en avoir, avait publié ses *Dialogues sur le Commerce des Grains* qui s'étaient fait lire un moment malgré la nature du sujet, et qui avaient été à la mode auprès du beau monde parisien, presque comme en leur temps les *Provinciales*. Vers 1770, en effet, le vent ayant tourné, le beau monde et les belles dames s'étaient mises à raisonner et à raffoler du Commerce des grains, comme au XVII° siècle on raisonnait sur la Grâce. Galiani trouva un contradicteur imprévu dans son ami Morellet. Mal en prit à ce dernier. Il faut voir comme Galiani le raille, le houspille : « J'ai reçu hier sa réponse, écrit-il à Mme d'Épinay (Naples, mai 1770) ; je ne sais pas me résoudre à croire qu'elle soit effectivement de Morellet ; elle ressemble aux badauds et aux ribauds[1] comme deux gouttes d'eau ; et enfin, Panurge[2] a dîné dix ans entiers avec nous, et *à moins qu'il n'ait une toile cirée sur la tête, quelques gouttes de bon sens et de philosophie auraient dû percer à travers dans dix ans.* » Morellet ne fut pas leste à répondre à ces fines espiègleries.

Eh bien ! trente ans après, en 1801, voilà le même abbé Morellet déjà vieux qui rentre en lice, et qui vient

---

[1] Allusion à la secte des Économistes, dont les principaux, après Quesnay, étaient l'abbé Baudeau, l'abbé Roubaud.

[2] Dans ces petits dîners pantagruéliques où d'Holbach, Grimm, Diderot philosophaient à tue-tête, Morellet avait nom *Panurge*. — Morellet est l'auteur de l'un des livres sortis de cette petite Société et dirigés contre les croyances chrétiennes et spiritualistes, *Lettres à Eugénie* (ou peut-être *à Sophie*, car les deux existent). M. Daunou, qui le savait de bonne source, m'a assuré le fait.

briser une lance contre *Atala*. Ses *Observations critiques* présentent des détails qui sont justes; il n'y a qu'une chose qu'il ne voit pas, qu'il ne soupçonne pas, c'est que dans ce tournoi il a affaire à un Enchanteur. C'est cet *enchantement* propre à son adversaire, c'est ce *talisman* (comme l'a appelé Joubert) qui lui échappe, et qui fait qu'eût-il cent fois raison dans le détail, il sera toujours battu, en définitive, d'un coup de revers. Il a affaire à un chevalier qui a une épée ou une lance *fée :* lui il n'a que les armes courtes du raisonnement; les conditions entre eux ne sont pas égales.

La même rencontre, la même méprise se reproduit presque toutes les fois qu'un homme de génie apparaît en littérature. Il se trouve toujours sur son chemin, à son entrée, quelques hommes de bon esprit d'ailleurs et de sens, mais d'un esprit difficile, négatif, qui le prennent par ses défauts, qui essayent de se mesurer avec lui avec toutes sortes de raisons dont quelques-unes peuvent être fort bonnes et même solides. Et pourtant ils sont battus, ils sont jetés de côté et à la renverse : d'où vient cela? c'est qu'ils ont affaire à un *Génie*.

Ils ne s'en doutaient pas, et c'est par là qu'ils sont battus. La première supériorité du critique est de reconnaître l'avénement d'une puissance, la venue d'un Génie.

Jeffrey n'a pas compris Byron. Fontanes a compris Chateaubriand, et n'a pas compris Lamartine.

L'abbé Morellet donc commence à parler du jeune auteur, comme tout critique d'un certain âge se croit en droit de parler aux jeunes gens, les admonestant sur les fausses beautés dont ils sont dupes. Son épigraphe est tirée du passage de Pétrone : « Nuper ventosa isthæc et enormis loquacitas Athenas ex Asia commigravit, animosque juvenum ad magna surgentes, veluti pestilenti quodam sidere, adflavit[1]. » — Il ne se dissimule pourtant pas qu'il va mettre contre lui le monde et beaucoup de belles dames, enthousiastes du nouvel auteur :

« Quoi! dira-t-on, déployer la sévérité de la critique contre un roman où se montrent une imagination brillante et féconde, des intentions estimables, une morale douce et bienfaisante, et dans lequel on ne peut méconnaître des beautés de plus d'un genre? Il faut pour cela n'avoir point de sensibilité.

« Eh! Mesdames, vous vous trompez. Quoique je critique *Atala*,

Mon sein n'enferme point un cœur qui soit de pierre ;

je pleure comme un autre, mais ce n'est qu'à bon escient et pour de bonnes raisons; et quand je m'attendris, je veux savoir pourquoi. »

L'abbé, homme positif, qui ne veut être ému qu'*à bon escient*, et pleurer qu'après s'être dit le pourquoi, n'est pas de l'avis de Pascal qui disait que « le cœur a ses raisons que la raison ne connaît pas. » Et cela est vrai aussi de l'imagination.

Ce qui retient ou sèche quelquefois ses larmes à la lecture de l'ouvrage dont il s'agit, « c'est, dit-il, l'affectation, l'enflure, l'impropriété, l'obscurité des termes et des expressions, l'exagération dans les sentiments, l'invraisemblance dans la conduite et la situation des personnages, les contradictions et l'incohérence entre les diverses parties de l'ouvrage; enfin, et en général, tout ce qui blesse le goût et la raison, ingrédients nécessaires de tout ouvrage, de-

---

[1] « Depuis peu, cette manie d'enflure et de boursouflure de paroles a passé de l'Asie dans Athènes, et, soufflant sur les jeunes esprits qui aspiraient au grand, elle les a frappés comme d'une maligne influence. » (*Satyricon*, chap. II.)

puis la discussion philosophique la plus profonde, jusqu'aux contes de Fées inclusivement. » — Il y a du vrai, il y a du faux. Il compte le goût et la raison pour des *ingrédients* nécessaires, même dans les contes de Fées, mais c'est selon ce qu'on entend par *raison;* et il oublie toujours l'autre ingrédient qui échappe à son creuset ou à son scalpel, et qui s'envole comme l'air volatil : ce qu'on appelle la *vie*. A tout ce qu'il peut opposer de raisonnable en apparence, on n'a qu'à lui répondre : Atala et Chactas vivent, et vous ne le sentez pas.

Toute sa critique est ainsi un tissu d'observations sensées et justes, mêlées à d'autres qui sont lourdement fausses : c'est un mélange continuel de justesse et d'inintelligence. Il y a des moments, des endroits où la tête saine du bonhomme est reprise et recoiffée de cette calotte de *toile cirée* dont parlait l'abbé Galiani, et qui empêche le sens fin d'y pénétrer.

Ainsi, il a raison quand il relève ce mot de Chactas dans l'orage au milieu de la forêt, lorsque sentant tomber une larme d'Atala, l'amant passionné s'écrie : *Orage du cœur, est-ce une goutte de votre pluie?*

« C'est là, dit-il, un exemple parfait de ce que les Italiens appellent *freddura*, et il n'est guère possible, en effet, d'imaginer rien de plus froid et de plus déplacé, dans un tel moment, qu'une semblable question. Cette apostrophe à l'*orage du cœur*, mis en contraste avec l'*orage du ciel*, est une pensée bien étrange, et tout le monde sent que la situation de Chactas ne peut pas lui permettre de faire un tel rapprochement. »

Il a raison quand il relève certains traits primitifs du portrait du Père Aubry que l'auteur a eu le bon goût de retrancher depuis; car il y avait dans la première édition d'*Atala* bien plus de choses singulières qu'on n'en trouve aujourd'hui. Après d'autres observations moins fondées, il recommence à avoir raison quand il conteste à Chactas l'unité de caractère et la vraisemblance de ton :

« Chactas n'a que vingt ans lorsqu'il est pris par les Muscogulges et qu'il fuit avec Atala ; et pendant les trente mois qu'il a passés chez les Espagnols, à Saint-Augustin, où il lui a fallu d'abord apprendre la langue de ses maîtres, il a constamment refusé d'embrasser la religion chrétienne.

« Non-seulement Chactas n'est pas chrétien à l'époque où il rencontre le missionnaire, mais il ne l'est pas encore cinquante-trois ans après, lorsqu'il raconte ses aventures à René, comme il le dit lui-même ; et de plus, dans tout son récit, il parle en idolâtre, comme lorsqu'il dit que les Natchez et les Espagnols furent vaincus, parce qu'Areskoui, le dieu de la guerre chez les Sauvages américains, et les *Manitous* ne leur furent pas favorables...

« Cela posé, je demande, comment Chactas, à l'âge de vingt ans, idolâtre et Sauvage, a pu entendre un seul mot des *discours admirables que le missionnaire fait sur Dieu et sur le bonheur des justes*;

« Comment il a pu comprendre le langage mystique de la religion catholique dans la bouche du prêtre, disant à Atala :

« Que les plaisirs de la chair révoltée ne sont que des dou-
« leurs[1] ; que la couronne des vierges se prépare pour elle, et
« que la Reine des Anges l'appelle pour la faire asseoir sur
« un trône de candeur, etc., etc. »

« Je demande comment Chactas, idolâtre et demeurant tel, a pu apercevoir que « toute l'humble grotte était remplie de « la grandeur d'un trépas chrétien, » et comprendre ce que c'est qu'*un trépas chrétien*, etc., etc.

« Les conteurs doivent avoir bonne mémoire, s'ils veulent mettre d'accord toutes les parties de leur récit, et s'ils ne veulent pas que leurs caractères se démentent, ni qu'un fait soit en contradiction avec un autre fait. »

---

[1] Le Père Aubry dit cela à un endroit où il rappelle par allusion la retraite de Mme de La Vallière abjurant les délices des Cours pour l'austérité du cloître. La Vallière et Atala ! et l'allusion nous revenant par Chactas !

Mais, tout à côté, l'honnête critique ne comprend rien aux plus beaux endroits, et les signale comme ridicules. L'exclamation de Chactas : « Superbes Forêts qui agitiez vos lianes... », lui paraît tout à fait déraisonnable : il n'entre pas dans la passion qui a en effet son délire, et ne voit que la situation matérielle de Chactas *assis dans l'eau* contre un tronc d'arbre. Peu s'en faut qu'il ne le fasse taire en lui disant : « Prenez garde, vous allez vous enrhumer ! »

Il n'entend rien aux paroles du prêtre : « Est-ce votre amour que vous regrettez? Ma fille, il faudrait autant pleurer un songe... » Il se révolte surtout de l'entendre dire : « Si un homme revenait à la lumière quelques années après sa mort, je doute qu'il fût revu avec joie par ceux-là même qui ont versé le plus de larmes à son trépas : tant notre vie est peu de chose, même dans le cœur de nos amis ! » Il se scandalise de cette autre parole sur la misère du cœur de l'homme, en qui les plus grandes douleurs elles-mêmes et les plus légitimes ne sauraient être durables[1].

En tous ces endroits Panurge cesse de comprendre : sa calotte de plomb le reprend.

Il voudrait que le Père Aubry parlât comme le Las Cazes des *Incas* ou le curé de *Mélanie*, lesquels sont en effet des curés quelque peu philosophes, aussi bien que le Fénelon de Chénier, — tous cousins du Vicaire savoyard.

Enfin il demande ce que c'est que *le grand secret de mélancolie* que la lune raconte aux chênes :

---

[1] Fontenelle, bien que sur un autre ton, ne dit pas autre chose dans son petit Traité *du Bonheur* : « Nous ne sommes pas assez parfaits pour être toujours affligés : notre nature est trop variable, et cette imperfection est une de ses plus grandes ressources. » — Un époux chrétien devenu veuf et s'écriant dans le premier déchirement de sa perte : « O Dieu ! je ne vous demande qu'une chose : ôtez-moi mon désespoir, mais laissez-moi ma douleur, » formait un bien touchant et noble vœu, mais demandait une chose impossible.

« Un homme de sens, dit-il, en lisant cette phrase recherchée et contournée, en reçoit-il quelques idées nettes? Delille, Saint-Lambert, Lemierre, Malfilâtre, ont fait de la nuit des descriptions pleines de charme, qui nous font éprouver cette douce mélancolie qu'inspire et nourrit l'aspect de l'astre de la nuit, poursuivant son cours paisible sur un ciel pur; mais aucun n'a dit que cette mélancolie était un secret; et si la lune le raconte, comment est-ce un secret? et comment le raconte-t-elle aux vieux chênes et aux antiques rivages des mers plutôt qu'aux vallées profondes, aux montagnes et aux fleuves? »

C'est pour le coup qu'il faut s'écrier : Panurge! pauvre Panurge ! tu essayes en vain de parler mélancolie : jamais rayon de poésie n'a percé la sécheresse de tes méninges; jamais rayon de lune n'a illuminé ton rêve ! — Mais nous en avons assez [1].

Critique, raillerie, louange, tout en définitive grossissait la vogue, et le succès d'*Atala* fut prodigieux. Déchirée par les uns, dévorée par les autres, elle occupait l'attention publique qui, pour la première fois depuis douze années, avait loisir de se reporter aux choses littéraires. Il n'y avait pas encore un an qu'*Atala* avait paru, et déjà elle était traduite dans presque toutes les langues de l'Europe, en espagnol, en italien, deux fois en anglais, en allemand. Annonçant la publication de deux volumes in-

---

[1] « Je suis bien aise d'avoir vu ce vieil abbé Morellet, ce patriarche des incrédules. On voit qu'il y a eu de l'esprit dans cette tête-là, et il y a encore quelque mouvement. » (Chênedollé, vers 1808 ou 1809.) — J'aurais pu, à côté de l'abbé Morellet, introduire encore et prendre à partie l'abbé de Pradt qui, plus tard il est vrai, dans une note du tome III, page 443, de son ouvrage : *Les Quatre Concordats* (1818), a fait une critique assez développée d'*Atala*. Il y avance et y pose en commençant, que « *les Mille et une Nuits* sont un prodige de vraisemblance en comparaison de la fable d'*Atala*; » et il le démontre assez bien. Mais lui, à son tour, le sémillant abbé, il ne sent pas plus que le lourd abbé, le coin de supériorité de l'œuvre; il n'y voit qu'un pastiche, une contrefaçon du naïf, une singerie du sauvage : il ne tient pas compte de l'élément original et neuf qui perçait et faisait événement dans cette peinture.

titulés : *Résurrection d'Atala et son Voyage à Paris*, le *Mercure* disait (17 fructidor an X) : « Encore deux volumes sur *Atala!* en vérité elle a déjà donné lieu a plus de critiques et de défenses que la philosophie de Kant n'a de commentaires. »

En terminant notre analyse de l'*Essai*, nous avons pu dire que nous connaissions à peu près tout l'homme en M. de Chateaubriand. Maintenant que nous finissons avec *Atala*, nous connaissons en lui l'artiste. Nous aurons encore beaucoup à admirer, mais non beaucoup à apprendre. Nous tenons le procédé et le secret de son talent : ce ne sera plus ensuite que des applications diverses.

ONZIÈME LEÇON.

Le *Génie du Christianisme*. — Circonstances et préambule. — Jour de Pâques de 1802. — Page de M. Thiers. — Bonaparte metteur en scène. — Fontanes au *Moniteur*. — Gloire de la critique. — L'ouvrage en lui-même. — Apologie religieuse d'un genre nouveau. — Mondain contre mondain. — Abus. — Christianisme et poésie, choses très-différentes. — Chateaubriand passe outre. — Procédé de son talent en tout. — Unité factice.

MESSIEURS,

Nous en sommes au grand moment de la gloire de M. de Chateaubriand, au *Génie du Christianisme*.

Atala avait été comme la colombe avant-courrière, la colombe qu'on envoie hors de l'Arche; elle avait rapporté le rameau.

Le *Génie du Christianisme* fut plutôt comme l'arc-en-ciel, signe brillant de réconciliation et d'alliance entre la religion et la société française.

Cet ouvrage célèbre parut au printemps de 1802. Les retards avaient été propices à l'auteur. Le Traité d'Amiens venait d'être signé, et la France jouissait avec ivresse des premiers bienfaits d'une paix glorieuse. La réorganisation de la société se poursuivait sous toutes les formes et dans tous les ordres, à la parole d'un génie puissant. Mais ce qui lui tenait le plus à cœur dans ce moment, c'étaient la restauration du culte catholique, l'organisation de l'édution publique, le rappel des émigrés, en un mot, tout ce qui renouait la chaîne sociale et pouvait rattacher l'avenir au passé. Le premier des projets présentés au Corps Législatif dans la session extraordinaire convoquée pour le 5 avril fut le *Concordat*, c'est-à-dire une convention en d'autres temps toute politique et peu faite de sa nature pour enlever les cœurs, mais qui en ce moment devenait le pacte de réconciliation formelle de la France et du Saint-Siége. Le Premier Consul avait pensé avec raison, dit M. Thiers[1], que la proclamation de la paix définitive était le moment où l'on pourrait, à la faveur de la joie publique, donner pour la première fois le spectacle du gouvernement républicain prosterné au pied des autels : le mécontentement de quelques-uns devait s'y perdre et disparaître dans l'enthousiasme de tous. Le jour de Pâques fut assigné pour cette solennelle action de grâces qui rouvrait une Ère sociale nouvelle. Les quinze jours qui précédèrent ce grand acte ne furent ni les moins critiques ni les moins laborieux. Il avait fallu, sur une quantité de questions de détail, vaincre la ténacité, enveloppée de douceur, du cardinal Caprara, cette *inflexible douceur* (comme l'appelle M. Villemain) qui caractérisait à cette époque de déclin la politique romaine. Les difficultés ne furent levées que dans la dernière nuit. Enfin le 18 avril, jour de Pâques, un *Te Deum* solennel fut chanté à Notre-Dame pour célébrer en même temps la paix générale et le rétablissement du culte. Le Premier Consul s'y transporta en pompe ; mais laissons parler l'historien de ce grand moment :

« Le lendemain, jour de Pâques, le Concordat fut publié dans tous les quartiers de Paris, avec grand appareil, et par les principales autorités. Tandis que cette publication se faisait dans les rues de la capitale, le Premier Consul, qui voulait solenniser dans la même journée tout ce qu'il y avait d'heureux pour la France, échangeait aux Tuileries les ratifications du Traité d'Amiens. Cette importante formalité accomplie, il partit pour Notre-Dame, suivi des premiers corps de l'État et

---

[1] *Histoire du Consulat et de l'Empire*, tome III, p. 429 et suiv.

d'un grand nombre de fonctionnaires de tout ordre, d'un brillant état-major, d'une foule de femmes du plus haut rang, qui accompagnaient Mme Bonaparte. Une longue suite de voitures composait ce magnifique cortége. Les troupes de la première Division militaire, réunies à Paris, bordaient la haie depuis les Tuileries jusqu'à la métropole. L'archevêque de Paris vint processionnellement recevoir le Premier Consul à la porte de l'Église, et lui présenter l'eau bénite. Le nouveau chef de l'État fut conduit sous le dais, à la place qui lui était réservée. Le Sénat, le Corps Législatif, le Tribunat étaient rangés des deux côtés de l'autel. Derrière le Premier Consul se trouvaient, debout, les généraux en grand uniforme, plus obéissants que convertis, quelques-uns même affectant une contenance peu décente. Quant à lui, revêtu de l'habit rouge des Consuls, immobile, le visage sévère, il ne montrait ni la distraction des uns, ni le recueillement des autres. Il était calme, grave, dans l'attitude d'un chef d'Empire qui fait un grand acte de volonté, et qui commande de son regard la soumission à tout le monde. »

C'est au milieu, c'est au sortir de cette cérémonie même que le *Génie du Christianisme* apparaît, et qu'il fait entendre ses accents demi-religieux et demi-profanes, comme l'accompagnement extérieur de la fête, comme l'orgue du dehors :

« Pour compléter l'effet que le Premier Consul avait voulu produire dans ce même jour, M. de Fontanes rendait compte, dans le *Moniteur*, d'un livre nouveau, qui faisait grand bruit en ce moment : c'était le *Génie du Christianisme*. Ce livre, composé par un jeune gentilhomme breton, M. de Chateaubriand, allié des Malesherbes, longtemps absent de sa patrie, décrivait avec un éclat infini les beautés du Christianisme, et relevait le côté moral et poétique des pratiques religieuses, livrées vingt ans auparavant aux plus amères railleries. Critiqué violemment par MM. Chénier et Ginguené, qui lui reprochaient des couleurs fausses et outrées, soutenu avec passion par les partisans de la restauration religieuse, le *Génie du Christianisme*, comme toutes les œuvres remarquables, fort loué, fort attaqué, produisait une impression profonde, parce qu'il exprimait un sentiment vrai, et très-général alors dans la société française : c'était ce regret singulier, indéfinissable de ce qui n'est plus, de ce qu'on a dédaigné ou détruit quand on l'avait, de ce qu'on désire avec tristesse quand on l'a perdu. Tel est le cœur humain ! ce qui est, le fatigue ou l'oppresse ; ce qui a cessé d'être, acquiert tout à coup un attrait puissant. Les coutumes sociales et religieuses de l'ancien temps, odieuses et ridicules en 1789, parce qu'elles étaient alors dans toute leur force, et que de plus elles étaient souvent oppressives, maintenant que le xviii° siècle, changé vers sa fin en un torrent impétueux, les avait emportées dans son cours dévastateur, revenaient au souvenir d'une génération agitée, et touchaient son cœur disposé aux émotions par quinze ans de spectacles tragiques. L'œuvre du jeune écrivain, empreinte de ce sentiment profond, remuait fortement les esprits, et avait été accueillie avec une faveur marquée par l'homme qui alors dispensait toutes les gloires. Si elle ne décelait pas le goût pur, la foi simple et solide des écrivains du siècle de Louis XIV, elle peignait avec charme les vieilles mœurs religieuses qui n'étaient plus. Sans doute on y pouvait blâmer l'abus d'une belle imagination ; mais après Virgile, mais après Horace, il est resté, dans la mémoire des hommes, une place pour l'ingénieux Ovide, pour le brillant Lucain, et, seul peut-être parmi les livres de ce temps, le *Génie du Christianisme* vivra, fortement lié qu'il est à une époque mémorable : il vivra, comme ces frises sculptées sur le marbre d'un édifice vivent avec le monument qui les porte. »

Un ouvrage littéraire a rarement le bonheur d'une telle mise en scène. M. de Chateaubriand qui arrange si bien les choses, lors même que son imagination eût été ici la maîtresse, ne les aurait pas mieux arrangées ni avec un art plus grand[1].

---

[1] Il avait oublié cela le jour où, dans son pamphlet furibond de 1814 (*De Buonaparte et des Bourbons*), voulant prouver que *Buonaparte est un faux grand homme*, il a écrit : « Enfant de notre Révolution, il a des ressemblances frappantes avec sa mère : intempérance de langage, *goût*

Il avait d'ailleurs assez bien pressenti le rôle que son œuvre pouvait remplir, en faisant appel au génie même qui lui répondait en ce moment; la première Préface de son livre se terminait par ces mémorables paroles :

« Je pense que tout homme qui peut espérer quelques lecteurs rend un service à la société en tâchant de rallier les esprits à la cause religieuse ; et dût-il perdre sa réputation comme écrivain, il est obligé en conscience de joindre sa force, toute petite qu'elle est, à celle de cet Homme puissant qui nous a retirés de l'abîme.

« Celui, dit M. Lally-Tollendal, à qui toute force a été don-
« née pour pacifier le monde, à qui tout pouvoir a été confié
« pour restaurer la France, a dit au Prince des Prêtres, comme
« autrefois Cyrus : *Jéhovah, le Dieu du Ciel, m'a livré les royau-*
« *mes de la terre, et il m'a commis pour relever son temple.*
« *Allez ; montez sur la montagne sainte de Jérusalem, rebâtissez*
« *le temple de Jéhovah.* »

« A cet ordre du Libérateur tous les Juifs, et jusqu'au moindre d'entre eux, doivent rassembler des matériaux pour hâter la reconstruction de l'édifice. Obscur Israélite, j'apporte aujourd'hui mon grain de sable. »

Voilà ce que l'*obscur* Israélite, encore obéissant, disait en présentant son tribut au nouveau Cyrus, et Cyrus de son côté l'entendit[1].

Séparer le *Génie du Christianisme* de cet ensemble de

---

de la basse littérature, passion d'écrire dans les journaux. Sous le masque de César et d'Alexandre on aperçoit l'homme de peu, et l'enfant de petite famille. » Quoi qu'il en soit, Bonaparte, ce jour-là, pour son coup d'essai, n'eut pas si mauvais goût en littérature en faisant préconiser dans son Journal officiel l'œuvre de Chateaubriand. — On regrette aussi qu'obéissant à la haine politique, Chateaubriand ait tracé dans ses *Mémoires* un portrait noirci de M. Thiers, sans se souvenir de cette belle page de l'historien dans laquelle le *Génie du Christianisme* est apprécié à son vrai point de vue.

[1] M. de Chateaubriand n'a pas reproduit intégralement ce texte de sa première Préface, au tome XV, page xix de ses *Œuvres complètes* (1827); et quand on y dit, page vi, que « *l'éditeur n'y a pas changé un seul mot,* » on ne dit pas la vérité.

circonstances sociales auxquelles il se lie, et de cet à-propos unique et grandiose, c'est vouloir être injuste, et ne le plus comprendre. Le livre en lui-même n'est sans doute pas un grand livre ni un vrai monument, — un monument comme l'eût été l'ouvrage de Pascal si l'auteur des immortelles *Pensées* eût vécu : que dis-je ? à l'état de simples fragments où nous avons les *Pensées* aujourd'hui, ce serait presque, à mon sens, un sacrilége que de venir leur comparer l'œuvre brillante, à demi frivole. Mais ce que cette œuvre fut véritablement, nous le voyons déjà : ce fut un coup soudain, un coup de théâtre et d'autel, une machine merveilleuse et prompte jouant au moment décisif et faisant fonction d'auxiliaire dans une restauration sociale d'où nous datons. Heureux les littérateurs qui, par une rare rencontre, peuvent voir ainsi leur nom et leur œuvre unis, ne fût-ce qu'un moment, aux actes mémorables ou mieux aux époques de l'histoire ! Leur nom continuera de se transmettre et de vivre, alors même qu'on ne les lirait plus. Il est à jamais gravé aux tables de pierre.

Le *Génie du Christianisme* faisait donc essentiellement partie de la décoration de ce *Te Deum,* de cet *Alleluia* de renaissance auquel répondait le vœu d'alors ; et ce n'en était la partie ni la moins magnifique ni la moins touchante. M. de Bonald, voulant caractériser sa propre manière et celle de Chateaubriand, s'est comparé lui-même à un *guerrier* revêtu de son armure et qui combat, tandis que chez M. de Chateaubriand la religion est plutôt comme une *reine* qui apparaît un jour de fête, revêtue de tous ses joyaux et dans toutes ses pompes. Cette reine magnifique fit son entrée ce jour-là, au milieu des acclamations et même des larmes [1].

---

[1] Quand on lui parlait de la différence de succès qu'il y avait eu entre la *Législation primitive* et le *Génie du Christianisme,* publiés dans le

Dans l'article du *Moniteur*[1] par lequel il préconisait le *Génie du Christianisme*, Fontanes ne manquait pas de faire ressortir ce qu'il y avait d'imprévu et comme de divinement préparé dans cet accord et cette alliance, dans ce concours harmonieux des forces de la pensée et du génie vers un même but si longtemps méconnu. La critique s'inspire ici des grandes choses qu'elle contemple et y prend une sorte de majesté oratoire. Je me plais à rapporter, à offrir simplement toutes ces pages, en les rassemblant au vrai point de vue; c'est le moyen de n'en laisser fuir aucun rayon. Lues isolément elles perdent beaucoup de leur vrai sens et de leur effet; elles se refroidissent.

L'article de Fontanes portait pour épigraphe la belle parole de Montesquieu : « Chose admirable! la Religion chrétienne, qui ne semble avoir d'objet que la félicité de l'autre vie, fait encore notre bonheur dans celle-ci. » M. de Chateaubriand avait déjà inscrit ce mot, également à l'adresse des croyants et des politiques, en tête du *Génie du Christianisme*.

« Cet ouvrage longtemps attendu (écrivait Fontanes), et commencé dans des jours d'oppression et de douleur, paraît quand tous les maux se réparent, et quand toutes les persécutions finissent. Il ne pouvait être publié dans des circonstances plus favorables. C'était à l'époque où la tyrannie renversait tous les monuments religieux, c'était au bruit de tous les blasphèmes et, pour ainsi dire, en présence de l'athéisme triomphant, que l'auteur se plaisait à retracer les augustes souvenirs de la Religion. Celui qui, dans ce temps-là, sur les ruines des temples du Christianisme, en rappelait l'ancienne gloire, eût-il pu de-

---

même temps, M. de Bonald disait plus familièrement dans le tête-à-tête : « J'ai donné ma drogue en nature, et lui il l'a donnée avec du sucre. »

[1] Ce premier article de Fontanes sur le *Génie du Christianisme* avait paru dans le *Mercure* le 25 germinal (an X); le *Moniteur* du 28 germinal (18 avril) ne faisait que l'emprunter au *Mercure*.

viner qu'à peine arrivé au terme de son travail, il verrait se rouvrir ces mêmes temples sous les auspices d'un grand homme? La prédiction d'un tel événement eût excité la rage ou le mépris de ceux qui gouvernaient alors la France, et qui se vantaient d'anéantir par leurs lois les croyances religieuses que la nature et l'habitude ont si profondément gravées dans les cœurs. Mais, en dépit de toutes les menaces et de toutes les injures, l'opinion préparait ce retour salutaire, et secondait les pensées du génie qui veut reconstruire l'édifice social. Quand la morale effrayée déplorait la perte du culte et des dogmes antiques, déjà leur rétablissement était médité par la plus haute sagesse. Le nouvel orateur du Christianisme va retrouver tout ce qu'il regrettait. Du fond de la solitude où son imagination s'était réfugiée, il entendait naguère la chute de nos autels : il peut assister maintenant à leurs solennités renouvelées. La Religion, dont la majesté s'est accrue par ses souffrances, revient d'un long exil dans ses sanctuaires déserts, au milieu de la victoire et de la paix dont elle affermit l'ouvrage. Toutes les consolations l'accompagnent, les haines et les douleurs s'apaisent à sa présence. Les vœux qu'elle formait, depuis douze cents ans, pour la prospérité de cet Empire, seront encore entendus, et son autorité confirmera les nouvelles grandeurs de la France, au nom du Dieu qui, chez toutes les nations, est le premier auteur de tout pouvoir, le plus sûr appui de la morale, et par conséquent le seul gage de la félicité publique.

« Parmi tant de spectacles extraordinaires qui ont, depuis quelques années, épuisé la surprise et l'admiration, il n'en est point d'aussi grand que ce dernier. La tâche du vainqueur était achevée; on attendait encore l'œuvre du législateur. Tous les yeux étaient éblouis, tous les cœurs n'étaient pas rassurés; mais, grâce à la pacification des troubles religieux qui va ramener la confiance universelle, le législateur et le vainqueur brillent aujourd'hui du même éclat.

Ainsi donc l'historien Raynal avait grand tort de s'écrier, il y a moins de trente ans, d'un ton si prophétique : « Il est passé « le temps de la fondation, de la destruction et du renouvel- « lement des empires ! Il ne se trouvera plus l'homme devant « qui la terre se taisait ! On combat aujourd'hui avec la foudre

« pour la prise de quelques villes ; on combattait autrefois
« avec l'épée pour détruire et fonder des royaumes. L'histoire
« des peuples modernes est sèche et petite, sans que les peu-
« ples soient plus heureux. »

« Avant la fin du siècle, il a pourtant paru cet homme dont la force sait détruire, et dont la sagesse sait fonder ! Les grands événements dont il est le moteur, le centre et l'objet, semblent si peu conformes aux combinaisons vulgaires, qu'on ne devrait point s'étonner que des imaginations fortement religieuses crussent de semblables desseins dirigés par des conseils supérieurs à ceux des hommes.

Plutarque, dans un de ses traités philosophiques, examine si la fortune ou la vertu firent l'élévation d'Alexandre ; et voici, à peu près, comme il raisonne et décide la question :

« J'aperçois, dit-il, un jeune homme qui exécute les plus
« grandes choses par un instinct irrésistible, et toutefois avec
« une raison suivie. Il a soumis, à l'âge de trente ans, les peu-
« ples les plus belliqueux de l'Europe et de l'Asie. Ses lois le
« font aimer de ceux qu'ont subjugués ses armes. Je conclus
« qu'un bonheur aussi constant n'est point l'effet de cette
« puissance aveugle et capricieuse qu'on appelle la Fortune :
« Alexandre dut ses succès à son génie et à la faveur signalée
« des Dieux. Ou, si vous voulez, ajoute encore Plutarque, que
« la Fortune ait seule accumulé tant de gloire sur la tête d'un
« homme, alors je dirai, comme le poëte Alcman, que *la Fortune est fille de la Providence.* »

« On voit par ces paroles combien étaient religieux tous ces graves esprits de l'Antiquité. L'action de la Providence leur paraissait marquée dans tous les mouvements des empires, et surtout dans l'âme des héros. « *Tout ce qui domine et excelle*
« *en quelque chose*, disait un autre de leurs sages, *est d'origine*
« *céleste*[1]. »

Est-ce là de la flatterie ? — Pas encore. C'était un hom-

---

[1] Puisqu'il était en veine de citer les Anciens, Fontanes aurait pu rappeler encore ce mot de Pindare, si applicable à toutes les époques de révolution : « Il est facile d'ébranler un État, fût-ce même aux derniers des hommes ; mais de le rasseoir sur sa base, c'est une œuvre de

mage irrésistible, une admiration digne encore de l'objet.

Mais quel dommage que l'homme qui rappelait ainsi à ses débuts l'idée des grands fondateurs de l'Antiquité y ait joint quelque chose de violent, de gigantesque et d'effréné, et que le Solon et le Numa en lui, si l'on peut dire, ait été comme enchaîné dès le premier jour au cheval de Mazeppa ! Je crains un peu qu'il n'en ait été pareillement autrefois de cette *vertu* d'Alexandre.

Quoi qu'il en soit, les pages de Fontanes, lues ainsi en leur lieu, sont admirables, mais elles le sont comme tant de choses admirables en ce monde, qui tirent une partie de leur beauté des circonstances mêmes et de la situation. Le cadre les rehausse et fait plus que doubler leur prix. Écrivez cette page ou l'équivalent, dans un autre moment, dans un autre lieu, nul ne s'en souviendra.

Heureux à son tour le critique favorisé du rayon, qui peut ainsi voir le début de ce qui va être une simple analyse devenir une page durable, éloquente, et à qui il est donné d'atteindre sans effort jusqu'aux hauteurs ou du moins jusqu'aux bas-reliefs de l'histoire ! Je ne comparerai pas ce début à un exorde de Démosthène (il y a des accents de liberté, il y a des tonnerres dans la voix de Démosthène), mais à un exorde du panégyriste de Trajan.

Ce sont là les vraies préfaces du *Génie du Christianisme*, et j'ai dû vous les dire. J'y ai insisté avec d'autant plus de complaisance peut-être que nous sommes plus à même de les apprécier, aujourd'hui que les conditions de la so-

---

haute lutte, à moins qu'un dieu tout d'un coup ne se mette à la tête des gouvernants et ne devienne le pilote. » (IVe Pythiq.) Pindare, les anciens lyriques, et les tragiques dans les chœurs, sont pleins de telles pensées. — Mais comment, de nos jours, peut-on traduire si bien Pindare, et ne pas mieux profiter de ces pensées-là ?

ciété ont été remises en question, et que les fondements de l'édifice ont été de nouveau exposés à nu. Il est beau et consolant toujours de voir replacer la pierre de l'autel, quand elle est replacée d'une main ferme avec modération et sagesse, et quand la foi des peuples ébranlée, mais subsistante, n'a pas cessé encore de s'y rattacher. C'est un Ancien, c'est Phocion, je crois, qui a dit : « Il ne faut arracher ni l'autel du temple, ni la pitié du cœur de l'homme. »

Redescendant du héros à l'écrivain, Fontanes baissait doucement le ton et disait avec une insinuation persuasive :

« On accueillera donc avec un intérêt universel le jeune écrivain qui ose rétablir l'autorité des ancêtres et les traditions des âges. Son entreprise doit plaire à tous, et n'alarmer personne ; car il s'occupe encore plus d'attacher l'âme que de forcer la conviction. Il cherche les tableaux sublimes plus que les raisonnements victorieux ; il sent et ne dispute pas ; il veut unir tous les cœurs par le charme des mêmes émotions, et non séparer les esprits par des controverses interminables : en un mot, on dirait que le premier livre offert en hommage à la Religion renaissante fut inspiré par cet esprit de paix qui vient de rapprocher toutes les consciences. »

En parlant ainsi, il caractérisait l'ouvrage tel qu'il l'avait autrefois conseillé à son ami, si nous nous en souvenons bien [1], mais non pas tel tout à fait que celui-ci l'avait exécuté en bien des points : l'esprit de douceur et de paix n'y respirait pas avant tout, et il y avait plus d'éclat que d'onction.

L'ouvrage se compose de quatre parties, divisées elles-mêmes en livres :

La première partie traite des *Dogmes et doctrine;*

---

[1] Voir à la fin de la Leçon deuxième.

La seconde développe la *Poétique du Christianisme;*

La troisième continue l'examen des *Beaux-Arts et de la Littérature* dans leur rapport avec la Religion ;

La quatrième traite du *Culte*, c'est-à-dire de tout ce qui concerne les cérémonies de l'Église et de tout ce qui regarde le Clergé séculier et régulier.

La première et la dernière partie se divisent chacune en six livres ; la deuxième et la troisième, qui se tiennent, formaient aussi six livres chacune, dans le premier plan, lorsqu'*Atala* et *René*, que l'auteur en a depuis détachés, y étaient compris.

L'ordonnance extérieure du monument a donc une certaine régularité, une symétrie satisfaisante à l'œil. S'il y a à dire, c'est plutôt à l'esprit d'unité intérieure et à l'enchaînement des idées.

Dans son premier chapitre, l'auteur définit très-bien le genre d'apologie qu'il entreprend. L'Église, dans sa longue carrière, a subi diverses sortes de persécutions et essuyé bien des guerres : dans les siècles de sa formation, sous Julien, « elle fut exposée à une persécution du caractère le plus dangereux. On n'employa pas la violence contre les Chrétiens, mais on leur prodigua le mépris. On commença par dépouiller les autels ; on défendit ensuite aux fidèles d'enseigner et d'étudier les Lettres... Les sophistes dont Julien était environné se déchaînèrent contre le Christianisme.. » Dans les temps modernes, au lendemain de Bossuet, « tandis que l'Église triomphait encore, déjà Voltaire faisait renaître la persécution de Julien. Il eut l'art funeste, chez un peuple capricieux et aimable, de rendre l'incrédulité à la mode. Il enrôla tous les amours-propres dans cette ligue insensée ; la Religion fut attaquée avec toutes les armes, depuis le pamphlet jusqu'à l'in-folio, depuis l'épigramme jusqu'au sophisme...

Ainsi cette fatalité[1] qui avait fait triompher les sophistes sous Julien se déclara pour eux dans notre siècle. Les défenseurs des Chrétiens tombèrent dans une faute qui les avait déjà perdus : il ne s'aperçurent pas qu'il ne s'agissait plus de discuter tel ou tel dogme, puisqu'on rejetait absolument les bases... Il fallait prendre la route contraire : passer de l'effet à la cause, ne pas prouver que le Christianisme est excellent, parce qu'il vient de Dieu; mais qu'il vient de Dieu, parce qu'il est excellent. »

C'est contre ce genre tout mondain de persécution que l'auteur vient opposer sa manière d'apologie un peu mondaine elle-même. Lui, il ne cherchera pas à démontrer la vérité du fond, mais la vraisemblance, par la morale qui en sort, par les beautés qui en rayonnent. Cet *orateur du Christianisme* va s'attacher à faire voir « que de toutes les religions qui ont jamais existé, la Religion chrétienne est la plus poétique, la plus humaine, la plus favorable à la liberté, aux Arts et aux Lettres; que le monde moderne lui doit tout, depuis l'agriculture jusqu'aux sciences abstraites; depuis les hospices pour les malheureux jusqu'aux temples bâtis par Michel-Ange et décorés par Raphaël; qu'il n'y a rien de plus divin que sa morale; rien de plus aimable, de plus pompeux que ses dogmes, sa doctrine et son culte; qu'elle favorise le génie, épure le goût, développe les passions vertueuses, donne de la vigueur à la pensée, offre des formes nobles à l'écrivain, et des moules parfaits à l'artiste; qu'elle se prête merveilleusement aux élans de l'âme, et peut enchanter l'esprit aussi divinement que les Dieux de Virgile et d'Homère; qu'il n'y a point de honte à croire avec Newton et Bossuet, Pascal et Racine :

---

[1] *Fatalité*, le mot est assez singulièrement choisi en pareille matière.

« Enfin, s'écrie-t-il, il fallait appeler tous les enchantements de l'imagination et tous les intérêts du cœur au secours de cette même Religion contre laquelle on les avait armés. Ici le lecteur voit notre ouvrage...

« Nous osons croire que cette manière d'envisager le Christianisme présente des rapports peu connus : sublime par l'antiquité de ses souvenirs qui remontent au berceau du monde, ineffable dans ses mystères, adorable dans ses sacrements, intéressant dans son histoire, céleste dans sa morale, riche et charmant dans ses pompes, il réclame toutes les sortes de tableaux. »

Son livre va donc se composer d'une suite de *tableaux*, ce qui est pourtant un peu long, durant quatre ou cinq volumes. Dire pendant cinq volumes à chaque point de vue : *C'est beau!* il y a de quoi lasser l'admiration la plus déterminée. Il fallait son talent pour y suffire.

L'inconvénient sera aussi (s'il n'y prend garde), dans des parties non essentielles ou même essentielles au Christianisme, de ne présenter qu'un seul aspect, toujours l'aspect lumineux et brillant, en dissimulant le côté sombre, et de tirer tout à soi dans des accessoires que la Religion chrétienne peut accepter, tolérer, ou emprunter en les animant un moment de son rayon, mais dont elle saurait aussi se passer très-bien.

Car enfin, si la poésie n'est pas absente du Christianisme, ni surtout des pompes catholiques que l'Église étale dans ses jours de fête et de triomphe, ce n'est pas à cela qu'elle vise sur la terre : elle a d'autres fins sévères auxquelles au besoin tout se sacrifie. Advienne que pourra de la poésie et de la littérature, du moment qu'elle vient à la traverse de la voie étroite de la Croix! Dieu sans doute est le plus grand des poëtes : mais à l'égard de l'homme, sa créature ici-bas, il est bien autre chose encore. Qui dit *poésie* et *vérité* exprime deux choses différentes, sinon opposées. M. Joubert a consacré cette distinction par un mot charmant et durable : « Dieu, ne pouvant pas départir la vérité aux Grecs, leur donna la poésie. » Le même excellent critique a dit encore, en faisant la part de chacun et en spécifiant la dot poétique de chaque peuple :

« Aux Grecs, et surtout aux Athéniens, le beau littéraire et civil ;

« Aux Romains le beau moral et politique ;

« Aux Juifs le beau religieux et domestique ;

« Aux autres peuples l'imitation de ces trois-là. »

Il est très-vrai que les Chrétiens peuvent remonter à la poésie des Hébreux, et presque y rentrer de plain-pied comme dans un antique et légitime héritage : voilà déjà une grande poésie. Il est très-vrai encore que le Christianisme a ouvert de nouveaux horizons dans le monde moral intérieur. Selon le mot de Pascal, *avec Jésus-Christ le nouveau modèle d'une âme parfaitement héroïque a été présenté aux hommes.* La poésie, en tant qu'elle conçoit de nouveaux caractères, ne saurait s'empêcher d'en tenir compte. C'est ainsi que les Andromaque, les Iphigénie, les Phèdre de Racine sont, à quelques égards, des personnages à demi chrétiens. « Racine avoue lui-même qu'il n'aurait pu faire supporter son Andromaque si, comme dans *Euripide*, elle eût tremblé pour Molossus, le fils de Pyrrhus, et non pour Astyanax, le fils d'Hector. On ne croit point, dit-il très-bien, qu'elle doive aimer un autre mari que le premier [1]. » Virgile qui, dans l'ordre des sen-

---

[1] Ces remarques et celles qui suivent sont de Fontanes, dans son second article sur le *Génie du Christianisme*. M. Saint-Marc Girardin, dans son *Cours de Littérature dramatique* (tome I, chap. XIV), a reproduit ou retrouvé quelques-unes de ces vues sur les diverses Andromaque ; il a été devancé ici par Chateaubriand et par Fontanes qu'il développe à son tour avec bonheur.

timents, est quelquefois à mi-chemin et comme sur le seuil du Christianisme, l'avait déjà senti confusément ; et dans le troisième livre de l'*Énéide*, il cherche à sauver autant qu'il peut l'honneur d'Andromaque. C'est elle que tout d'abord Énée rencontre en mettant le pied sur la terre d'Épire : elle est occupée à offrir un sacrifice aux mânes d'Hector. Son premier mouvement à la vue du guerrier troyen est de s'évanouir ; sa première pensée au réveil est pour s'écrier : *Hector ubi est ?* Aux questions que le héros lui adresse, elle rougit et baisse les yeux :

Dejecit vultum, et demissa voce locuta est.

Elle explique d'une voix embarrassée comment le fils d'Achille, en la quittant pour Hermione, l'a fait épouser au Troyen Hélénus ; elle porte avant tout envie au trépas de Polyxène. Mais Racine a rejeté ces embarras et ces subterfuges indignes d'une chaste et touchante figure ; il a dégagé celle-ci dans une pureté suprême. « Chez lui, Andromaque ressemble précisément à ces veuves des premiers siècles chrétiens, où l'idée d'un second mariage eût semblé profane et presque coupable, à ces Paule et à ces Marcelle, qui, retirées dans un cloître, indifférentes à tous les spectacles du monde et toujours vêtues de deuil, » ne vivaient plus qu'en vue d'un tombeau et dans l'espoir d'une réunion au sein de Dieu[1]. — Le Père Brumoy, plein d'Euripide, a remarqué que l'Iphigénie grec-

---

[1] Je ne prétends pas établir par tous ces rapprochements que Racine soit supérieur aux grands tragiques qu'il imite ; mais si ces tragiques lui sont supérieurs par bien des endroits, comme l'a démontré Schlegel pour la *Phèdre*, il est juste de faire valoir les excuses de Racine, les nuances et les combinaisons morales par lesquelles il rachète souvent les beautés premières et plus naturelles qu'il n'a pas.

que, plus effrayée de la mort, est plus conforme à la nature. C'est le propre des vierges tragiques de l'Antiquité, des Antigone, des Ismène : elles regrettent tout haut la douce clarté du soleil et de mourir si jeunes *avant l'hyménée*. Mais le Père Brumoy oublie que l'Iphigénie de Racine est déjà la *fille chrétienne*[1], soumise, obéissante après que son père et le Ciel ont parlé. Il y a un peu d'Isaac en elle. Elle est mieux que nature. On dirait qu'elle a reçu, comme Télémaque, quelques gouttes du baptême de Fénelon. On trouverait à faire de pareilles distinctions au sujet de Phèdre. Mais il n'en reste pas moins vrai (et c'est à quoi j'en voulais venir) que pour tout ce qui ne se rattache pas directement à son idéal moral, le Christianisme ne s'enquiert point de la poésie[2]. Le style chrétien,

---

[1] *Génie du Christianisme,* seconde partie, liv. II, chap. 8.

[2] Là même où, à la réflexion, la beauté morale l'emporte, notez que la poésie naturelle n'y gagne pas toujours. En voici un exemple qui me vient à l'esprit et qui est frappant. C'est au IVe livre de l'*Odyssée*, dans cette admirable scène de l'arrivée de Télémaque chez Ménélas, quand tout le monde pleure, les uns et les autres au souvenir des malheurs qu'ils ont soufferts ; Hélène, plus particulièrement, en repentir de ceux qu'elle a causés. Le fils de Nestor, à son tour, Pisistrate, se met à pleurer en pensant à son frère Antiloque tué devant Troie ; mais il fait naïvement remarquer qu'il vaudrait mieux remettre au lendemain les larmes et ne pas s'affliger au milieu du festin : demain il sera bon de pleurer, car enfin, dit-il, *le seul hommage que nous puissions offrir aux malheureux morts, c'est de couper notre chevelure et d'inonder nos joues de larmes.* Conclusion touchante et naturelle, qui exprime à la fois la vivacité et l'impuissance de la douleur humaine ! — Que dit Pascal, au contraire, au sujet de la mort de son père ? « La prière et les sacrifices sont un souverain remède à leurs peines ; mais une des plus solides et des plus utiles charités envers les morts est de faire les choses qu'ils nous ordonneraient s'ils étaient encore au monde, et de nous mettre pour eux en l'état auquel ils nous souhaitent à présent. Par cette pratique nous les faisons revivre en nous. » — L'autre mot n'était que touchant, celui-ci est d'une tout autre valeur, mais dans l'ordre moral, remarquez-le, non pas dans l'ordre poétique. Il n'y a rien là qui émeuve tout d'abord et de premier mouvement. Il faut, pour en sentir la beauté, être déjà soi-même une âme plus que naturelle, une âme *travaillée* par le Christianisme.

s'il est telle chose qu'un semblable style, ne saurait être autre qu'un style de *vérité*. Si l'éclat du talent s'y mêle, il l'accepte, il le tolère, il le voudrait tempérer parfois. Réduit à lui seul, à ses propres moyens, à ce qu'il affectionne, il est humble, modeste, le plus souvent négligé, élevé seulement par le fond, médiocre par la forme ; aisément méprisé des docteurs, sublime aux cœurs simples ; tel qu'on le peut voir dans le Sermon sur la montagne, dans les Évangélistes, dans saint Paul, dans l'*Imitation de Jésus-Christ* : voilà le style chrétien pur. Si je l'osais, je dirais que dans saint Augustin le professeur de rhétorique offusque quelquefois le chrétien. Quelque chose de trop éclatant et de trop glorieux l'effarouche. Le chrétien, chez Bossuet, n'est si haut d'aspect que parce qu'il se revêt et se redouble du prophète hébreu ; Bossuet a en lui du Moïse. Dans tous les cas, ce style chrétien ne recherche ni la métaphore ni l'antithèse ; il mortifie la gloire, il repousse l'effet. C'est, après tout, la parole de celui qui, le jour de son triomphe, voulut entrer dans Jérusalem monté sur une ânesse. Un style qui a l'air de monter à chaque phrase sur le char du triomphateur n'est pas le sien. Pascal l'a fait remarquer : « Jésus-Christ a dit les choses grandes, si simplement qu'il semble qu'il ne les a pas pensées ; et si nettement néanmoins qu'on voit bien ce qu'il en pensait. Cette clarté jointe à cette naïveté est admirable. » L'auteur du *Génie du Christianisme* s'est-il assez dit cela ?

On a beaucoup parlé dans ces derniers temps de l'*art chrétien*. Loin de moi l'intention de renier au nom du Christianisme les merveilles gothiques ou les vierges de Raphaël[1] ! Pourtant, sachons bien que le Christianisme en lui-

---

[1] Ceux qui raffinent en fait d'art chrétien ne veulent pas des Vierges de Raphaël, qu'ils trouvent trop païen ; ils remontent à celles du Pérugin et d'auparavant. Soit !

même se passe d'art, qu'il n'admet et ne considère qu'une sorte de beauté, celle qui vient du dedans. Un savant Jésuite, le Père Vavassor, a fait une dissertation où il discute tous les témoignages qui concernent la figure du Sauveur : il en conclut judicieusement que cette divine figure n'était remarquable ni par la beauté ni par le contraire, mais qu'elle n'offrait aux yeux que cette *médiocrité* de forme qui avait besoin, pour paraître divine, de s'illuminer du rayon du dedans. Une physionomie morale divine, voilà la seule beauté qui importe au chrétien.

L'orateur du Christianisme savait ces choses, et il en est même que je lui emprunte dans ce que je viens de dire. Pourtant, en écrivant et en composant, il a passé outre; il a tout réclamé, tout accaparé pour le Christianisme, même la gloire d'avoir fait naître le genre descriptif; et il semble vraiment, à un endroit, que sans le Christianisme on n'aurait ni Thompson, ni Delille, ni Saint-Lambert. Voyez-vous le grand malheur que ce serait !

Je crois que conçu et touché plus discrètement, selon les conseils qu'il avait reçus dans l'origine de Fontanes, son livre serait plus beau, plus vrai, plus durable, et qu'on le relirait aujourd'hui avec plus de charme : mais il n'aurait pas eu le succès d'enthousiasme et le triomphe qu'il obtint. Qui veut être sage, modéré, embrasser et présenter avec indépendance tous les aspects d'une cause et d'un sujet, ne s'adresse qu'à un petit nombre d'esprits d'élite, et à l'avenir. Ceux qui veulent le succès, l'à-propos, doivent se décider à faire de ces pointes.

M. de Chateaubriand n'eut pas de peine à faire ainsi, et il y était assez poussé par sa nature. S'il n'avait dû être qu'un philosophe, un sage, il n'en était peut-être pas très-loin dans l'*Essai*. Il se serait apaisé, adouci avec les années ; il aurait *cuvé* son amertume, et ce doute rassis, mêlé de sens ferme, lui aurait composé à la longue un état de pensée supérieur et méditatif, tourné vers la vérité. Il aurait rendu au Christianisme cette justice respectueuse que lui rendait Montesquieu. S'il avait eu le bonheur d'arriver à croire, il aurait parlé des objets de sa foi avec une émotion d'autant plus pénétrante que l'expression aurait été plus contenue, plus appropriée, et n'aurait point dépassé sa conviction... Mais que dis-je? et pourquoi refaire les rôles? La nature le destinait à être moins et mieux qu'un philosophe et qu'un sage : il était artiste et poëte.

La nature trace en nous, dès la naissance, un certain idéal (quand nous sommes faits pour l'idéal et non pour la vie vulgaire), lequel jouant ensuite devant notre regard, et se projetant devant nous, devient l'objet confus et constant de notre poursuite, de notre désir. Nos talents ne sont à l'aise, nos facultés ne se sentent dans leur plénitude que quand elles l'ont atteint; et dès qu'elles l'aperçoivent à leur portée, elles ne résistent pas à le saisir.

Il y avait en 1800 un grand rôle à prendre d'*avocat poétique* du Christianisme : l'auteur se sentit la force, le saisit et s'y précipita.

Ainsi désormais il fera en toute chose, se lançant du côté où son talent trouvera carrière et soleil : en 1814, il se fera le chevalier du trône, comme en 1800 il s'était fait l'orateur de l'autel ; en 1824, il changera brusquement de rôle et se fera le chevalier de la liberté, — toujours le même en tout, toujours faisant sa pointe et son éclat, toujours tenant d'une main le bouclier de diamant, et de l'autre l'épée flamboyante. C'est de toutes ces clartés qui n'éclairent jamais à la fois qu'un seul côté, de toutes ces surfaces brillantes juxtaposées en faisceau que se compose ce poëme bigarré, le trophée qu'on appelle sa vie.

Unité d'artiste, unité factice, car c'est une unité faite de pièces et de morceaux, une vraie marqueterie. Royaliste, républicain pêle-mêle et tour à tour, il est féal et rebelle, champion de l'autel, champion du trône, aidant à le renverser, et quand il l'a mis à bas, lui demeurant fidèle : le tout selon que l'occasion, le talent et le cœur l'y poussent, mais le cœur animé par la colère autant que par une idée de vérité ou de dignité. O l'unité en effet unique et singulière ! il fraternise avec l'ennemi sans se nuire, il rentre dans son camp de plus belle, et le revoilà tout chamarré de royalisme et de catholicisme, sans que cela tire le moins du monde à conséquence pour les actes ou pour les sentiments. Il s'est dit : *Je veux avoir de l'unité*, et il en a eu, mais toute d'affiche et de montre. Ce n'est pas là l'unité vraie : celle-ci est une harmonie qui naît du fond même et qui sort de l'ensemble d'une vie et d'une âme, qui s'y répand insensiblement et la revêt d'une égale lumière. On a dit que dans son style il avait tiré parti des brisures mêmes et des irrégularités brusques pour le plus grand effet : de même dans sa vie. C'est un poëme à contrastes, c'est un trophée, je l'ai dit, une *panoplie* qui brille au soleil.

Quoi qu'il en soit, son succès fut à ce prix. Car encore une fois, qui ne chercherait que la vérité générale et applicable à tous, en dehors des partis, attendrait longtemps son triomphe, et ne l'obtiendrait qu'auprès de quelques-uns dans leur chambre, tandis que du premier jour l'orateur brillant du Christianisme se vit porté au Vatican et au Capitole[1].

---

[1] Sur ce que je viens de dire du royalisme et du catholicisme de M. de Chateaubriand et de leur singulière espèce, j'ai à faire quelques remarques pour montrer que je n'exagère rien :

1° Son royalisme d'abord. — Dans la Préface de la *Monarchie selon la Charte* (OEuvres complètes, tome XXV, page v, 1827), il disait : « En me frappant, on n'a frappé qu'un dévoué serviteur du Roi, et l'ingratitude est à l'aise avec la fidélité ; toutefois il peut y avoir tels hommes moins soumis et telles circonstances dont il ne serait pas bon d'abuser : l'histoire le prouve. Je ne suis ni le prince Eugène, ni Voltaire, ni Mirabeau ; et quand je posséderais leur puissance, j'aurais horreur de les imiter dans leur ressentiment. Mais... » Et c'est précisément ce qu'il a fait. Il a tant répété, au sujet des Bourbons de la branche aînée, le mot de *bête* et de *bêtise*, qu'à la fin on l'a cru. — Je sais tout ce qu'on peut dire et tout ce qu'on a dit pour tâcher de lier ensemble les deux moitiés si disparates de la vie politique de M. de Chateaubriand, la première moitié de politique-*ultra* (1814-1824), la seconde de politique libérale (1824-1830). On a voulu voir du vrai libéralisme, même dans la première. Sans doute il a de bonne heure compris la nécessité de la Charte ; il a dès l'abord interprété celle-ci dans un sens qui, après tout, était constitutionnel, bien que hérissé de colères et de violences, et tantôt démocratique à l'excès, tantôt aristocratique à outrance. Il a développé des principes et des théories qui peuvent se faire applaudir, si on les isole des circonstances et du but dans lesquels il les produisait. Mais il y a trois grands faits qui demeurent : la plus mauvaise Chambre de la Restauration, la Chambre frénétique de 1815, il a tout fait pour la maintenir. Le meilleur ministère, le plus sincèrement libéral qu'ait eu la Restauration, le ministère Dessolles, il a tout fait pour le renverser. Le ministère Villèle enfin, le plus détestable de tous, et le plus funeste, il a attendu, pour le trouver tel, qu'il en fût sorti. M. de Chateaubriand n'a commencé à désespérer de la Restauration que quand il a vu qu'il n'en serait jamais le premier ministre.

Chateaubriand disait à La Mennais, qu'il revoyait après des années d'intervalle, et quand l'abbé était déjà passé à la démocratie : « Je pense comme vous, mais que voulez-vous ? je n'ai pu me séparer de cette *charogne*. » Il voulait parler de la Légitimité. — « Ce sont là de ces choses qu'il ne faut pas entendre, » me dit quelqu'un. — Et pourquoi donc ne pas les entendre puisqu'on les dit bien ?

En ces mêmes années, il écrivait à Béranger (20 avril 1839) : « La politique, vous savez que depuis longtemps je n'y crois plus ; peuples et rois, tout s'en va ; liberté et tyrannie ne sont à craindre ou à espérer pour personne. Une seule chose seulement me fait rire, c'est qu'il y a des hommes d'esprit qui prennent tout ce qui se passe au sérieux... » Cela ne l'empêchait pas, trois ou quatre ans après, d'aller encore faire son rôle d'homme de parti à Londres et d'y visiter *son roi ;* ce que Béranger, devenu l'arbitre, approuvait : « Sans sa présence, disait celui-ci, la pièce dégénérait en farce. » Ce qui veut dire que, lui présent, on restait dans les termes de la haute ou de la moyenne comédie. Et il s'accommodait de ces jugements-là !

2° Quant à la nature de son catholicisme, elle se produira assez dans tout le cours de notre Étude. Un seul trait ici suffira. Dans les notes du *Congrès de Vérone*, Chateaubriand cite une lettre de Béranger dont il dit

qu'elle est « aussi spirituelle qu'admirable (ma foi catholique à part). »
Je ne sais trop ce que serait une lettre admirable si elle n'était spirituelle. Quoi qu'il en soit, dans cette lettre très-spirituelle et très-travaillée, Béranger parle du Christianisme comme d'une grande forme sociale dont la sanction divine, qui a pu être nécessaire à l'origine, doit disparaître avec le progrès de la raison. Un catholique sincère ne saurait un seul instant admettre ni par conséquent admirer une telle profession de foi, qui ressemble à celle du *Vicaire savoyard ;* mais la parenthèse *(ma foi catholique à part)* sauve tout. On raconte qu'en Italie les courtisanes ont le plus souvent dans leur chambre un crucifix, une image de la Vierge ou d'un saint : quand elles veulent faire de certaines choses de leur métier, elles tirent le rideau et mettent ainsi leur foi catholique *à part.* Puis quand elles ont fini de ces choses-là, elles relèvent le rideau, l'image dévote reparaît et la foi catholique avec elle. La parenthèse de M. de Chateaubriand rappelle tout à fait ce rideau qu'on tire à volonté, qui permet tout et n'empêche rien. — De même qu'il fraternisait avec Béranger (sa foi catholique à part), Chateaubriand fraternisait avec Carrel (sa foi monarchique à part) ; il y gagnait en popularité, et n'y perdait pas en faveur dans son propre parti, qui lui passait tout, ne pouvant se passer de son nom. Il y a disette de croyances et de convictions sincères en ce temps-ci ; on prend ce qu'on trouve, on fait parade et tapage du peu qu'on a.

DOUZIÈME LEÇON.

De la première partie du *Génie du Christianisme*. — Mystères et Sacrements. — Érudition à faux. — Conseil de M. Joubert. — Histoire naturelle de l'auteur. — Son rossignol. — Les deux cygnes. — Le crocodile. — Poule d'eau, héron : — image verticale. — La prière du soir sur l'Océan. — Revers de la toile.

MESSIEURS,

Nous avons assisté à ce qu'on peut appeler la mise en scène du *Génie du Christianisme;* nous en avons admiré l'encadrement heureux au milieu de circonstances sociales uniques, et nous avons aussi entendu l'auteur dans sa Préface nous expliquer son dessein formel, son parti pris de pousser l'effet et la couleur dans un certain sens. Ce premier coup d'œil nous a déjà permis de faire quelques réflexions générales sur l'ensemble et sur l'esprit du livre, sur les inconvénients inévitables qui devaient en résulter quant à la vérité du fond, et aussi nous avons senti quels avantages de circonstance et quel triomphe pouvait en tirer un de ces talents éblouissants et rapides qui sont comme des foudres de guerre.

Aujourd'hui nous avons, selon notre méthode très-humble, à nous édifier nous-mêmes en lisant le livre, en l'ouvrant à divers endroits, et en courant, si je puis dire, à travers. Rien ne supplée à ce genre de démonstration et de vérification. Il importe qu'un auditoire soit convaincu pièces en main, qu'il conclue de lui-même sans qu'il reste un nuage dans les esprits ; et tout l'art du professeur ne saurait consister sur ce point qu'à faire lire un peu plus rapidement et un peu plus commodément que chacun ne lirait chez soi dans son fauteuil (ce qui pourtant a bien aussi ses avantages et son agrément).

J'ai dit que le *Génie du Christianisme* se compose d'une suite de tableaux. Les uns sont factices et de propos délibéré ; les autres sont observés et plus vrais : cela se sent aussitôt. On sent dans les premiers un peintre qui se pose devant sa toile et qui se dit : *Je veux faire un tableau.* Mais dans les seconds règne un grand sentiment de nature et une belle critique littéraire.

La première partie du *Génie du Christianisme* est la plus factice, la moins attrayante ; elle est aussi la plus faible. La rhétorique proprement dite, une rhétorique transcendante[1], y a une grande part. C'est qu'en effet l'auteur y traite des Mystères, des Sacrements, des trois Vertus théologales, du Décalogue, de la Cosmogonie de Moïse, de la Chute, du Péché originel, du Déluge, tous objets qui peuvent prêter au tableau, mais qui demandent encore un autre mode de démonstration et d'exposition. Le lieu commun y domine, revêtu de magnificence, lieu commun pourtant s'il en fût jamais. L'auteur commence ainsi sur les Mystères :

« Il n'est rien de beau, de doux, de grand dans la vie, que les choses mystérieuses. Les sentiments les plus merveilleux sont ceux qui nous agitent un peu confusément. La pudeur, l'amour chaste, l'amitié vertueuse, sont pleines de secrets. On dirait que les cœurs qui s'aiment s'entendent à demi-mot, et

---

[1] Ce qu'on appelait autrefois *rhétorique* s'appelle aujourd'hui *poésie*. De ce que le rhéteur et le sophiste est déguisé en poëte, on croit qu'il a disparu. Tel se flatte toujours d'être un poëte qui n'est le plus souvent qu'un magnifique rhétoricien.

qu'ils ne sont que comme entr'ouverts. L'innocence à son tour, qui n'est qu'une sainte ignorance, n'est-elle pas le plus ineffable des mystères ? etc., etc. »

De tels préambules sont, je le répète, des lieux communs qui s'appliqueraient à bien des choses, et qui certainement ne s'appliquent pas plus au Christianisme qu'à toute autre religion. L'auteur confond le mystère qui est vague, et les Mystères, au sens chrétien, qui sont une chose fort positive. Quand il veut aborder ces derniers Mystères, la Trinité, la Rédemption, l'Incarnation, il se perd dans les images ; il en est réduit à chercher le côté poétique de ces redoutables obscurités :

« La Trinité confond notre petitesse, accable nos sens de sa gloire, et nous nous retirons anéantis devant elle. Mais la touchante Rédemption, en remplissant nos yeux de larmes, les empêche d'être trop éblouis, et nous permet du moins de les fixer un moment sur la Croix. »

Il sent lui-même le côté faible, et il laisse échapper l'objection : « Des images ne sont pas des raisons, dira-t-on peut-être ; nous sommes dans un siècle de lumières qui n'admet rien sans preuves... On ne manquera pas de s'écrier : Eh ! qu'est-ce que tout cela prouve, sinon que vous savez plus ou moins bien faire un tableau ?... » Il a beau essayer de répondre à cette objection qu'il soulève, il n'y parvient pas d'une manière satisfaisante, et on reste en droit de lui dire : Parlez-nous d'un Mystère parce qu'il est grand, redoutable et *vrai ;* mais venir nous en parler et nous le prêcher parce qu'il est *beau,* c'est puéril. De même pour un Sacrement : parlez-nous-en parce qu'il est souverain, efficace et salutaire ; mais venir nous le prêcher parce qu'il doit nous sembler touchant et beau, c'est nous traiter comme des enfants qu'on gagne avec des images. « *Supposé même que la Communion fût une cérémonie puérile*, dit en un endroit l'auteur, c'est du moins s'aveugler beaucoup, de ne pas voir, etc. » Mais ce sont là de ces suppositions que les Dogmes saints ne supportent pas un seul instant. Évidemment la méthode de sentiment et d'imagination n'a nulle place ici, dans cette portion réservée du sanctuaire. Tout y est subordonné au vrai. Il n'est point permis d'y prononcer d'autre mot que celui de *vérité*. L'imagination peut se jouer autour des portiques, et tout au plus dans le vestibule du temple, mais non pas ailleurs.

Le chapitre sur la Communion se terminait dans le principe par cette conclusion :

« Nous ne savons pas ce qu'on peut objecter contre un Sacrement qui fait parcourir un tel cercle d'idées poétiques, morales, historiques et métaphysiques ; contre un Sacrement qui commence avec des fleurs, de jeunes années et des grâces, et qui finit par faire descendre Dieu sur la terre, pour le donner en pâture spirituelle à l'homme. »

Comment ! vous ne savez ce qu'on pourrait objecter... Mais on pourrait tout objecter contre une telle institution malgré les *grâces* et les *fleurs*, si ce n'était pas un Sacrement réel et fondé en vérité. Cette phrase étrange a disparu et a été élaguée dans les éditions dernières, mais l'esprit qui l'avait dictée circule dans toute la branche.

C'est sur cette partie de l'ouvrage que tombe avec justesse la critique de Ginguené, qui disait :

« Et d'abord qu'est-ce que cet ouvrage ? Est-ce un livre dogmatique, ou une poétique, ou un traité de philosophie morale ? Si c'est le premier, la partie poétique est de trop, ou n'est pas ce qu'elle devait être... Si c'est une poétique ou un traité sur le parti que les poëtes modernes pouvaient tirer de la Religion chrétienne (et ce sujet pouvait être riche et intéressant à traiter), toute la partie dogmatique est au moins superflue. Si Aristote s'était proposé d'analyser dans sa Poétique l'emploi que les grands poëtes grecs avaient fait de la mythologie, et celui qu'on en pouvait faire encore, il n'eût certainement pas commencé par démontrer la vérité de tous les dogmes du polythéisme ; c'était l'affaire des hiérophantes et des prêtres de Jupiter [1]. »

L'analyse de Ginguené nous montre de plus combien l'auteur a profité des critiques pour corriger cette partie de son ouvrage dans les dernières éditions :

« Des Mystères il passe aux Sacrements ; on ne doit pas être surpris qu'en traitant de l'*Ordre* et du *Mariage*, il examine à fond le vœu du célibat *sous ses rapports moraux*, et qu'il le regarde comme la plus morale des institutions... Ce sujet de la virginité, qui lui inspire des idées si peu communes, est tellement de son goût, qu'après en avoir parlé plusieurs fois accessoirement et par occasion, il le traite *ex professo* dans tout un chapitre, qu'il intitule très-sérieusement : *Examen de la Virginité sous ses rapports poétiques*. Ce n'est pas, on peut le croire, un des moins curieux de l'ouvrage ; il faudrait le citer tout entier ; de même que l'auteur y a compris la nature entière. Contentons-

---

[1] Et M. Vinet a dit aussi : « Il en a trop fait pour une simple poétique, et trop peu pour une apologétique... Le théologien et le peintre s'embarrassent mutuellement ; ils échangent et confondent leurs arguments... On dirait, quand la preuve fait défaut, que l'image est là pour faire le compte. » — Il faut lire les articles de Ginguené dans la *Décade* (30 prairial, 10 messidor et 20 messidor an X), et non dans les Œuvres de Chateaubriand, où ils sont tronqués. C'est au sujet de ces articles que Benjamin Constant écrivait à Fauriel (Genève, 28 messidor an X) : « Je viens de lire dans la *Décade*, avec un bien grand plaisir, l'extrait de Chateaubriand par Ginguené. On voit que l'auteur de cet extrait avait commencé avec le désir de n'être pas trop sévère et de ne pas blesser l'auteur, et qu'il a été graduellement emporté par la force de la vérité et par l'amour de la philosophie et de la république. » (Style du temps.)

nous de ce grand trait qui termine et couronne tous les autres :
« Ainsi la Virginité, remontant depuis le dernier anneau de
« la chaîne des êtres jusqu'à l'homme, passe bientôt de
« l'homme aux Anges, et des Anges à Dieu, où elle se perd...
« Dieu est lui-même *le grand Solitaire de l'univers, l'éternel*
« *Célibataire des mondes.* »

Ce *grand Solitaire* et ce *Célibataire des mondes* a disparu dans les éditions corrigées.

De grandes beautés se mêlaient pourtant aux défauts de cette première partie et les recouvraient par places, si elles ne les rachetaient pas. Il suffirait de citer la belle scène du dernier des Sacrements, de l'*Extrême-Onction* : « Venez voir le plus beau spectacle que puisse présenter la terre, venez voir mourir le fidèle... » L'auteur, il est vrai, se sent dans cet apprêt; j'aperçois le doigt du peintre, et presque du décorateur; mais, à ce prix, le tableau a de la beauté et même de la vérité.

Le chapitre où l'auteur compare les lois morales des différents peuples de la terre, quelques lambeaux des lois de l'Inde, de l'Égypte, des lois de Zoroastre, de Minos, de Solon, etc., avec celles de Moïse; le chapitre où il veut prouver la supériorité de la tradition de Moïse sur toutes les autres cosmogonies, étalent une érudition incomplète, partiale, insuffisante. Ces endroits et beaucoup d'autres, surtout dans leur rédaction première, offraient une large prise à la critique, et, pour un esprit philosophique un peu rigoureux, il y avait en effet de quoi faire tomber le livre des mains dès le premier volume[1]. L'auteur aurait

---

[1] On peut noter, chemin faisant, une page brillante et ingénieuse sur l'*astronomie*, née chez les pasteurs, et toute peuplée d'images et de dénominations rurales, une page digne d'Ovide dans les *Fastes*. Mais l'auteur a une singulière manière de vouloir prouver la *Chute*, en nous décrivant les singularités du serpent, qu'il se donne les airs d'avoir profondément étudié : « Le serpent a souvent été l'objet de *nos* observa-

bien dû mieux écouter sur ce point les délicats et charmants avis que lui faisait parvenir par Mme de Beaumont l'aimable critique intérieur que nous aimons tant à citer, M. Joubert. C'était en effet au village de Savigny, chez Mme de Beaumont même, dans l'automne de 1801, que le jeune écrivain faisait en toute hâte ses extraits d'érudition ecclésiastique quelque peu indigeste, et cette aimable femme l'y aidait de son mieux ; singulier collaborateur, toutefois, en matière d'orthodoxie ! Mais le monde était si brouillé alors qu'on n'y regardait pas de si près, et l'Église a toujours passé beaucoup à ses défenseurs. — M. Joubert donc craignait ces hors-d'œuvre de science dans un ouvrage qui devait être tout de charme et de persuasion. — La vérité n'est jamais mieux dite que quand elle se dit de près et qu'elle sort de la bouche ou de la plume d'un

---

tions ; » et il en conclut que « tout est mystérieux, caché, étonnant, dans cet incompréhensible reptile ; que ses mouvements diffèrent de ceux de tous les autres animaux. » Peu s'en faut qu'il n'y voie un miracle, comme si la zoologie ne tenait pas compte de l'organisation des reptiles, aussi bien que de celle des poissons et des oiseaux. Le serpent se meut comme tous les êtres organisés, conformément à son organisation même. L'historiette du Canadien et de sa *flûte*, qui vient à ce propos, est agréable, mais elle n'est bonne qu'à faire dire à tout esprit réfléchi : *Qu'est-ce que cela prouve?* Et ici remarquez qu'on a le droit d'élever cette question, sans ressembler à ce géomètre qui la faisait en venant d'entendre de la musique ; car l'historiette est donnée à titre d'argument, comme *une sorte d'induction en faveur des vérités de l'Écriture.* — Le tableau du Déluge est plein d'antithèses à la Girodet ; mais surtout l'auteur fait preuve d'une grande complaisance quand il croit voir des attestations du Déluge dans les phénomènes météorologiques les plus simples, ou même dans de pures métaphores : « Le soleil n'eut plus pour trône au matin, et pour lit au soir, que l'élément humide, où il sembla s'éteindre tous les jours, ainsi qu'au temps du Déluge. Souvent les nuages du ciel imitèrent des vagues amoncelées, des sables ou des écueils blanchissants... Il naquit dans les lieux les plus arides des arbres dont les branches affaissées pendirent pesamment vers la terre, comme si elles sortaient encore toutes trempées du sein des ondes... » Il semble que les saules *pleureurs* naissent de là. A tout instant ce sont de ces vains mirages de l'imagination. Tout dans ces pages atteste le pur jeu du talent et l'absence totale de gravité.

ami intime. Ces sortes de confidences et de contradictions *intestines* arrivent rarement au public; mais, s'il pouvait les surprendre, tout le travail de la critique lui serait épargné : il la trouverait là, fine, juste, tempérée, exquise, définitive. Croyez bien que si quelqu'un a su les défauts de Luther, ç'a été Mélanchthon; si quelqu'un a connu le défaut de la cuirasse du grand Arnauld, ç'a été Nicole. Ainsi dans tous les groupes religieux, politiques, intellectuels, littéraires, où il y a eu des gens d'esprit, et il s'en glisse aisément partout. Seulement quand ils se mêlent de juger les leurs, ils ne prennent ni porte-voix ni trompette, ils parlent bas, et du dehors il est souvent impossible de les entendre. Que si leur parole nous arrive par quelque heureux accident, ne manquons pas de la recueillir et d'en faire notre profit.

« Dites-lui qu'il en fait trop (écrivait M. Joubert à Mme de Beaumont); que le public se souciera fort peu de ses citations, mais beaucoup de ses pensées; que c'est plus de son génie que de son savoir qu'on est curieux; que c'est de la beauté, et non pas de la vérité, qu'on cherchera dans son ouvrage ; que son esprit seul, et non pas sa doctrine, en pourra faire la fortune ; qu'enfin il compte sur Chateaubriand pour faire aimer le Christianisme, et non pas sur le Christianisme pour faire aimer Chateaubriand. J'avouerai, à la suite de ce blasphème, qu'il ne doit rien dire, lui, qu'il ne croie la vérité ; que, pour le croire, il faut qu'il se le prouve, et que, pour se le prouver, il a souvent besoin de lire, de consulter, de compulser, etc. Mais, hors de là, qu'il se souvienne bien que toute étude lui est inutile; qu'il ait pour seul but, dans son livre, de *montrer la beauté de Dieu* dans le Christianisme, et qu'il se prescrive une règle imposée à tout écrivain par la nécessité de plaire et d'être lu facilement, plus impérieusement imposée à lui qu'à tout autre par la nature même de son esprit, *esprit à part, qui a le don de transporter les autres hors et loin de tout ce qui est connu* : cette règle, trop négligée, et que les savants même en titre d'office devraient observer jusqu'à un certain point, est celle-ci : *Cache ton savoir*[1]. Je ne veux pas qu'on soit un charlatan, et qu'on use en rien d'artifice ; mais je veux qu'on observe l'art. *L'art est de cacher l'art.* Notre ami n'est point un tuyau, comme tant d'autres, c'est une source, et je veux que tout paraisse jaillir de lui. Ses citations sont, pour la plupart, des maladresses ; quand elles deviennent des nécessités, il faut les jeter dans les notes. On se fâchait autrefois de ce qu'à l'Opéra on entendait le bruit du bâton qui battait les mesures : que serait-ce si on interrompait la musique pour lire quelque pièce justificative à l'appui de chaque air ? Écrivain en prose, M. de Chateaubriand ne ressemble point aux autres prosateurs ; par la puissance de sa pensée et de ses mots, sa prose est de la musique et des vers. *Qu'il fasse son métier : qu'il nous enchante.* Il rompt trop souvent les cercles tracés par sa magie ; il y laisse entrer des voix qui n'ont rien de surhumain, et qui ne sont bonnes qu'à rompre le charme et à mettre en fuite les prestiges. Ses in-folio me font trembler. Recommandez-lui, je vous prie, d'en faire ce qu'il voudra dans sa chambre, mais de se garder bien d'en rien transporter dans ses opérations. Bossuet citait, mais il citait en chaire, en mitre et en croix pectorale ; il citait aux persuadés. Ces temps-ci ne sont pas les mêmes. Que notre ami nous raccoutume à regarder avec quelque faveur le Christianisme ; à respirer avec quelque plaisir l'encens qu'il offre au Ciel ; à entendre ses cantiques avec quelque approbation : il aura fait ce qu'on peut faire de meilleur, et sa tâche sera remplie. Le reste sera l'œuvre de la Religion. Si la poésie et la philosophie peuvent lui ramener l'homme une fois, elle s'en sera bientôt réemparée, car elle a ses séductions et ses puissances, qui sont grandes. On n'entre point dans ses temples, bien préparé, sans en sor-

---

[1] Bien au contraire, il ne l'a jamais caché. Il nous a étalé à satiété toutes ses notes en volumes. Par exemple, *les Martyrs* sont pleins d'érudition et en font montre. Puis sont venues les notes des *Martyrs*. — Puis la *Défense* des *Martyrs*. — Puis l'*Itinéraire*. Enfin les *Études historiques*, dernier résidu des doctes matériaux. — Il ne nous a fait grâce de rien.

tir asservi. Le difficile est de rendre aujourd'hui aux hommes l'envie d'y revenir. C'est à quoi il faut se borner; c'est ce que M. de Chateaubriand peut faire. Mais qu'il écarte la contrainte; qu'il renonce aux autorités que l'on ne veut plus reconnaître; qu'il ne mette en usage que des moyens qui soient nouveaux, qui soient siens exclusivement, qui soient du temps et de l'auteur.

« Il me faut du nouveau, n'en fût-il plus au monde, a dit le siècle. *Notre ami a été créé et mis au jour tout exprès pour les circonstances*[1]. Dites-lui de remplir son sort et d'agir selon son instinct. *Qu'il file la soie de son sein; qu'il pétrisse son propre miel; qu'il chante son propre ramage;* il a son arbre, sa ruche et son trou. Qu'a-t-il besoin d'appeler là tant de ressources étrangères[2]? »

Après de telles paroles la critique du *Génie du Christianisme* est faite. Il n'y a rien à y ajouter, et il suffit de les bien appliquer.

L'auteur se retrouve sur son terrain, lorsque dans cette première partie il s'attache à prouver l'existence de Dieu par les merveilles de la nature : il n'a pour cela qu'à puiser dans ses cartons de voyage, et nous retrouvons bien des tableaux de l'*Essai* retouchés avec art, remaniés avec addition et insistance sur les causes finales :

« Ici, dit-il, nous ne suivrons personne. Nous avions consacré à l'histoire naturelle des études que nous n'eussions jamais suspendues, si la Providence ne nous eût appelé à d'autres travaux. Nous voulions opposer une *Histoire naturelle religieuse* à ces livres scientifiques modernes, où l'on ne voit que

---

[1] La nouveauté, une nouveauté originale, c'est là le point important et le secret des grands succès. « Dans les arts, me fait remarquer un homme d'esprit qui les a vus de près, pour réussir, il ne s'agit pas de faire plus ou mieux que les autres, il s'agit de faire *autrement*. » Cela est surtout vrai en France, et s'applique à tout ce qui a vogue, au *Génie du Christianisme* comme à la danse de Mlle Taglioni. — *Non tam meliora quam nova*, disait le vieux Corneille en tête de *Don Sanche*.

[2] *Pensées* de M. Joubert, tome II, pages 284 et suiv.

la *matière*[1]. Pour qu'on ne nous reprochât pas dédaigneusement notre ignorance, nous avions pris le parti de voyager et de voir tout par nous-même. Nous rapporterons donc quelques-unes de nos observations sur les instincts des animaux et des plantes, sur leurs habitudes, leurs migrations, leurs amours, etc. : le champ de la nature ne peut s'épuiser, et l'on y trouve toujours des moissons nouvelles. Ce n'est point dans une ménagerie où l'on tient en cage les secrets de Dieu, qu'on apprend à connaître la Sagesse divine : il faut l'avoir surprise, cette Sagesse, dans les déserts, pour ne plus douter de son existence ; on ne revient point impie des royaumes de la solitude, *regna solitudinis* : malheur au voyageur qui aurait fait le tour du globe, et qui rentrerait athée sous le toit de ses pères ! »

Il était pourtant tel à très-peu près, du moins par accès et par veine, en revenant d'Amérique : témoin l'*Essai*, où les pensées déistes sont contre-balancées par plus d'une qui ne l'est même pas.

Les descriptions d'oiseaux dans le *Génie du Christianisme* passent en général pour charmantes. Un spirituel admirateur a dit : « C'est Buffon[2] plus aimable, plus pieux, plus éclairé (ce dernier point est seul contestable). Les oiseaux sont, après l'homme, l'espèce où Dieu se montre avec le plus de force et d'élégance : du moins cela m'a toujours paru ainsi. » Je rapporte les impressions favorables des autres, étant un peu blasé moi-même sur ces descriptions à effet. Le chant du rossignol surtout a paru admirablement traduit : c'est proprement de la musique,

---

[1] Il antidate sa vocation. L'*Essai* est là pour prouver si c'était bien ce but religieux qu'il se proposait dans ses voyages. Pourquoi ainsi arranger toute chose ? On retrouve dans les moindres détails ce peu de souci de la vérité.

[2] Buffon ou plutôt son collaborateur, Gueneau de Montbeillard ; car la plupart des jolies descriptions d'oiseaux qui se lisent dans l'*Histoire naturelle*, le Paon, le Rossignol entre autres, sont de ce dernier.

c'est presque de l'harmonie imitative. Le compositeur a soigné ce morceau comme la cantate triomphante de son oratorio :

« Lorsque les premiers silences de la nuit et les derniers murmures du jour luttent sur les côteaux, au bord des fleuves, dans les bois et dans les vallées ; lorsque les forêts se taisent par degrés, que pas une feuille, pas une mousse ne soupire, que la lune est dans le ciel, que l'oreille de l'homme est attentive, le premier chantre de la Création entonne ses hymnes à l'Éternel. D'abord il frappe l'écho des brillants éclats du plaisir : le désordre est dans ses chants ; il saute du grave à l'aigu, du doux au fort : il fait des pauses ; il est lent, il est vif : c'est un cœur que la joie enivre, un cœur qui palpite sous le poids de l'amour. Mais tout à coup la voix tombe, l'oiseau se tait. Il recommence ! Que ses accents sont changés ! Quelle tendre mélodie ! Tantôt ce sont des modulations languissantes, quoique variées ; tantôt c'est un air un peu monotone, comme celui de ces vieilles romances françaises, chefs-d'œuvre de simplicité et de mélancolie[1]. Le chant est aussi souvent la marque de la tristesse que de la joie : l'oiseau qui a perdu ses petits chante encore ; c'est encore l'air du temps du bonheur qu'il redit, car il n'en sait qu'un ; mais, par un coup de son art, le musicien n'a fait que changer la clef, et la cantate du plaisir est devenue la complainte de la douleur. »

Est-ce bien exact ? est-ce là de l'histoire naturelle toute pure et authentique ? On a cherché, je ne l'ignore pas, chicane à l'auteur sur ce qu'il ne fait chanter le rossignol que de nuit, sur ce qu'il le fait chanter même après la saison des amours : cette Philomèle classique des poëtes n'est pas tout à fait, à ce qu'assurent les naturalistes, le rossignol de la nature. Il en résulte que ce changement

---

[1] Par exemple l'air de la romance à Hélène : *Combien j'ai douce souvenance...*

de *clef*, si ingénieusement trouvé pour transformer la cantate en complainte, est une pure invention. A un autre endroit il prenait les *autans* pour les aquilons, les vents du midi pour ceux du nord. Laissons ces misères, et ici jouissons du talent quand il se serait permis encore quelque jeu.

Une autre peinture charmante que j'accepte et que je ne veux pas presser davantage, est celle du *nid de bouvreuil dans un rosier :*

« Il ressemblait à une conque de nacre, contenant quatre perles bleues : une rose pendait au-dessus, tout humide : le bouvreuil mâle se tenait immobile sur un arbuste voisin, comme une fleur de pourpre et d'azur. Ces objets étaient répétés dans l'eau d'un étang avec l'ombrage d'un noyer[1], qui servait de fond à la scène, et derrière lequel on voyait se lever l'aurore. Dieu nous donna, dans ce petit tableau, une idée des grâces dont il a paré la nature. »

C'est arrangé à coup sûr; c'est peint comme sur émail et sur porcelaine. Mais quelle perfection achevée ! quelle coquetterie suprême !

A certains endroits de ces pages, à propos des migrations des oiseaux comparées à l'émigration des hommes, on sent l'infortuné qui a connu l'exil et qui en a gardé quelques accents. Plus loin, on retrouve l'enfant rêveur qui, par un temps grisâtre d'automne, aux fenêtres du manoir de Combourg, regardait passer en silence dans le ciel les longues files de canards sauvages et de grues. Mais voici le poëte pur, le chantre vraiment antique, qui se révèle dans son emblème le plus chaste et le plus harmonieux :

---

[1] Il y avait dans la première édition, *d'un vieux noyer*, pour mieux faire contraste avec la jeune aurore.

« Ce n'est pas toujours en troupes que ces oiseaux visitent nos demeures : quelquefois deux beaux étrangers, aussi blancs que la neige, arrivent avec les frimas : ils descendent, au milieu des bruyères, dans un lieu découvert, et dont on ne peut approcher sans être aperçu ; après quelques heures de repos, ils remontent sur les nuages. Vous courez à l'endroit d'où ils sont partis, et vous n'y trouvez que quelques plumes, seules marques de leur passage, que le vent a déjà dispersées : heureux le favori des Muses qui, comme le Cygne, a quitté la terre sans y laisser d'autres débris et d'autres souvenirs que quelques plumes de ses ailes ! »

Qui de nous n'a dans la mémoire et dans le cœur le chant du *Poëte mourant* de Lamartine? L'image du cygne domine et plane dans cette pièce, elle y est comme perpétuelle :

> Ah ! qu'il pleure celui dont les mains acharnées
> S'attachant comme un lierre aux débris des années,
> *Voit*[1] avec l'avenir s'écrouler son espoir !
> Pour moi, qui n'ai point pris racine sur la terre,
> Je m'en vais sans effort, comme l'herbe légère
>   Qu'enlève le souffle du soir.
>
> Le poëte est semblable aux oiseaux de passage
> Qui ne bâtissent point leurs nids sur le rivage,
> Qui ne se posent pas sur les rameaux des bois ;
> Nonchalamment bercés sur le courant de l'onde,
> Ils passent en chantant loin des bords ; et le monde
>   Ne connaît rien d'eux que leur voix.

Ce n'est pas là de l'imitation, c'est de l'émulation. — Nobles poëtes, pourquoi tous deux n'avez-vous pas justifié

---

[1] Ici la grammaire est complètement en oubli. Le pluriel *voient* ne saurait satisfaire : des *mains* qui *voient !* Mais l'harmonie qui anime l'ensemble de cette pièce est telle, qu'on ne s'aperçoit de la faute du sens qu'en transcrivant le vers.

jusqu'au bout votre emblème, sans jamais ternir votre blancheur?

Plus on a aimé les poëtes sous cette forme idéale qu'ils nous ont donnée d'eux-mêmes, plus on regrette qu'ils ne l'aient pas réalisée en tout dans leur vie, et qu'ils se soient tant mêlés ensuite à la poussière et aux bruits de la terre. Mais l'homme ne veut pas mourir; et quand le chant sublime l'abandonne avec la jeunesse, il essaye de *changer la clef*, et il recommence sur un mode inférieur une cantate, encore harmonieuse, s'il se peut, — dans tous les cas moins aimable.

Pour revenir à notre sujet, notre digression même nous avertit que des beautés de description et de poésie, telles que nous venons d'en admirer, pourraient certainement se trouver dans un tout autre ouvrage que le *Génie du Christianisme* : elles n'y ont aucun rapport immédiat, et c'est à peine si l'on peut apercevoir le lien, tant il est arbitraire. J'en dirai autant de l'épisode des *Écureuils* et de leur expédition aventureuse contre les *Castors* : guerre d'Athènes et de Lacédémone. La nécessité de tout ramener aux causes finales, même lorsqu'elles échappent à notre courte vue, a conduit l'auteur à des exagérations qui font sourire; il en revient aux crocodiles, dans lesquels il se plaît à reconnaître quelques marques de la grâce ou de la bonté divine :

« Un crocodile, un serpent, un tigre, sont-ils moins tendres pour leurs petits qu'un rossignol, une poule, et, puisqu'il faut le dire, qu'une femme?... N'est-ce pas une chose aussi miraculeuse[1] que touchante, que de voir ce crocodile bâtir un nid

---

[1] L'auteur ne paraît pas se bien rendre compte de ce que signifie *miracle*, qui est une dérogation aux lois de la nature. Le crocodile et le serpent sont dans l'ordre de la nature, ni plus ni moins que l'homme. Le miracle est partout, ou il n'est nulle part. Au reste je ne me permets

et pondre un œuf comme une poule, et un petit monstre sortir d'une coquille comme un poussin? Que ce contraste renferme de vérités attendrissantes! Combien il fait aimer la bonté de Dieu! »

Cette prédilection marquée pour les crocodiles est un côté d'énormité et de difformité légère par où M. de Châteaubriand se rattache à certaines difformités romantiques modernes, qui ont fort grossi depuis lui, mais dont le principe et le germe se trouvent là pour la première fois dans notre littérature.

Ses procédés habituels de peinture *à effet* se retrouvent à chaque pas. La poule d'eau aime à se percher sur les armoiries sculptées des vieux châteaux : « On la prendrait, avec son plumage noir et le cachet blanc de sa tête, pour un oiseau en blason, tombé de l'écu d'un ancien chevalier, » tandis que la poule sultane (en Égypte) « se tient immobile sur quelque débris, comme un oiseau hiéroglyphique de granit et de porphyre. » Veut-il peindre des marais plantés de joncs et leur genre de beauté aquatique : « Le vent glissant sur ces roseaux incline tour à tour leurs cimes : l'une s'abaisse, tandis que l'autre se relève ; puis soudain, toute la forêt venant à se courber à la fois, on découvre ou le butor doré, ou le héron blanc, qui se tient immobile sur une longue patte, comme sur un épieu. » Ce genre d'image *verticale*, qui termine une description comme en pointe, produirait encore plus d'effet, si évidemment il ne la recherchait pas et ne la prodiguait pas. Il en résulte une sorte de roideur. Le lecteur, au lieu

---

pas de soulever ici les objections véritables et fondamentales contre ce point de vue où se complaît l'auteur, et qui consiste à transporter dans la vue de la nature toutes les illusions *anthropomorphiques;* je me borne à relever l'excès et l'abus qu'il fait de l'idée de création, telle même qu'il la conçoit.

de suivre un courant, — un fleuve naturel de pleine et riche parole, — marche en quelque sorte sur des pointes continuelles, dont quelques-unes, tout d'un coup plus hautes, se dressent devant lui et l'arrêtent. Au bout de chaque avenue apparaît l'image en perspective sur son piédestal, ou, à défaut de piédestal, sur un épieu. Autrefois c'était le bel esprit qui s'aiguisait, qui se terminait nécessairement en trait ou en épigramme ; aujourd'hui, à chaque pas, à tout bout de champ, c'est l'image qui est inévitable. Elle crève les yeux. Le héron blanc est partout. — Et puis, qu'est-ce que toutes ces choses, *poule d'eau*, *poule-sultane*, *héron* ou *butor*, ont à faire avec le *Génie du Christianisme ?*

Il est habile pourtant, en plus d'un lieu, à approprier d'anciennes descriptions et d'anciens souvenirs à ses fins nouvelles. La perspective de la nature envisagée sur l'Océan est célèbre :

« Dieu des Chrétiens ! c'est surtout dans les eaux de l'abîme et dans les profondeurs des cieux que tu as gravé bien fortement les traits de ta toute-puissance ! Des millions d'étoiles rayonnant dans le sombre azur du dôme céleste, la lune au milieu du firmament, une mer sans rivage, l'infini dans le ciel et sur les flots ! Jamais tu ne m'as plus troublé de ta grandeur, que dans ces nuits où, suspendu entre les astres et l'Océan, j'avais l'immensité sur ma tête et l'immensité sous mes pieds[1] !

« Je ne suis rien ; je ne suis qu'un simple solitaire ; j'ai souvent entendu les savants disputer sur le premier Être, et je ne les ai point compris : mais j'ai toujours remarqué que c'est

---

[1] Le bon Joinville, au moment du départ pour la Palestine, quand il perd de vue la terre et qu'il ne voit plus que le ciel et l'eau, a naïvement exprimé le sentiment de pieuse terreur qu'il éprouve, et qui le mène à conclure que « bien fol hardi est celui qui ose se mettre en tel péril avec le bien d'autrui sur la conscience et en péché mortel ; car l'on s'endort le soir là où on ne sait si l'on ne se trouvera pas, en se réveillant, au fond de la mer. » Voilà la foi chrétienne dans toute sa simplicité.

à la vue des grandes scènes de la nature, que cet Être inconnu se manifeste au cœur de l'homme. Un soir (il faisait un profond calme), nous nous trouvions dans ces belles mers qui baignent les rivages de la Virginie : toutes les voiles étaient pliées : j'étais occupé sous le pont, lorsque j'entendis la cloche qui appelait l'équipage à la prière ; je me hâtai d'aller mêler mes vœux à ceux de mes compagnons de voyage. Les officiers étaient sur le château de poupe avec les passagers ; l'aumônier, un livre à la main, se tenait un peu en avant d'eux, les matelots étaient répandus pêle-mêle sur le tillac ; nous étions tous debout, le visage tourné vers la proue du vaisseau, qui regardait l'occident.

« Le globe du soleil, prêt à se plonger dans les flots, apparaissait entre les cordages du navire, au milieu des espaces sans bornes. On eût dit, par les balancements de la poupe, que l'astre radieux changeait à chaque instant d'horizon. Quelques nuages étaient jetés sans ordre dans l'orient, où la lune montait avec lenteur ; le reste du ciel était pur : vers le nord, formant un glorieux triangle avec l'astre du jour et celui de la nuit, une trombe, brillante des couleurs du prisme, s'élevait de la mer comme un pilier de cristal, supportant la voûte du ciel. »

Je demande pardon d'interrompre le merveilleux tableau, mais cette trombe, mise en si beau jour, m'a bien l'air d'être ajoutée après coup, pour compléter le triangle. Ce contraste si parfait me rappelle celui que nous avons précédemment noté dans le nid du bouvreuil, le contraste de la rose, du noyer et de l'aurore. L'arrangement ici, pour être dans de tout autres proportions, me paraît rentrer dans le même artifice : c'est le même procédé qui, là-bas, se jouait dans une miniature brillante, et qui s'applique ici à une décoration sublime. Je ne sais si je m'abuse, mais une magnificence moins concertée, moins théâtrale, n'aurait peut-être pas moins de grandeur, et elle s'accorderait mieux avec l'émotion :

« Il eût été bien à plaindre celui qui, dans ce spectacle, n'eût point reconnu la beauté de Dieu. Des larmes coulèrent malgré moi de mes paupières lorsque mes compagnons, ôtant leurs chapeaux goudronnés, vinrent à entonner d'une voix rauque leur simple cantique à *Notre-Dame-de-Bon-Secours*, patronne des mariniers. Qu'elle était touchante la prière de ces hommes !... »

Faut-il que ce soit de cette même scène qu'il ait dit dans ses *Mémoires* posthumes :

« Quand je transportais cette description dans le *Génie du Christianisme*, mes pensées étaient analogues à la scène ; mais, quand j'assistais au brillant spectacle, le vieil homme était encore tout entier au fond du jeune homme. Était-ce Dieu seul que je contemplais sur les flots... ? Non ; je voyais une femme et les miracles de son sourire [1] !... »

Il est fâcheux vraiment de savoir ainsi le secret, de voir à nu le revers de la toile. Même là où l'on ne sait pas, on est tenté désormais d'agiter la tapisserie magnifique, et de dire : *Il y a du creux*. — Et c'est ce qu'on pourrait dire presque toujours, sans crainte de se tromper, aux

---

[1] Je donne le texte tel que je l'ai transcrit en 1834, avant les dernières corrections de l'auteur. Les curieux peuvent voir le passage dans les *Mémoires d'Outre-tombe* ; je me suis arrêté avant les inconvenances que l'auteur prend plaisir à caresser. Du premier texte il résultait que ce devait être quelque belle jeune femme, passagère comme lui à bord du navire, qui préoccupait le voyageur : au moins c'était naturel. Dans le dernier texte, il suppose que c'est une femme *inconnue* qui l'enflamme, — cette *Sylphide* sur le compte de laquelle il met tout ce qu'il ne veut pas préciser : mais alors, pour rendre cette folle ardeur vraisemblable, il est obligé de multiplier l'expression de ses désirs et d'introduire des couleurs presque lascives : « Je me figurais qu'elle palpitait derrière ce voile de l'univers qui la cachait à mes yeux, etc. » De sorte qu'en nous en disant plus qu'il n'en faut pour détruire son idéal du *Génie du Christianisme*, il ne nous donne pas pour cela le réel. Nous n'avons le vrai d'aucun côté.

plus magnifiques endroits des écrivains de ce temps-ci. Au contraire, jamais le *plein* des choses ne se sent mieux que quand on tient en main les grands écrits du siècle de Louis XIV.

Oh! qu'il eût mieux valu encore faire comme le cygne : après le dernier chant mélodieux, disparaître et se taire, plutôt que de venir ainsi nous expliquer et nous déduire, dans une confidence elle-même incomplète, comme quoi il nous avait abusés en nous charmant!

Idéal et *réalité*, ce sont deux grandes choses. Mais si vous choisissez la part de l'idéal, ô Poëte, qu'il ne nous apparaisse jamais factice. Si c'est la part de la réalité au contraire, que nous la sentions toute franche sous votre plume, et jamais sophistiquée.

TREIZIÈME LEÇON.

Poétique du Christianisme. — Genre de beauté des Anciens. — Belle critique littéraire. — Caractère de la critique française. — Virgile et Racine. — Quelques assertions outrées. — Ginguené sur la musique. — Chateaubriand vengeur du xviie siècle. — Dernière partie du *Génie du Christianisme*. — Les Jésuites du Paraguay. — Conclusion. — Prière finale supprimée. — Le plan de Pascal tout autre que celui de Chateaubriand.

MESSIEURS,

J'en viens à la seconde et à la troisième partie, à la Poétique du Christianisme. « L'auteur, après avoir jeté des fleurs sur les choses grandes et profondes, pour parler son langage, approfondit les choses agréables; et c'est ici la partie de son ouvrage la plus originale, la plus spirituelle; disons, et peut-être la plus sérieuse[1]. » Mais elle-même est exagérée. On ne saurait admettre avec l'auteur ce perpétuel triomphe du Christianisme sur ce qui l'a précédé, en poésie, en beaux-arts, en littérature. Il y a des endroits où le Christianisme est supérieur à l'Antiquité, et d'autres où il ne l'est pas. Il n'est pas exact de dire, même moralement, qu'avant la venue de Jésus-Christ *l'âme de l'homme était un chaos*. Les noms de Confucius, de Socrate, de Platon, d'Aristote, le grand analyste et le parfait classificateur des vertus morales, s'élèvent contre une pareille assertion. Mais il est juste de recon-

---

[1] M. de Bonald, article sur le *Génie du Christianisme*.

naître que le Christianisme a purifié, éclairci, agrandi le monde moral, et que la haute poésie à cet égard (à cet égard seulement) en a profité. Au reste, l'auteur qui sent si bien l'Antiquité nous fournirait lui-même, par ses aveux et par ses hommages, de quoi opposer à certaines prétentions excessives où son entraînement d'avocat l'a poussé. Parlant du Tasse, il fait remarquer que ses idées ne sont pas d'une aussi belle *famille* que celles de Virgile :

« Les ouvrages des Anciens se font reconnaître, nous dirions presque à leur *sang*. C'est moins chez eux, ainsi que parmi nous, quelques pensées éclatantes au milieu de beaucoup de choses communes, qu'une belle troupe de pensées qui se conviennent, et qui ont toutes comme un air de parenté : c'est le groupe des enfants de Niobé, nus, simples, pudiques, rougissants, se tenant par la main avec un doux sourire, et portant pour seul ornement, dans leurs cheveux, une couronne de fleurs. »

Quand on a une fois ainsi parlé des Anciens, il n'y a plus à se dédire ; on les sent trop bien pour jamais se parjurer, même quand on a l'air ensuite de vouloir élever autel contre autel[1].

Toute cette partie de l'ouvrage où l'auteur examine les caractères naturels dans l'Antiquité et chez les Modernes : les *époux*, Adam et Ève de Milton, Ulysse et Pénélope d'Homère ; — le *père*, Priam si au-dessus de Lusignan ; —

[1] La comparaison avec les enfants de Niobé (*Génie du Christianisme*, 2ᵉ partie, liv. ι, chap. 2) se terminait dans la première édition d'une manière un peu différente : « ... et portant, pour seul ornement, une couronne de fleurs dans leurs cheveux bouclés. » Ce dernier trait, *bouclés*, quoique rendant fidèlement l'expression grecque si fréquente, εὐπλόκαμος, aura paru trop particularisé pour le goût français, et Fontanes l'aura fait effacer à son ami. — (Voir encore dans la 2ᵉ partie, liv. ιι, chap. 2, une admirable page sur le goût des Anciens opposé à celui des Modernes : « Les Modernes sont en général plus savants, etc. »)

la *mère,* l'Andromaque de Racine au contraire plus sensible, plus délicate que l'Andromaque antique ; — la *fille,* l'Iphigénie de Racine comparée à celle d'Euripide et déjà un peu chrétienne, nous l'avons dit ; — plus loin la reconnaissance d'Ulysse et de Télémaque en regard de celle de Joseph et de ses frères, les larmes du roi d'Ithaque et celles du fils de Jacob ; — toute cette partie est riche de beautés fines et de nuances exquises : c'est de la grande critique littéraire.

Le meilleur fonds de la critique française classique doit se chercher en de telles pages. Toute nation livrée à elle-même et à son propre génie se fait une critique littéraire qui y est conforme. La France, en son beau temps, a eu la sienne, qui ne ressemble ni à celle de l'Allemagne, ni à celle de ses autres voisins ; — un peu plus superficielle, dira-t-on ; — je ne le crois pas ; mais plus vive, moins chargée d'érudition, moins théorique et systématique, plus confiante au sentiment immédiat du goût. *Un peu de chaque chose et rien de l'ensemble, à la françoise* : tel était la devise de Montaigne, et telle est aussi la devise de la critique française. Nous ne sommes pas *synthétiques*, comme diraient les Allemands ; le mot même n'est pas français. L'imagination de détail nous suffit. Montaigne, La Fontaine, Mme de Sévigné, sont volontiers nos livres de chevet. Cette critique française, dans sa pureté, roulait sur un petit nombre de noms heureux parmi les Anciens ; mais c'étaient les auteurs le plus à portée de tous, les plus faciles, ceux qui sont le plus faits pour orner les mœurs et embellir l'usage de la vie. Tout le fonds de la critique littéraire française, en ce qui concerne l'Antiquité, se résumerait en un petit nombre de volumes qui ont peu à peu formé comme notre rhétorique. Arnauld ouvre la voie dans quelques écrits sur les belles-lettres ; Boileau continue de la tracer dans ses *Réflexions* sur le

Traité du Sublime. Fénelon, dans sa *Lettre à l'Académie françoise,* ouvrage solide sous une forme charmante, a cueilli la fleur des plus beaux passages des Anciens. Rollin dans le *Traité des Études,* Racine fils dans ses *Réflexions sur la Poésie,* ont soigneusement amassé et disposé avec ordre ces exemples choisis d'une application agréable. Voltaire les a semés à profusion dans ses articles de l'*Encyclopédie,* dans ses lettres, en toute rencontre. Ajoutez les deux premiers disciples de Voltaire, La Harpe et Marmontel, comme ayant le plus contribué à répandre ce genre de culture moyenne. Il serait injuste de ne pas compter Delille pour sa traduction et ses notes des *Géorgiques.* N'oublions surtout pas Montaigne qui, le premier et sans avoir l'air de faire œuvre de critique littéraire, avait commencé ce travail d'abeille. Enfin Chateaubriand et Fontanes, à leur moment, ont rajeuni et renouvelé sans le détruire ce premier fonds acquis. Là se trouvent toutes les citations, les souvenirs d'Horace, de Virgile, d'Homère[1], qui devaient orner la mémoire et composer le trésor d'un homme de goût fidèle à l'esprit français. Il en résultait une sorte de circulation courante à l'usage des gens instruits. J'avoue ma faiblesse : nous sommes devenus bien plus forts dans la dissertation érudite, mais j'aurai un éternel regret pour cette moyenne et plus libre habitude littéraire, qui laissait à l'imagination tout son espace et à l'esprit tout son jeu; qui formait une atmosphère saine et facile où le talent respirait et se mouvait à son gré : cette atmosphère-là je ne la trouve plus, et je la regrette.

Pourquoi les Grecs furent-ils si heureux, si légers d'esprit et d'imagination? C'est aussi qu'ils n'étaient pas

---

[1] Pas assez d'Homère pourtant, c'était le côté faible : on ne remontait pas assez à la première et à la plus grande originalité poétique naturelle.

obligés de tant apprendre, et que le poids du passé ne les surchargeait pas.

Quelle plus excellente, quelle plus vive et plus pénétrante comparaison que celle qu'on va lire de Virgile et de Racine :

« Puisque Virgile et Racine reviennent si souvent dans notre critique, disait Chateaubriand, tâchons de nous faire une idée juste de leur talent et de leur génie. Ces deux grands poëtes ont tant de ressemblance, qu'ils pourraient tromper jusqu'aux yeux de la Muse, comme ces jumeaux de l'*Énéide*, qui causaient de douces méprises à leur mère.

« Tous deux polissent leurs ouvrages avec le même soin, tous deux sont pleins de goût, tous deux hardis, et pourtant naturels dans l'expression, tous deux sublimes dans la peinture de l'amour; et comme s'ils s'étaient suivis pas à pas, Racine a fait entendre dans *Esther* je ne sais quelle suave mélodie [1], dont Virgile a pareillement rempli sa seconde Églogue, mais toutefois avec la différence qui se trouve entre la voix de la jeune fille et celle de l'adolescent, entre les soupirs de l'innocence et ceux d'une passion criminelle.

« Voilà peut-être en quoi Virgile et Racine se ressemblent; voici peut-être en quoi ils diffèrent.

« Le second est en général supérieur au premier dans l'invention des caractères : Agamemnon, Achille, Oreste, Mithridate, Acomat, sont fort au-dessus des héros de l'*Énéide*. Énée et Turnus ne sont beaux que dans deux ou trois moments; Mézence seul est fièrement dessiné.

« Cependant, dans les peintures douces et tendres, Virgile retrouve son génie : Évandre, ce vieux roi d'Arcadie, qui vit sous le chaume, et que défendent deux chiens de berger, au même lieu où les Césars, entourés des prétoriens, habiteront

---

[1] « Une fraîche mélodie, *une voix de quinze années*, dont, etc... » (*Première édition*). — En comparant le texte de ce morceau, tel qu'on le lit actuellement, avec ce qu'il était dans la première édition, on est initié à tous les scrupules de goût par lesquels a passé l'auteur.

un jour leur palais; le jeune Pallas, le beau Lausus, Nisus et Euryale sont des personnages divins.

« Dans les caractères de femmes, Racine reprend la supériorité : Agrippine est plus ambitieuse qu'Amate, Phèdre plus passionnée que Didon.

« Nous ne parlons point d'Athalie, parce que Racine, dans cette pièce, ne peut être comparé à personne : c'est l'œuvre le plus parfait du génie inspiré par la Religion.

« Mais, d'un autre côté, Virgile a pour certains lecteurs un avantage sur Racine : sa voix, si nous osons nous exprimer ainsi, est plus gémissante, et sa lyre plus plaintive. Ce n'est pas que l'auteur de Phèdre n'eût été capable de trouver cette sorte de mélodie des soupirs ; le rôle d'Andromaque, *Bérénice* tout entière, quelques stances des Cantiques imités de l'Écriture, plusieurs strophes des chœurs d'*Esther* et d'*Athalie* montrent ce qu'il aurait pu faire dans ce genre ; mais il vécut trop à la ville, pas assez dans la solitude. La Cour de Louis XIV, en lui donnant la majesté des formes et en épurant son langage, lui fut peut-être nuisible sous d'autres rapports ; elle l'éloigna trop des champs et de la nature.

« Nous avons déjà remarqué qu'une des premières causes de la mélancolie de Virgile fut sans doute le sentiment des malheurs qu'il éprouva dans sa jeunesse. Chassé du toit paternel, il garda toujours le souvenir de sa Mantoue ; mais ce n'était plus le Romain de la république, aimant son pays à la manière dure et âpre des Brutus : c'était le Romain de la monarchie d'Auguste, le rival d'Homère et le nourrisson des Muses.

« Virgile cultiva ce germe de tristesse en vivant seul au milieu des bois. Peut-être faut-il encore ajouter à cela des accidents particuliers. Nos défauts moraux ou physiques influent beaucoup sur notre humeur, et sont souvent la cause du tour particulier que prend notre caractère. Virgile avait une difficulté de prononciation ; il était faible de corps, rustique d'apparence. Il semble avoir eu dans sa jeunesse des passions vives, auxquelles ces imperfections naturelles purent mettre des obstacles. Ainsi, des chagrins de famille, le goût des champs, un amour-propre en souffrance et des passions non satisfaites s'unirent pour lui donner cette rêverie qui nous charme dans ses écrits.

« On ne trouve point dans Racine le *Dis aliter visum*, le *Dulces moriens reminiscitur Argos*, le *Disce, puer, virtutem ex me,... fortunam ex aliis*, le *Lyrnessi domus alta : solo Laurente sepulcrum*[1]. Il n'est peut-être pas inutile d'observer que ces mots attendrissants se trouvent presque tous dans les six derniers livres de l'*Énéide*, ainsi que les épisodes d'Évandre et de Pallas, de Mézence et de Lausus, de Nisus et d'Euryale. Il semble qu'en approchant du tombeau, le Cygne de Mantoue mit dans ses accents quelque chose de plus céleste, comme les Cygnes de l'Eurotas, consacrés aux Muses, qui, avant d'expirer, avaient, selon Pythagore, une vision de l'Olympe, et témoignaient leur ravissement par des chants harmonieux.

« Virgile est l'ami du solitaire, le compagnon des heures secrètes de la vie. Racine est peut-être au-dessus du poëte latin parce qu'il a fait *Athalie*; mais le dernier a quelque chose qui remue plus doucement le cœur. On admire plus l'un, on aime plus l'autre.

« Le premier a des douleurs trop royales.

« Le second parle davantage à tous les rangs de la société.

« En parcourant les tableaux des vicissitudes humaines tracés par Racine, on croit errer dans les parcs abandonnés de Versailles : ils sont vastes et tristes; mais, à travers leur solitude, on distingue la main régulière des arts et les vestiges des grandeurs :

> Je ne vois que des tours que la cendre a couvertes,
> Un fleuve teint de sang, des campagnes désertes.

« Les tableaux de Virgile, sans être moins nobles, ne sont pas bornés à de certaines perspectives de la vie; ils représen-

---

[1] Voir *Énéide*, liv. II, vers 428 ; X, 782 ; XII, 435, 547. — Ces simples mots cités suffisaient aux gens instruits et de goût (selon l'ancien goût français) pour leur rappeler les passages qui les avaient émus et pour amener à leur paupière une larme. — Il ne serait que juste, toutefois, de se rappeler également ce que Virgile a dû à Homère pour plus d'un de ces passages mêmes.

tent toute la nature : ce sont les profondeurs des forêts, l'aspect des montagnes, les rivages de la mer, où des femmes exilées *regardent, en pleurant, l'immensité des flots* :

> . . . . Cunctæque profundum
> Pontum adspectabant flentes[1]. . . . . . »

Le critique-poëte termine par une de ces perspectives de l'infini, comme il les aime. Tout mis en balance, on croit sentir sa prédilection de cœur pour Virgile.

L'expression des sentiments et des beautés classiques, comme les Français l'entendent, n'a jamais été au delà de ce qu'on vient de lire. C'est un égal, c'est un pareil qui juge avec amour de ses frères. L'Allemagne avait ses Lessing, ses Herder : nous avions à leur opposer ces pages et quelques autres encore.

A côté des remarques exquises il y a les excès et les exagérations. Il y a aussi les omissions. Ginguené, qui sait l'Italie, fait observer que l'auteur n'a tiré pour sa cause aucun parti de Dante, et il en conclut que *la Divine Comédie*, très-peu connue alors et très-peu appréciée en France, lui était étrangère : il a raison. L'auteur qui cherche partout l'influence du Christianisme, et qui souvent la crée où elle n'est pas, oublie également de la faire remarquer chez Pétrarque, lequel était pourtant plus accessible que Dante. En fait d'assertions excessives, l'auteur prétend que « c'est la Religion qui nous a donné les Claude Lorrain, comme elle nous a fourni (le pendant est très-inégal) les Delille et les Saint-Lambert. » Il avance que « c'est au Christianisme que Bernardin de Saint-Pierre doit son talent pour peindre les scènes de la solitude. » Il se pique lui-même d'avoir puisé le style descriptif dans

---

[1] *Énéide*, liv. V, 614 ; — et *Génie du Christianisme*, 2ᵉ partie, liv. II, chap. 10.

les Lettres des Missionnaires, et notamment chez le Père Dutertre, et il a soin de mettre dans l'oubli Jean-Jacques; il aime mieux, dans l'intérêt de son sujet comme de son amour-propre, relever du bon religieux presque inconnu que de celui qu'il appelait à ses débuts *le grand Rousseau*[1]. Il trouve dans l'architecture de l'Hôtel des Invalides et de l'École militaire un témoignage de la *foi* du siècle qui a élevé ces monuments. Ginguené l'a aussi repris très-pertinemment sur la musique qu'il savait, et que Chateaubriand ne savait pas :

« Il y avait, dit le critique en ceci très-judicieux, un bon chapitre à faire sur les services rendus à la musique moderne par la religion romaine, et sur ceux que la musique lui a rendus à son tour; mais il aurait fallu connaître, sinon l'art même, au moins l'histoire de l'art. Alors on aurait dit quelque chose de signifiant et de raisonnable; on se serait surtout gardé de donner cette singulière leçon de composition musicale : « Le musicien qui veut suivre la Religion dans tous ses rap-
« ports est obligé d'apprendre l'imitation des *harmonies de la*
« *solitude*. Il faut qu'il connaisse ces notes mélancoliques *que*
« *rendent les eaux et les arbres*; il faut qu'il ait étudié *le bruit*
« *des vents dans les cloîtres*, et ces murmures qui règnent *dans*
« *l'herbe des cimetières*, dans les souterrains des morts et dans
« les temples gothiques. » Je puis affirmer à M. de Chateaubriand qu'il ne faut à un compositeur rien, absolument rien

---

[1] C'est dans l'*Essai* (édit. de 1826) qu'il faut chercher en maint endroit les premiers jugements de l'auteur sur Rousseau et ses rétractations. Le passage essentiel se trouve au tome Ier, pages 166-170. Son second jugement est juste, mais bien sévère. Que serait-ce de Chateaubriand lui-même, si on le jugeait sur ce pied-là ? « Rousseau, dit-il, n'est définitivement au-dessus des autres écrivains que dans une soixantaine de lettres de *la Nouvelle Héloïse*, dans ses *Rêveries* et dans ses *Confessions*... » Et lui, Chateaubriand, à ce taux-là, il n'est définitivement supérieur que dans *René*, dans quelques pages du *Génie du Christianisme*, dans les épisodes des *Martyrs*, et dans la polémique politique. En un mot, il a des pages partout, mais rien que des pages.

de semblable, que ni le grand Palestrina au xvi⁰ siècle, ni Durante ni Pergolèse au xviii⁰, eux qui ont tant de fois dans des solennités religieuses touché, transporté les cœurs et fait couler de pieuses larmes, ni aucun de leurs rivaux ou de leurs plus fameux élèves, ne se sont jamais avisés de faire de pareilles études, et que si on leur avait conseillé, pour composer leur *Miserere*, leur *Messe des Morts* ou leur *Stabat*, d'aller écouter le bruit des eaux, celui des vents, ou les murmures de l'herbe du cimetière de leur paroisse, ils auraient pris cela pour une mauvaise plaisanterie [1]. »

Au reste, sur tous ces points en bloc, l'auteur s'est jugé lui-même plus sévèrement qu'on ne le pourrait : « Tout ce que j'ai dit des arts dans le *Génie du Christianisme* est étriqué ou souvent faux; à cette époque je n'avais vu ni l'Italie, ni la Grèce, ni l'Égypte [2]. »

Cette précipitation, cette *immaturité* de jugement s'étend encore à d'autres sujets. L'auteur n'hésite pas à voir dans le rusé Commynes un chrétien *simple* qui croit à l'Évangile et aux ermites, et à l'associer à Rollin; il en fait une espèce de Joinville. C'est tout bonnement un contre-sens. Évidemment il ne l'avait pas lu à cette date [3].

On lui passerait peut-être de poser comme un axiome, à propos de Buffon : *Sans religion point de sensibilité!* On ne saurait le suivre quand il va jusqu'à affirmer « que

---

[1] Ces endroits solides de la critique de Ginguené ont été soigneusement retranchés de l'extrait informe qui en est donné au tome V du *Génie du Christianisme* (1827), page 79.

[2] Au tome II, page 208, des *Voyages* (édit. de 1827).

[3] Plus tard, après l'avoir lu, il a dit dans ses *Études historiques* : « Philippe de Commynes, homme complaisant, qui a laissé des Mémoires hardis. » Le jugement est plus concis que juste; Commynes, dont le caractère personnel a des taches, a fait mieux que des Mémoires hardis : il a fait des Mémoires fins et naïfs, sensés, profonds, parfois éloquents, bréviaire des politiques, chers à Montaigne et à tous les bons esprits.

sans religion on peut avoir de l'esprit, mais qu'il est difficile d'avoir du génie. » Je le renvoie à Byron, à Goëthe et à Lucrèce[1]. Rappelons-nous que Daunou disait précisément la même chose dans le sens républicain : « Il n'y a de génie que dans une âme républicaine. » Chacun ainsi prêche pour son saint et pour son clocher. Si haut que soit le clocher, sachons en sortir. Voyons les choses naturelles dans toute leur étendue et avec une plus généreuse indifférence.

A travers ces propositions de *parti-pris* il laisse échapper des vérités littéraires qu'il est piquant de lui appliquer à lui-même. Ainsi, sur le style des Tacite et des Montesquieu, il ose dire :

« Tacite, Machiavel et Montesquieu ont formé une école dangereuse, en introduisant ces mots ambitieux, ces phrases sèches, ces tours prompts qui, sous une apparence de brièveté, touchent à l'obscur et au mauvais goût. — Laissons donc ce style à ces génies immortels qui, par diverses causes, se sont créé un genre à part, genre qu'eux seuls pouvaient soutenir, et qu'il est périlleux d'imiter. Rappelons-nous que les écrivains des beaux siècles littéraires ont ignoré cette concision affectée d'idées et de langage. Les pensées des Tite-Live et des Bossuet sont abondantes et enchaînées les unes aux autres : chaque mot, chez eux, naît du mot qui l'a précédé, et devient le germe du mot qui va le suivre. Ce n'est pas par bonds, par intervalles et en ligne droite que coulent les grands fleuves (si nous pouvons employer cette image) : ils amènent longuement de leur source un flot qui grossit sans cesse ; leurs détours sont larges dans les plaines ; ils embrassent de leurs orbes immenses les cités et les forêts, et portent à l'Océan agrandi des eaux capables de combler ses gouffres. »

---

[1] Et Molière, et Rabelais, et Shakespeare, et André Chénier et Shelley. J'en assemble exprès de toutes les sortes.

L'auteur des *Études historiques*, qui ne va que par sauts et par bonds, savait donc ce qu'il fallait éviter. Avec des citations bien prises on trouverait ainsi dans chaque auteur son propre jugement, et je conçois dans le cas présent un petit chapitre : *Chateaubriand jugé par lui-même*[1].

C'est dans cette partie de son ouvrage, dans l'examen des passions, et à propos d'un chapitre intitulé : *Du vague des passions*, qu'il avait d'abord placé l'épisode de *René* : je l'en détache, ainsi que lui-même l'a fait ensuite, et je le mets en réserve pour l'étudier tout à l'heure séparément comme un portrait idéal de l'auteur. Nous en aurons le droit d'après ses propres aveux. Parlant d'une scène de raccommodement entre Adam et Ève, dans laquelle on prétend que Milton a consacré un événement de sa vie domestique : « Nous sommes persuadé, dit-il, que les grands écrivains ont mis leur histoire dans leurs ouvrages. *On ne peint bien que son propre cœur en l'attribuant à un autre, et la meilleure partie du génie se compose de souvenirs.* » Et encore : « Les plus belles choses qu'un auteur puisse mettre dans un livre sont les sentiments qui lui viennent, par réminiscence, des premiers jours de sa jeunesse. » — Aussi, poëtes, lorsqu'il nous arrive de ressaisir par l'imagination, par la mémoire du cœur, et de fixer par le pinceau ces souvenirs de notre fraîcheur première,

---

[1] Et sur les beautés poétiques recherchées et à effet, sur les expressions créées, telles que dans Milton *les ténèbres visibles, le silence ravi...*, il dira encore : « Ces hardiesses, lorsqu'elles sont bien sauvées, comme les dissonances en musique, font un effet très-brillant ; elles ont un faux air de génie : mais il faut prendre garde d'en abuser ; quand on les recherche, elles ne deviennent plus qu'un jeu de mots puéril, pernicieux à la langue et au goût. » Et qui donc a usé plus que lui du jeu et du cliquetis des mots? — Il y aurait pourtant à faire remarquer que l'exemple si souvent cité de Milton, *les ténèbres visibles*, n'est pas aussi absolu dans le texte, mais que l'expression est préparée (*Paradis perdu*, liv. I, vers 60 et suiv.). En arrachant ces expressions de leur place, on les force toujours un peu.

touchons-les avec discrétion, encadrons-les avec religion, et surtout ne les profanons jamais en les jetant au bas des feuilles publiques parmi les rumeurs des carrefours. O pudeur du poëte, es-tu donc perdue, comme les autres pudeurs, avec la jeunesse !

Le grand résultat de la partie littéraire du *Génie du Christianisme,* de ces appréciations toutes neuves qui allaient de Bossuet et de Pascal à Montésquieu et à Buffon, ç'a été de remettre à sa place le xviie siècle et aussi le xviiie; de rétablir les vrais rapports intervertis[1] par l'opinion et l'engouement des contemporains : « Il est possible que la somme de talents départie aux auteurs du xviiie siècle soit égale à celle qu'avaient reçue les écrivains du xviie. Pourquoi donc le second siècle est-il au-dessous du premier? Car il n'est plus temps de le dissimuler, les écrivains de notre âge ont été en général placés trop haut. » Ces causes d'infériorité, l'auteur les réduit à une seule, l'*irréligion,* et en cela il est homme de parti pris et lui-même de décadence. Mais il dit, chemin faisant, de bonnes vérités :

« *Il y a eu dans notre âge, à quelques exceptions près, une sorte d'avortement général des talents...* Aussi le xviiie siècle diminue-t-il chaque jour dans la perspective, tandis que le xviie semble s'élever à mesure que nous nous en éloignons : l'un s'affaisse, l'autre monte dans les cieux. On aura beau chercher à ravaler le génie de Bossuet et de Racine, il aura le sort de cette grande figure d'Homère qu'on aperçoit derrière les âges :

---

[1] On ne saurait dire pourtant d'une manière absolue que le xviiie siècle ait méconnu le xviie; tout siècle vivant se flatte un peu, et le xviiie n'échappa point à cette faiblesse; mais elle ne l'empêcha point de rendre justice à presque tous les grands écrivains de l'âge précédent. Il y eut même des renommées, telles que celles de La Fontaine et de Fénelon, qui grandirent singulièrement alors. (Voir dans l'abbé Maury le chapitre xxvi de l'*Essai sur l'Éloquence de la Chaire*, 1827, tome I, page 146.)

quelquefois elle est obscurcie par la poussière qu'un siècle fait en s'écroulant; mais aussitôt que le nuage s'est dissipé on voit reparaître la majestueuse figure, qui s'est encore agrandie pour dominer les ruines nouvelles. »

Laissons Homère, qui est hors de cause, et qui n'intervient ici que pour l'ornement. Tout cela, bien qu'amplifié, était vrai jusqu'à un certain point, et bon à dire alors; mais les disciples et continuateurs de Chateaubriand ont abusé de la permission de rabaisser le xviiie siècle, ce siècle qui eut plus de vérité que de grandeur, et plus d'audace encore que de vérité : il ne serait que juste, à notre tour, de le relever et de le maintenir aujourd'hui. Bossuet, certes, et même Racine, restent sublimes par le talent; mais si, laissant la forme et allant au fond, on avait à choisir pour son propre commerce des esprits fermes, désabusés, guéris des préventions originelles, enhardis à juger avec étendue et liberté de toutes choses, il en est d'autres qu'on irait chercher de préférence, et c'est encore dans le siècle ouvert sous la présidence de Fontenelle qu'on en trouverait le plus[1].

En refeuilletant cette partie de l'ouvrage avant de la quitter, je me reproche de n'y avoir pas admiré plus d'un tableau, — un entre autres qui se trouverait d'ailleurs encore plus à sa place dans le *Génie du Paganisme* que dans celui du *Christianisme*. Il s'agit des ruines considérées sous les rapports du paysage, et qui sont plus pittoresques que le monument frais et entier. L'auteur en

---

[1] Je nomme Fontenelle à dessein, et j'insiste sur la première moitié du siècle, où la déclamation et la manie de propagande n'avaient pas encore pris le dessus, comme dans la seconde. Que d'esprits aimables, fermes, fins, éclairés, ayant hérité du goût du dernier siècle et y joignant une liberté d'idées toute moderne! les Desalleurs, les Launay, les Du Deffand et tant d'autres, la race des Hamilton!

vient aux ruines de la Grèce, qu'il n'avait pas vues encore, mais qu'il devine, et qu'il nous peint avec les couleurs d'Apelles [1].

La quatrième partie du *Génie du Christianisme*, qui a pour titre le *Culte*, contient de tout : le premier chapitre s'intitule *Des Cloches*, et le dernier *Politique et Gouvernement*. Tout passe dans l'intervalle, Costumes religieux, Cérémonies, Solennités, Fête-Dieu, Rogations. Fontanes a heureusement comparé ce tableau des *Rogations* par Chateaubriand à l'antique pompe de Cérès décrite en vers charmants par Tibulle :

> Quisquis ades, faveas : fruges lustramus et agros,
> Ritus ut a prisco traditus exstat avo...
> Dî patrii, purgamus agros, purgamus agrestes...

Ici le critique inspiré par l'amitié a lui-même ses pinceaux ; cette digression de Fontanes n'est autre qu'une page qui a été oubliée par son ami au chapitre des *Rogations*, et qu'il faut y ajouter [2].

---

[1] Troisième partie, liv. V, ch. IV.

[2] OEuvres de Fontanes, tome II, page 216 (1839). — Fontanes aurait pu ajouter encore à l'exemple de Tibulle celui d'Ovide, décrivant également une fête sacrée célébrée aux champs, et (chose singulière, moins en désaccord avec l'esprit de Chateaubriand qu'il ne semblerait) la décrivant au milieu de ses *Amours*. En effet, au livre II des Élégies ainsi intitulées (*Amorum tres libri*), que l'on cherche la treizième, *Junonia sacra*, la fête rurale de Junon au pays des Falisques. Ovide, qui était allé visiter ce pays de sa femme, apprenant qu'une fête locale, d'un caractère singulier, et qui avait un cachet de haute antiquité, se préparait selon l'usage annuel, eut la curiosité d'y assister : « Cette cérémonie méritait bien que je m'arrêtasse exprès, et je voulus la voir quoique l'on n'arrive à l'endroit où elle se célèbre que par des chemins difficiles. » Cet endroit est un bois antique et sacré, ayant son autel rustique, d'où part une procession conduisant, aux sons de la flûte, blanches génisses, jeunes taureaux, l'humble porc, le bouc lui-même (car la chèvre seule est odieuse à la Déesse), et s'avançant par des chemins couverts de tapis que les jeunes

« On aurait à indiquer encore les Tombeaux de Saint-Denis, les Religieux du Saint-Bernard, les Religieux quêteurs ; mais c'est surtout aux Missionnaires des *Lettres édifiantes* que l'auteur s'arrête. Il en tire un parti heureux, leur emprunte des citations pleines de naïveté et de grâce, et nous fait d'après eux une peinture enchantée et complaisante de la République du Paraguay. Après un détail des saintes ruses employées par ces Pères pour apprivoiser les Sauvages :

garçons et les jeunes filles s'empressent d'étendre partout où l'on doit passer :

> Stat vetus et densa prœnubilus arbore lucus.
> Adspice : concedas numen inesse loco.
> . . . .
> Hinc ubi præsonuit solemni tibia cantu,
> It per velatas annua pompa vias.
> . . . .
> Qua ventura Dea est, juvenes timidæque puellæ
> Præverrunt latas veste jacente vias.

De jeunes filles richement vêtues font office de prêtresses : ce n'est qu'à leur suite que paraît la Déesse elle-même, fermant la pompe. Cette procession est à l'instar de la Grèce : un Argien fugitif, Halésus, l'importa, dit-on, dans les années qui suivirent le meurtre de son père Agamemnon :

> Ille suos docuit Junonia sacra Faliscos.
> Sint mihi, sint populo semper amica suo !

Ovide finit par cette sorte de prière ; il est édifié : du moins son imagination mythologique est ébranlée, et il obéit, dans cette page singulière, égarée dans ses Élégies sensuelles, à la religion du poëte. — Les temps, au reste, avaient quelque ressemblance. Ovide vint un peu tard, mais la politique d'Auguste à son avènement, comme celle de Napoléon, avait été de réparer le culte, de redorer la religion. C'était le conseil que lui avait donné Mécène dans ce grand discours dont l'historien Dion Cassius nous a conservé au moins l'esprit (livre LII), et qui est comme le résumé de toute la politique monarchique : « Toi-même honore toujours et en toute occasion la Divinité selon les rites de la patrie, et oblige les autres à l'honorer ; sois en garde contre les introducteurs de religions étrangères... Méfie-toi des soi-disant philosophes. »

« Quand les Jésuites, dit-il, se furent attachés quelques Indiens, ils eurent recours à un autre moyen pour gagner des âmes. Ils avaient remarqué que les Sauvages de ces bords étaient fort sensibles à la musique ; on dit même que les eaux du *Paraguay* rendent la voix plus belle. Les Missionnaires s'embarquèrent donc sur des pirogues avec les nouveaux catéchumènes ; ils remontèrent les fleuves en chantant des Cantiques. Les néophytes répétaient les airs, comme des oiseaux privés chantent pour attirer dans les rets de l'oiseleur les oiseaux sauvages. Les Indiens ne manquèrent point de se venir prendre au doux piége. Ils descendaient de leurs montagnes et accouraient au bord des fleuves pour mieux écouter ces accents : plusieurs d'entre eux se jetaient dans les ondes et suivaient à la nage la nacelle enchantée. L'arc et la flèche échappaient à la main du Sauvage : l'avant-goût des vertus sociales et les premières douceurs de l'humanité entraient dans son âme confuse... »

Une *âme confuse*, voilà de ces expressions trouvées, de ces touches heureuses qui valent mieux que toutes les métaphores.

... Lacte mero mentes perculsa novellas,

a dit Lucrèce. On sent dans tout ce passage comme un frais renouvellement des jours d'Orphée, ou encore comme une douce haleine de ce *vent salubre et gracieux* qui soufflait du côté de Rome au temps de Numa[1].

Le dernier chapitre du livre dans lequel l'auteur examine ingénieusement, mais en outrant les couleurs et la conjecture, quel serait aujourd'hui l'état de la société si le Christianisme n'eût point paru sur la terre, se termine assez bizarrement par un syllogisme, ou même par ce

---

[1] *Vie de Numa*, dans Amyot.

qu'on appelle dans l'École un *sorite*[1] : singulière conclusion d'un ouvrage qui a eu pour objet unique de présenter une suite de beautés et de tableaux. Le livre, dans la première édition, finissait mieux, en se couronnant par une prière. Cette prière, un peu emphatique de ton, aura paru choquante au goût, puisque les amis de l'auteur la lui ont fait supprimer ; mais elle répondait à d'autres convenances ; elle se ressentait des dernières inspirations de l'exil. Elle a dû être écrite à Londres le dernier jour du siècle, le 31 décembre 1799[2], au coup de minuit, dans une effusion mêlée de larmes. Si étrange qu'elle paraisse, elle a un accent de sincérité qui nous rappelle la lettre à Fontanes du 25 octobre 1799[3], et l'auteur s'est montré plus docile que juste en la supprimant. Elle mettait le cachet à la dernière page de son livre :

« Créateur de la lumière, pardonne à nos premières erreurs. Si nous fûmes assez infortuné pour te méconnaître dans le siècle qui finit, tu n'auras pas roulé en vain le nouveau siècle sur notre tête. Il a retenti pour nous comme l'éclat de ta foudre. Nous nous sommes réveillé de notre assoupissement, et ouvrant les yeux, nous avons vu cent années, avec leurs crimes et leurs générations, s'enfoncer dans l'abîme : elles emportaient dans leurs bras tous nos amis ! A ce spectacle nous nous sommes ému ; la rapidité de la vie nous a troublé. Nous avons senti combien il est inutile de vouloir se défendre de toi. Seigneur, nous te louerons désormais avec le Prophète ! Daigne recevoir ce premier hymne que nous t'adressons sur l'aile de ce siècle qui rentre dans ton Éternité. »

C'était, d'ailleurs, une illusion de l'auteur de croire en

---

[1] Voir la dernière page des éditions actuelles.
[2] Dans la chronologie rigoureuse le siècle n'a commencé qu'au 1ᵉʳ janvier 1801, mais vulgairement on le commence avec l'année 1800.
[3] Voir sixième Leçon.

finissant, comme il l'a dit, qu'il avait *suivi la route* et rempli jusqu'à un certain point le plan de Pascal. Ce dernier plan n'a pas le moindre rapport avec le sien. La partie morale est l'essentielle chez Pascal; c'est sur elle que porte principalement tout l'ouvrage qu'il méditait. Elle est la plus faible chez M. de Chateaubriand. Dans cette première partie du *Génie du Christianisme* qui est censée consacrée aux *Dogmes* et à la *Doctrine*, et où il est question, sous ce prétexte, de tant d'objets qui se suivent arbitrairement, de la *Cosmogonie de Moïse* et du *chant des oiseaux*, le livre qui traite des *Vertus et Lois morales* se distingue pour être des plus tronqués et des plus insuffisants. Et puisqu'il vient d'être parlé du plan de Pascal, l'exposer ici en abrégé comme contre-partie, serait véritablement la seule critique qui me resterait à faire du *Génie du Christianisme*: et ce serait, j'ose le dire, la plus fondamentale. Mais j'ai expressément traité de ce plan ailleurs[1].

Qu'il suffise de rappeler que Pascal, dès le premier instant, saisit l'homme au sein de la nature extérieure et en lui-même. Il le saisit en flagrant délit de contradiction, de grandeur et de bassesse, de noble essor et de cupidité; il le convainc, par une impitoyable analyse, de l'impossibilité de se satisfaire et à la fois de l'impossibilité de s'étourdir; il lui enfonce au cœur l'aiguillon, et le force à chercher partout le remède en gémissant. C'est alors qu'il le conduit aux philosophies, et les fait s'entre-choquer devant ses yeux jusqu'à ce qu'elles se détruisent les unes les autres. La Religion tout d'un coup élève la voix: mais laquelle entre les religions? Il faut chercher. Pascal les fait toutes parcourir à son pèlerin de vérité, et le convainc qu'aucune ne répond aux besoins de son cœur et à

---

[1] *Port-Royal*, tome III, livre troisième, chap. XXI.

la double marque de sa nature, — aucune, hormis une seule qui se trouve satisfaire, par son explication historique et par ses prescriptions morales, aux signes secrets qu'il porte en soi et dont il cherche partout les divines correspondances. Rien qu'à voir ces premiers caractères dans les livres saints, l'homme errant est porté à trouver cette religion aimable, et à désirer qu'elle soit la vraie. Les preuves directes ne commencent à lui être présentées qu'à ce moment. On entrevoit la marche, et combien différente de celle où s'est joué l'auteur du *Génie du Christianisme*. En résumé, le livre de M. de Chateaubriand ne commence guère que là où le livre de Pascal n'est pas allé, aux dehors, aux pompes, à l'influence poétique et à l'action sociale de l'Église catholique. Pascal, s'il avait exécuté tout son plan, n'aurait sans doute pas négligé, dans la dernière partie, ce côté attrayant, majestueux, et presque dramatique, de son sujet ; mais même alors il aurait toujours demandé avant tout ses vrais tableaux à la vie chrétienne intérieure ; le vrai drame, il avait commencé par l'instituer au dedans, au sein de l'être moral : c'est là qu'a lieu chez lui la lutte et le combat à outrance, jusqu'à ce que, saisi par le cœur, l'homme en détresse soit venu tomber au pied de la Croix. Assurément il ne saurait y avoir entre deux manières de procéder plus de différence et même d'opposition [1].

---

[1] L'avant-dernier chapitre de l'*Essai sur les Révolutions* avait pour titre : *Quelle sera la Religion qui remplacera le Christianisme ?* En revanche, le *Génie du Christianisme* se terminait par ce chapitre en quelque sorte expiatoire, dont il vient d'être parlé : *Quel serait aujourd'hui l'état de la société, si le Christianisme n'eût point paru sur la terre ?* — Critique et biographe, excité dans ma sphère plus humble par ces questions, j'ai à mon tour l'idée d'un chapitre qui serait : « Quel aurait été Chateaubriand si, au lieu de faire le *Génie du Christianisme*, il avait continué dans le sens de l'*Essai*, se développant avec talent, philosophie, entière et pleine sincérité, sans être l'homme d'aucun rôle artificiel et le héraut d'armes d'un parti pris ? » On peut rêver là-dessus toute une carrière.

QUATORZIÈME LEÇON.

Succès du *Génie du Christianisme*. — Son genre d'influence. — René ; sa maladie. — En quoi elle consiste. — En quoi il y déroge. — Oberman, type plus fixe. — Beaux passages des *Rêveries*. — Pensées inédites de Sénancour. — Sa mort. — Sa tombe solitaire. — Stances en mémoire d'Oberman.

Messieurs,

Le *Génie du Christianisme*, à cause de ses défauts mêmes qui poussaient tous à l'extérieur, obtint à sa naissance un prodigieux succès, et on peut dire qu'il fit révolution dans les esprits.

Si l'on veut combiner l'influence du *Génie du Christianisme* avec celle qu'ont pu avoir les écrits de M. de Bonald, et plus tard ceux de M. de Maistre, de M. de La Mennais en son premier temps ; si l'on n'en sépare pas l'influence plus douce, mais bien réelle, d'écrivains et d'hommes tels que l'abbé Eymery, M. de Bausset dans ses histoires, M. Frayssinous dans ses premières Conférences, on embrassera à son origine presque tout l'ensemble du mouvement catholique moderne en France, de cette renaissance religieuse qu'il ne m'appartient pas ici de juger dans sa portée et dans son esprit. Je me borne à reconnaître qu'il en est sorti de jeunes noms, de nouveaux talents, chez la plupart desquels sans doute la note *aiguë* domine, mais qui n'en retentissent que mieux dans toutes les bouches, et qui sont aujourd'hui la gloire de la chaire ou de la tribune.

Je n'ai à parler ici que de l'espèce d'influence qui appartient exclusivement au *Génie du Christianisme* et qui lui est propre. La jeunesse, toute une portion du moins de la jeunesse, s'y inspira; et depuis cinquante ans cette postérité de *néo-chrétiens* est reconnaissable à plus d'un signe. Nous avons eu toute une milice de *jeunes Chrétiens de salon*.

Le *Génie du Christianisme* a produit mieux que cela, mais il a produit aussi cette forme de travers; il a créé une mode littéraire en religion.

Au XVIIe siècle on croyait à la Religion et on la pratiquait. Ceux qui la pratiquaient y vivaient, s'y inspiraient simplement dans leurs œuvres et dans leur vie, et ne se distinguaient d'elle à aucun titre, ni moralement, ni artistement : le mot même n'existait pas.

Au XVIIIe, on la niait volontiers, et on la combattait en face.

Au XIXe, on s'est mis à y revenir, mais en la regardant comme une chose distincte de la pratique et de la vie, en la considérant comme un monument qu'on voyait se dresser devant soi. On s'est posé en s'écriant à tout instant, comme dans un Musée : *Que c'est beau!* C'est ce qu'on peut appeler le romantisme du Christianisme. On a eu une religion d'imagination et de tête plus que de cœur. « Pour moi, chrétien entêté, » dit quelque part M. de Chateaubriand vieillissant. *Entêté*, et non *touché*, c'est bien le mot[1]. Il y a longtemps que les vrais Chrétiens intérieurs avaient fait justice de cette méthode, de ce goût de méta-

---

[1] Il lui échappe, dans ses *Mémoires*, de dire en parlant de La Harpe : *Il n'a pas manqué sa fin*. C'est bien cela, il n'a pas manqué la belle scène du cinquième acte. La vie pour lui est une œuvre d'art, une pièce de théâtre. O tragédien !

phores qui n'a pas attendu le XIX⁰ siècle pour paraître. On sait ce qu'un jour M. de Saint-Cyran, le grand chrétien, disait à Balzac qui s'émerveillait d'entendre de sa bouche certaines vérités éloquentes plutôt que de songer à en profiter : « M. de Balzac est comme un homme qui serait devant un beau miroir d'où il verrait une tache sur son visage, et qui se contenterait d'admirer la beauté du miroir sans ôter la tache qu'il lui aurait fait voir. » On est comme un homme devant un miroir, ou plutôt, selon que l'a dit un poëte, on est ce miroir même,

. . . . dont la glace luisante
Recevrait les objets sans les pouvoir aimer.

Nous avons eu bien de ces miroirs en nos jours, miroirs éclatants et non ardents.

Le *Génie du Christianisme* fut utile en ce qu'il contribua à rétablir le respect pour le Christianisme considéré socialement et politiquement. Il le fut moins en ce qu'il engagea du premier jour la restauration religieuse dans une voie brillante et superficielle, toute littéraire et pittoresque, la plus éloignée de la vraie régénération du cœur.

Littérairement, il ouvrit une foule d'aspects nouveaux et de perspectives, qui sont devenues de grandes routes battues et même rebattues depuis : goût du Moyen-Age, du gothique, poésie et génie de l'histoire nationale, il donna l'impulsion à ces trains d'idées modernes où la science est intervenue ensuite, mais que l'instinct du grand artiste avait d'abord devinées.

On peut voir à la suite du *Génie du Christianisme*, par l'échantillon des divers morceaux critiques, le genre d'attaques et d'éloges dont il a été l'objet ; il se livra à l'entour un grand combat. Les graves et les légers entrèrent

dans la lice, depuis M. de Bonald jusqu'au chevalier de
Bouflers. Toute cette poussière n'était pas encore tombée, et déjà le char du vainqueur touchait au but. L'Institut, chargé de décerner les *grands prix décennaux*, avait
d'abord négligé le *Génie du Christianisme*. Le choix du
Jury spécialement commis pour la présentation des ouvrages s'était porté, dans cet ordre de compositions, sur
des écrits qu'on n'aurait guère devinés, par exemple
l'*Examen critique des Historiens d'Alexandre* par Sainte-Croix, et un livre vieux et moribond en naissant, le *Catéchisme universel* de Saint-Lambert. Les Jurys académiques,
s'ils n'y prennent garde, sont sujets à ces choix-là[1]. La
Classe de la langue, il est vrai (autrement dite Académie
française), proposa de son côté de substituer d'autres

---

[1] On lit à la fin du cinquième volume du *Génie du Christianisme* (édit.
de 1827, page 436) un petit récit de cette procédure académique, mais
un récit légèrement inexact, comme tout ce qu'a écrit cette agréable
plume de Charles Nodier. Voici un résumé des faits moins piquant et
plus fidèle. Parmi les grands prix décennaux, il y en avait deux pour
lesquels le *Génie du Christianisme* aurait pu être assez convenablement
désigné : le 12e *grand prix de première classe* destiné, disait le Programme, *à l'auteur du meilleur ouvrage de littérature qui réunira au plus
haut degré la nouveauté des idées, le talent de la composition et l'élégance
du style;* ou bien encore, en aidant un peu à la lettre, le 13e *grand
prix de première classe* destiné *à l'auteur du meilleur ouvrage de philosophie en général, soit de morale, soit d'éducation.* Le Jury spécial, tiré du
sein de l'Institut et chargé par l'Empereur de lui présenter ses vues et
ses observations sur les ouvrages les plus distingués, proposa comme
digne du 12e grand prix l'*Examen critique des Historiens d'Alexandre,*
par Sainte-Croix ; et comme digne du 13e grand prix, *le Catéchisme universel,* de Saint-Lambert. Non content de ce Rapport, et peut-être mécontent, l'Empereur chargea la Classe de la langue française de faire à
son tour un Examen critique des ouvrages de poésie, de littérature et de
philosophie présentés au concours ; c'était lui demander, pour ces branches, la contre-partie et le contrôle du travail déjà fait par le Jury. Revenant sur les deux jugements du Jury concernant le 12e et le 13e grand
prix, la Classe conclut à les réformer. Quant au 12e grand prix, qui était
celui de littérature, Marie-Joseph Chénier, rapporteur, disait : « La
Classe a vu avec surprise l'*Examen critique des Historiens d'Alexandre*
désigné comme digne du prix... » Et il proposait avec plus de justice le

ouvrages à ceux qu'indiquait le Jury, mais sans songer pour cela plus que lui au *Génie du Christianisme*. L'Empereur étonné voulut savoir pourtant ce que pensait la Classe sur l'ouvrage célèbre qu'elle honorait si hautement par son silence ; il imposa, a dit Nodier, ce *pensum* à l'Académie. Les Rapports et opinions des académiciens se produisirent en 1811. M. Daru disait des choses justes et un peu dures ; l'abbé Sicard en dit d'assez justes et de généreuses[1] : les autres nageaient dans l'entre-deux. Mais, en tout, c'était bien l'opinion d'une *Classe* sur une œuvre originale et neuve ; l'addition des *fautes* était effrayante, et l'ouvrage y *fondait* tout entier. Tout compte fait, on y jugeait que *l'ouvrage, tel qu'il est, pourrait mériter une distinction*, comme qui dirait un *accessit*. Cette conclusion

---

Cours de Littérature de La Harpe. En ce qui était du 13ᵉ grand prix, celui de philosophie, la Classe concluait, bien qu'à regret, à exclure le *Catéchisme* de Saint-Lambert, publié antérieurement à l'époque déterminée par le Décret, et elle proposait à son tour deux ouvrages : le *Cours d'Instruction d'un Muet de naissance*, par l'abbé Sicard, et les *Rapports du Physique et du Moral de l'Homme*, par Cabanis. C'est là qu'en étaient et c'est là qu'en restèrent, dans la ligne qui nous touche ici, ces projets de prix décennaux.

[1] Il ne faut rien exagérer. L'abbé Sicard, en louant certaines parties du *Génie du Christianisme*, ne croyait sans doute pas se distinguer si fort de ses autres confrères ; c'est ce que semble indiquer le petit billet suivant qu'il adressait à Ginguené : — « L'abbé Sicard souhaite mille bons jours à son aimable et cher collègue M. Ginguené, qui lui a donné tant de marques de bienveillance et d'amitié dans les temps les plus difficiles. Il le prie en grâce de vouloir bien lui indiquer où il trouverait une petite brochure contenant des Observations précieuses qu'il publia dans le *Mercure*, il y a quelques années, sur le *Génie du Christianisme*. Étant obligé de relever les défauts et les beautés de cet étrange ouvrage, l'abbé Sicard sera enchanté de pouvoir profiter des excellentes réflexions de son collègue, à qui il renouvelle l'assurance de son tendre et inaltérable attachement. — Ce 3 janvier 1811. » — A côté de la phrase où l'abbé Sicard rappelle d'un ton de reconnaissance les *marques d'amitié* que Ginguené lui a données *dans les temps les plus difficiles* de la Révolution, Ginguené a, de sa main, ajouté en note : « Il me les a bien rendues depuis, ce prêtre torticolis ! »

solennelle joignait à ses autres bonnes grâces de venir bien tard et d'avoir été couvée durant neuf ans (1802-1811).

Il n'y a rien là, d'ailleurs, qui doive trop étonner ni même scandaliser. L'opinion de M. Daru particulièrement se fondait sur des critiques très-judicieuses, très-saines, mais négatives; elle nous représente dans l'exacte mesure l'opinion conservatrice. Quand un ouvrage est une révolution en littérature, il n'a qu'à s'adresser tout droit au public, et on ne peut raisonnablement espérer qu'il obtienne privilège et approbation du Sénat. — Et puis neuf ans, c'est trop peu; il faut bien vingt ans avant qu'un Sénat littéraire sanctionne une révolution et couronne un novateur [1].

J'arrive à *René*, c'est-à-dire au portrait de l'auteur lui-même dans sa jeunesse et sous le rayon le plus idéal. C'est un type d'où relève plus ou moins tout ce qui fut jeune durant ces 50 dernières années. Je crois la maladie un peu passée pour le moment : la jeunesse paraît plutôt disposée à se jeter dans le positif de la vie, et

---

[1] Parmi les critiques un peu tardives et qui ne vinrent que quinze ans après, il est quelques pages qui méritent d'être remarquées et qui sortent tout à fait du commun : le *Génie du Christianisme* et son influence sont fort bien jugés dans un chapitre du livre intitulé *Les Quatre Concordats*, par l'abbé de Pradt (tome III, page 234). Le spirituel abbé sait très-bien relever ce qui est chrétien dans le *Génie du Christianisme* et ce qui ne l'est pas : « On pourrait dire que de tous les ouvrages dans lesquels la Religion est entrée comme objet principal, le *Génie du Christianisme* est le moins fondamentalement chrétien. » Et il n'a pas de peine à le prouver, en même temps qu'il explique très-bien les causes du succès dans le monde : « C'était un Muséum religieux dans lequel le plaisir entrait, pour ainsi dire, par les sens, comme il entre par les yeux dans un Salon de peinture. » Il dit encore : « Le *Génie du Christianisme* est une métaphore continuelle, une corbeille de fleurs... » Parlant du genre descriptif qui, depuis *les Jardins* de l'abbé Delille, avait fait introduire des ruines de chapelles, des semblants de cloîtres jusque dans les parcs : « Le *Génie du Christianisme*, ajoute-t-il, a complété l'invasion faite dans

dans ses chimères mêmes elle trouve moyen encore d'avoir pour objet ce positif [1].

Atala finit par une très-belle parole, et que j'ai relevée déjà comme faisant la transition à *René :* « Homme ! tu n'es qu'un songe rapide, un rêve douloureux; tu n'existes que par le malheur; tu n'es quelque chose que par la tristesse de ton âme et l'éternelle mélancolie de ta pensée ! » C'est de cette mélancolie poétique et séduisante qu'est éclos *René*. Mais qu'a-t-elle de particulier et d'essentiel entre toutes les tristesses ? c'est ce qu'il nous faut définir.

René commence par où Salomon finit, par la satiété et le dégoût. *Vanité des vanités !* voilà ce qu'il se dit avant d'avoir éprouvé les plaisirs et les passions; il se le redit pendant et après : ou plutôt, pour lui, il n'y a ni passions ni plaisirs; son analyse les a décomposés d'avance, sa précoce réflexion les a décolorés. Savoir trop tôt, savoir toutes choses avant de les sentir, c'est là le mal de certains hommes, de certaines générations presque entières, venues à un âge trop mûr de la société. Ce travail que

---

le monde par le mélange des rapports religieux avec les choses du monde. A mesure que la Religion se retirait des esprits, on la mettait dans les objets extérieurs ; moins on la faisait servir à l'épuration et à la direction de la vie, plus on la faisait entrer dans sa décoration ; et, dans le fait, il était plus commode de la placer dans ses jardins que dans sa règle de vie. Delille a contribué à cette invasion par tout ce qu'il a répandu dans ses poésies. Depuis ses *Jardins*, aucun lieu de plaisance n'aurait osé se montrer sans étaler quelque ruine religieuse : toujours il fallait entendre ou rencontrer quelque Héloïse, et contempler la demeure de quelque habitant des cloîtres et des déserts. Il s'en est suivi que la Religion a été mise en fabriques et que l'on a eu un Christianisme de jardin anglais. » Tout ce chapitre de l'abbé de Pradt est dans le même sens, mais va plus à fond et pénètre plus au vif que le Rapport de M. Daru.

[1] Fouriérisme, Saint-Simonisme, etc., etc.; et les diverses Écoles qui rêvent sur la terre le règne absolu du bien-être et le triomphe illimité de l'industrie.

l'auteur du *Génie du Christianisme* fait sur la Religion, cherchant à la trouver belle avant de la sentir vivante et vraie, à lui demander des sensations et des émotions avant de l'avoir adoptée comme une règle divine, — ce travail inquiet et plus raisonné qu'il n'en a l'air, René l'a appliqué de bonne heure à tous les objets de la vie, à tous les sujets du sentiment. Avant d'aimer, il a tant rêvé sur l'amour que son désir s'est usé de lui-même, et que lorsqu'il est en présence de ce qui devrait le ranimer et l'enlever, il ne trouve plus en lui la vraie flamme. Ainsi de tout. Il a tout dévoré par la pensée, par cette jouissance abstraite, délicieuse hélas! et desséchante, du rêve; son esprit est lassé et comme vieilli; le besoin du cœur lui reste, un besoin immense et vague, mais que rien n'est capable de remplir.

Quand on est René, on est double; on est deux êtres d'âge différent, et l'un des deux, le plus vieux, le plus froid, le plus désabusé, regarde l'autre agir et sentir; et, comme un mauvais œil, il le glace, il le déjoue. L'*un* est toujours là qui empêche l'*autre* d'agir tout simplement, naturellement, et de se laisser aller à la bonne nature.

L'auteur a fait de René un contemporain de Louis XV; c'est là un anachronisme moralement impossible. Le Régent était déjà ennuyé autant que René peut l'être, mais ce n'était point dans le *rêve*, j'imagine, qu'il prenait le point de départ et cherchait la fin de son ennui. Le Régent suivait un peu la méthode pratique de Salomon et du roi David, auquel le comparait ingénument sa mère[1]. Les contemporains du maréchal de Richelieu avaient en général peu de penchant à une mélancolie prolongée. Ce n'était pas à eux

---

[1] « Mon fils a beaucoup de choses du roi David : il a du cœur et de l'esprit; il est musicien, petit, courageux, et il couche volontiers avec les femmes. » Cette noble Allemande, quoi qu'elle ait à dire, n'y va pas par quatre chemins.

qu'il était besoin de dire : « O René ! si tu crains les troubles du cœur, défie-toi de la solitude : les grandes passions sont solitaires. »

René est bien venu à sa date, et pas plus tôt qu'il ne fallait; il n'a été précédé et annoncé chez nous que par les *Rêveries du Promeneur solitaire*, c'est-à-dire par Jean-Jacques; j'ajouterai, par les *Rêveries* de Sénancour.

Je parle en vue de la France; car, à remonter plus haut et à voir le mal dans son principe, la mélancolie moderne était née bien auparavant. On ne la chercherait pas en vain dans Lucrèce, le poëte de la nature. Saint Augustin la trouvait déjà dans Virgile, et il en est lui-même le plus sensible exemple. C'est elle que saint Chrysostome essayait de traiter dans le jeune Stagyre. On la trouverait encore, cette mélancolie croissante, cherchant un refuge dans le cloître aux premiers jours du Christianisme, s'efforçant de s'y guérir, et souvent ne parvenant qu'à s'y nourrir. Qu'était-ce en effet que l'*acedia?* — Au Moyen-Age un minnesinger célèbre[1], laissant tomber sa tête dans sa main, s'écriait : « Cette vie, l'ai-je vécue ? l'ai-je rêvée ? » Cette tristesse du Moyen-Age se voit profondément empreinte dans l'attitude et la sombre beauté de la *Melancholia* d'Albert Durer, assise au milieu des sphères, et laissant à ses pieds pêle-mêle les instruments de la science, qu'elle a, comme Faust, épuisée. Comment qualifier Hamlet sous son pâle éclair, sinon le plus sublime malade de cette maladie sacrée, sachant tout, devinant tout, revenu de tout, grand par l'intelligence, infirme de caractère, sage dans la folie? M. Vinet a dit admirablement : « Le Christianisme, partout où il n'a pas pénétré la vie, a fait un grand vide autour d'elle, et l'homme qui, au sein de

---

[1] Walther van der Vogelweide. — (Voir *De la Littérature provençale*, par Émile de Laveleye, page 113, Bruxelles, 1845.)

la Chrétienté, n'est pourtant pas chrétien, porte partout avec lui le désert. » Est-ce bien là pourtant toute l'explication? C'en est du moins une partie. Il faudrait peut-être chercher l'autre dans les souvenirs instinctifs et les habitudes originelles de ces races sorties des forêts de Germanie ; les petits-fils demeurent atteints à leur insu et sont repris par accès de la nostalgie paternelle. Quoi qu'il en soit, le Breton René est le premier type tout à fait expressif et achevé que présente en ce genre la nation française : voilà sa gloire.

Le type, jusque-là le plus brillant de cette nation, Voltaire, ce Français si jeune à tout âge, lui qui prenait goût et intérêt à toutes choses, et qui était le moins adonné au rêve, Voltaire parlant de ces passions qu'il ne faut ni supprimer, ni assouvir, ni encore moins sophistiquer à force de raisonnement, avait dit avec charme :

> Je ne conclus donc pas, orateur dangereux,
> Qu'il faut lâcher la bride aux passions humaines;
> De ce coursier fougueux je veux tenir les rênes;
> Je veux que ce torrent, par un heureux secours,
> Sans inonder nos champs les abreuve en son cours :
> Vents, épurez les airs, et soufflez sans tempêtes ;
> Soleil, sans nous brûler, marche et luis sur nos têtes.
> Dieu des êtres pensants, Dieu des cœurs fortunés,
> Conservez les désirs que vous m'avez donnés,
> Ce goût de l'amitié, cette ardeur pour l'étude,
> Cet amour des beaux-arts et de la solitude :
> Voilà mes passions [1]. . . . .

Voltaire, dans ces vers les plus charmants peut-être qui lui soient échappés, donnait la main à La Fontaine, alors que l'aimable auteur de *Psyché*, adressant à

---

[1] Cinquième Discours en vers sur l'Homme.

la *Volupté* un hymne, une invocation à la Lucrèce, y rassemblait tous ses penchants :

> Volupté, Volupté, qui fus jadis maîtresse
>   Du plus bel esprit de la Grèce,
> Ne me dédaigne pas ; viens-t'en loger chez moi :
>   Tu n'y seras pas sans emploi.
> J'aime le jeu, l'amour, les livres, la musique,
>   La ville et la campagne, enfin tout : il n'est rien
>   Qui ne me soit souverain bien,
> Jusqu'au sombre plaisir d'un cœur mélancolique.

Cette mélancolie de La Fontaine n'est pas encore une maladie, ce n'est qu'un charme.

Quant à Voltaire qui écrivait et sentait avec cette fraîcheur, il n'était pas fils de son siècle, il l'était du siècle précédent. Quand le siècle de Voltaire à son tour eut passé sur la France, il porta ses fruits amers, et René put naître.

M. de Rémusat, parlant de cette analyse anticipée de toutes choses, et lui-même l'un des plus habiles analystes, a dit bien finement :

« ... Il en résulte quelquefois que, devinant ce qui l'attend, et persuadé qu'il ne lui peut rien arriver que de prévu, l'homme est peu tenté de vérifier les faits, et ne se soucie guère d'impressions qu'il connaît d'avance, rassasié sans avoir goûté, blasé sans avoir joui. On a vu dans cet état des nations entières.

« Cette disposition n'est pas rare au siècle où nous sommes. Ceux qui en sont atteints, lassés avant le temps, dégoûtés par prévoyance, sont travaillés d'une secrète et vague inquiétude qui ressemble au regret ; on dirait qu'ils pleurent les illusions qu'ils n'ont jamais eues. Pleins de dédain pour ce qui est, ils repoussent tout ce que le monde leur ordonne de penser ou de sentir, parce que cet ordre suffit pour leur faire regarder comme factice ce que peut-être, livrés à eux-mêmes, ils eussent senti et pensé tout naturellement. Doués de la faculté de découvrir, et dispensés de le faire par la société, qui s'est empressée de leur donner comme une leçon ce qu'ils auraient voulu reconnaître comme une vérité et constater eux-mêmes, ces esprits appelés à l'indépendance trouvent un tourment dans leur originalité même [1] ; ils rejettent avec dépit tout le fardeau des idées acquises ; et, tourmentés à la fois du besoin et de l'impuissance de sentir et de croire, ils aspirent à quelque chose de neuf, d'inconnu, qu'ils vont chercher au milieu des agitations de la foule ou du repos de la solitude, dans les conciliabules des sociétés secrètes [2] ou dans les déserts du Nouveau-Monde [3] : disposition bizarre qui, sur les débris des conventions sociales, conduit au mépris des hommes et au mépris de la vie, réunit souvent l'insensibilité et la douleur, donne à l'égoïsme même le ton de l'exaltation, et au dévouement un caractère de personnalité [4]. »

René est le fils d'un siècle qui a tout examiné, tout mis en question : c'est bien l'auteur de l'*Essai*, mais chez qui cette intelligence avancée, consommée, se trouve en désaccord flagrant avec une imagination réveillée et puissante, avec un cœur avide et inassouvi. « Vous le savez, j'ai le malheur de ne pouvoir être jeune, » dit Sénancour dans *Oberman*. Mais chez Oberman, la pensée, l'imagination et le cœur sont suffisamment en accord et en équilibre, dans ce sens que leur état de souffrance réciproque et de tiraillement sourd peut durer et s'éterniser. Aussi

---

[1] Idée très-fine et très-juste. Imaginez un Voltaire naissant quand le monde est détrompé, quand la vérité, ou ce qu'il croyait tel, est passée dans la circulation commune : un Voltaire qui n'a rien à faire ! Que deviendra-t-il avec son activité diabolique ? Son démon se tournera contre lui-même. — Imaginez un homme dévoré de l'instinct des découvertes géographiques, un Christophe Colomb, naissant quand le Nouveau-Monde est découvert et que le tour du globe est déjà fait dans tous les sens ! — Ou encore un La Rochefoucauld naissant quand la société est sourde à la finesse et que le monde moral est devenu grossier. C'est désagréable, c'est étouffant.

[2] Jacopo Ortis, ou Jules Bastide.

[3] René.

[4] *Passé et Présent, mélanges*, par M. de Rémusat, tome I, page 119 (1847).

Oberman est-il le vrai type permanent de la situation morale dont René nous figure avec idéalisation un moment.

René a de plus qu'Oberman l'imagination et toutes les conséquences qu'elle entraîne, la rapidité, la mobilité, l'éclat. Il traverse les situations plutôt que de s'y attarder indéfiniment. René a la gloire de la parole, la poésie de l'expression, qui est presque une contradiction avec son état d'âme terne et désolé. Car un homme qui est complétement dans ce vague qu'il nous figure doit n'atteindre à rien, pas même à l'idéal de sa tristesse en la décrivant. Or René se dessine à nos yeux dans son type et se dresse comme une statue. C'est le *beau ténébreux*. Il y aura de la fatuité dans Byron ; il y a une haute coquetterie dans René : il n'y en a aucune dans Oberman.

Oberman vit au sérieux dans sa situation ; il y habite, il la prolonge ; il ne s'y drape pas. Il porte son ennui, son regret précoce dans les petites choses comme dans les grandes. Il ne peut voir une aurore sans regretter l'aube, l'aube sans regretter la nuit, ni une belle nuit sans regretter le tomber du jour. Il se gâte tout et se complaît à se gâter tout. A force d'être ennuyé, Oberman court risque à la longue de devenir ennuyeux. Quant à René il est loin de ce danger, il n'en a pas le temps ni le don; il a pour cela trop de cordes à son arc et à sa lyre. Il pourra être de mauvaise humeur, il ne sera jamais ennuyeux. On sent en le lisant qu'il guérira, ou du moins qu'il se distraira. M. de Rémusat, que nous citions tout à l'heure, a encore dit spirituellement (il vient de parler de Werther) :

« Considéré indépendamment du talent admirable qui le place si haut, René est un ouvrage aussi profond et plus pur. Ces deux romans se ressentent des circonstances différentes dans lesquelles ils ont été composés. La conception de Werther, au milieu d'une société paisible et rangée, a quelque chose de séditieux; mais celle de René, qui porte l'évidente empreinte d'une époque de trouble et d'orage, s'excuse et s'explique par la date de sa naissance. On peut, jusqu'à un certain point, permettre au témoin d'un grand bouleversement politique le découragement et l'incrédulité; en pareil cas, les hommes très-forts ou très-passionnés peuvent seuls s'y soustraire. René n'est donc point un homme aigri comme Werther; il a peu souffert, il cherche à souffrir; son imagination seule l'a jeté hors des routes battues; sa vanité n'est point vindicative, elle ne hait point, et l'on sent qu'il garde en lui de quoi reprendre aisément aux jouissances de la vie usuelle et même aux petites joies, aux petites émotions qu'elle prodigue. L'éclat, la gloire du monde, les triomphes d'amour-propre le séduiraient encore. Il n'a pris aucun engagement avec lui-même, il reviendrait aisément, il changerait sans peine sa vanité sauvage contre une vanité civilisée; il deviendrait presque un homme frivole; car il n'a d'excessif que l'imagination; c'est, pour emprunter l'expression commune, une *tête montée*; mais il est faible et mobile; un rien peut le consoler et le distraire; on est sûr qu'il ne se tuera pas[1]. »

La conséquence en effet serait de se tuer. Mais Oberman qui, en sceptique qu'il est, ne presse pas la conséquence, et qui arrive à la maturité et comme à la sagesse de son état (si l'on peut ainsi dire), ne se tue pas non plus; il continue de rouler indéfiniment dans le même cercle aride et désenchanté. Il vit et végète jusqu'à la fin sous le poids, sous l'oppression du grand problème qui s'est dressé devant lui dès le premier jour, et qui, comme cette écrasante montagne dont se couvrit tout d'un coup la ville des Phéaciens, menace à jamais de l'accabler.

M. Vinet, en jugeant Oberman à côté de René, nous paraît avoir été bien sévère et injuste pour une production et pour un homme qui n'a d'autre tort particulier que

---

[1] *Passé et Présent, mélanges*, tome I, page 123.

d'être parfaitement sincère. Il traite Oberman d'homme d'*esprit*, et il lui oppose, dans le genre, René, l'homme de *génie* : c'est prononcer cette fois comme le hasard et la fortune[1]. Je me permets rarement de contredire M. Vinet, et je m'honore toujours de le suivre ; mais, dans le cas présent, quelques mots inconvenants d'Oberman contre le Christianisme n'ont pas laissé au critique son ouverture ordinaire et son impartialité.

M. de Sénancour débuta en 1798 par des *Rêveries*, où son génie moral contristé et maladif se révèle déjà tout entier, et mieux peut-être que dans aucune de ses productions suivantes :

« J'ai vu, écrivait-il à vingt-six ans[2], j'ai vu la nature mal interprétée, j'ai vu l'homme livré à de funestes déviations : j'ai cru entendre la nature, j'ai désiré ramener l'homme. Je pouvais errer moi-même, mais je sentais profondément qu'il pouvait être modifié d'une manière meilleure. J'interrogeai ensuite mes besoins individuels ; je me demandai quel serait l'emploi, l'occupation de ma vie ; je portai mes regards sur ce qui est donné aux mortels et sur ce que leurs désirs poursuivent dans les mœurs et les climats opposés : je n'ai rien vu qui déjà ne fût indifférent à mon cœur, ni dans la possession des biens de la vie, ni dans la recherche des illusions difficiles ; j'ai trouvé que tout était vain, même la gloire et la vo-

---

[1] « Après tout, est-il donc si nécessaire de réussir ? » a dit quelque part Sénancour : ce procédé interne qui est le sien, tout indifférent à l'effet du dehors, est ce qu'il y a de plus contraire au procédé de Chateaubriand, dont la devise serait : *Porro est unum necessarium*, réussir et plaire avant tout. Mais c'est à M. Vinet moins qu'à un autre qu'il appartenait de se ranger tout entier du côté du victorieux.

[2] *Rêveries sur la Nature primitive de l'Homme*, Paris, germinal an VI, premier cahier. Cette première édition, qui fut interrompue avant la fin, paraissait par cahiers. Je m'attache à en extraire les passages caractéristiques qui n'ont pas été reproduits dans les éditions suivantes, ou qui ne l'ont été que dans la seconde édition de 1802. A dater de l'édition de 1809, l'auteur, sous prétexte de corriger, a tout altéré.

lupté, et j'ai senti que ma vie m'était inutile. Voyant qu'elle ne contenait nul bien pour compenser ses douleurs, je l'ai seulement tolérée comme un fardeau nécessaire. Il y a trois années environ (j'en avais vingt-trois alors), je m'appuyai sur la sagesse des Stoïciens, et sa fière indifférence me soutint contre les afflictions ; mais elle n'eut à opposer, contre le sentiment du néant de la vie, que de spécieuses chimères. Je trouvai que, par la sagesse, on était moins malheureux ; je trouvai qu'elle pouvait beaucoup contre les maux ; mais lorsque je cherchai par quel bien positif elle pouvait rendre la vie heureuse, et sur quelle vérité inébranlable s'élevait son sublime édifice, je dis avec découragement : La sagesse elle-même est vanité. Que faire et qu'aimer au milieu de la folie des joies et de l'incertitude des principes ? Je désirai quitter la vie, bien plus fatigué du néant de ses biens qu'effrayé de tous ses maux. Bientôt, mieux instruit par le malheur, je le trouvai douteux lui-même, et je connus qu'il était indifférent de vivre ou de ne vivre pas. Je me livrai donc sans choix, sans goût, sans intérêt, au déroulement de mes jours. Au milieu des dégoûts et de l'apathie, où ma raison détrompée retenait mon cœur aimant, mes plus fréquentes impressions étaient la réaction sur moi des misères de mes semblables. Je cherchai leurs causes et je vis qu'à l'exception de quelques douleurs instantanées, tolérables ou mortelles, qui dès lors ne pourraient constituer un état de malheur, tous les maux de l'humanité découlaient d'erreurs locales, accidentelles ; qu'ainsi le sort de l'homme pouvait être amélioré ; et que s'il était une destinée irrévocable, cette destinée même contenait sans doute un temps meilleur, puisque la versatilité des opinions funestes semblait montrer que les habitudes malheureuses ne faisaient point partie de la nature essentielle de l'homme. J'osai donc concevoir un grand dessein : soit sensibilité, soit génie, soit orgueil, je voulus tenter de ramener l'homme à ses habitudes primitives, à cet état facile et simple composé de ses vrais biens, et qui lui interdit jusqu'à l'idée des maux qu'il s'est faits. Je voulais montrer cet état si méconnu et indiquer cette route de rétrogradation, devenue si nécessaire et que l'on croit si difficile. »

Mais à peine ce dessein formé, il va le révoquer en doute :

« Je ne me suis jamais dissimulé combien un pareil dessein était au-dessus de mes moyens, et peut-être du génie d'un homme. Que l'on ne m'accuse point d'être le jouet des vanités de la vie en méprisant ses prestiges. L'espoir de servir le genre humain n'aura été pour moi qu'une illusion, sans doute, mais l'illusion est nécessaire à la vie, et celle-là seule restait à la mienne : voilà ma réponse. Il faudrait trop longtemps parler de moi pour l'expliquer à ceux qui n'entendront pas d'abord tout ce qu'elle contient. »

Tel il se montre au moment de son plus jeune effort et de sa plus vive espérance. Le remède de l'auteur, si on l'acceptait, tendrait, en supprimant tout ce qu'il appelle illusions, à arrêter la nature, l'humanité, à lui retirer toute chance de renouvellement, toute jeunesse, et à fixer partout au moral la froide saison du dernier automne. C'est ce qui ressort de la seconde de ses *Rêveries* et de la suite des passages, si pénétrants d'ailleurs et si sentis, qu'on va lire ; il faut l'entendre sur le ton de l'hymne protester contre le printemps :

« Doux Printemps, jeunesse toujours nouvelle de l'inépuisable nature, tous les cœurs ont aimé tes premiers beaux jours, tous les poëtes les ont chantés : tu soutiens et consoles notre vie, tu fais fleurir l'espérance sur tes traces annuelles, et vivifies nos jours flétris durant le sommeil de la nature. Tu la montres toujours jeune à nos yeux vieillis, et son immuable durée semble éloigner le terme de nos jours rapides ; comme s'il nous était donné de nous renouveler avec elle, comme si chaque printemps n'abrégeait pas notre vie passagère, comme si nous n'étions pas des parties mortelles d'un tout impérissable...

« Et moi aussi j'ai aimé le Printemps ; j'ai observé le bourgeon naissant, j'ai cherché les primevères et le muguet, j'ai cueilli la violette. J'ignore si ces temps se reproduiront encore. Je n'ai point perdu les goûts primitifs, mais leurs impressions ont changé lorsque mon cœur a perdu les désirs; altérations passagères de l'être qui sent profondément et ne végétera qu'un jour.

« Le Printemps seul se revêt d'un charme indicible : nulle saison ne peut lui paraître comparable, aux yeux qui ne sont pas désenchantés : aux plaisirs qu'il donne, l'attente de l'Été ajoute encore ceux qu'elle promet; mais je sens que je lui préfère déjà la mélancolique Automne, reste épuisé de la splendeur des beaux jours, dernier effort de vie mêlé d'une sorte de langueur qui déjà repose et bientôt va s'éteindre sous les frimas ténébreux...

« Douce et mélancolique Automne! saison chérie des cœurs sensibles et des cœurs infortunés, tu conserves et adoucis le sentiment triste et précieux de nos pertes et de nos douleurs; tu nous fais reposer dans le mal même, en nous apprenant à souffrir facilement sans résistance et sans amertume. Tes ombres, tes vapeurs, tes feux qui s'éteignent, et ce revêtement antique que tu commences à dépouiller; tout ton aspect délicieux et funèbre attache nos cœurs aux souvenirs des temps écoulés, aux regrets des impressions aimantes. Émus, attristés, navrés, nous t'aimons, nous te bénissons, car tu nous ramènes au charme aimable des illusions perdues, tu reposes à demi le voile consolateur sur nos yeux fatigués d'une imprudente lumière. Douce Automne, tu es la saison chérie des cœurs sensibles et des cœurs infortunés!

« Tes jours plus courts et ton soleil plus tardif semblent abréger nos maux en abrégeant nos heures. A travers tes brouillards portés sur les prairies, l'aurore elle-même suspend sa lumière douteuse. Le voile vaporeux laisse au matin le silence de la nuit et la paix des ténèbres, et nous nous éveillons libres du poids des heures écoulées, et incertains même s'il faut déjà vivre ou si nous reposons encore. Automne! doux soir de l'année, tu soulages nos cœurs attendris et pacifiés, tu portes avec nous le fardeau de la vie!...

« Que le jeune cœur avide d'amours et d'illusions se livre dans son enthousiasme aux erreurs du Printemps, je ne veux pas le détromper ; l'ombre du bonheur s'est retirée sous le voile ; il ignore la vie et s'ignore lui-même ; qu'il jouisse longtemps ! pour moi je t'aime, douce et mélancolique Automne, tu es douteuse et fugitive comme la vie de l'homme : si belle encore et pourtant si voisine des frimas nébuleux, tu apprends à son cœur détrompé que du moins le présent peut s'écouler doucement dans l'oubli des maux que la crainte anticipe...

« Et toi disciple de la vérité, tranquille Solitaire, qui aimes et plains l'humanité souffrante, toi à qui on insulte par un nom qui fait ta gloire, vrai Philosophe, homme éclairé, vertueux et aimant, malheureux parce que tu es sensible, plus malheureux parce que tu es détrompé, dis-moi, car je suis digne de t'entendre, comme toi j'aime la vérité et les hommes, — dis-moi quelle est, des modifications annuelles, celle que tu chéris davantage ? L'Automne n'a-t-elle pas surtout entretenu tes méditations, inspiré tes pensées et ramené ton cœur ? Dans le silence des soirées d'octobre, n'as-tu pas connu une justice plus naturelle, senti plus d'impassibilité philosophique, et pénétré dans une profondeur plus sublime ?...

« Vous à qui les touchantes soirées d'octobre conviennent davantage qu'un matin du mois de mai, comptez que la vie a déjà perdu pour vous son illusion fugitive, que les regrets seront vos seuls plaisirs, et qu'il n'est plus d'autre habitude du cœur qu'une mélancolie qui consume et que l'on aime. Le charme une fois dissipé ne revient jamais. Vous êtes dans le soir de la vie, et son couchant se prépare. Descendez doucement vers la nuit de la tombe : il n'est plus pour vous d'aurore ; vos yeux fatigués ne verront pas même l'éclat du midi, et le seul espoir qui vous reste est celui d'un sommeil paisible. — Mais ce repos, ce sommeil funèbre, aura-t-il aussi son réveil ? Non, il ne l'aura point... Cependant reposez du moins. »

Dans son dégoût sincère de la vie, il conclut à rétrograder lentement vers tout ce qui l'éteint et la glace ; il aime à sentir les premiers frissons de l'hiver et la venue des ténèbres; il voudrait rentrer peu à peu dans le sein de la nature muette d'où il est éclos, non pas s'y précipiter par un coup violent, mais s'y glisser et s'y couler pas à pas par une sorte de métamorphose qui le rendrait semblable à elle. Mais au moment où il s'y confond, il la trouve encore trop vivante pour lui :

« Quand la passion de la vérité a conduit au doute universel, quand le doute a dévoilé les biens et stérilisé les désirs, le silence du cœur devrait du moins régner sur ces ruines éteintes: mais des cœurs mortels, nul n'est plus déchiré que celui qui conçoit un monde heureux et n'éprouve[1] qu'un monde déplorable, qui toujours incité ne peut rien chercher, et toujours consumé ne peut rien aimer; qui, refroidi par le néant des choses humaines, est arraché par une sensibilité invincible au calme de sa propre mort. Il s'attache à la nature inanimée pour devenir indifférent comme elle, pour reposer dans sa paix impassible; il la voulait muette, mais il l'entend encore, il la sent, il l'interprète tout entière, et demande à chacun de ses accents une expression indicible pour des douleurs inénarrables. Il voit la terre agitée dans la vague qui se brise contre le roc, et la destinée humaine dans celle qui vient mourir sur la grève. »

De telles pages se produisaient inaperçues au printemps de 1798, quatre ans avant *René*. Ce monde de *René* était donc bien véritablement découvert par celui qui n'a pas eu l'honneur de le nommer. Des trois grands peintres, Jean-Jacques, Bernardin de Saint-Pierre et Chateaubriand, aucun (je l'ai remarqué), malgré son vif entraînement vers la nature, ne va au panthéisme; chacun reste *soi* et

---

[1] Dans les éditions dernières l'auteur a gâté et affaibli cette expression, en mettant : « Celui qui conçoit un monde heureux, et qui *observe* un monde déplorable. »

se distingue du tout, et en distingue Dieu. Oberman seul est plus en proie à la nature; il s'y livre, il s'y plonge, et cherche à n'être qu'une sorte de modification sourde du grand milieu universel. Son idéal, à lui, est une soirée de la fin d'octobre. Oberman, dans sa physiologie morale toute morne et déclinant à la mort, est bien le contemporain de Lamarck, c'est-à-dire du grand physiologiste qui ne pense pas que la vie et son contraire émanent de principes tout différents [1].

Épuré et plus religieux en vieillissant, l'auteur d'*Oberman* arrivera à une sorte d'idéalisme absolu qui n'est pas sans quelque rapport avec le système de certains philosophes de l'Inde, se demandant si tout et la nature elle-même n'est pas un rêve, une apparence, une illusion émanée de l'Être incompréhensible.

M. de Sénancour est décédé le 10 janvier 1846, à Saint-Cloud. Il y est enterré dans le cimetière : là encore il repose presque seul. Cette courte inscription, tirée des *Libres Méditations*, est gravée sur la pierre de sa tombe : *Éternité, deviens mon asyle*[2] *!*

Un seul ami, prévenu à temps[3], accompagna sa dépouille mortelle. Aucun journal n'entonna l'hymne funèbre, et je ne sais même s'il en est un seul qui daigna annoncer sa mort. Ceux qui ne se règlent dans leurs jugements ni sur le renom, ni sur la fortune, et qui, après avoir suivi la foule, savent aussi s'en séparer, mettront tout bas en balance cette fin silencieuse et cette sépulture ignorée avec les pompes retentissantes du rocher de Saint-Malo;

---

[1] Lamarck ne voit de différence que dans les *circonstances* et non dans les causes et dans les lois mêmes qui président tant au règne vivant qu'au règne inanimé (voir sa *Philosophie zoologique*).

[2] Il n'allait pas jusqu'à dire avec Bossuet : « O Éternité, tu n'es qu'en Dieu, mais plutôt, ô Éternité, tu es Dieu même ! » (Sermon sur l'Ambition, pour le quatrième dimanche de Carême.)

[3] M. Ferdinand Denis.

ils se demanderont si c'est là toute la justice. Mais ils ne s'en étonneront point ; car, après tout, pour être regretté des hommes, il ne suffit ni de les avoir aimés ni de les avoir voulu éclairer, il faut les avoir éblouis, amusés, occupés longtemps, insultés quelquefois et fustigés ou flattés, et presque toujours égarés dans bien des voies[1].

Il m'est venu entre les mains, après sa mort, quelques pensées touchantes ou profondes de cet homme méditatif que rappelle et que n'éclipse point pour moi la gloire de

---

[1] On peut se demander quelles ont été les relations de M. de Chateaubriand et de M. de Sénancour. Je ne crois pas qu'ils se soient jamais rencontrés. Quand on prononçait par hasard le nom de M. de Sénancour et d'Oberman devant M. de Chateaubriand, celui-ci gardait un silence obstiné. M. de Sénancour, en 1814, dans de petits écrits politiques fort raisonnables et fort inaperçus, avait combattu avec politesse les exagérations du brillant pamphlétaire : « Ce sont des choses bonnes qu'il nous faut, avait-il dit, plus encore que des choses éclatantes. » M. de Sénancour croyait à une mauvaise disposition de M. de Chateaubriand contre lui, et il en donnait cette explication ironique : « Je crois bien deviner d'où vient son mauvais vouloir : j'aime les montagnes, et il les déteste. » Il y avait une autre raison plus précise : M. de Sénancour avait publié en 1816 des *Observations critiques sur le* GÉNIE DU CHRISTIANISME. Son dessein, disait-il, était de montrer que « si le *Génie du Christianisme* méritait, comme ouvrage d'agrément, tous les éloges qu'on en avait faits, il ne contenait du reste, excepté deux ou trois chapitres, que des sophismes plus ou moins ingénieusement exprimés, et ne pouvait être lu sans impatience par quiconque veut écouter la raison et désire connaître le vrai. » L'ouvrage y était examiné sur ce pied, chapitre par chapitre, et résistait peu : « Le *Génie du Christianisme* est un ouvrage d'*effet;* une raison trop complaisante y laisse à l'illusion tous ses moyens. Le succès de l'auteur y est beaucoup mieux préparé que le triomphe de sa cause. » Le style, d'ailleurs, était fort loué : « La manière de l'auteur est large et hardie, très-souvent forte, et quelquefois profonde. Comme peintre, comme poëte, M. de Chateaubriand a beaucoup plus que du talent ; il a le génie de l'expression ; il est au nombre des premiers écrivains de la France. » On fit peu d'attention, en 1816, à cette dissertation rétroactive. — Tout adversaire et tout rival qu'il était à bien des égards, si M. de Sénancour avait été un écrivain populaire et influent, à une certaine heure M. de Chateaubriand serait allé à lui, et il en serait résulté, aux applaudissements de la foule, une paix éclatante. M. de Chateaubriand embrassait quelquefois son adversaire, mais sur le balcon.

René. Je me contenterai de les offrir ici, en laissant chacun se former son impression particulière. Mais seulement, je le demande, y a-t-il trace dans tout cela de cet *homme d'esprit* qu'a cru voir M. Vinet?

« De bonne heure j'ai demandé aux hommes quelle loi il fallait suivre, quelle félicité on pouvait attendre au milieu d'eux, et à quelle perfection les avaient conduits quarante siècles de travaux? ce qu'ils me répondirent me parut étrange; ne sachant que penser de tout ce mouvement qu'ils se donnent, j'aimerais mieux livrer mes jours au silence et achever dans une retraite ignorée le *songe incompréhensible.* » —
« La grandeur humaine est extrêmement vantée; mais je n'ai pas vu que l'homme pût être très-grand, en sorte que j'ai renoncé sans peine à être grand; mais j'ai vu que l'homme pouvait être bon, et il faut tâcher d'être bon : je crois que j'eusse pu l'être, si j'avais eu des jours moins asservis. »

Oberman, celui que j'appelle le vrai René, le René sans gloire, ne peut se flatter d'avoir eu dans tout le cours de sa vie monotone un seul moment illustre ou grandement désastreux :

« (1810). — Me voici parvenu à trente-neuf ans et demi. Il y a plus de vingt ans que je suis sorti du collége. Dans cette moitié de la vie, car la durée de l'homme n'est que de quarante ou quarante-huit ans entre l'une et l'autre débilité; dans cette moitié de la vie je cherche vainement une saison heureuse, et je ne trouve que deux semaines passables, une distraction en 1790 et une résignation en 1797. »

Il aurait pu ajouter : Et je cherche en vain un grand malheur, je ne trouve qu'une longue trace d'ennuis obscurs.

Voici pourtant une pensée, une seule, qu'on dirait qu'il

a écrite à l'un de ses rares jours de soleil, une après-midi, sous son lilas :

« Il est bon d'être au milieu de la vie : les regrets ont une place arrêtée dans nos souvenirs; nous connaissons nos négligences, nos inadvertances, nos tiédeurs, toutes nos faiblesses. La joie nous paraît un peu ridicule, mais non le contentement. La paix est dans notre âme, et l'indulgence dans notre cœur. » —

« Je sens que mes écrits auraient pu être utiles si je les avais fait connaître davantage; mais faire beaucoup de pas pour le succès me paraît peu digne des Arts mêmes, à plus forte raison de l'Art par excellence, celui d'écrire pour le bonheur des hommes. Vitruve dit dans sa Préface : *Ceteri architecti rogant et ambiunt ut architectentur, mihi autem a præceptoribus est traditum oportere eum qui curam alicujus rei suscipit rogari, non vero rogare.* »

Il est peu digne du talent et surtout de la pensée d'aller soi-même s'offrir; mais si elle attend qu'on vienne à elle, elle court risque d'attendre longtemps.

« Il y a, dit-on, dans mes écrits trop de vague et trop de doute. — Je pense que ce reproche tombera et que c'est précisément par cette sorte de tendance que peut-être mes écrits devancent les temps. C'est par le vague qu'on s'approche de l'universalité; c'est par le doute qu'on s'éloigne moins de la vérité. »

Cependant ce doute lui pèse :

« Cette incertitude universelle m'importune et m'accable. Tout ce qui compose ce monde impénétrable semble peser sur nous. En vain on cherche le vrai, on veut faire le bien, on renonce à d'autres désirs, et on se dévouerait pour lutter contre l'erreur, contre le désordre; en vain on demande à la nature ce qu'on doit être, ce qu'on doit faire; en vain on dit : Sagesse, ne te connaîtrai-je point? — tout est muet, ce silence nous oppresse; les nobles désirs et les grandes pensées nous semblent inutiles; on ne voit que doute et impuissance, et on sent déjà qu'on va s'éteindre dans les ténèbres où ce qui est reste inexplicable, et ce qui doit être, inaccessible. »

Son ciel s'entr'ouvre un moment : *quæsivit cœlo lucem;* il se donne presque la peine d'espérer ou du moins de former un vœu :

« (1820). — Avoir une propriété dans un site favorable; — imprimer tout ce qu'on peut avoir à dire en trois volumes ou peut-être deux; y travailler pendant quinze ans; venir les faire imprimer à ses frais dans la capitale; en déposer deux cents exemplaires dans les Bibliothèques publiques ou chez quelques libraires; en emporter deux dans sa retraite; — ne plus penser à son livre; ne s'occuper que de ses enfants, de ses amis et de la paix des campagnes, ce serait du moins végéter en homme! Mais la vie que je mène est celle d'un esclave à qui la mort est refusée. »

Veut-on sur lui la vérité finale? Il va nous la dire : il se retrouve tel à la fin qu'il était au commencement (c'est l'image de la plupart des hommes), — tel de disposition et de nature, sinon tout à fait d'opinion et de doctrine. Il écrivait à la fin d'août 1837 à une femme qui avait elle-même plus de distinction d'âme que de douceur de vie et que de fortune :

« Enfin, Madame, vos heures vont être plus libres. Quant à des heures vraiment heureuses, on les dit assez rares; ni la raison, ni l'inspiration ne vous les donneront, mais c'est quelque chose d'écarter les maux insensés, et d'adoucir souvent ou d'ennoblir les autres. Que dire en cela que vous ne sachiez très-bien? Notre meilleure ressource, c'est peut-être cette ré-

flexion toute simple, et commune en un sens : « Si un grand
« avenir suit la vie présente, ce qu'elle renferme de maux a
« peu d'importance; s'il en est ainsi, cette vie n'est rien : s'il
« en est autrement, nous ne sommes rien nous-mêmes. » Cela
est sans réplique et soutient la pensée jusqu'à un certain point:
mais des consolations positives, il n'y en a pas. — Il y en a
bien peut-être dans la foi naïve ; mais si l'œuvre sublime du
monde n'est pas une œuvre absurde, il faut chercher le vrai
et non pas les consolations. D'ailleurs, il ne dépend plus de
nous de croire aux paroles des hommes. L'incertitude étant partout, on ne croit, pour ainsi dire, qu'à ce qui est grand et perpétuel, et l'on ne se remue guère que par nécessité ou pour adoucir quelque grande infortune, non méritée surtout. — Dans le
trouble où nous sommes sur la terre quand nous ne sommes
pas crédules, qui est-ce qui aurait le bonheur de servir d'appui lorsque viennent les afflictions de la pensée? Ce ne serait
pas moi si troublé, si triste, et si peu détaché des choses de la
vie, excepté de celles dont je ne me suis jamais soucié. On[1] est
toujours ainsi, impatient ou morne, agité ou fatigué, selon
l'heure, la minute et même le régime, mais pas selon l'âge;
découragé parce que tout est vain ici, mal résigné parce que
tout reste incertain; joignant à la faiblesse humaine le manque
de fermeté nerveuse; très-fâché que la vie avance si fort, et
pourtant n'ayant pas à en regretter un seul mois, un seul jour;
comme il y a quarante ans demandant à vivre, et comme il y a
quarante ans demandant à mourir; espérant avoir formé ou
saisi un grand ensemble de probabilités, mais ne voyant que
du probable; songeant à des choses qu'on pourrait arranger
sur la terre, mais sentant que le siècle n'est pas venu, et sup-
posant de plus que, quoi que l'on fasse, la somme des biens
et des maux changera peu, les hommes ne pouvant s'entendre, excepté dans ce qui est routine. — Voilà une énergie
bien trop boiteuse pour être en aide à votre énergie vivante. »

---

[1] *On,* c'est lui-même ; — c'est comme dans les livres de Port-Royal
où le *On* remplace le *Je* et le *Moi.* Sénancour ne met le *Moi* en avant
qu'avec pudeur, et il le retire presque aussitôt.

C'est ce que trouvait à dire Oberman vieilli quand il s'essayait à consoler; — une consolation noble, tendre, sinistre parfois, et redevenant elle-même désolée[1]!

N'exagérons pas le malheur. M. de Sénancour a vécu en homme de conscience et de vertu; il n'a pas eu là

---

[1] Je donnerai la suite de cette lettre où il y a quelques vues, quelques ébauches de pensées sur la *prière*, c'est-à-dire sur l'acte qui était primitivement le plus antipathique à Oberman. Vers la fin de sa vie il ne la repoussait plus absolument :

« Si vous avez la prière, écrivait-il (tout étonné de son rôle de consolateur), c'est un asile; chez vous elle ne peut être que noble et dégagée des formules... Je ne sais point de langue commune entre le chétif et l'Infini, entre un de nous qui passons et la Permanence inconnue. Oui, une religieuse aspiration est possible, mais c'est fugitif, et l'on retombe dans son néant. Je ne vois pas de remède à cette sorte de stérilité. On serait heureux d'implorer une protection céleste quand la tristesse est étouffante. Demander la mort que d'ailleurs on ne veut pas précisément et qui n'écoute pas, cela ne signifie rien. Hélas! il ne signifie rien non plus mon billet bavard écrit dans un des moments où les doigts n'ont pas trop de crampes... Chacun de nous peut se dire : *Si nous devons vivre après la vie présente, elle n'est rien; autrement nous ne sommes rien nous-mêmes.* Cela est de nature à affermir de certaines résolutions, mais cela ne donne pas la paix à ce que nous nommons le cœur. Il faut laisser cette paix au nombre des chimères, je crois : je veux dire qu'on ne l'obtient sans doute que lorsqu'elle est misérablement facile.

« Au reste, il est une direction particulière que la *prière* pourrait prendre. Il n'est pas de supposition plus naturelle que celle d'intelligences intermédiaires. Dans cette hiérarchie aux millions de degrés, peuvent se trouver, de manière ou d'autre, des Génies protecteurs dont les inspirations... Que d'affreuses douleurs humaines nous ont été épargnées! d'autres ont été visiblement adoucies. Attribuons cela aux Pouvoirs tutélaires, à quelque Génie *gardien* qui règle en partie notre tâche, cherchant à la proportionner à nos forces. Cela est mystérieux sans être impossible, ce semble... La sagesse de ces Génies serait, pour ainsi dire, abordable... Précisément parce que l'abîme entre Dieu et un mortel ne peut être franchi, notre avenir se conçoit comme perpétuel, si la mort ne nous éteint pas, si un mortel est transformable. »

— Tel est le plus grand effort de l'essai de retour au Déisme qu'ait pu faire Oberman : des Anges tout au plus à défaut de Dieu. — Cette lettre était adressée à Mme A. Dupin, auteur d'écrits remarquables. J'en dois la communication à l'amitié de M. Ferdinand Denis, resté si fidèle à la mémoire du respectable mort.

gloire, il a eu des amis, il a eu des admirateurs secrets, épars, mais religieux à leur manière et passionnés; il a sa postérité secrète qui lui restera fidèle. Un jeune poëte anglais, fils d'un bien respectable père, et dont le talent réunit la pureté et la passion, M. Mathieu Arnold, voyageant en Suisse et y suivant la trace d'Oberman, lui a dédié un poëme où il a évoqué tout son esprit et où, lui-même, à la veille de rentrer par devoir dans la vie active, il fait ses adieux au grand méditatif rêveur. Je donnerai ici ce poëme parfaitement inconnu en France et dans une traduction que le poëte a daigné avouer[1]:

STANCES EN MÉMOIRE DE L'AUTEUR D'*OBERMAN*,
ÉCRITES EN NOVEMBRE 1849.

« En face, l'affreux sentier de l'Alpe fait ramper son escalier rocheux; les orageux vents d'automne balayent les traînées de nuages dans l'air.

« Derrière sont les bains abandonnés, muets, au milieu des prairies solitaires. Les feuilles sont sur le chemin des vallées; les brouillards sont sur le Rhône, —

« Les blancs brouillards roulant comme une mer. J'entends

---

[1] « Le livre d'*Oberman* étant écrit en français, et l'idée que j'ai de lui
« se liant toujours dans ma pensée avec celle de la Suisse française, les
« Stances que j'ai dédiées à sa mémoire me semblent gagner beaucoup,
« en fait de couleur locale et de vérité, à être revêtues d'une forme fran-
« çaise. Je vous assure qu'à présent je lis mon poëme avec plus de plaisir
« dans votre traduction que dans l'original. » C'est ce que M. Arnold
m'a fait l'honneur de m'écrire, et, tout en rabattant ce qu'il faut de ses
politesses, je puis laisser louer une traduction qui est moins en effet de
moi que d'un poëte ami, M. Lacaussade. — Les Stances de M. Arnold
n'ont été composées que dans l'automne de l'année 1849; je les ai insé-
rées, après coup, dans cette quatorzième Leçon. C'est la seule intercala-
tion de ce genre que je me sois permise.

QUATORZIÈME LEÇON.

les torrents rugir. — Oui! Oberman, tout parle ici de toi! Je te sens tout près, une fois encore.

« Je tourne tes feuillets : je sens encore leur haleine rouler sur moi ; je sens ce souffle de langueur, de froid et de mort qui couvait sur ton âme.

« Fuis d'ici, pauvre Créature, qui que tu sois, condamnée à errer, toi qui es tout naufrage en ton propre cœur, et qui vas à la recherche de quelque allégement du dehors.

« Une fièvre brûle dans ces pages, et sous le calme qu'elles feignent ; un esprit humain blessé se tourne et se retourne ici sur son lit de peine.

« Oui! bien que l'air vierge de la montagne souffle frais à travers ces pages; bien que les glaciers versent de loin sur ces feuillets l'âme de leurs neiges muettes;

« Bien qu'ici le murmure de la montagne s'augmente et s'enfle du bruit des sapins aux sombres ramures; bien qu'il vous semble, en lisant, entendre la cloche des vaches pâturant sur les hauteurs;

« Oui! à travers le roulement du torrent solitaire et le murmure de l'abeille des montagnes, ici sanglote je ne sais quel souterrain accent d'humaine agonie.

« Et n'est-ce point pour cela, parce que la note chez toi est trop lourdement chargée de peine, que le monde, ô Oberman! aime si peu tes accents?

« Il est des secrets que le poëte peut dire, car le monde

aime les voies nouvelles ; mais en dire de trop profonds n'est pas bien ; le monde ne sait plus alors ce que dit le poëte.

« Cependant, parmi les Esprits qui ont régné en nos jours troublés, je n'en connais que deux, toi excepté, qui soient parvenus à voir leur chemin.

« Près des Lacs de l'Angleterre, dans le vieil âge déjà gris, l'un garde son tranquille foyer ; et l'autre, le Sage puissant aux nombreux travaux, est endormi dans la germanique Weimar.

« Mais les yeux de Wordsworth détournent leur regard de toute une moitié de la destinée humaine ; et quant à la pleine carrière de Gœthe, peu d'entre les fils des hommes peuvent songer à l'égaler.

« Car il a suivi une route solitaire, les yeux sur le plan de la nature ; il n'a ni trop fait de l'homme un dieu, ni de Dieu trop fait un homme..

« Il était puissant, d'un esprit libre de brouillards, sain, clair, — combien plus clair que le nôtre ! et pourtant nous avons une pire carrière à fournir.

« Car, quoique sa virilité ait essuyé le souffle d'une lamentable époque, au moins dans un monde tranquille s'est écoulée sa plus tendre et première jeunesse.

« Mais nous, produits et venus en des heures de changement, d'alarme, de surprise, quel abri avons-nous pour devenir mûrs ? quel loisir pour devenir sages ?

« Comme des enfants se baignant sur le rivage, à peine

ensevelis sous une vague, une seconde vague arrive avant que nous ayons eu le temps de respirer.

« Nous vivons trop vite, nous sommes trop éprouvés, trop harcelés pour atteindre au doux calme de Wordsworth, ou pour arriver à la lumineuse et large vue de Gœthe.

« Et c'est alors, ô Sage plus triste, que nous nous tournons vers toi : nous sentons ta magie et ton charme. L'énigme inextricable et désespérée de notre âge, — toi aussi tu l'as bien scrutée !

« Immobile tu t'assieds, tranquille comme la mort, préparé à souffrir. De sang-froid est ta tête, froid ton sentiment, et glacé ton désespoir.

« Oui ! comme l'a dit le fils de Thétis (*Achille*), on t'entend dire à ton tour : « De bien plus grands que toi sont morts : ne lutte point ; meurs aussi, toi ! »

« Ah ! deux désirs agitent le sang fiévreux du poëte : l'un le pousse au dehors vers le monde, l'autre vers la solitude.

« La flamme de la pensée, s'écrie-t-il, le sentiment de la « vie, — où, où donc abondent-ils ? » Ce n'est ni dans le monde ni dans le conflit des hommes qu'on peut espérer de les trouver.

« Celui qui a regardé de loin et qui n'a point partagé la lutte, celui-là seul sait comment les choses se sont passées ; celui-là seul vit de la vie de tous, qui a renoncé à la sienne propre.

« Donc, à toi nous venons. Des nuages sont amoncelés là où

tu t'es assis, ô Maître ! Le royaume de ta pensée est triste et froid, — le monde est plus froid encore !

« Mais toi aussi tu as des plaisirs à partager avec ceux qui viennent à toi : des baumes flottant sur tes brises de montagne ; des spectacles à contempler, qui guérissent.

« Que de fois, là où les pentes sont vertes sur le Jaman, tu t'es assis à la porte de quelque haut chalet, et tu as vu le jour d'été être long à finir,

« Et les ténèbres se glisser sur l'herbe humide étoilée de pâles crocus, et gagner peu à peu cette nappe étincelante de cristal sous le vert sombre des sapins,

« Les eaux du lac Léman, au loin là-bas ! — Que de fois tu as regardé la rose lumière s'évanouir des pics distants couverts de neige, et tu as entendu dans l'air de la nuit

« Les accents d'une langue éternelle jouer à travers les branches des sapins ! que de fois tu as écouté et t'es senti redevenir jeune, tu as écouté et pleuré ! — Mais loin ! arrière !

« Arrière ! les rêves qui ne savent que tromper ! Et toi, Guide triste, adieu ! Je pars : la destinée me pousse ; mais je laisse la moitié de ma vie avec toi, ici.

« Nous tous, — instruments au service de quelque Pouvoir inconnu, — nous nous mouvons sur une ligne rigide : ne pouvant ni posséder et jouir quand nous le voulons, ni, quand nous le voulons, nous démettre.

« Moi, c'est dans le monde que je dois vivre : — mais toi,

Ombre mélancolique, si tu ne me vois plus désormais, tu ne me condamneras ni ne me blâmeras.

« Car tu es parti de la terre, et la place que tu réclames, elle t'est due parmi ceux-là, les Enfants de la seconde naissance, que le monde n'a pu soumettre ni apprivoiser.

« Et au sein de cette petite troupe transfigurée, que bien des voies différentes ont conduite à une terre commune, tu apprends à penser comme eux.

« Chrétien et païen, roi et esclave, soldat et anachorète, ces distinctions que nous estimons si graves ne sont rien à leurs yeux.

« Ils ne demandent pas qui a langui inconnu, qui s'est lancé dans l'action, eux dont l'unique lien consiste en ceci qu'aucun d'eux n'a été souillé par le monde.

« Là, sans colère, tu verras celui qui maintenant n'obéit plus à ton charme[1], pourvu seulement qu'il soit resté comme toi, sans tache. — Ainsi donc, adieu !

« Adieu ! — soit que tu reposes maintenant près de cette mer intérieure tant aimée, dont les vagues bleues réjouissent de leur sourire Vevey et Meillerie,

« Dans cette douce et gracieuse contrée où, avec leur bruis-

---

[1] Le poëte lui-même, M. Arnold, qui s'apprêtait à entrer dans la vie pratique et active. — Devenu professeur à Oxford et attaché, de plus, à l'administration centrale de cette Instruction publique où son père a été le grand et bienfaisant réformateur, nous l'avons vu récemment en France (1859) chargé d'une mission de son Gouvernement pour étudier chez nous l'Instruction primaire et voir ce qui pourrait se transporter utilement de nos méthodes dans son pays.

sement sonore, les pins odorants du Switzerland se dressent sombres autour de ta verte tombe ;

« Là, où entre les murs de vigne tout poudreux qui aboutissent à cette verte place, le paysan matinal se rappelle encore la figure du pensif étranger

« (Et il se baisse pour nettoyer ton chiffre tumulaire caché sous la mousse, avant de reprendre son chemin) ; — ou soit que, par un destin plus ironique, parmi les essaims des hommes,

« Là où entre ses terrasses de granit la Seine dirige son onde, la Capitale du Plaisir voie ton tombeau dont on parle à peine ; —

« Adieu ! sous le ciel nous nous séparons dans cette austère vallée des Alpes. O volonté détendue ! ô cœur brisé ! à toi un dernier, un dernier adieu ! »

Voilà pourtant, si je ne m'abuse, sur ce tombeau solitaire qui est moins en effet aux bords de la Seine qu'au bord du Léman, une immortelle couronne funèbre.

Il me semble qu'aujourd'hui nous avons été bien sombres. C'est que nous avions affaire à une vraie maladie. Nous nous relèverons avec René qui n'est un de ces malades qu'à demi, et qui excelle à dire avec éclat les choses sombres, et les choses désespérées avec enchantement. De bonne heure il a su faire de son désespoir et de ses ennuis même une séduction. Et ceux et celles surtout qui l'ont le mieux connu définissent volontiers sa personne et sa race quelque chose de capricieux, d'inattendu, d'inégal et d'aimable : — « Oh ! quand elle le veut, que cette race de René est aimable ! c'est la plus aimable de la terre ! » Je ne saurais trop dire qui me souffle ces paroles, mais je suis bien sûr de ne les avoir pas inventées[1].

[1] Une seule et dernière remarque avant de quitter Sénancour : c'est que jamais René, si beau qu'il puisse être, ne saurait faire à un étranger, Allemand ou Anglais, une impression du genre ni de la force de celle qu'on vient de voir sortir de la lecture d'*Oberman*. Chateaubriand supporte peu la traduction, ou simplement le transport à l'étranger. La beauté chez lui, même la beauté de la pensée, tient trop à la forme ; elle est comme enchaînée à la cime des mots (*apicibus verborum ligata*), à la crête brillante des syllabes.

QUINZIÈME LEÇON.

Werther et Childe-Harold, frères de René. — Caractère propre de ce dernier ; — image de l'auteur. — Naïveté d'égoïsme. — Moralité plaquée. — Le poison dans l'hostie. — *Le Lépreux de la Cité d'Aoste ;* — pitié et sympathie. — Salut final à René.

MESSIEURS,

Je ne comparerai pas *René* avec d'autres types ; une telle comparaison mènerait trop loin. M. de Chateaubriand se plaint dans un chapitre de ses *Mémoires* que l'auteur de *Childe-Harold* l'ait imité sans le nommer. Il y a là de l'enfantillage vraiment[1]. Ces grands poëtes n'ont pas eu besoin de s'imiter l'un l'autre ; ils ont trouvé en eux-mêmes et dans l'air du siècle une inspiration suffisante qu'ils ont chacun appropriée et figurée à leur manière, en y mettant le cachet de leur talent et de leur égoïsme. Tous ces types sont éclos en Allemagne, en Angleterre, en France, sous un même souffle, sous un même courant atmosphérique général qui tenait à l'état du monde à ce moment. Il y a de ces grandes zones d'idées et de sentiments dans lesquelles plongent des quarts de siècle ou des demi-siècles tout entiers. Cela s'est vu au Moyen-Age, à la Renaissance, à la fin du XVIIIe siè-

---

[1] « Manfred n'est qu'un René habillé à la Shakspeare. » (Chênedollé.) Le mot est bien dit et vrai si l'on n'en abuse pas.

cle, au moment de toutes les grandes rénovations de la société.

Un homme qu'on est assez surpris d'avoir à nommer en pareille matière, mais qui était véritablement distingué et qui avait bien de la finesse dans l'esprit, avant de s'être fait une réputation dans un tout autre genre, M. Pierre Leroux, dans sa Préface de la traduction de *Werther*, écrite il y a quinze ans, a dit :

« Il y aurait une étude bien curieuse à faire. Il faudrait comparer *Werther* à *Faust* et montrer le rapport intime qui unit ces deux ouvrages de Gœthe : on obtiendrait ainsi une sorte de type abstrait de la poésie de notre âge. On prendrait ensuite l'œuvre entière de Byron, et le type en question reparaîtrait. On ferait la même chose pour le *René* de M. de Chateaubriand, pour l'*Oberman* de M. de Sénancour, pour l'*Adolphe* de Benjamin Constant, et pour une multitude d'autres productions éminentes et parfaitement originales en elles-mêmes, sans compter les imitations plus ou moins remarquables de *Werther*, telle que le *Jacopo Ortiz* d'Ugo Foscolo. Mais, si les considérations que j'ai émises tout à l'heure sont vraies, une telle comparaison entre *Werther* et les œuvres analogues qui l'ont suivi, même en se restreignant à celles qui ont le plus de rapport avec lui, ne serait rien moins qu'un tableau et une histoire de la littérature européenne depuis près d'un siècle : ce serait la formule générale de cette littérature donnant à la fois son unité et sa variété, ce qu'il y a de permanent en elle et ce qu'il y a de variable, à savoir la forme que revêt, suivant l'âge de l'auteur, suivant son sexe, son pays, sa position sociale, ses douleurs personnelles, et au milieu des événements généraux et des divers systèmes d'idées qui l'entourent, cette pensée religieuse et irréligieuse à la fois que le xviiie siècle a léguée au nôtre comme un funeste et glorieux héritage. Laissons là ce sujet qui demanderait un volume… »

Si l'on faisait ce travail il y aurait à ne pas oublier ceci (car j'aime toujours à faire la part du moraliste), que les René, les Childe-Harold, sous leur noble pâleur ne sont qu'un seul aspect, un aspect idéalisé de l'individu qui se pose à son avantage et qui ne se livre pas à nous tout entier. René a son côté de prose dont il ne se vante pas. De même, Childe-Harold est doublé de don Juan, et il s'en vante. Descendant des vieux Normands, Childe-Harold, ce type de toute la jeunesse dorée d'Albion, est sorti un matin de son île comme un écumeur des mers son ancêtre, comme un pirate avide de toutes les sensations, de toutes les voluptés. Il s'est jeté sur l'Italie, sur la Grèce, sur les plages heureuses. Si le beau pèlerin s'est vite blasé à ce jeu-là, faut-il donc s'en étonner[1]? Le Breton René a un peu fait de même : « Quand je peignis René, a dit l'auteur des *Mémoires* dans un moment de franchise, j'aurais dû demander à ses plaisirs le secret de ses ennuis. » — Quant à Oberman, il n'est que ce que nous le voyons; il nous dit tout; il est lui, Oberman, à toutes les heures du jour et de la nuit : pauvre homme ! trop vrai sage !

L'Européen René arrivé chez les Natchez, établi déjà parmi eux depuis plusieurs années, demeurait opiniâtrément mélancolique. Il avait pris une épouse en arrivant pour se conformer aux mœurs du pays, mais il ne vivait point avec elle. Le vieux Chactas, qui lui avait raconté

---

[1] « Quand les plaisirs nous ont épuisés, nous croyons avoir épuisé les plaisirs, et nous disons que rien ne peut remplir le cœur de l'homme. » Cette remarque est d'un jeune sage qui a beaucoup deviné, — Vauvenargues. On sait les beaux vers de Lucrèce :

> . . . . Quoniam medio de fonte leporum
> Surgit amari aliquid, quod in ipsis floribus angat ;
> Aut quom conscius ipse animus se forte remordet...

Ce remords masqué est pour beaucoup au fond de toutes ces belles mélancolies de René, qui ont l'air de ne porter que sur des nuages.

ses aventures, désirait l'entendre à son tour : le vénérable missionnaire, le Père Souël, de même. C'étaient les deux seuls hommes avec qui René eût lié commerce. Un jour, après bien des résistances, il se décide à parler devant ses deux vieux amis. Le cadre, qui ne fait jamais défaut chez M. de Chateaubriand, est admirablement posé :

« Le 21 de ce mois que les Sauvages appellent *la lune des fleurs*, René se rendit à la cabane de Chactas. Il donna le bras au sachem, et le conduisit sous un sassafras, au bord du Meschacébé. Le Père Souël ne tarda pas à arriver au rendez-vous. L'aurore se levait : à quelque distance dans la plaine, on apercevait le village des Natchez, avec son bocage de mûriers et ses cabanes qui ressemblent à des ruches d'abeilles. La colonie française et le fort Rosalie se montraient sur la droite, au bord du fleuve. Des tentes, des maisons à moitié bâties, des forteresses commencées, des défrichements couverts de nègres, des groupes de blancs et d'Indiens présentaient, dans ce petit espace, le contraste des mœurs sociales et des mœurs sauvages. Vers l'orient, au fond de la perspective, le soleil commençait à paraître entre les sommets brisés des Apalaches, qui se dessinaient comme des caractères d'azur dans les hauteurs dorées du ciel ; à l'occident, le Meschacébé roulait ses ondes dans un silence magnifique, et formait la bordure du tableau avec une inconcevable grandeur. »

Quand on se plaît à encadrer si glorieusement son ennui, il ne saurait être incurable. L'auteur de *René* excelle à poser la tristesse de son héros, comme les Grecs savaient asseoir leurs monuments et les mettre en harmonie avec la nature.

Le récit commence : il le faudrait lire en entier, tant il est parfait, mesuré, cadencé, d'une beauté de ligne et d'un enchaînement continu. Une tristesse dépeinte et chantée de la sorte se devient sa propre consolation à elle-même; et n'y aurait-il que cela seul, on sent que René se consolera et se distraira; il deviendra poète, littérateur, écrivain, ce qui est un pis-aller qui amuse bientôt et dédommage.

Après tout, il revient ayant découvert son monde, non pas juste ce qu'il croyait chercher, la passion, mais ce qui en tient lieu et en console, la poésie. Il lui est arrivé comme à Colomb : au lieu de l'Asie et du royaume du Catay, il rencontra les riches Antilles.

« Je ne puis, en commençant mon récit, me défendre d'un mouvement de honte. La paix de vos cœurs, respectables vieillards, et le calme de la nature autour de moi, me font rougir du trouble et de l'agitation de mon âme. Combien vous aurez pitié de moi!... »

C'est sa propre histoire qu'il raconte, un peu arrangée, un peu déguisée à la surface, mais exacte dans les traits intérieurs. Ce nom de René même est son propre nom :

« ... J'avais un frère que mon père bénit, parce qu'il voyait en lui son fils aîné. Pour moi, livré de bonne heure à des mains étrangères, je fus élevé loin du toit paternel. — Mon humeur était impétueuse, mon caractère inégal. Tour à tour bruyant et joyeux, silencieux et triste, je rassemblais autour de moi mes jeunes compagnons; puis, les abandonnant tout à coup, j'allais m'asseoir à l'écart pour contempler la nue fugitive, ou entendre la pluie tomber sur le feuillage... Timide et contraint devant mon père, je ne trouvais l'aise et le contentement qu'auprès de ma sœur Amélie!... »

Cette Amélie, nous la connaissons. Tout ce qui suit et qui se rapporte à elle est une mélodie :

« Tantôt nous marchions en silence, prêtant l'oreille au

sourd mugissement de l'automne ou au bruit des feuilles séchées que nous traînions tristement sous nos pas; tantôt, dans nos jeux innocents, nous poursuivions l'hirondelle dans la prairie, l'arc-en-ciel sur les collines pluvieuses; quelquefois aussi nous murmurions des vers que nous inspirait le spectacle de la nature. Jeune, je cultivais les Muses; il n'y a rien de plus poétique, dans la fraîcheur de ses passions, qu'un cœur de seize années. Le matin de la vie est comme le matin du jour, plein de pureté, d'images et d'harmonies. »

Nous avons eu depuis lors une seconde édition de ces rêves dans les *Mémoires d'Outre-tombe*. Combien le premier récit, malgré les incontestables beautés du second, reste plus pur, plus net, plus vrai, sans aucune surcharge, et tout à fait classique ! Il a dit quelque part : « Les plaisirs de notre jeunesse reproduits par notre mémoire ressemblent à des ruines vues au flambeau. » C'est trop ce qu'il a fait dans ses *Mémoires* mêmes : il s'y glisse quelque fantasmagorie; mais ici, dans *René*, il revoyait encore sa jeunesse à la clarté du matin.

Son père meurt. Pour la première fois l'immortalité de l'âme se présente clairement à ses yeux :

« Un autre phénomène me confirma dans cette haute idée. Les traits paternels avaient pris au cercueil quelque chose de sublime. Pourquoi cet étonnant mystère ne serait-il pas l'indice de notre immortalité? Pourquoi la mort, qui sait tout, n'aurait-elle pas gravé sur le front de sa victime les secrets d'un autre univers? Pourquoi n'y aurait-il pas dans la tombe quelque grande vision de l'Éternité? »

Lamartine a repassé sur cette grande idée dans *le Crucifix* :

> De son pieux espoir son front gardait la trace,
> Et sur ses traits frappés d'une auguste beauté

> La douleur fugitive avait empreint sa grâce,
> La mort sa majesté.
> . . . .
> Et moi, debout, saisi d'une terreur secrète,
> Je n'osais m'approcher de ce reste adoré,
> Comme si du trépas la majesté muette
> L'eût déjà consacré !

Les poëtes modernes ont commencé par mettre le pied dans les vestiges de M. de Chateaubriand ; mais bientôt, et même en faisant cela (je parle des plus grands), ils ont volé d'eux-mêmes.

Quand on en est à René il faudrait tout lire ; il énumère et parcourt l'une après l'autre toutes les impressions, toutes les circonstances naturelles de l'enfance, de l'adolescence, de la jeunesse, et il cueille sur chacune ce que j'oserai appeler la *fleur du désenchantement;* il s'en compose une couronne aux nuances pâlies et délicieuses, aux parfums mortels et enivrants. Le cloître, les voyages, les débris antiques des peuples illustres, les peuples vivants et nouveaux, il touche à tout, il traverse tout, et augmente, à travers tout, son trésor d'ennuis et de vagues tristesses.

Dans ses voyages il va d'abord s'asseoir sur les débris de Rome et de la Grèce, *pays de forte et d'ingénieuse mémoire :*

« Quelquefois une haute colonne se montrait seule debout dans un désert, comme une grande pensée s'élève, par intervalles, dans une âme que le temps et le malheur ont dévastée... »

On a fort critiqué dans le temps cette comparaison, comme expliquant le réel par l'abstrait, le plus connu par ce qui l'est moins. La critique, dans le cas présent, mê paraît tomber à faux. Il est naturel à René de mieux connaître encore son désert intérieur que celui de la Campagne romaine, et d'y tout rapporter. Cela lui est plus commode et plus familier. Il sait mieux les réalités du dedans que les ombres et les phénomènes du dehors.

Mais ces ombres elles-mêmes, ces images diverses et ces spectacles où glisse son regard, comme il les comprend et les embrasse aussitôt! Avec quel art, quel arrangement suprême, il les compose, les achève et les décore!

« Je méditai sur ces monuments dans tous les accidents et à toutes les heures de la journée. Tantôt ce même soleil qui avait vu jeter les fondements de ces cités se couchait majestueusement, à mes yeux, sur leurs ruines; tantôt la lune se levant dans un ciel pur, entre deux urnes cinéraires à moitié brisées, me montrait les pâles tombeaux. Souvent, aux rayons de cet astre qui alimente les rêveries, j'ai cru voir le Génie des souvenirs assis tout pensif à mes côtés. »

Des peuples morts il passe aux vivants :

« Je recherchai surtout dans mes voyages les artistes et ces hommes divins qui chantent les Dieux sur la lyre, et la félicité des peuples qui honorent les lois, la Religion et les tombeaux. Ces chantres sont de race divine; ils possèdent le seul talent incontestable dont le Ciel ait fait présent à la terre... »

Voilà le secret de René, l'anneau d'or par lequel il se rattache à la vie. René croit à l'immortalité de la poésie, donc René croit à quelque chose, et le jour où il se sentira certain de posséder lui-même *ce seul talent incontestable*, il sera sauvé.

« L'antique et riante Italie m'offrit la foule de ses chefs-d'œuvre. Avec quelle sainte et poétique horreur j'errais dans ces vastes édifices consacrés par les arts à la Religion ! Quel labyrinthe de colonnes ! quelle succession d'arches et de voûtes !... »

René ne fait autre chose que tracer ici (et c'est sa gloire d'avoir été le premier à le concevoir et à le remplir) l'itinéraire poétique que tous les talents de notre âge suivront ; car tous, à commencer par Chateaubriand lui-même qui n'exécuta que plus tard ce qu'il avait supposé dans *René*, ils parcourront avec des variantes d'impressions le même cercle, et recommenceront le même pèlerinage : l'Italie, la Grèce, l'Orient. Lamartine, dans cette belle pièce de *l'Homme* où il faisait la leçon morale à lord Byron, a dit :

> Hélas ! tel fut ton sort, telle est ma destinée.
> J'ai vidé comme toi la coupe empoisonnée ;
> Mes yeux, comme les tiens, sans voir se sont ouverts ;
> J'ai cherché vainement le mot de l'univers,
> J'ai demandé sa cause à toute la nature...
> . . . .
> Des empires détruits je méditai la cendre ;
> Dans ses sacrés tombeaux Rome m'a vu descendre ;
> Des mânes les plus saints troublant le froid repos,
> J'ai pesé dans mes mains la cendre des héros [1] ;
> J'allais redemander à leur vaine poussière
> Cette immortalité que tout mortel espère.
> Que dis-je ? suspendu sur le lit des mourants,
> Mes regards la cherchaient dans des yeux expirants ;
> Sur ces sommets noircis par d'éternels nuages,
> Sur ces flots sillonnés par d'éternels orages,
> J'appelais, je bravais le choc des éléments.
> Semblable à la Sibylle en ses emportements,
> J'ai cru que la Nature, en ces rares spectacles
> Laissait tomber pour nous quelqu'un de ses oracles :

---

[1] « Mais je me lassai de fouiller dans les cercueils, où je ne remuais trop souvent qu'une cendre criminelle. » (*René*.)

> J'aimais à m'enfoncer dans ces sombres horreurs[1].
> . . . .
> Mais un jour que plongé dans ma propre infortune,
> J'avais lassé le Ciel d'une plainte importune,
> Une clarté d'en haut dans mon sein descendit,
> Me tenta de bénir ce que j'avais maudit, etc.

Le ton de la pièce change à partir de ce moment, et le poëte entre dans la sphère qui lui est propre. Il y a de la sérénité chez Lamartine, même dans ses moins beaux jours, jamais chez René. Lamartine engendre la sérénité; il la crée même là où il n'y a pas lieu : René engendre l'orage.

Prenez le René réel, ôtez-lui ce léger masque chrétien que M. de Chateaubriand lui a mis tout à la fin pour avoir droit de le faire entrer dans le *Génie du Christianisme*, revenez au pur René des *Natchez*, et la pièce de Lamartine pourra s'adresser à lui non moins justement qu'à lord Byron.

La naïveté de René, c'est de croire qu'il est seul de son espèce, qu'il a inventé pour son propre usage ces duplicités, ces contradictions du cœur dont il s'étonne, et qui ne sont, après tout, que le fond même du cœur humain. S'il promène tour à tour son caprice ardent de la solitude aux cités et des cités à la solitude, il y a longtemps qu'Horace a dit :

> Romæ Tibur amem ventosus, Tibure Romam [2].

René se fait dire par Chactas : « Si tu souffres plus qu'un autre des choses de la vie, il ne faut pas t'en étonner

---

[1] « Un jour j'étais monté au sommet de l'Etna... (et tout ce qui suit. » (*René*.)

[2] Il y a quelque temps aussi que Bossuet, dans sa *Lettre au Père Caffaro* sur la Comédie, disait en évêque chrétien, et se référant aux Pères

une grande âme doit contenir plus de douleurs qu'une petite. »
Je l'ai déjà remarqué, il se pique dans cette foule, dans
ce *désert d'hommes* que lui offre une grande ville, de n'avoir pas un *ami*; au fond, c'est qu'il se flatte de n'avoir
pas un *semblable*. Erreur ! il en a beaucoup (sauf le talent);
et dès qu'il eut parlé, dès qu'il eut exprimé sa peine singulière, une multitude de Renés se reconnurent et se levèrent en s'écriant : *Moi aussi!*

Ce que René a surtout de propre, c'est de se mettre
en présence de sa tristesse, de la regarder en l'admirant
et en la chérissant, de la revêtir, comme un beau fantôme, d'harmonie et de blanche lumière.

Nous continuons de retrouver sur sa trace les plus brillants de ses successeurs :

« La solitude absolue, le spectacle de la nature, me plongèrent bientôt dans un état presque impossible à décrire. Sans
parents, sans amis, pour ainsi dire seul sur la terre, n'ayant
point encore aimé, j'étais accablé d'une surabondance de vie.
Quelquefois je rougissais subitement, et je sentais couler dans
mon cœur comme des ruisseaux d'une lave ardente; quelquefois je poussais des cris involontaires, et la nuit était également troublée de mes songes et de mes veilles. Il me manquait quelque chose pour remplir l'abîme de mon existence :

---

de l'Église : « Que si on veut pénétrer les principes de leur morale,
quelle sévère condamnation n'y lira-t-on pas de l'esprit qui mène aux
spectacles, où (pour laisser tous les autres maux qui les accompagnent)
l'on ne cherche qu'à s'étourdir et qu'à s'oublier soi-même, pour calmer
*la persécution de cet inexorable ennui, qui fait le fond de la vie humaine,
depuis que l'homme a perdu le goût de Dieu?* » Bossuet, s'il avait pu être
témoin de cet ennui des René et des Oberman qu'il avait si admirablement défini à l'avance, aurait donc pu lui dire : « Je te connais ! » Mais,
chez Bossuet, cette connaissance profonde et cette dénonciation de l'ennui
inhérent au cœur humain est de toutes parts encadrée et dominée par
l'idée chrétienne. On ne songe même à la relever chez lui que depuis
que la maladie, en se trahissant à découvert et en s'étalant, est devenue
une gloire.

je descendais dans la vallée, je m'élevais sur la montagne, appelant de toute la force de mes désirs l'idéal objet d'une flamme future ; je l'embrassais dans les vents ; je croyais l'entendre dans les gémissements du fleuve ; tout était ce fantôme imaginaire [1], et les astres dans les cieux, et le principe même de vie dans l'univers. »

C'est juste *l'Isolement* de Lamartine, toujours avec la différence des complexions et des natures :

> Que le tour du soleil ou commence ou s'achève,
> D'un œil indifférent je le suis dans son cours ;
> En un ciel sombre ou pur qu'il se couche ou se lève,
> Qu'importe le soleil ? je n'attends rien des jours.

> Quand je pourrais le suivre en sa vaste carrière,
> Mes yeux verraient partout le vide et les déserts :
> Je ne désire rien de tout ce qui m'éclaire ;
> Je ne demande rien à l'immense univers.

> Mais peut-être au delà des bornes de sa sphère,
> Lieux où le vrai soleil éclaire d'autres cieux,
> Si je pouvais laisser ma dépouille à la terre,
> Ce que j'ai tant rêvé paraîtrait à mes yeux.

> Là je m'enivrerais à la source où j'aspire ;
> Là je retrouverais et l'espoir et l'amour,
> Et ce bien idéal que toute âme désire,
> Et qui n'a pas de nom au terrestre séjour !

---

[1] *Ce fantôme imaginaire...* Il a un peu matérialisé cela dans les *Mémoires d'Outre-tombe*, au chapitre intitulé *Fantôme d'amour*, titre presque ridicule, ajouté sans doute, j'aime à le croire, par le directeur du journal où ces Mémoires parurent d'abord ; car il faut un titre et une affiche au feuilleton. Il y a bien un des chapitres précédents qui est intitulé : *Premier Souffle de la Muse*. Ce qui doit passer en courant et à la légère est devenu une marque et une enseigne. Le trait délicat est grossi et comme appesanti ; mais les générations nouvelles aiment ces signes extérieurs de force.

> Que ne puis-je, porté sur le char de l'Aurore,
> Vague Objet de mes vœux, m'élancer jusqu'à toi!
> Sur la terre d'exil pourquoi resté-je encore?
> Il n'est rien de commun entre la terre et moi.
>
> Quand la feuille des bois tombe dans la prairie,
> Le vent du soir se lève et l'arrache aux vallons;
> Et moi je suis semblable à la feuille flétrie :
> Emportez-moi comme elle, orageux Aquilons!

Ce dernier cri est presque un écho fidèlement répété : « Levez-vous vite, Orages désirés, qui devez emporter René dans les espaces d'une autre vie... » Mais René a plus d'énergie que Lamartine et que tous les Jocelyns du monde quand il continue en ces immortels accents :

« La nuit, lorsque l'aquilon ébranlait ma chaumière, que les pluies tombaient en torrent sur mon toit, qu'à travers ma fenêtre je voyais la lune sillonner les nuages amoncelés, comme un pâle vaisseau qui laboure les vagues, il me semblait que la vie redoublait au fond de mon cœur, que j'aurais eu la puissance de créer des mondes. Ah! si j'avais pu faire partager à une autre les transports que j'éprouvais! O Dieu! si tu m'avais donné une femme selon mes désirs; si, comme à notre premier père, tu m'eusses amené par la main une Ève tirée de moi-même... Beauté céleste! je me serais prosterné devant toi, puis, te prenant dans mes bras, j'aurais prié l'Éternel de te donner le reste de ma vie. »

On retrouve là, adouci à peine, le cri de Chactas dans la forêt, le cri d'Eudore tenant Velléda sur le rocher.

René, dégoûté de tout, est décidé à en finir avec la vie, à mourir. C'est alors qu'Amélie reparaît. Je n'insisterai pas sur cette dernière moitié du récit. Je remarquerai seulement qu'ici René obtient un peu ce qu'il désire : il voulait un beau malheur, en voilà un. Sa vie jusque-là, son état moral se composait d'une suite de désenchantements sans cause précise : désormais il a son accident singulier entre tous, son fatal mystère. Il a quelque raison de se dire : « Mon chagrin même, par sa nature extraordinaire, portait avec lui quelque remède : *on jouit de ce qui n'est pas commun, même quand cette chose est un malheur.* » Et plus loin : « Je ne sais ce que le Ciel me réserve, et s'il a voulu m'avertir que les orages accompagneraient partout mes pas. » Il peut désormais caresser à son gré sa chimère, c'est-à-dire l'orgueil et l'isolement dans le malheur. Tel qu'il est et que nous le connaissons, il est récompensé par cette conclusion romanesque bien plus qu'il n'en est puni. Étrange moralité !

La fin, d'ailleurs, de son récit, cette dernière nuit passée à terre, son cri lointain d'adieu à sa sœur et au vieux monde, son dernier salut au matin du départ, tout cela est d'une beauté accomplie d'expression et d'images. Ce sont de ces pages qu'il est bon d'offrir, en les détachant, et de rappeler à ceux qui, tout fiers d'avoir surpris en défaut le vieillard, seraient tentés d'oublier que M. de Chateaubriand est et demeure en définitive le premier écrivain original de notre âge :

« L'ordre était donné pour le départ de la flotte, déjà plusieurs vaisseaux avaient appareillé au baisser du soleil ; je m'étais arrangé pour passer la dernière nuit à terre, afin d'écrire ma lettre d'adieux à Amélie. Vers minuit, tandis que je m'occupe de ce soin, et que je mouille mon papier de mes larmes, le bruit des vents vient frapper mon oreille. J'écoute, et au milieu de la tempête je distingue les coups de canon d'alarme, mêlés au glas de la cloche monastique. Je vole sur le rivage où tout était désert, et où l'on n'entendait que le rugissement des flots. Je m'assieds sur un rocher. D'un côté s'étendent les vagues étincelantes, de l'autre les murs sombres du monastère se perdent confusément dans les cieux. Une pe-

tite lumière paraissait à la fenêtre grillée. Était-ce toi, ô mon
Amélie! qui, prosternée au pied du crucifix, priais le Dieu
des orages d'épargner ton malheureux frère? La tempête sur
les flots, le calme dans ta retraite; des hommes brisés sur des
écueils, au pied de l'asile que rien ne peut troubler; l'infini
de l'autre côté du mur d'une cellule; les fanaux agités des
vaisseaux, le phare immobile du couvent; l'incertitude des
destinées du navigateur, la vestale connaissant dans un seul
jour tous les jours futurs de sa vie; d'une autre part, une âme
telle que la tienne, ô Amélie! orageuse comme l'Océan; un
naufrage plus affreux que celui du marinier : tout ce tableau
est encore profondément gravé dans ma mémoire. Soleil de
ce ciel nouveau, maintenant témoin de mes larmes, écho du
rivage américain qui répétez les accents de René, ce fut le
lendemain de cette nuit terrible qu'appuyé sur le gaillard de
mon vaisseau, je vis s'éloigner pour jamais ma terre natale!
Je contemplai longtemps sur la côte les derniers balancements
des arbres de la patrie, et les faîtes du monastère qui s'abais-
saient à l'horizon. »

Le vrai René finit là. Les paroles de réprimande qu'a-
dresse à ce malade si content de l'être le vénérable Père
Souël ne sont que pour l'assortiment, et pour fournir le
prétexte d'insérer un tel épisode troublant dans un ouvrage consacré au Christianisme. Elles sont sévères sans
être pénétrantes et efficaces. J'appelle cela une moralité
plaquée.

En vain l'auteur a cherché à se disculper complètement à cet égard dans la *Défense du Génie du Christianisme*. Plus il s'attaque durement à Jean-Jacques et à
l'auteur de *Werther* (dont il réclamera plus tard la parenté
quand il récriminera contre Byron), plus il montre le peu
de solidité et même de sincérité de sa plaidoirie[1]. Un de

---

[1] Il disait dans sa *Défense du Génie du Christianisme* : « L'auteur y
« combat (dans *René*) le travers particulier des jeunes gens du siècle,

ses amis d'alors est allé plus au fond en osant dire :
« Dans *René* Chateaubriand a caché le poison sous l'idée
religieuse; c'est empoisonner dans une hostie[1]. »

M. Vinet a eu raison de faire remarquer que, s'il avait
fallu insérer dans un livre de ce genre une anecdote où

« le travers qui mène directement au suicide. C'est J.-J. Rousseau qui
« introduisit le premier parmi nous ces rêveries si désastreuses et si
« coupables. En s'isolant des hommes, en s'abandonnant à ses songes,
« il a fait croire à une foule de jeunes gens qu'il est beau de se jeter
« dans le *vague* de la vie. Le roman de *Werther* a développé depuis ce
« germe de poison. L'auteur du *Génie du Christianisme*, obligé de faire
« entrer dans le cadre de son apologie quelques tableaux pour l'imagi-
« nation, a voulu dénoncer cette espèce de vice nouveau, et peindre les
« funestes conséquences de l'amour outré de la solitude. » Comment
accommoder ces paroles avec ce qu'il dit dans ses *Mémoires* : « Je reconnais
tout d'abord que, dans ma première jeunesse, *Ossian*, *Werther*, *les
Rêveries du Promeneur solitaire*,... ont pu s'apparenter à mes idées;
mais *je n'ai rien caché, rien dissimulé du plaisir que me causaient des
ouvrages où je me délectais.* » On vient de voir, en effet, jusqu'à quel
point il s'est montré tendre et reconnaissant. Au reste, s'il a maltraité
ses pères (Gœthe et Jean-Jacques) dans sa *Défense du Génie du Christianisme*, il ne traite guère mieux ses enfants dans ses *Mémoires d'Outre-
tombe* : « Lord Byron a ouvert une déplorable école : je présume qu'il
« a été aussi désolé des Childe-Harold auxquels il a donné naissance,
« que je le suis des René qui rêvent autour de moi. » L'isolement,
toujours l'isolement! Il tâche de n'avoir pas eu de pères, comme il
se glorifie de n'avoir point d'enfants. Il renie les uns et désavoue les
autres.

[1] (Chênedollé.) — Pour juger de René et de son esprit, pour ne pas
trop se laisser prendre à l'admirable beauté de la forme et à l'appareil
religieux extérieur dont il se couvre aux yeux des simples, il importe
d'y joindre comme un complément indispensable la lettre de René à Céluta dans les *Natchez*, que j'ai plus d'une fois citée : c'est là que le fond
de cette âme incurable se produit tout à nu dans sa violence, sans plus
de souci de la beauté et sans respect de l'impression morale : « Céluta,
il y a des existences si rudes qu'elles semblent accuser la Providence et
qu'elles corrigeraient de la *manie d'être*. Depuis le commencement de ma
vie, je n'ai cessé de nourrir des chagrins : j'en portais le germe en moi,
comme l'arbre porte le germe de son fruit. Un poison inconnu se mêlait
à tous mes sentiments; je me reprochais jusqu'à ces joies nées de la jeunesse et fugitives comme elle... J'écris assis sous l'arbre du désert, au
bord d'un fleuve sans nom, dans la vallée où s'élèvent les mêmes forêts
qui la couvrirent lorsque les temps commencèrent. Je suppose, Céluta,

figuraient un frère et une sœur, c'eût été bien plutôt l'histoire du *Lépreux de la Cité d'Aoste* qui aurait convenu. Ici, en effet, dans cette simple et modeste histoire tout respire la pitié, la sympathie humaine, une sensibilité pure et vraie, une onction pieuse, la résignation sans

> que le cœur de René s'ouvre maintenant devant toi : vois-tu le monde extraordinaire qu'il renferme ? Il sort de ce cœur des flammes qui manquent d'aliment, qui dévoreraient la Création sans être rassasiées, qui te dévoreraient toi-même. Prends garde, femme de vertu ! recule devant cet abîme, laisse-le dans mon sein... Quelle nuit j'ai passée ! Créateur, je te rends grâces; j'ai encore des forces, puisque mes yeux revoient la lumière que tu as faite ! Sans flambeau pour éclairer ma course, j'errais dans les ténèbres : mes pas, comme intelligents d'eux-mêmes, se frayaient des sentiers à travers les lianes et les buissons. Je cherchais ce qui me fuit ; je pressais le tronc des chênes ; mes bras avaient besoin de serrer quelque chose. J'ai cru, dans mon délire, sentir une écorce aride palpiter contre mon cœur : un degré de chaleur de plus, et j'animais des êtres insensibles. Le sein nu et déchiré, les cheveux trempés de la vapeur de la nuit, je croyais voir une femme qui se jetait dans mes bras ; elle me disait : *Viens échanger des feux avec moi, et perdre la vie ! Mêlons des voluptés à la mort ! Que la voûte du ciel nous cache en tombant sur nous...* Si enfin, Céluta, je dois mourir, vous pourrez chercher après moi l'union d'une âme plus égale que la mienne. Toutefois, ne croyez pas désormais recevoir impunément les caresses d'un autre homme ; ne croyez pas que de faibles embrassements puissent effacer de votre âme ceux de René. Je vous ai tenue sur ma poitrine au milieu du désert, dans les vents de l'orage, lorsque, après vous avoir portée de l'autre côté d'un torrent, j'aurais voulu vous poignarder pour fixer le bonheur dans votre sein, et pour me punir de vous avoir donné ce bonheur. C'est toi, Être suprême, source d'amour et de beauté, c'est toi seul qui me créas tel que je suis, et toi seul me peux comprendre ! Oh ! que ne me suis-je précipité dans les Cataractes au milieu des ondes écumantes ? je serais rentré dans le sein de la nature avec toute mon énergie... Oui, Céluta, si vous me perdez, vous resterez veuve : qui pourrait vous environner de *cette flamme que je porte avec moi, même en n'aimant pas ?* Ces solitudes que je rendais brûlantes vous paraîtraient glacées auprès d'un autre époux. Que chercheriez-vous dans les bois et sous les ombrages ? Il n'est plus pour vous d'illusions, d'enivrement, de délire : je t'ai tout ravi en te donnant tout, ou plutôt en ne te donnant rien, car une plaie incurable était au fond de mon âme... » Tel était le vrai René, tel il fut dans la réalité de ses volages amours qui simulaient parfois l'habitude, mais qui n'étaient qu'une suite d'ardents caprices. Ce Jupiter se plaisait à consumer toutes les Sémélés.

faste, et le sacrifice bien douloureux, mais sans amertume; en un mot l'esprit du Christianisme en ce qu'il a de plus intime et de plus salutaire. On ne peut la relire après *René* sans mieux sentir tous ces contrastes, et sans être baigné de douces larmes.

Ouvrez ce livre charmant qui, au milieu des douleurs affreuses qu'il retrace, semble animé du souffle divin de l'*Imitation*. Dans *René*, au milieu de la splendeur du ciel, on sent comme un fond d'air aigre et sec; ici on se sent dans un air clément. Il y a des cris pourtant bien douloureux et qui sortent d'une âme puissante :

« Au commencement du printemps, dit le Lépreux, lorsque le vent du Piémont souffle dans notre vallée, je me sens pénétré par sa chaleur vivifiante, et je tressaille malgré moi. J'éprouve un désir inexplicable et le sentiment confus d'une félicité immense dont je pourrais jouir et qui m'est refusée. Alors je fuis de ma cellule, j'erre dans la campagne pour respirer plus librement. J'évite d'être vu par ces mêmes hommes que mon cœur brûle de rencontrer, et du haut de la colline, caché entre les broussailles comme une bête fauve, mes regards se portent sur la ville d'Aoste. Je vois de loin, avec des yeux d'envie, ses heureux habitants qui me connaissent à peine; je leur tends les mains en gémissant, et je leur demande ma portion de bonheur. Dans mon transport, vous l'avouerai-je? j'ai quelquefois serré dans mes bras les arbres de la forêt, en priant Dieu de les animer pour moi, et de me donner un ami ! Mais les arbres sont muets; leur froide écorce me repousse; elle n'a rien de commun avec mon cœur, qui palpite et qui brûle. Accablé de fatigue, las de la vie, je me traîne de nouveau dans ma retraite, j'expose à Dieu mes tourments, et la prière ramène un peu de calme dans mon âme. »

C'est le même mouvement que nous avons vu tout à l'heure à René : « Ah ! si j'avais pu faire partager à une autre les transports que j'éprouvais !... » Mais ici le rapport avec René se trouve dans le mouvement, non dans le sentiment ; ce vœu désespéré du solitaire est tout dans le sens de l'amitié, et non d'une possession égoïste ; une chaleur d'affection y transpire : est-il besoin d'ajouter qu'on y sent moins la flamme ? — Dans l'histoire de la sœur du Lépreux, atteinte et frappée comme lui, que de délicatesses de tout genre ! « La lèpre n'avait attaqué que sa poitrine. » La jeune femme, même dans son mal, n'a rien de hideux au premier aspect ni qui repousse. — Je laisse à chacun le plaisir de recueillir dans ce touchant récit la moralité bienfaisante qui s'en exhale. Cette moralité, si douce qu'elle semble, est pourtant sévère. Le Lépreux, ému et reconnaissant de la pitié du militaire, ne s'y abandonne pas lui-même ; il refuse, au moment des adieux, d'entretenir aucune relation dans l'avenir avec lui. Il sent qu'à de tels maux il n'y a qu'un Consolateur. Ainsi rien d'amollissant ni d'embelli dans la douce histoire, et le malheureux reste jusqu'au bout dans le réel de la situation.

René n'est complétement jugé qu'après cette double lecture, qui achève de l'éclairer. La différence des deux inspirations et comme des deux lumières devient tout à fait visible. Ce jour intérieur si pur, ce souffle de la bonne parole font mieux ressortir à l'instant ce qu'il y a de troublé, ce qu'il y a de personnel et de sec à travers les trompeuses mélodies et les sons brillants du bel archange de tentation. De lui aussi on peut dire, comme de l'autre Archange, qu'il a un port de roi, mais on le reconnaît à sa *splendeur pâle et fanée*[1]. Le malheureux au contraire, le défiguré qu'on n'ose regarder en face au visage, semble plus voisin que lui du divin rayon.

---

[1] Milton, *Paradis perdu*, livre IV.

Le Lépreux est à *René* ce que *Paul et Virginie* est à *Atala*. Et pourtant (ce qui paraît singulier à dire) *le Lépreux* placé dans le *Génie du Christianisme,* tel qu'est ce dernier ouvrage, y ferait contre-sens. *René,* tout disparate qu'il est, s'y trouve encore plus à sa place.

Tout cela dit, René garde son charme indicible et d'autant plus puissant. Il est la plus belle production de M. de Chateaubriand [1], la plus inaltérable et la plus durable; il est son portrait même. Il est le nôtre. La maladie de René a régné depuis quarante-huit ans environ ; nous l'avons tous eue plus ou moins et à divers degrés. Vous, jeunes gens, vous ne l'avez plus. Mais serait-ce à nous, qui l'avons partagée autant que personne, de venir ainsi vous en dire le secret et vous en révéler la misère? S'il y a indiscrétion de notre part, l'amour de la vérité seule nous y a poussé, et aussi peut-être un reste d'esprit de René qui porte à tout dire et à se juger soi-même jusque dans les autres. Un de nos amis, qui est de cette famille, mais resté plus fidèle, s'est écrié à ce sujet (et c'est par là que nous finirons, nous plaisant, selon notre méthode, à rassembler devant vous et à vous offrir tous les témoignages) :

« Non, ce n'est jamais nous, ô René, qui parlerons de vous autrement que nous avons accoutumé : nous sommes vos fils, notre gloire est d'être appelés *votre race*. Notre enfance a rêvé par vos rêveries, notre adolescence s'est agitée par vos troubles, et le même aquilon nous a soulevés. Quand le Génie de la prière et de la foi est venu vers nous, un rameau à la main, c'est par vous qu'il nous est apparu ; il avait un éclat tout nouveau qui nous a sé-

---

[1] M. de Chateaubriand le savait bien ; et dans son amour d'auteur il disait de la guerre d'Espagne que c'était *le René de sa politique,* voulant dire que c'en était le chef-d'œuvre. En fait de René pourtant, je m'en tiens à l'autre.

duits. Comme vous nous avons pleuré, nous avons accueilli, puis rejeté la pensée sinistre comme vous; nous nous sommes agenouillés encore une fois devant le Dieu de nos mères, et nous avons cru un moment que nous croyions. Et quand l'orage et la bise sont revenus, nous avons encore oscillé comme vous, nous avons essayé de tous les cultes généreux et de toutes les pensées que l'imagination voudrait assembler dans un même cœur. Nos inconstances ont été les vôtres. Ne soyez jamais renié par votre race, ô René! soyez, dans cette tombe tant souhaitée, à jamais honoré par nous! »

SEIZIÈME LEÇON.

Succès du *Génie du Christianisme*. — Chateaubriand secrétaire d'ambassade. — Lettre inédite. — Étourderies à Rome. — Retour et démission. — Littérature de Napoléon. — Chateaubriand en duel avec lui. — Lettres sur l'Italie, — sur la Campagne romaine. — Chateaubriand paysagiste. — École romaine. — Souvenir d'une conversation. — Le poëme des *Martyrs*. — Trois sortes d'Épopées.

Messieurs,

Le *Génie du Christianisme,* y compris *Atala* et *René*, eut un succès tel que rien ne le saurait rendre. Les éditions, les traductions se multiplièrent[1]; l'auteur du premier coup avait enlevé la renommée. La seconde édition, publiée en avril 1803, était dédiée au Premier Consul en ces termes :

« Citoyen Premier Consul,

« Vous avez bien voulu prendre sous votre protection cette édition du *Génie du Christianisme;* c'est un nouveau témoignage de la faveur que vous accordez à l'auguste cause qui

---

[1] Le *Génie du Christianisme* parut vers le mois d'avril 1802. La première édition en fut tirée à quatre mille exemplaires. Dix mois après, l'édition était épuisée, et elle avait eu à lutter contre deux contrefaçons, l'une dans le nord de l'Allemagne, l'autre dans le midi de la France, à Avignon. Pour satisfaire à l'avidité du public, on se mit à préparer, vers le mois de mars 1803, trois éditions nouvelles pour paraître à la fois ou presque à la fois. (Voir quelques détails dans mon article *Fontanes*, *Portraits littéraires*, tome II, page 253, 1844. — Voir aussi dans le *Bulletin du Bibliophile* de janvier 1848, page 649, des instructions de Chateaubriand à son libraire sur la destination des exemplaires de luxe. La famille Bonaparte y est traitée royalement.)

triomphe à l'abri de votre puissance. On ne peut s'empêcher de reconnaître dans vos destinées la main de cette Providence qui vous avait marqué de loin pour l'accomplissement de ses desseins prodigieux. Les peuples vous regardent ; la France, agrandie par vos victoires, a placé en vous son espérance, depuis que vous appuyez sur la Religion les bases de l'État et de vos prospérités. Continuez à tendre une main secourable à trente millions de Chrétiens qui prient pour vous au pied des autels que vous leur avez rendus.

« Je suis avec un profond respect, etc. »

L'auteur venait d'être attaché à la diplomatie, et il ne tarda pas à recevoir ses ordres de départ pour Rome, où il allait comme secrétaire d'ambassade auprès du cardinal Fesch. Dans le voyage il s'arrêta quelque temps à Lyon, cette ville essentiellement catholique où il était déjà allé l'année précédente, et où les ovations dont il avait été l'objet se renouvelèrent. Il écrivait de là à un ami, M. Gueneau de Mussy (je choisis cette lettre entre d'autres plus ou moins semblables, et qui fourniraient matière à des commentaires du même genre) :

« J'ai traversé, mon cher ami, une partie de ces montagnes du Morvan où vous voulez faire errer votre jeune homme¹. J'y ai vu la lune ; j'y ai entendu la caille et le rossignol, et j'ai pensé à vous. J'étais bien triste. Cette vie vagabonde commence à me peser ; je ne suis plus soulevé par les espérances de la première jeunesse. Je comptais ce matin sur mes doigts, en regardant le Rhône, le nombre de fleuves que j'ai traversés en Europe et en Amérique, et j'ai été effrayé, je vous assure, de la multitude des rivages qui m'ont vu passer². Dans quel lieu

---

[1] C'est une allusion à quelque projet d'ouvrage de M. de Mussy.

[2] Les rôles sont changés : c'est la nature qui devient le spectateur et qui l'a vu passer. C'est lui qui est sur le premier plan, la nature ne vient que sur le second. Cet étonnement sur lui-même, qui va se marquer de plus en plus, est naïf.

a donc été ma vie? Sept années au collège, quatorze ans voyageur, je ne puis compter que douze ans d'enfance sur le sol et sous le toit paternels. Ce qui m'épouvante c'est le vide de mon avenir. De la fumée littéraire? j'en suis rassasié, et j'en connais la valeur. Des places? je n'ai point, au fond, d'ambition. Des illusions de jeune homme? je suis trop vieux, et de plus détrompé. Du bonheur de famille? ma part est faite. Vous êtes bien heureux, mon cher ami, d'avoir encore quelque chose à faire, et de n'être pas comme moi rendu trop tôt au but : il ne faut arriver à l'auberge que pour se coucher. Vous m'avez dit, je crois, que vous avez une petite maison au bord de la Saône. Les bons Lyonnais m'en ont proposé une, si je veux rester parmi eux : *Rura mihi!* Si je n'étais naturellement triste de vous avoir tous quittés, je devrais être comblé de la manière dont on me reçoit. Vers, prose, compliments, etc., c'est une fête continuelle. Ce qu'il y a de mieux dans tout cela, ce sont les propositions des libraires [1]. Je demande trente mille francs pour une opération à faire sur mon ouvrage, et je ne désespère pas de les obtenir. Si cela arrive, je ne sais si j'irai à Rome. Je pourrais bien retourner sur mes pas, acheter une chaumière à Marly et planter des choux, le dernier vœu sincère et permanent de mon cœur. Mon cher petit ami, mariez-vous, épousez Mme B..., et venez me visiter dans ma cabane. Je serai l'homme de la *terre d'Hus* [2], *vir ille simplex et rectus*. Vous viendrez me consulter sur *les choses de la vie*. Mes oracles ne seront pas toujours des *oracles*, mais ils sortiront toujours pour vous du fond de mon cœur et cela suffit.

« Il faut maintenant vous quitter. Mille joies, mille prospérités. Embrassez pour moi notre cher Fontanes; dites à Chênedollé que je l'aime tendrement. Adieu, cher *Corbeau du Mont-Blanc* [3]. Je vois d'ici votre montagne et je vais bientôt la

---

[1] Ces libraires étaient Ballanche père et fils, avec qui il traita en effet.
[2] Job.
[3] M. de Chateaubriand, dans ses *Mémoires*, dit de Chênedollé qu'il était si triste qu'il se surnommait *le Corbeau*. Il oublie que ce n'était pas Chênedollé seul, que c'étaient presque tous les membres de la petite société de Mme de Beaumont (y compris lui-même) qui prenaient et se

franchir : je me reposerai en votre honneur sur un de ses sommets. Écrivez-moi, pensez à moi, aimez-moi. Adieu, adieu, CHATEAUBRIAND.

« P. S. Si vous voyez MM. de Clausel, dites-leur mille choses tendres de ma part ; qu'ils ne m'oublient pas, ni vous non plus, cher paresseux. Avez-vous remis votre article à des mains étrangères, comme vous me l'aviez promis [1] ?

« Lyon, jeudi 13 prairial (1803). »

Sur ses impressions durant le voyage, sur les dispositions qu'il apporte dans la Ville éternelle et l'accueil qu'il y reçoit, on trouverait encore des particularités dans plus d'une lettre écrite alors et plus ou moins semblable à celle qu'on vient de lire. On l'y voit ce qu'il sera toujours, capricieux, mobile, prompt au dégoût, commentant sur tous les tons le même thème : *Tædet animam meam vitæ meæ ;* on l'y voit étalant ses ennuis, dévorant ses plaisirs, moins sensible à ce qui doit le combler qu'à ce qui peut lui déplaire, et, à peine arrivé, ne visant qu'à repartir. Son amour-propre de chrétien et d'auteur avait eu pourtant de vives jouissances :

« Sa Sainteté m'a reçu hier, écrivait-il à M. Joubert (3 juillet 1803) ; elle m'a fait asseoir auprès d'elle de la manière la plus affectueuse. Elle m'a montré obligeamment qu'elle lisait le *Génie du Christianisme* dont elle avait un volume ouvert sur sa table. On ne peut voir un meilleur homme,

---

donnaient entre eux ce surnom. — La famille de M. de Mussy possédait un bien dans la Bresse, d'où l'on voyait le Mont-Blanc : de là le *Corbeau du Mont-Blanc*.

[1] Ce *post-scriptum* est la chose importante, celle qui probablement a fait écrire la lettre. Il s'agissait d'articles de M. de Clausel, et aussi d'un article pour le *Mercure* qu'avait promis M. de Mussy à l'occasion des nouvelles éditions du *Génie du Christianisme*. Il sera question encore de cet article dans une lettre de Chateaubriand à Chênedollé écrite de Lyon le 19 prairial. (Voir à la suite du Cours, dans la Notice sur Chênedollé, une quantité de pièces qui se joignent bien à celles-ci.)

un plus digne prélat, et un prince plus simple : ne me prenez pas pour Mme de Sévigné[1]. »

Mais bientôt le vent change, tout se gâte, et Fontanes, son grand appui à la Cour consulaire, en est réduit à écrire à M. Gueneau de Mussy (5 octobre 1803) :

« ... Je voudrais bien, mon cher ami, être heureux en vous, car je ne le suis guère pour mon propre compte. J'ai éprouvé quelques amertumes depuis votre départ. Des étourderies de notre ami Chateaubriand m'ont été vivement reprochées. Je crains bien que ce pauvre ami n'ait choisi la carrière qui lui convenait le moins. Son ambassadeur[2] est un sot, j'en conviens; mais il est oncle et tout-puissant. Le secrétaire, qui devait user de la plus grande circonspection auprès d'un ennemi si redoutable, surcharge tous les courriers de ses plaintes. Or, vous savez qu'il y a en Europe un écho qui redit tout : cet écho est à la poste où toutes les lettres sont décachetées. Jugez de l'effet de confidences pareilles. Rome, le cardinal Consalvi, le Pape lui-même, sont les premiers dénonciateurs de notre ami accusé par son ambassadeur. Le Pape n'est plus qu'un *vice-consul*, et c'est ce que n'a pas senti Chateaubriand. Pour comble de ridicule, Mme de Beaumont est en Italie et se rend à Rome. Je suis désolé. Le *Maître* s'est plaint hautement de ce choix. Je défends le mieux qu'il m'est possible mon ami, mais que puis-je contre l'orage? Dimanche dernier pourtant on m'a paru moins irrité. Cependant la prévention reste, et

---

[1] « Il faut convenir que nous avons un grand roi ! » disait Mme de Sévigné qui venait de danser avec Louis XIV. — « Je le crois bien, ma cousine, lui répondit Bussy, après ce qu'il vient de faire pour vous. » — Chateaubriand ne veut pas qu'on le prenne pour Mme de Sévigné, et il fait comme elle, et nous aurions fait comme lui.

[2] Le cardinal Fesch. — Dans l'ouvrage que l'abbé Lyonnet a consacré à ce prélat (*Le Cardinal Fesch, archevêque de Lyon*; 2 vol. 1841), on trouvera au tome Ier, pages 280-284, des détails sur la mésintelligence qui s'était élevée entre lui et son secrétaire d'ambassade. Le cardinal Fesch n'était pas un supérieur accommodant, pas plus que M. de Chateaubriand n'était un subordonné commode.

ce qu'il y a de pis, c'est qu'on croira qu'un homme qui écrit est incapable de toute affaire et ne convient à aucune place administrative... »

Mme de Beaumont, déjà bien malade, était donc allée rejoindre M. de Chateaubriand à Rome : elle ne tarda pas à y mourir entre ses bras (4 novembre 1803). Ce qui aurait pu le perdre le releva dans l'opinion. Il s'honora par la manière dont il remplit envers elle tous les devoirs de l'amitié et de la religion. Il trouva moyen de se faire regretter, en partant, de ceux-là même qu'il avait d'abord indisposés. Il avait le don, quand il le voulait, de retourner les cœurs, à commencer par le sien. Au moment de quitter cette Rome qui lui était devenue odieuse, tout d'un coup il se met lui-même à en regretter le séjour, ou du moins il en a l'air. Il écrit à Fontanes une Lettre admirable, faite pour être publiée, dans laquelle il célèbre les grandeurs romaines en les égalant par sa parole; le souvenir de Mme de Beaumont s'y mêlait avec sensibilité et avec art :

« Quiconque s'occupe uniquement de l'étude de l'Antiquité et des Arts, ou quiconque n'a plus de liens dans la vie, doit venir demeurer à Rome[1]. Là, il trouvera pour société une terre qui nourrira ses réflexions et qui occupera son cœur, des promenades qui lui diront toujours quelque chose. La pierre qu'il foulera aux pieds lui parlera, la poussière que le vent élèvera sous ses pas renfermera quelque grandeur humaine. S'il est malheureux, s'il a mêlé les cendres de ceux qu'il aima à tant de cendres illustres, avec quel charme ne passera-t-il pas du sépulcre des Scipions au dernier asile d'un ami vertueux, du charmant tombeau de *Cecilia Metella* au modeste cercueil d'une femme infortunée ! Il pourra croire

---

[1] « Rome, disait-il encore en causant, c'est le plus grand appui aux lassitudes de l'âme. »

que ces mânes chéris se plaisent à errer autour de ces monuments avec l'Ombre de Cicéron, pleurant encore sa chère Tullie, ou d'Agrippine encore occupée de l'urne de Germanicus. S'il est chrétien, ah ! comment pourrait-il alors s'arracher de cette terre qui est devenue sa patrie, de cette terre qui a vu naître un second Empire, plus saint dans son berceau, plus grand dans sa puissance que celui qui l'a précédé ; de cette terre où les amis que nous avons perdus, dormant avec les martyrs aux Catacombes sous l'œil du Père des fidèles, paraissent devoir se réveiller les premiers dans leur poussière, et semblent plus voisins des Cieux. »

Art, émotion, poésie et magnificence d'expression, qu'est-ce qu'il y a de vrai dans tout cela? Je répondrai : tout cela à la fois, mais c'est dire que l'émotion, la douleur n'est pas souveraine[1].

---

[1] Cette poésie de Rome, soit de la Rome antique, soit de la Rome catholique, de cette Rome qu'on pourrait appeler *Chateaubrianesque* (tant il se l'était appropriée), il l'eut et la conserva éclatante et vive jusqu'à la fin, et il ne l'a nulle part plus admirablement exprimée, ni d'un sentiment plus religieux, que dans une lettre à Mme Récamier du mercredi-saint, 15 avril 1829 ; il était alors ambassadeur : « Je commence cette lettre le mercredi-saint au soir, au sortir de la Chapelle-Sixtine, après avoir assisté à Ténèbres et entendu chanter le *Miserere*. Je me souvenais que vous m'aviez parlé de cette belle cérémonie, et j'en étais à cause de cela cent fois plus touché. C'est vraiment incomparable : cette clarté qui meurt par degrés, ces ombres qui enveloppent peu à peu les merveilles de Michel-Ange ; tous ces cardinaux à genoux, ce nouveau Pape prosterné lui-même au pied de l'autel où quelques jours avant j'avais vu son prédécesseur ; cet admirable chant de souffrance et de miséricorde s'élevant par intervalles dans le silence et la nuit ; l'idée d'un Dieu mourant sur la Croix pour expier les crimes et les faiblesses des hommes ; Rome et tous ses souvenirs sous les voûtes du Vatican : que n'étiez-vous là avec moi ! J'aime jusqu'à ces cierges dont la lumière étouffée laissait échapper une fumée blanche, image d'une vie subitement éteinte. C'est une belle chose que Rome pour tout oublier, pour mépriser tout et pour mourir. » — Il avait même pensé, dans un temps, à placer son tombeau à Rome, il voulait y reposer dans quelque sarcophage antique : il n'y eut qu'un rocher et l'Océan qui lui parurent plus en harmonie avec ses songes durant le long sommeil.

Revenu à Paris au commencement de 1804, M. de Chateaubriand était nommé ministre dans le Valais, lorsque arriva la fatale affaire du duc d'Enghien, et il envoya sa démission.

Tôt ou tard, et même quand la cause eût été moins noble, on peut dire que ce divorce entre Napoléon et Chateaubriand devait éclater. C'est Napoléon qui, dans une lettre à son frère Joseph, alors roi de Naples, écrivait : « Vous vivez trop avec des lettrés et des savants. Ce sont des coquettes avec lesquelles il faut entretenir un commerce de galanterie, et dont il ne faut jamais songer à faire ni sa femme ni son ministre. » Or Chateaubriand était de ces gens de Lettres qui veulent devenir ministres. Nous en avons connu depuis comme cela. Il a fait presque autant d'élèves en ce genre que du côté de René, et je doute même qu'il ait été beaucoup plus satisfait des uns que des autres.

Napoléon avait d'ailleurs du goût pour ce talent qui avait de l'extraordinaire et parfois du grand au niveau du sien : « Chateaubriand, disait-il à Sainte-Hélène, a reçu de la nature le feu sacré : ses ouvrages l'attestent. Son style n'est pas celui de Racine, c'est celui du Prophète. Il n'y a que lui au monde qui ait pu dire impunément à la tribune des Pairs que la *redingote grise et le chapeau de Napoléon placés au bout d'un bâton sur la côte de Brest feraient courir l'Europe aux armes*[1]. »

Napoléon n'avait aucune littérature régulière, mais il excédait à force d'esprit celle de son temps. Jeune, ce sauvage qui cherchait encore son génie avait commencé par écrire de pures déclamations romantiques. On sait

---

[1] Dans la Préface de ses *Mélanges politiques* (édit. de 1828, page xv) Chateaubriand se défend d'avoir dit exactement cette phrase, et il la rectifie. Je l'aime mieux dans la version de Napoléon.

son admiration pour Ossian. Arrivé à la grandeur, il devina vite tout ce qu'il convenait de savoir et d'admirer. Corneille le frappa d'abord; il ne vint que plus tard à Racine. De bons juges qui l'observaient de près ont noté le moment où commença à se former en lui cette admiration plus réfléchie et, si j'ose dire, plus civilisée, pour le théâtre de Racine[1]. Malgré tout, on peut affirmer avec certitude qu'il ne rencontra nulle part une poésie qui répondît pleinement à la sienne et qui le satisfît. Chateaubriand seul lui en offrait quelques traits. Aussi, malgré les incartades qu'il en essuya, il lui conserva toujours une prédilection et lui rendit justice. Il le jugeait, en définitive, avec le calme que donne le sentiment de la supériorité.

Cette justice rendue par Napoléon est bien ce qui tourmente Chateaubriand et ce qui lui pèse. Il n'en a eu aucune en retour, à l'égard de Napoléon; il le sent, et il en a quelque remords. Il essaye après coup de justifier ses violences, et il les aggrave. Il institue dans ses *Mémoires* un antagonisme permanent, un duel fort inégal et presque ridicule entre le dominateur du monde et lui. On l'y voit passer continuellement d'un extrême à l'autre, de l'outrage à l'admiration, de l'hommage à l'invective. Il sent que Napoléon est et sera la grande figure populaire des âges modernes, et il reconnaît l'inconvénient de venir se heurter contre cette idole, lui qui prétend à être une idole aussi. De là les contradictions pénibles et les alternatives inextricables de jugement par lesquelles il essaye de concilier les colères de son passé et les calculs de son

---

[1] Il faut voir dans la *Correspondance* de Voltaire une très-belle Lettre à Vauvenargues (15 avril 1743) sur Corneille et sur Racine. Vauvenargues, qui me représente l'idéal de la plus belle âme civilisée, s'était déclaré trop exclusivement pour Racine. Voltaire, en paraissant l'approuver, le remet dans la voie juste à l'égard de Corneille et le redresse. C'est le bon sens exquis et délicat, et cette fois bien équitable.

avenir. L'observateur désintéressé s'étonne que tant de misères aient trouvé place dans l'âme d'un vrai poëte, ou du moins qu'il ne les ait pas su maîtriser. — On peut dire que la figure grandissante de Napoléon est devenue, à la lettre, le cauchemar de Chateaubriand.

Pendant son séjour à Rome, Chateaubriand conçut la première idée du poëme des *Martyrs*, et il écrivit ses *Lettres sur l'Italie* à Joubert, sa *Lettre sur Rome* à Fontanes. Cette dernière passe avec raison pour une des productions les plus parfaites et les plus classiques de l'auteur.

Dès les premières pages des *Lettres* à Joubert, on s'aperçoit qu'on n'a plus affaire au jeune disciple de Jean-Jacques, ardent, enthousiaste, qui allait exhaler son premier rêve étouffant à travers les Savanes de l'Amérique. Le voyageur est devenu plus réfléchi, plus rassis; maître désormais de ses émotions, il ne les prodigue plus. En traversant les Alpes, il est comme en garde contre une admiration nouvelle. On dirait qu'il craint de trop louer à son tour ce que Jean-Jacques a surtout admiré et décrit, ce qu'Oberman décrira. M. de Chateaubriand est et restera le grand antagoniste des montagnes; il leur en veut; il a cherché querelle au Mont-Blanc, dans un voyage qu'il y fit en 1805. Nous n'avons pas à discuter ici cette question de *paysagiste*; des juges compétents lui ont répondu; et comme vérité, comme sentiment de nature, je ne craindrai pas d'opposer l'autorité de Töpffer à celle de Chateaubriand lui-même. Si vaste que soit l'imagination, on dépend toujours plus ou moins de ses impressions premières. « Chaque homme porte en lui un monde composé de tout ce qu'il a vu et aimé, et où il rentre sans cesse, alors même qu'il parcourt et semble habiter un monde étranger. » C'est l'illustre voyageur qui a dit cela, et il en est la preuve. M. de Chateaubriand aime l'espace, l'infini; il a commencé par l'embrasser sous la forme des Savanes américaines. Cette forme première de son admiration et de son rêve, il la cherchera un peu partout; il la retrouvera en partie jusque dans le désert de la Campagne romaine; mais là où elle manque absolument, et où le développement est en sens inverse, comme dans les montagnes, il se sentira désappointé, désorienté, et il n'entrera qu'à son corps défendant dans ces points de vue nouveaux où la grandeur s'achète par des replis.

Il n'aime les montagnes que comme horizon. Il consent bien à les admirer de loin; mais de près, elles le diminuent, elles l'écrasent.

En traversant les monts de Savoie, Chateaubriand trouve pourtant de ces traits qui ne sont qu'à lui pour les peindre. Ayant passé Saint-Jean-de-Maurienne, il est forcé, faute de chevaux, de s'arrêter à Saint-André vers le coucher du soleil :

« J'allai, dit-il, me promener hors du village. L'air devint transparent à la crête des monts; leurs dentelures se traçaient avec une pureté extraordinaire sur le ciel, tandis qu'une grande nuit sortait peu à peu du pied de ces monts, et s'élevait vers leur cime. »

C'est le contraire du *Majoresque cadunt altis de montibus umbræ*. On est déjà dans la montagne; l'ombre ne descend plus, elle monte. — Sa conclusion sur les Alpes leur est médiocrement favorable :

« En général, les Alpes, quoique plus élevées que les montagnes de l'Amérique septentrionale, ne m'ont pas paru avoir ce caractère original, cette virginité de site que l'on remarque dans les Apalaches, ou même dans les hautes terres du Canada : la hutte d'un Siminole sous un magnolia, ou d'un Chipowais sous un pin, a tout un autre caractère que la cabane d'un Savoyard sous un noyer. »

Ce ne sont pas les Alpes, ô voyageur! qui ont perdu leur virginité de site; ce n'est pas l'Iung-Frau, là-bas dans sa fleur de neige, qui a perdu sa fraîcheur première; c'est votre âme, c'est déjà votre faculté de sentir qui ne l'a plus.

Le voyageur semblait, dans le premier moment, douter de l'Italie elle-même; mais ici cette froideur ne tient pas longtemps en présence du riche paysage des *Géorgiques*, et dès la seconde lettre il écrit :

« Réparation complète à l'Italie. Vous aurez vu par mon petit journal daté de Turin, que je n'avais pas été très-frappé de la *première vue*. L'effet des environs de Turin est beau, mais ils sentent encore la Gaule; on peut se croire en Normandie, aux montagnes près... Mes jugements se sont rectifiés en traversant la Lombardie : l'effet ne se produit pourtant sur le voyageur qu'à la longue. Vous voyez d'abord un pays fort riche dans l'ensemble, et vous dites : « C'est bien ; » mais quand vous venez à détailler les objets, l'enchantement arrive. Des prairies, dont la verdure surpasse la fraîcheur et la finesse des gazons anglais, se mêlent à des champs de maïs, de riz et de froment; ceux-ci sont surmontés de vignes qui passent d'un échalas à l'autre, formant des guirlandes au-dessus des moissons : le tout est semé de mûriers, de noyers, d'ormeaux, de saules, de peupliers, et arrosé de rivières et de canaux. Dispersés sur ces terrains, des paysans et des paysannes, les pieds nus, un grand chapeau de paille sur la tête, fauchent les prairies, coupent les céréales, chantent, conduisent des attelages de bœufs, ou font remonter et descendre des barques sur les courants d'eau. Cette scène se prolonge pendant quarante lieues, en augmentant toujours de richesse jusqu'à Milan, centre du tableau : à droite on aperçoit l'Apennin, à gauche les Alpes. »

Toutes les pages qui suivent sur l'Italie ne sont que des notes; il se proposait d'en faire une vingtaine de

Lettres. Il n'y a que celle à M. de Fontanes qu'il ait écrite. Dans ces notes, prises au courant de la plume et nourries de souvenirs classiques, il y a de belles pensées, bien que trop d'antithèses[1]. On y trouve le premier jet de ce qu'il reprendra et encadrera plus tard dans *les Martyrs*. Eudore ne fera souvent que répéter les mêmes impressions et presque les mêmes paroles que notre voyageur. Ainsi, à propos de sa course au Vésuve, M. de Chateaubriand nous dit : « Né sur les rochers de l'Armorique, le premier bruit qui a frappé mon oreille en venant au monde est celui de la mer; et sur combien de rivages n'ai-je pas vu depuis se briser ces mêmes flots que je retrouve ici? Qui m'eût dit, il y a quelques années, que j'entendrais gémir aux tombeaux de Scipion et de Virgile ces vagues qui se déroulaient à mes pieds sur les côtes de l'Angleterre, ou sur les grèves du Maryland?... » Eudore aura le même mouvement et le rendra mot pour mot dans les mêmes termes : « Né au pied du mont Taygète, me disais-je, le triste murmure de la mer est le premier son qui ait frappé mon oreille... » Et ce qui suit[2]. Mais n'anticipons pas.

En général, M. de Chateaubriand est un peu trop disposé à s'étonner de sa destinée, et à prendre comme chose singulière et qui n'arrive qu'à lui ce qui est le sort de bien des hommes en cet âge. Et qui donc, de nos jours, n'a pas voyagé? Qui n'a pas essuyé la pluie et le soleil

---

[1] Cet abus est surtout sensible dans la Lettre sur la *Villa Adriana*. — Cette antithèse et ce cliquetis de souvenirs se retrouveront, à plus de trente ans de distance, dans un Fragment descriptif sur le Château de Maintenon (*Souvenirs et Correspondance* de Mme Récamier, tome II, page 453), mais alors à l'état de décadence visible; l'antithèse, chez lui, était devenue un *tic*, une vraie manie.

[2] *Les Martyrs*, livre X. — On a vu tout à l'heure, dans la Lettre écrite à M. Gueneau de Mussy, une troisième variante de la même idée : « Je comptais ce matin sur mes doigts en regardant le Rhône, etc. »

sous bien des climats? Qui n'a pas été tantôt ministre ou ambassadeur, tantôt pauvre diable? Homme, pourquoi tant s'étonner d'avoir été sujet aux diverses chances humaines? Était-ce la peine de tant courir le monde, pour ne sortir jamais de soi [1]?

La Lettre à M. de Fontanes sur la Campagne romaine est comme un paysage de Claude Lorrain ou de Poussin : *lumière du Lorrain et cadre du Poussin!*

« Figurez-vous quelque chose de la désolation de Tyr et de Babylone dont parle l'Écriture; un silence et une solitude aussi vastes que le bruit et le tumulte des hommes qui se pressaient jadis sur ce sol. (Il faut lire toute cette page)... Vous croirez peut-être, mon cher ami, d'après cette description, qu'il n'y a rien de plus affreux que les Campagnes romaines? Vous vous tromperiez beaucoup ; elles ont une inconcevable grandeur; on est toujours prêt, en les regardant, à s'écrier avec Virgile : *Salve, magna Parens...* Rien n'est comparable pour la beauté aux lignes de l'horizon romain, à la douce inclinaison des plans, aux contours suaves et fuyants des montagnes qui le terminent... »

Je ne fais que donner la note, et je renvoie à l'admirable développement. Parlant des femmes romaines, de ce caractère matronal et digne qui les distingue dès la jeunesse bien plus que la grâce, il dit :

« La beauté des femmes est un autre trait distinctif de Rome : elles rappellent par leur port et leur démarche les Clélie et les

---

[1] Montaigne n'était pas ainsi : « Il se tire, disait-il, une merveilleuse clarté pour le jugement humain de la fréquentation du monde : nous sommes touts contraincts et amoncelez en nous, et avons la veue raccourcie à la longueur de nostre nez... A qui il gresle sur la teste, tout l'hémisphère semble estre en tempeste et orage... Ce grand monde, c'est le mirouer où il nous fault regarder, pour nous cognoistre de bon biais... Tant de remuements d'estat et changements de fortune publique nous

Cornélie ; on croirait voir des statues antiques de Junon ou de Pallas descendues de leur piédestal et se promenant autour de leurs temples. »

Notez que c'est ce dernier trait qui achève et accomplit la pensée. *On croirait voir des statues antiques de Junon ou de Pallas*, on trouverait encore cela assez aisément, et on s'arrêterait satisfait. Le reste est du grand écrivain, qui ne laisse rien à dire après lui et qui ferme le cercle d'or.

En prose, il n'y a rien au delà. Après de tels coups de talent, il n'y a plus que le vers qui puisse s'élever encore plus haut avec son aile.

« N'oubliez pas, m'écrit un bon juge, Chateaubriand comme paysagiste, car il est le premier ; il est unique de son ordre en français. Rousseau n'a ni sa grandeur, ni son élégance. Qu'avons-nous de comparable à la *Lettre sur Rome?* Rousseau ne connaît pas ce langage. Quelle différence ! L'un est genevois, l'autre olympique. »

Cette belle *Lettre* a produit en français toute une école de peintres, une école que j'appellerai *romaine*. Mme de Staël la première s'inspira de l'exemple de Chateaubriand : son imagination en fut piquée d'honneur et fécondée ; elle put figurer *Corinne*, ce qu'elle n'eût certes pas tenté avant la venue de son jeune rival.

Mme de Staël n'est pas si fière, si élégante que Chateaubriand ; mais elle est aussi élevée, et, au fond, plus sérieuse.

A cette école éprise des grandeurs silencieuses et solitaires de Rome, se rattachent M. Charles Didier, qui a su

---

instruisent à ne pas faire grand miracle de la nostre... » (*Essais*, liv. I, chap. xxv.) M. de Chateaubriand, au contraire, fit toujours *grand miracle* de sa fortune. A chaque accident qui lui arrivait, il disait avec un mélange de satisfaction et de tristesse : « Je suis né pour tous les malheurs ! De telles choses n'arrivent qu'à moi ! »

repasser avec originalité sur les mêmes paysages; la femme distinguée auteur du roman de *Sextus*[1]; M. J.-J. Ampère, qui a si bien peint Rome *aux différents âges*, et le léger Stendhal lui-même (Beyle), qui se retrouve sérieux et qui revient au grand goût quand il parle de ces choses augustes.

Lamartine a lui-même beaucoup vu, beaucoup aimé et chanté l'Italie, mais son Italie a plus de mollesse. Le séjour habituel de Lamartine était Florence, et ses excursions préférées étaient Naples, Ischia, le golfe de Baïa. Chateaubriand s'attache plus à Rome. Il a les grandes lignes précises de l'horizon sabin. L'autre exprime les soupirs, les parfums, les vagues ondulations de cette mer amoureuse dans ce golfe délicieux :

> Vois-tu comme le flot paisible
> Sur le rivage vient mourir?
> Vois-tu le volage Zéphir
> Rider d'une haleine insensible
> L'onde qu'il aime à parcourir?
> . . . .
> Colline de Baïa, poétique séjour,
> Voluptueux vallon, qu'habita tour à tour
> Tout ce qui fut grand dans le monde,
> Tu ne retentis plus de gloire ni d'amour.
> Pas une voix qui me réponde,
> Que le bruit plaintif de cette onde,
> Ou l'écho réveillé des débris d'alentour!
>
> Ainsi tout change, ainsi tout passe;
> Ainsi nous-mêmes nous passons,
> Hélas! sans laisser plus de trace
> Que cette barque où nous glissons
> Sur cette mer où tout s'efface[2].

Je me permettrai de donner ici, pour conclure sur ce

---

[1] Mme Hortense Allart.

[2] Dans les *Confidences*, M. de Lamartine parle dignement de Rome, et avec une fermeté de ton chez lui inusitée. Mais ces dernières ma-

côté *romain* de Chateaubriand, une note prise autrefois après une conversation tout historique, dans laquelle je l'avais entendu s'inspirer du souvenir de ces mêmes grandeurs. Nous avons assez souvent l'occasion de le voir à son désavantage dans le solennel; c'est justice que nous le surprenions cette fois à son honneur dans le familier. Voici cette note, toute familière en effet :

«... L'autre jour chez Mme Récamier la conversation fu plus sérieuse et d'un intérêt moins gai (que le jour précédent), mais vraiment grandiose. Ampère revenait de Rome; il n'avait pas encore vu M. de Chateaubriand. A peine la main serrée, ce furent des nouvelles sans fin de la Ville éternelle : et les fouilles et le Colisée, et ce bouquet d'arbres proche Saint-Jean-de-Latran, et la découverte si belle et si imprévue de la campagne au sortir de la porte Saint-Pancrace; et ces ruines sans nom, entassées, dites *Roma vecchia!*... M. de Chateaubriand se rappelait tout, il racontait ses promenades dans ces plaines austères dont il sait chaque butte, chaque repli autant et mieux que pour notre plaine de Montrouge. J'écoutais, voyant dans ces grands récits l'image exacte des lieux témoins des choses immortelles. — Survint le duc de Laval qui, aussitôt la main serrée à Ampère, demanda qui il avait vu, non pas quels objets, quelles ruines, mais quelles personnes, quels chargés d'affaires. — M. de Chateaubriand fit remarquer tout bas à Mme Récamier que le caractère des personnes se trahit aux questions qu'on fait d'abord. Puis la conversation tournant à la société actuelle, à l'emploi à faire de ses facultés et de sa vie, M. de Chateaubriand reprenant éloquemment le discours, et toujours l'image de Rome dans le fond, se mit à nous exhorter, nous plus jeunes, à ne pas nous perdre dans l'action journalière, dévorante, inutile; que le meilleur moyen d'aider l'avenir en des moments de transition et de décomposition ou recomposi-

nières, où il entre toujours de l'acquis, n'ont pas à mes yeux la même authenticité que les premières manières, comme témoignage direct de l'impression originale.

tion sociale intermédiaire comme aujourd'hui, c'était de s'appliquer au passé non encore aboli, à l'histoire sous ses diverses formes, de s'attacher à reproduire, à peindre ce dont la mémoire autrement s'évanouirait bientôt. Si sous les Empereurs, à Rome, on avait fait ainsi, que de souvenirs eussent été conservés des plus beaux temps et des plus illustres caractères ! Il était éloquent, sincère, plein de sens et de gravité à parler ainsi. J'aurais dû noter tout son discours, aussitôt entendu. C'était une inspiration historique qui lui venait des ruines romaines où son imagination l'avait reporté. »

Sa démission donnée, le plan des *Martyrs* conçu, et plusieurs parties du poëme étant déjà exécutées[1], au lieu de se hâter, de se satisfaire à trop peu de frais en le terminant vite et le publiant, au lieu de s'amollir sur place dans une vie de succès et de loisir, M. de Chateaubriand partit courageusement, en juillet 1806, pour visiter la Grèce, l'Orient, Jérusalem, les ruines de Memphis ; il devait revenir par l'Espagne et par l'Alhambra. Le reste de sa vie poétique et des écrits qui s'y rattachent se trouve compris et rappelé dans ce cercle de noms brillants ; il en sortit *les Martyrs*, l'*Itinéraire*, *le dernier Abencérage*, toute sa moisson sous l'Empire avant la politique et la vie d'action. — Commençons par *les Martyrs*, qui parurent en 1809.

On peut distinguer trois sortes d'épopées, et comme trois âges. Les épopées du premier âge sont celles qu'on a tant remises en honneur dans ces derniers temps, les épopées populaires. On a un peu prodigué ce nom ; on l'a appliqué à des chansons, à des romances qui se suivent à peine et que le rhapsode n'avait pas encore cousues.

---

[1] « Parlez-moi de Chateaubriand et du *bel ouvrage dont j'ai lu les cinq premiers chants.* » (Lettre de Fontanes à Gueneau de Mussy, écrite de Nîmes le 31 mai 1805.)

Les grands monuments qui méritent véritablement ce titre sont dans l'Antiquité *l'Iliade* et *l'Odyssée*, chez les modernes *les Niebelungen*. Un poëte vient qui rassemble ce qui était épars dans la tradition populaire et le met en œuvre avec plus ou moins de génie. C'est là le premier corps et la première forme de l'épopée. Quand la puissance du génie s'y mêle à la naïveté des mœurs, rien n'égale cette grandeur et cette sublimité primitive, à la fois plus humaine et plus voisine des Dieux.

La seconde espèce d'épopée est cultivée et savante. A une époque de littérature avancée, un homme de talent ou de génie se propose un sujet grandiose, s'y applique dans le cabinet, et exécute une œuvre toute d'art, mais où il aura pu fondre habilement les imitations du passé, les traditions nationales, les passions humaines et sa propre sensibilité. C'est là l'épopée d'Apollonius de Rhodes, de Virgile, du Tasse, de Milton, de Klopstock. Si on la prend dans ses chefs-d'œuvre, elle ne reconnaît pour supérieures que les incomparables *Iliade* et *Odyssée*, et elle offre aux natures cultivées et sensibles mille sources de jouissances délicates et mille charmes.

Il semble que toutes les épopées connues doivent se ranger dans l'une ou dans l'autre de ces familles. Et en effet, elles s'y rangent à peu près toutes à ma connaissance, — toutes excepté une seule, l'épopée des *Martyrs*. Celle-ci n'est pas seulement une épopée d'art, d'étude et de réflexion ; elle a cela de particulier qu'elle a été faite expressément à l'appui d'une théorie ; elle a été conçue comme preuve justificative d'un système. — « J'ai prétendu que le Christianisme avait un merveilleux supérieur en intérêt et en puissance, même à ne le prendre que comme mythologie, à la fable antique ; que les caractères d'époux, de père, d'amant, y devenaient aussitôt plus grands et plus beaux que tout ce que l'Antiquité païenne nous a offert d'achevé en ce genre. Vous en doutez, et moi je le prouve par un exemple : lisez *les Martyrs.* »

Telle a été à peu près l'argumentation de laquelle est sorti le poëme. On remarquera en effet que cette épopée se ressent, par une certaine raideur, du raisonnement d'où elle est née, et il y a de quoi s'étonner encore qu'elle reste en bien des parties si réellement belle, et que la gageure de l'auteur (car c'en était une en face de la critique hostile) ait été si bien tenue.

Si *l'Iliade* et *l'Odyssée* sont les chefs-d'œuvre de l'épopée qui se peut nommer *populaire ;* si *l'Énéide* est le chef-d'œuvre de l'épopée *savante,* pourquoi ne pas dire que *les Martyrs* sont le phénix de l'épopée *systématique?*

Je ne prétends pas que l'auteur ait prouvé tout ce qu'il voulait. Même après l'avoir lu, on peut trouver qu'il excelle surtout à nous rendre les antiques beautés, les grâces païennes, les amours naissantes, et, mieux encore, les tendres regrets qui s'attachent aux douces et trop chères erreurs. On peut trouver que l'endroit le plus touchant de ce nouvel Augustin qu'on appelle Eudore, ce sont encore les larmes qu'il verse au souvenir de ses belles et coupables Didons. Toutefois, la puissance du talent n'a été en défaut nulle part, et, même dans les endroits qui pouvaient sembler les plus rudes à traverser et les plus austères, la baguette magique a su produire des prestiges sacrés qui font presque l'effet des miracles dus à la verge d'Aaron.

TABLE DES MATIÈRES

CONTENUES

DANS LE PREMIER VOLUME.

———

Avertissement.. 1
Dédicace a Monsieur Charles Rogier, Ministre de l'Intérieur, à Bruxelles..................................... 11
Préface de 1849... 13
Discours d'ouverture pour servir d'Introduction au Cours de Littérature française, prononcé le lundi 30 octobre 1848, dans la salle académique de l'Université de Liége.. 21

PREMIÈRE LEÇON.

La vraie méthode avec les contemporains : — pourquoi l'on commence par Chateaubriand. — De la littérature du xviiie siècle; son caractère; — continuité de régime. — Des dix années révolutionnaires. — Littérature du Directoire : — ce qu'elle aurait pu être. — Inauguration de l'Institut : discours de Daunou. — Les Écoles normales. — Mme de Staël sous la république........ 43

DEUXIÈME LEÇON.

Du livre de la *Littérature ;* — idée générale ; partie historique et théorique. — Manière de composer de Mme de Staël. — Des causes de décadence littéraire sous le Directoire : — vulgarité et manque d'émulation. — Licence. — Pronostic de Mme de Staël sur l'avenir de la poésie ; — son tact en défaut sur ce point ; — Fontanes devine mieux. — Sa prédiction d'une apologie du Christianisme ; — plan idéal qu'il en trace à l'avance. — Belles pages inédites...................... 65

TROISIÈME LEÇON.

Chateaubriand enfant ; — de Saint-Malo comme La Mennais. — Sa sœur Lucile ; et des sœurs de grands hommes. — Éléments de l'âme de René : — ennui ; — caprice ardent ; — honneur. — Équilibre *instable* en politique. — Premier séjour à Paris. — Des hommes de Lettres en 89........................... 91

QUATRIÈME LEÇON.

Encore les hommes de Lettres de 89. — Chamfort et Ginguené vengés. — Chateaubriand en Amérique. — Journal. — Nouveauté de peinture. — Ce qu'on n'a qu'une fois........................... 112

CINQUIÈME LEÇON.

Retour en France. — Émigration. — Eudore aux bords du Rhin ; Vauvenargues en Moravie. — Chateaubriand à Londres. — *Essai sur les Révolutions ;* idée du livre. — Système du *cercle* en histoire. — Défauts de composition. — Pages *à tiroir*. — Du sentiment du ridicule. — Une jeunesse qui ne rit plus.............. 135

SIXIÈME LEÇON.

Manière de composer de Chateaubriand. — De son érudition; de son procédé historique. — Du vrai sens philosophique de l'*Essai*. — Haute misanthropie. — Demi-réconciliation avec la société. — Masque et défaut du masque dans le personnage. — Sensibilité vraie dans l'*Essai*; pages touchantes. — Lettre (inédite) à Fontanes; — jour qui en résulte sur les croyances de l'auteur en 1799. — Belle parole du théosophe Saint-Martin............................... 153

SEPTIÈME LEÇON.

Religion du talent. — Les salons en 1800; — le petit salon de Mme de Beaumont. — Lettre de Chateaubriand contre Mme de Staël. — Relations exactes des deux grands écrivains à cette époque. — Publication d'*Atala*. — Rousseau attaqué dans la Préface. — Poétique élevée de Chateaubriand. — Prologue d'*Atala*. — Magie et infidélité. — Manie de grouper. — Parallèle avec Bernardin de Saint-Pierre........................ 181

HUITIÈME LEÇON.

Jalousie des vieillards. — Trois âges dans l'ordre des images poétiques. — Bernardin de Saint-Pierre peintre virgilien. — Des images dans *Paul et Virginie*. — Un couplet de Théocrite. — Le récit dans *Atala*. — Harmonie et nombre. — Couleur locale. — Incohérence dans les caractères. — Citation de M. Vinet. — Puissance et passion........................ 205

NEUVIÈME LEÇON.

Expressions créées et nuances. — Les quatre manières comparées de Jean-Jacques, — de Bernardin, — de Chateaubriand, — de Lamartine. — Les Anciens partent de la nature; les Modernes y reviennent. — Cri de Chactas. — Dernier mot de René. — Le Père Aubry. — Bizarrerie et faux brillant. — Faux Bossuet. — Vrai Chateaubriand.................................... 227

DIXIÈME LEÇON.

De la prose poétique. — Réparation à Jean-Jacques et à Buffon. — Funérailles d'Atala; — celles de Manon Lescaut. — Côté antique dans *Atala*. — Jugement de M. Joubert. — Critique de l'abbé Morellet. — *Panurge* et sa calotte de toile cirée........................ 244

ONZIÈME LEÇON.

Le *Génie du Christianisme*. — Circonstances et préambule. — Jour de Pâques de 1802. — Page de M. Thiers. — Bonaparte metteur en scène. — Fontanes au *Moniteur*. — Gloire de la critique. — L'ouvrage en lui-même. — Apologie religieuse d'un genre nouveau. — Mondain contre mondain. — Abus. — Christianisme et poésie, choses très-différentes. — Chateaubriand passe outre. — Procédé de son talent en tout. — Unité factice.. 266

DOUZIÈME LEÇON.

De la première partie du *Génie du Christianisme*. — Mystères et Sacrements. — Érudition à faux. — Conseil de M. Joubert. — Histoire naturelle de l'auteur. —

Son rossignol. — Les deux cygnes. — Le crocodile.
— Poule d'eau, héron : — image verticale. — La
prière du soir sur l'Océan. — Revers de la toile..... 289

TREIZIÈME LEÇON.

Poétique du Christianisme. — Genre de beauté des Anciens. — Belle critique littéraire. — Caractère de la critique française. — Virgile et Racine. — Quelques assertions outrées. — Ginguené sur la musique. — Chateaubriand vengeur du xvii° siècle. — Dernière partie du *Génie du Christianisme*. — Les Jésuites du Paraguay. — Conclusion. — Prière finale supprimée. — Le plan de Pascal tout autre que celui de Chateaubriand.. 309

QUATORZIÈME LEÇON.

Succès du *Génie du Christianisme*. — Son genre d'influence. — René; sa maladie. — En quoi elle consiste. — En quoi il y déroge. — Oberman, type plus fixe. — Beaux passages des *Rêveries*. — Pensées inédites de Sénancour. — Sa mort. — Sa tombe solitaire. — Stances en mémoire d'Oberman................. 329

QUINZIÈME LEÇON.

Werther et Childe-Harold, frères de René. — Caractère propre de ce dernier ; — image de l'auteur. — Naïveté d'égoïsme. — Moralité plaquée. — Le poison dans l'hostie. — *Le Lépreux de la Cité d'Aoste*; — pitié et sympathie. — Salut final à René.................... 364

SEIZIÈME LEÇON.

Succès du *Génie du Christianisme*. — Chateaubriand secrétaire d'ambassade. — Lettre inédite. — Étourdederies à Rome. — Retour et démission. — Littérature de Napoléon. — Chateaubriand en duel avec lui. — Lettres sur l'Italie, — sur la Campagne romaine. — Chateaubriand paysagiste. — École romaine. —. Souvenir d'une conversation. — Le poëme des *Martyrs*. — Trois sortes d'Épopées...................... 385

FIN DE LA TABLE DU PREMIER VOLUME.

Dans une fin de note, au bas de la page 59, je m'étais permis de nommer un jeune écrivain politique comme ayant trouvé moyen de faire ses preuves d'esprit et de malice, et de les faire avec goût, au milieu et en dépit des gènes et des entraves : quelques mois se sont écoulés, et j'ai besoin d'avertir que je n'entendais parler ainsi de M. Prevost-Paradol qu'en tant qu'écrivant au *Journal des Débats*, et dans ce cadre d'une politique encore littéraire, où je regrette, pour le Journal du moins et pour nous autres lecteurs, qu'il ne soit pas resté plus longtemps.

— A la dernière ligne de la page 136, *au lieu de* : à la fin de ce volume ; *lisez* : à la fin de ces volumes.

— A la dernière ligne de la page 201, rétablir le chiffre en tête de la note, et lire ainsi : [2] *Le Roman de la Rose.*

Paris. — Imprimerie de P.-A. BOURDIER et Cie, rue Mazarine, 30.

www.ingramcontent.com/pod-product-compliance
Lightning Source LLC
Chambersburg PA
CBHW071854230426
43671CB00010B/1333